本书是国家社会科学基金教育学青年课题"我国研究生收费政策对贫困学生求学的影响和对策研究"(课题批准号:CFA140136)的最终成果

我国研究生收费政策对贫困生求学的影响和对策研究

● 洪柳 ◎ 著

中国社会科学出版社

图书在版编目(CIP)数据

我国研究生收费政策对贫困生求学的影响和对策研究／洪柳著．—北京：中国社会科学出版社，2020.2
ISBN 978-7-5203-5641-1

Ⅰ.①我… Ⅱ.①洪… Ⅲ.①研究生教育—收费制度—影响—特困生—研究—中国 Ⅳ.①G645.5

中国版本图书馆 CIP 数据核字(2019)第 248793 号

出版人	赵剑英
责任编辑	刘晓红
责任校对	孙洪波
责任印制	戴 宽

出 版	中国社会科学出版社
社 址	北京鼓楼西大街甲 158 号
邮 编	100720
网 址	http://www.csspw.cn
发行部	010-84083685
门市部	010-84029450
经 销	新华书店及其他书店
印刷装订	北京市十月印刷有限公司
版 次	2020 年 2 月第 1 版
印 次	2020 年 2 月第 1 次印刷
开 本	710×1000 1/16
印 张	23.25
插 页	2
字 数	373 千字
定 价	128.00 元

凡购买中国社会科学出版社图书，如有质量问题请与本社营销中心联系调换
电话：010-84083683
版权所有　侵权必究

前　　言

本书是国家社会科学基金"十二五"规划 2014 年度教育学青年课题"我国研究生收费政策对贫困生求学的影响和对策研究"的总结性成果（课题批准号：CFA140136）。

《国家中长期教育改革和发展规划纲要（2010—2020 年）》提出要加快建设世界一流大学，培养一批全球领先的创新型人才，形成一批世界一流学科，产生一批国际领先的原创性成果，为提升我国综合国力贡献力量。研究生教育是高等教育的重要组成部分，承担着培养高层次人才、创造高水平科研成果、提供高水平社会服务的重任。研究生教育是高等教育的最高层次，是未来社会创新型人才的主要来源，进一步完善研究生教育体制改革对提高我国国际竞争力、建设创新型国家和实现人才强国战略目标具有重大意义。

研究生教育收费制度改革一直是高等教育领域一个重大的课题。财政部、国家发展改革委、教育部在《关于完善研究生教育投入机制的意见》中明确表示，从 2014 年秋季学期起，我国研究生教育将实行全面自费的新政策。现阶段全日制学术学位研究生收费标准，原则上每年硕士生不超过 8000 元、博士生不超过 10000 元，全日制专业学位研究生以及已按规定实行收费政策的研究生暂执行原收费政策。伴随这一新政策的产生与发布，解决研究生收费对贫困学生所产生的影响已成为我国现阶段高等教育中的热点问题之一，对国内外研究生收费制度进行研究具有重要的理论研究价值。基于研究生收费政策对贫困生求学的影响和对策进行实证性研究，这将对进一步完善研究生收费政策和创新研究生资助体系提供丰富和充实的事实材料，具有重要的实践应用价值。

高等教育教学一直是我国人才培养的重要途径。研究生收费是我国研究生教育改革的一个方面，与此同时，社会对研究生人才培养质量的提高、研究生教育教学水平的提高都有较高的期望。研究我国研究生收费政策对贫困学生求学影响的问题，创新研究生资助体系，关注我国研究生教育教学改革，提升研究生教育培养质量，具有重要的理论和实践意义。

本书共分为三个阶段：

第一阶段，文献研究。本书分析的文献来自中国期刊网全文数据库、中国优秀硕博论文全文数据库、万方数据库、维普数据库、人大复印报刊资料系列数据库、ProQuest 论文数据库、Google 等网络搜索、图书馆相关论著、年鉴、教育及社会科学类报纸杂志等，收集国内外有关研究生教育的理论基础、研究生收费制度、研究生资助体系、贫困生及其影响等相关研究资料，对文献进行分析、梳理和研究，理顺问题脉络，为本书提供研究思路和构想。

第二阶段，实证研究阶段。在全国范围内，采用调查研究法和个案研究法，调查我国样本"985 工程"高校、"211 工程"高校、普通高校研究生收费政策和资助体系的执行现状，在实践操作层面梳理和呈现我国研究生收费政策和资助体系，为我国研究生收费政策和资助体系提供丰富的研究素材，为政府决策部门提供信息参考。

经大量的文献阅读，采用德尔菲法，咨询专家、学者，访谈大学生、研究生、从事研究生管理工作的领导和老师，整合多方面意见和建议，课题组紧密围绕研究生收费政策对贫困生求学的影响设计调查问卷。围绕课题核心问题，设计了三套调查问卷：研究生全面收费政策对贫困生读研意愿的调查问卷（本科生问卷）、研究生全面收费政策对贫困生学业影响的调查问卷（研究生问卷）和研究生全面收费政策与资助体系满意度调查问卷（研究生问卷）。问卷在中国科学技术大学、西安交通大学、长安大学、南宁师范大学进行了预调查，进行了信效度检验，问卷经过数次修改，最终定稿。本书采用分层与随机抽样相结合的方法，采用实地调研与问卷相结合的调查方式，共发放 7000 份问卷。其中，本科生问卷 4000 份，研究生问卷 3000 份。

采用访谈法，对大学生、研究生、教师和研究生教育管理人员进行访谈，深入了解研究生收费政策对贫困生求学的影响和研究生对收费政策和资助体系的看法和评价等，从政策层面考量研究生收费政策实施后对贫困生求学的影响，评价研究生收费政策的效用等。

第三阶段，撰写成果阶段。推进项目研究的总结工作，完成"我国研究生收费政策对贫困生求学的影响和对策研究"课题的学术论文、研究专著、研究报告、结题报告等文书的撰写工作，汇总研究成果。

研究生教育是一种方向性和预期性很强的活动，需要投入大量的教育经费，消耗大量的教育成本。研究生实行收费制度，是深化高等教育改革的必然产物。教育投资形成的人力资本最终表现为受教育者获得知识和技能。既属于非义务教育又具有明显专业性与职业性的研究生教育，其教育投资形成的人力资本将产生巨大的社会与经济效益。按照谁受益、谁投资的原则，人力资本的拥有者、使用者、受益者理应担负相应份额的教育投资。

实行研究生全面收费政策，可以弥补高校办学经费不足的缺陷，促使学生理性读研，有利于高校硕士研究生培养质量的提升。全面实行研究生收费政策，虽然有积极的一面，但是会对贫困学生生源产生一定影响，实施全方位、多层次的学业保障机制，使负面效应最小化，实现研究生整体质量的提升。

本书以《中华人民共和国义务教育法》、《国家中长期教育改革与发展规划》、财政部教育部《关于完善研究生教育投入机制的意见》的指示精神为指导，试图应用教育学、经济学、心理学、管理学和社会学的原理和方法分析探究研究生收费政策对贫困学生的影响和对策。本书将政策作为一个系统，将利益嵌入研究生收费并轨政策中，把研究生收费并轨政策看作一个动态发展的过程，研究过程中围绕政府、高校与学生的利益选择，研究贫困生读研的意愿、情感、态度、价值取向、行动力、成本受益分析、激励机制等，分析贫困生的利益行为，全面认识和理解该政策。分析研究生收费政策产生的积极意义和利益群体力量的不均衡对贫困生的影响，提出有助于贫困生求学的建议，创新贫困生资助体系，完善研究生收费政策资助体系，促进研究生教育的有序性、公平性、合理性和法制化，促进研究生培养质量的提高和研究生教育持续健康发展。

目　录

第一章　绪论 …………………………………………………………（1）
　第一节　研究背景及问题的提出 …………………………………（1）
　第二节　研究意义 …………………………………………………（3）
　第三节　核心概念界定 ……………………………………………（4）
　第四节　研究目标和研究内容 ……………………………………（8）
　第五节　研究思路 …………………………………………………（11）
　第六节　研究数据和方法 …………………………………………（12）
　第七节　创新之处 …………………………………………………（15）
　第八节　研究的理论基础 …………………………………………（16）

第二章　文献综述 ……………………………………………………（23）
　第一节　国内研究综述 ……………………………………………（25）
　第二节　国外研究综述 ……………………………………………（61）

第三章　高校贫困生基本问题解析 …………………………………（76）
　第一节　高校贫困生的划分 ………………………………………（76）
　第二节　高校贫困生的规模 ………………………………………（78）
　第三节　高校贫困生的分布状况 …………………………………（79）
　第四节　高校贫困生的特征 ………………………………………（80）
　第五节　高校贫困生的认定 ………………………………………（83）
　第六节　我国贫困生资助体系政策演进 …………………………（91）

第四章　研究生教育收费和资助体系制度变迁研究 ……………（97）
第一节　我国研究生教育收费制度变迁研究 …………………（97）
第二节　我国研究生教育资助制度变迁研究 …………………（108）
第三节　国外研究生教育收费制度变迁研究 …………………（119）

第五章　研究生收费政策和资助体系现状研究 ………………（131）
第一节　研究生全面收费政策和研究生资助体系概览 ………（131）
第二节　研究生收费政策现状调查 ……………………………（133）
第三节　研究生全面收费政策和研究生资助体系个案研究 …（137）

第六章　研究生全面收费政策对贫困生求学的心理影响研究 …（156）
第一节　问题的提出 ……………………………………………（156）
第二节　我国考研报考人数的回溯与现状分析 ………………（158）
第三节　研究生全面收费政策对贫困生求学的心理影响分析 …（162）

第七章　研究生全面收费政策对本科生读研意愿影响研究 …（167）
第一节　问题的提出 ……………………………………………（167）
第二节　文献回顾与研究设计 …………………………………（168）
第三节　数据分析与多维描述 …………………………………（177）
第四节　研究结论 ………………………………………………（193）

第八章　研究生全面收费政策对研究生学业影响研究 ………（196）
第一节　问题的提出 ……………………………………………（196）
第二节　文献回顾与研究设计 …………………………………（198）
第三节　数据分析与多维描述 …………………………………（203）
第四节　研究结论 ………………………………………………（226）

第九章　研究生全面收费政策和奖助体系满意度研究 ………（227）
第一节　问题的提出 ……………………………………………（227）
第二节　理论基础与文献回顾 …………………………………（228）
第三节　研究设计 ………………………………………………（232）
第四节　数据分析与多维描述 …………………………………（236）

第五节　研究结论 ………………………………………（244）

第十章　研究生全面收费政策对贫困生求学影响的访谈 …………（246）
　　第一节　研究生全面收费政策对贫困本科生求学影响的访谈 …（248）
　　第二节　研究生全面收费政策对贫困研究生求学影响的深度
　　　　　　访谈 ……………………………………………（274）
　　第三节　对教育学者及教育管理工作者的访谈 …………（296）
　　第四节　对研究生全面收费政策现存问题的访谈 ………（299）
　　第五节　对研究生全面收费政策看法和建议的访谈研究 ………（301）

第十一章　研究生全面收费政策对贫困生求学的对策研究 ………（307）
　　第一节　研究启示 ………………………………………（308）
　　第二节　研究生全面收费政策对贫困生心理影响的对策建议 …（316）
　　第三节　研究生收费政策对贫困生学业影响的对策建议 ………（319）
　　第四节　创新我国高校贫困学生资助体系的对策建议 …………（320）

结语 ………………………………………………………（326）

附录 ………………………………………………………（327）

参考文献 …………………………………………………（345）

后记 ………………………………………………………（358）

第一章

绪　论

本章阐述了研究背景，提出了研究问题；阐释了研究意义；界定了研究对象、研究目标和研究内容；介绍了研究思路和研究方法；分析了研究的理论基础。

第一节　研究背景及问题的提出

研究生教育作为高等教育的最高层次，与经济社会发展联系紧密，研究生教育对个人发展、社会进步、国家核心竞争力的形成以及综合国力的提升将产生巨大的影响。研究生教育的发展以及研究生人才培养质量的提升对于创新型国家的建设起着至关重要的作用。

改革开放以来，我国研究生教育规模逐步扩大，培养能力不断增强，投入机制逐步健全，初步形成了一条符合我国国情的发展道路。但与教育改革发展的新形势、新要求相比，还存在培养经费供需矛盾突出、成本分担机制不健全、奖助政策体系不完善等问题。研究生教育收费制度改革一直是高等教育领域里一个重大的课题。为贯彻落实《国家中长期教育改革和发展规划纲要（2010—2020年）》的有关要求，进一步提高研究生培养质量，促进研究生教育持续健康发展，财政部、国家发展改革委、教育部在《关于完善研究生教育投入机制的意见》中明确表示，从2014年秋季学期起，将向所有纳入全国研究生招生计划的新入学研究生收取学费。现阶段全日制学术学位研究生收费标准，原则上每生每年硕士生不超过8000元、博士生不超过10000元，全日制专业学位研究生以及已按规定实行收费政策的研究生暂执行原收费政策。

这一政策的出台和执行无形中抬高了贫困生接受研究生教育的门

槛，在贫困生中引起了不小的震撼。研究生教育收费问题引起了社会的关注，成为人们讨论的热门话题。研究生全面收费政策对学生、高校、政府、社会等利益相关者产生不同的影响。学生作为最大的利益相关者，特别是贫困生，就成为研究生全面收费政策重点关注和解决的对象。贫困生求学权益保障和资助问题就成为研究生全面收费政策重点关注和解决的问题。

笔者作为一名高等教育工作者，在高校从事本科和研究生的教学和管理工作。在课堂内外与学生的教育与攀谈中，从贫困生的眼神和言语中，能感受到贫困生对读研深造的渴盼与忧虑。研究生全面收费政策对贫困生求学会产生怎样的影响？如何保障贫困生求学的权益，切实加大对贫困生的资助？如何创新和完善研究生全面收费政策和资助体系政策，切实发挥研究生全面收费的政策效用，提升研究生教育培养质量？在对研究生教育的现实关切和理性思考下，我国研究生收费政策对贫困生求学的影响和对策这一问题就成了引发笔者思索和探究的课题。

研究生全面收费政策在向研究生收费的同时，相应地配套了研究生资助体系政策，设立研究生国家奖学金、研究生学业奖学金、研究生助学金、研究生国家助学贷款、"三助"岗位津贴资助、减免学费、发放特殊困难补助、开辟入学"绿色通道"等，给研究生提供多元化的奖助体系政策。本书研究分析了研究生全面收费政策的理论基础、国内外研究生教育收费制度和研究生资助体系政策，对国内外研究生教育收费政策和研究生资助体系政策进行比较研究；调查了解高校研究生全面收费政策及研究生资助体系的执行现状，收集和掌握我国研究生全面收费政策和资助体系个案实例；设计研究生全面收费政策对贫困生读研意愿的调查问卷（本科生问卷）、研究生全面收费政策对贫困生学业影响的调查问卷（研究生问卷）、研究生全面收费政策和资助体系满意度调查问卷（研究生问卷），调查研究生全面收费政策及资助体系的现状和问题；实证分析了研究生全面收费政策对贫困生求学的影响；访谈本科生、研究生、研究生导师、研究生管理工作者，全方位、多角度地评估研究生收费政策；比较分析国内外研究生收费制度和资助体系，借鉴国外先进国家研究生收费和资助体系的经验，为创新和完善我国研究生收费政策及资助体系，创新研究生教育培养模式，提高研究生教育质量，提供借鉴参考和政策建议。

第二节 研究意义

《国家中长期教育改革和发展规划纲要（2010—2020年）》提出要加快建设世界一流大学，培养一批全球领先的创新型人才，形成一批世界一流学科，产生一批国际领先的原创性成果，为提升我国综合国力贡献力量。研究生教育是高等教育的重要组成部分，承担着培养高层次人才、创造高水平科研成果、提供高水平社会服务的重任。研究生教育是高等教育的最高层次，是未来社会创新型人才的主要来源，进一步完善研究生教育体制改革对于提高我国核心竞争力、建设创新型国家和实现人才强国战略目标具有重大意义。本书从理论和实践两个层面关注和探讨研究生收费政策对贫困生求学的影响和对策，为创新和完善我国研究生收费政策和资助体系，创新研究生教育培养模式，提高研究生教育质量，提供借鉴参考和政策建议。本书丰富了研究生教育的理论和实践研究，具有较强的理论指导和实践应用价值。

一 理论意义

本课题关注研究生收费政策对贫困生求学的影响问题。教育公平理论、公共产品理论、高等教育成本分担理论、人力资本理论、利益相关者理论、制度变迁理论、激励理论是本书的理论基础，为课题研究提供多元化的理论视角。研究生全面收费政策向所有纳入全国研究生招生计划的研究生收取学费，会增加贫困生求学的成本，加大贫困生的经济负担。本书运用利益相关者理论从研究生、导师、高校、政府等利益相关者视角开展分析研究。学生是研究生全面收费政策最大的利益相关者，研究生全面收费政策会对贫困生求学产生影响。本书运用制度变迁理论分析和梳理我国研究生收费制度和资助体系的历史发展脉络，探究我国研究生教育收费政策改革的问题和深层次原因。本书丰富了研究生教育理论研究，深化了研究生收费政策研究的理论视角，具有重要的理论研究意义和指导价值。

二 实践意义

2014年秋季学期起，我国研究生全面收费政策正式实施。研究生全面收费政策改革是研究生教育培养机制改革的重要组成部分。研究生收费政策改革不仅要分析和探讨研究生收费制度改革的原因，更要指向研究生收费政策中存在的现实问题，寻求问题解决的策略，指导研究生收费政策和资助体系改革与发展的实践，最终促进研究生教育质量的提高。

本书将政策作为一个系统，将利益嵌入到研究生教育收费政策中，把研究生教育收费政策看作一个动态发展的过程，研究过程中围绕学生、导师、高校、政府的利益选择，对贫困生的利益行为进行分析，全面地认识和理解政策。分析研究生全面收费政策产生的积极意义和利益群体力量的不均衡对贫困学生的冲击、产生的问题，提出有助于贫困生求学的建议，实现研究生教育的有序化、公平化、合理化和法制化发展。

研究生教育质量问题不仅是社会关注的问题，也是学界关注的问题，对研究生收费政策对贫困生求学的影响开展调查研究和实证分析具有重大的实践意义。从已有的研究成果来看，研究的视角不同，使用的方法不同，研究的结论也不相同。以往关于研究生收费大都是现象表层的研究，缺乏调查和实证分析，探究现象背后的深层次问题。本书调查了解研究生收费和资助体系现状，设计了研究生全面收费政策对贫困生读研意愿的调查问卷（本科生问卷）、研究生全面收费政策对贫困生学业影响的调查问卷（研究生问卷）、研究生全面收费政策和资助体系满意度调查问卷（研究生问卷）；利用本书的第一手调查数据，开展实证分析，探讨研究生收费政策对贫困生求学意愿的影响、研究生收费政策对贫困生学业发展的影响、研究生收费政策和资助体系满意度。针对研究生收费政策的问题提出建议，为完善研究生收费政策、创新研究生资助体系和培养模式，提高研究生教育质量，提供借鉴参考，为教育行政管理部门制定政策提供现实依据和政策建议。本书具有重要的现实意义和实践应用价值。

第三节　核心概念界定

一　高等教育

根据《中华人民共和国高等教育法》规定："高等教育是指在完成高级中等教育基础上实施的教育。"从形式上看，它包括全日制普通高等教育以及采用广播、电视、函授及其他远程教育方式实施的非全日制高等教育；从层次上看，它可以分为专科教育、本科教育和研究生教育。本书针对高等教育的最高层次——研究生教育进行研究。针对我国研究生收费政策对贫困生求学的影响开展研究，本书主要的调查研究对象是指接受高等教育的在校本科生和在校研究生。

二 研究生教育

在西方，对研究生教育内涵的基本认识是把研究生教育看作培养学生进行科学探索和研究的阶段。薛天祥对研究生教育定义为"本科后以研究为主要特征的高层次的专业教育"①。《中国教育百科全书》认为研究生培养的目的是为了培养有系统而坚实的理论基础、专业知识和科学试验的技能，能够独立进行科学研究工作和教学工作。毕业之后也主要从事科研工作、工程设计工作、综合管理工作和高等学校教学工作②。研究生教育具有教育的专业性、前沿性等特点，是继本科教育之后的高层次教育，研究生不仅具有坚实的理论基础和系统的专业知识，还具有从事科学研究工作或独立承担专业技术工作的能力。研究生教育包括硕士研究生教育和博士研究生教育，其主要任务是为社会培养高层次专门人才③。硕士生招生对象为已取得学士学位或具有同等学历者，学生须按规定修习有关的研究课程，在导师的指导下进行科学研究，并提交硕士学位论文。课程学习及硕士学位论文达到要求者获硕士学位。本书研究的研究生教育界定为全日制学术型硕士研究生教育。

三 研究生全面收费政策

我国普通高校各类本专科学生已在20世纪90年代实行了收费制度，但研究生处于收费与免费并存的阶段。研究生教育属于非义务教育，应实行以政府投入为主、受教育者合理分担培养成本、多渠道筹措经费的投入机制。我国研究生教育原收费制度不健全，既不利于非义务教育成本分担机制的建立，也阻碍了研究生奖助政策的完善和研究生财政拨款的增加，不利于激励研究生珍惜机会潜心学习、促进研究生教育健康发展。为此，《国家中长期教育改革和发展规划纲要（2010—2020年）》明确要求"建立健全研究生教育收费制度"。为进一步加大研究生教育投入力度，

---

① 薛天祥：《研究生教育学》，广西师范大学出版社2001年版，第63—64页。
② 中国教育百科全书编委会：《中国教育百科全书》，海洋出版社1991年版，第110页。
③ 曾婉珍：《我国研究生教育收费制度改革研究》，硕士学位论文，三峡大学，2015年。

提高研究生培养质量,《关于完善研究生教育投入机制的意见》（财教〔2013〕19 号），从收费制度方面建立健全研究生教育收费制度。

研究生全面收费政策具体是指：

（1）全面实行研究生教育收费制度。从 2014 年秋季学期起，按照"新生新办法、老生老办法"的原则，向所有纳入全国研究生招生计划的新入学研究生收取学费。

（2）合理确定研究生教育收费标准。研究生学费标准应综合考虑不同专业研究生培养成本、当地经济发展水平、办学条件、居民经济承受能力等因素确定，并与本专科生学费标准及已收费研究生学费标准相衔接。原则上，现阶段全日制学术学位研究生学费标准，硕士生每生每年不超过 8000 元，博士生每生每年不超过 10000 元。全日制专业学位研究生以及目前已按规定实行收费政策的研究生，暂执行原收费政策。

（3）加强研究生教育收费管理。研究生教育收费实行属地管理，具体标准由高等学校所在地省级教育行政部门提出，经省级价格、财政部门审核并报省级人民政府批准后执行，同时报国家发展改革委、财政部、教育部备案。研究生学费按学年收取，不得提前预收。研究生学费收入按规定纳入财政专户管理，实行"收支两条线"，由高等学校统筹用于研究生教学、科研、改善待遇等支出。

（4）研究生教育收费的具体办法另行制定。

四　研究生资助政策体系

研究生资助政策体系，包括建立研究生国家助学金制度、研究生国家奖学金制度和研究生学业奖学金制度，并加大奖助经费投入力度，加大研究生助教、助研和助管岗位津贴资助力度，完善研究生国家助学贷款政策及减免学费、发放特殊困难补助、开辟绿色通道等相关配套政策措施。

五　研究生教育收费制度变迁

制度变迁是指创新主体为实现一定的目标而进行的制度重新安排或制度结构的重新调整[①]。借鉴制度变迁理论，我们将研究生收费制度改革过程看成其制度不断更替变迁的过程，因此研究生教育收费制度变迁是指研

[①] 洪书生：《新制度经济学视野下我国研究生教育制度变迁探析》，硕士学位论文，江西师范大学，2008 年。

究生教育收费制度的替代、变更、废除或新制度的产生。如研究生教育双轨制对其单轨制的替代，现今实施的研究生教育全面收费政策即并轨制对其双轨制的替代。作为高层次的研究生教育，其收费制度变迁也就是利益的转移或再分配的过程，"当环境变化引起的潜在收入增加时，制度变迁的收益可能大于成本，导致制度的非均衡化，进而引发制度变迁，形成新的制度均衡"①，并且只有当制度变迁的预期收益大于预期成本时，研究生教育收费制度变迁才有可能发生。

六 贫困生

贫困生是指由于家庭经济困难，无力支付或难以支付学费、生活基本费用的学生。贫困生总体上属于相对贫困、发展型贫困②。由于区域经济及学生家庭收入差异，贫困生在全国没有统一标准。在实践中，绝大多数学校主要依据学生家庭人均年收入情况、学生交纳学费情况、学生每月消费支出情况认定贫困生③。研究生收费的初衷是优化资源配置，提高研究生教育质量。研究生收费及其"高收费和高奖励"导向会带来研究生经济状况的分化。虽然研究生学费可以通过奖助学金"转移支付"的方式实现，但也不可避免地产生了贫困生。

在教育精准扶贫背景下，家庭经济困难学生大致可分为建档立卡学生和普通家庭经济困难学生。精准识别贫困生对于扶贫工作的公平性与实效性影响重大④。精准识别贫困生是有效开展脱贫攻坚工作的第一步。贫困生界定是精准扶贫和精准脱贫的关键，能否把资助政策真正落实到贫困生上显得尤为重要。目前，高校贫困生界定程序主要有学生申请、班级评议、院系审核、院系公示、学校复核⑤。

---

① 蒲波：《基于新制度经济学的研究生导师制改革研究》，硕士学位论文，三峡大学，2012年。
② 赵明吉、赵敏、龙希利、丛培卿：《高校家庭经济困难学生问题研究》，山东大学出版社2010年版，第7—9页。
③ 吴建章：《高校贫困生问题研究》，山东人民出版2016年版，第24页。
④ 洪柳：《我国高校贫困生资助体系的历史、问题与精准化路径》，《湖南师范大学教育科学学报》2018年第5期。
⑤ 李暖均：《高校学生资助体系的优化与重构》，《广州大学学报》（社会科学版）2010年第9期。

第四节 研究目标和研究内容

一 研究目标

本书研究和梳理研究生收费政策和研究生资助体系，调查研究生收费和资助体系现状，分析研究生收费政策和资助体系的理论基础和现实问题，探究研究生收费政策对贫困生求学的影响，分析研究生收费政策对贫困本科生读研意愿的影响、研究生全面收费政策对研究生学业成就的影响、研究生收费政策满意度等。采用定性研究和定量研究相结合、多学科综合分析的方法开展研究，旨在全面、深入地了解我国研究生全面收费政策自2014年秋季学期实施以来执行的现实情况，了解我国研究生收费政策对贫困生求学的现实影响，探究研究生收费政策及资助体系在实施中存在的问题，从利益相关者的视角分析研究生收费政策对贫困生的经济影响、心理影响、学业影响。测评研究生对收费政策和资助政策的满意度，考量研究生收费政策对贫困生的影响、作用和价值，针对研究生全面收费政策和资助体系存在的问题，借鉴国外先进国家研究生收费政策和资助体系的成功做法和经验，提出对策建议，完善研究生全面收费政策，创新我国高校贫困学生资助体系和研究生教育培养模式，提高研究生教育质量，促进研究生教育持续健康发展。

二 研究内容

本书的主要内容包括以下几方面：

第一章绪论，本章阐述研究背景、研究问题、研究意义；界定核心概念、明确研究目标；介绍研究思路、研究框架、研究数据、研究方法、创新之处以及理论基础等。

第二章文献综述，本章对研究生收费、研究生资助体系的理论和实践问题、贫困研究生求学问题、国内外研究生收费制度和资助体系对贫困生求学的影响等进行文献研究。梳理和分析我国研究生收费政策的理论基础、实践探索、研究生收费的国际比较、研究生收费政策的构建与完善、我国研究生收费政策的发展趋向等；对贫困生资助问题、研究生收费政策和资助体系政策对贫困生的影响和对策问题进行国内外研究综述；通过文献梳理和述评发现已有研究观点或结论的不足，并从中获取研究视角，明确研究方向，启迪思考，推进研究工作的深入开展。

第三章高校贫困生基本问题解析，高校贫困生是本书的主要研究对象。了解贫困生的划分、规模、分布状况、特征、认定以及高校贫困生资助体系政策演进对于推进高校贫困生工作公平、公正、公开、合理、规范、有序地开展十分必要。全面研究、认识和了解贫困生，对于切实有效地开展贫困生扶帮济困工作具有重要的作用和意义。

第四章研究生教育收费和资助体系制度变迁研究，研究我国研究生收费制度，梳理研究生收费制度变迁的情况；研究我国研究生资助体系，梳理研究生资助体系发展变化的情况；比较研究国内外研究生收费制度和资助体系，借鉴国外研究生收费制度和奖助体系的成功做法和经验。

第五章研究生收费政策和资助体系现状研究，在查阅研究生收费和研究生资助体系文献资料的基础上，深挖研究生收费政策和资助体系现状，调查样本高校（"985"高校、"211"高校、普通高校）研究生收费和资助体系现状，开展个案研究，提供丰富的研究生收费和资助体系第一手研究素材，增进人们对研究生收费政策和资助体系的了解，为进一步完善我国研究生收费政策提供研究素材，为教育管理部门提供信息参考和政策依据。

第六章研究生全面收费政策对贫困生求学的心理影响研究，贫困生是研究生全面收费政策重点关注和保障的对象。本章回溯了1999—2018年我国硕士研究生报考人数和报名增长率的现状；探究研究生全面收费政策与硕士研究生报考人数的关系；分析了我国研究生全面收费政策对贫困生求学的心理影响。

第七章研究生全面收费政策对本科生读研意愿影响研究，自2014年秋季学期起，我国开始实施研究生全面收费政策，研究生收费政策对贫困生读研意愿有何影响？亟须在实践层面给予关注。本章分析了贫困本科生读研意愿的影响因素，发放问卷4000份。本章回顾文献，介绍研究设计思路、问卷设计的由来、数据收集的方式、研究分析的方法和预测试分析、进行信效度检验，实证分析研究生收费政策对贫困本科生读研意愿的影响，引导贫困生更加理性地读研。

第八章研究生全面收费政策对研究生学业影响研究，本章以全日制学术型硕士贫困研究生为研究对象，在全国范围内开展研究生收费政策对研究生求学影响的调查研究，共发放问卷2000份。实证分析研究生收费政策对研究生学业影响、研究生学习投入对学业发展影响、学业参与对研究生学术水平影响。本书对文献进行回顾，提出研究假设，介绍研究工具和数据来源，进行信效度检验；进行数据分析与多维描述；根据数理统计分析数据，并借鉴相关研究成果，总结研究结论。

第九章研究生全面收费政策和资助体系满意度研究，在已有文献研究中，关于研究生收费政策和资助体系的研究大都是对现有政策及发展脉络的梳理、中外比较、问题与对策、构建或创新政策等研究，既有研究虽丰富了研究生收费政策和资助体系的理论研究，但实证研究偏少，缺乏对研究生全面收费政策及资助体系开展实证调研和量化分析。当前，研究生对全面收费政策和资助体系的满意度如何，研究生全面收费政策和资助体系的作用、影响和成效如何，亟待研究者推进相关研究。本章对研究生全面收费政策和资助体系满意度开展实证研究；对调查数据进行数理统计分析，探究不同高校、不同年级、不同家庭经济条件、不同专业等研究生对全面收费政策和资助体系的满意度，为政府和教育行政部门考量、评估和完善研究生全面收费政策和资助体系提供参考依据。

第十章研究生全面收费政策对贫困生求学影响的访谈，本章对本科生、研究生、导师、研究生教育管理领导和老师等进行访谈。①访谈本科生，了解研究生全面收费政策对本科生考研意愿的影响，深度了解影响贫困生考研的因素及其对研究生全面收费政策的态度和认识。②访谈研究生，了解研究生全面收费政策对研究生学业成就的影响；研究生读研的主要影响因素、影响程度、对研究生全面收费政策和研究生奖助政策体系的满意程度及对研究生全面收费政策的看法和建议。③访谈从事研究生教育教学与管理工作的专家学者，从专家、学者和管理者的视角探讨研究生全面收费政策和资助体系存在的问题。

第十一章研究生全面收费政策对贫困生求学的对策研究，首先，依据前面章节的分析，形成本书的研究启示；其次，从研究生全面收费政策对贫困生求学影响的问题出发，提出研究生全面收费政策对贫困生心理影响的对策建议和研究生全面收费政策对贫困生学业影响的对策建议；最后，对创新我国高校贫困学生资助体系提出对策建议。

第五节　研究思路

本书将以《中华人民共和国义务教育法》、《国家中长期教育改革与发展规划》、财政部教育部《关于完善研究生教育投入机制的意见》的指示精神为指导，应用教育学、经济学、心理学、管理学和社会学的原理和方法分析探究我国研究生收费政策对贫困生求学的影响和对策。本书将政策作为一个系统，将利益嵌入到研究生收费政策中，把研究生教育收费看作一个动态发展的过程，研究过程中围绕政府、高校与学生的利益选择，研究贫困生读研意愿、情感、态度、价值取向、行动力、成本受益分析、激励机制等，对贫困生的利益行为进行分析，深入了解和认识研究生收费政策。分析研究生收费政策产生的积极意义和利益群体力量的不均衡对贫困学生的冲击、产生的影响，提出有助于贫困生求学的建议性，以期对我国研究生收费改革与资助体系的创新发展有所裨益，促进我国研究生教育的有序性、公平性、合理性和法制化建设，促进研究生培养质量的提高和研究生教育持续健康发展。

本书旨在解决研究生收费政策对贫困生求学的影响问题，涉及以下内容：一是梳理研究生收费政策的理论基础、制度变迁，了解当前研究生收费政策和资助体系现状；二是分析研究生收费政策对贫困生读研意愿的影响、研究生收费政策对贫困生求学的心理影响和学业影响；三是分析研究生收费政策和资助体系的满意度，从政策层面考量研究生收费政策和资助体系政策。

在本科生群体中，探讨研究生收费政策对贫困生读研意愿的影响，探究影响贫困生读研的主要影响因素，从利益相关者的视角对贫困生理性考研提出意见建议。在硕士研究生中，探讨研究生收费政策对研究生学业的影响，考量研究生收费政策满意度，从政策层面考量研究生收费政策对贫困生求学的影响，评价研究生收费政策的效用等。对研究生收费政策和资助体系存在的问题和不足，提出对策和建议（见图1-1）。

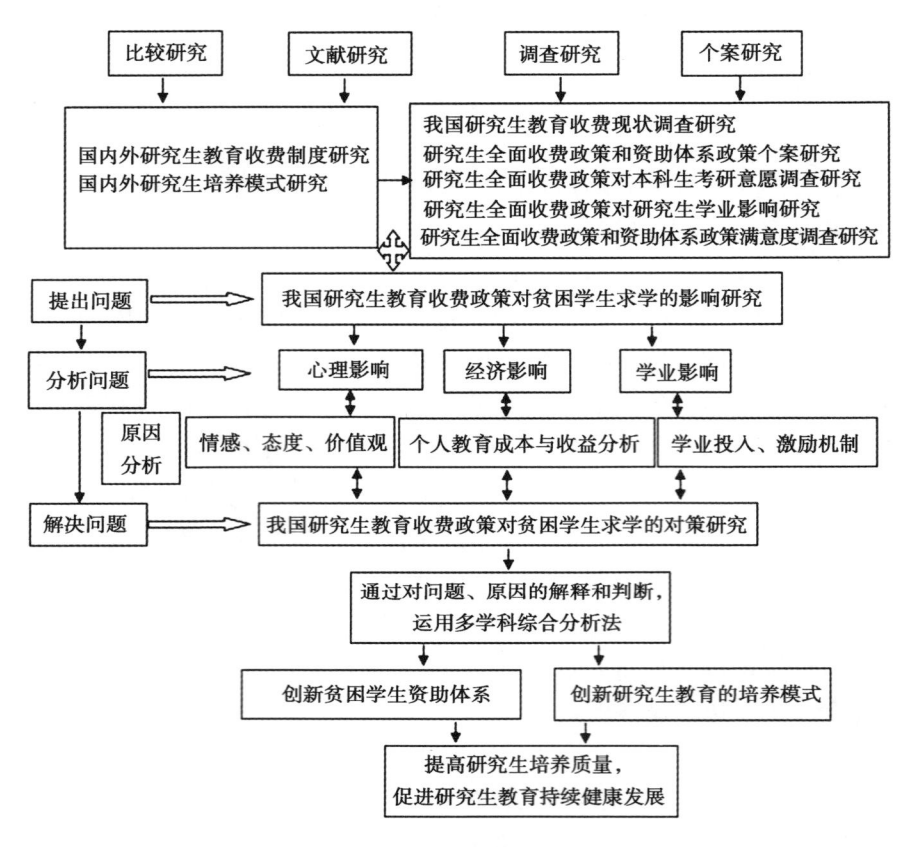

图 1-1 本书的研究思路

第六节 研究数据和方法

一 研究数据

本书探究研究生全面收费政策对贫困生求学的影响。本书使用的数据主要与教育、政策和人口有关。同时，为了对我国研究生教育发展现况进行深入、细致的研究和分析，本书使用教育统计年鉴有关教育和人口的数据，主要包括历年《中国教育年鉴》《中国教育统计年鉴》《全国教育事业发展统计公报》，以及《中国统计年鉴》中有关教育的数据等；使用研究生教育政策文本中的数据，并通过课题组自行研发和设计调查问卷的方式，利用问卷调查获取一手调查数据。本书对在校本科生和研究生进行问卷调查，采用分层与随机抽样相结合的方法，采用实地调研与问卷相结合的调查方式，共发放 7000 份问卷。其中，本科生 4000 份，研究生 3000 份。

二 研究方法

本书综合运用教育学、社会学、经济学、心理学、管理学、教育法学等多学科知识、理论和方法对我国研究生全面收费政策对贫困生求学的影响进行分析和思考。研究生全面收费政策既是一个理论问题，又是一个实践性很强的问题。本书的理论基础主要有教育公平理论、公共产品理论、高等教育成本分担理论、人力资本理论、利益相关者理论、制度变迁理论。基于多学科和多理论的视角探究研究生收费政策对贫困生求学的影响及对策，创新我国研究生收费政策、研究生资助体系政策和研究生教育培养模式。本书遵循研究方法规则、技术和步骤，主要采用文献研究法、历史研究法、文本分析法、比较法、个案研究法、调查法、数理统计分析法、定性分析与定量分析结合。

（一）文献研究法

文献研究法主要是指收集、鉴别、整理文献资料，并对文献资料进行认真研究和深入分析，理顺问题脉络，形成对事实科学认识的方法。文献研究法通过与研究对象相关的现有文献进行系统性的分析来获取研究信息，不仅可以夯实研究基础，还可以厘清思路，使研究者从中受益。本书分析的文献来自中国期刊网全文数据库、中国优秀硕博论文全文数据库、万方数据库、维普数据库、人大复印报刊资料系列数据库、ProQuest 论文数据库、google 等网络搜索、图书馆相关论著、年鉴、教育及社会科学类报纸杂志等，收集国内外有关研究生教育的理论基础、研究生教育收费制度、研究生资助体系、贫困生及其影响等相关研究资料，对文献进行分析、梳理和研究，理顺问题脉络，为本书提供研究思路。

（二）历史研究法

历史研究法是运用历史资料，按照历史发展的顺序对过去事件进行研究的方法，也称纵向研究法。本书运用历史研究方法，分析梳理了我国研究生收费政策和资助体系发展历程及变革轨迹。

（三）文本分析法

文本分析法是指从文本的表层深入到文本的深层，从表面信息挖掘深层意义,总结规律的方法。本书通过对研究生全面收费政策和奖助体系政策的文本分析,发掘和解读研究生全面收费政策和奖助体系政策的文件资料内容,深层次解析研究生全面收费政策和奖助体系政策。

(四)比较法

对国内外研究生收费制度、研究生资助体系、研究生教育培养模式进行比较研究和分析,寻求对问题、差距、原因的解释和判断,借鉴国外研究生收费制度和资助体系的成功做法和经验。

(五)个案法

个案研究法就是对单一的研究对象进行深入而具体研究的方法。个案研究的对象可以是个人,也可以是个别团体或机构。它包括对一个或几个个案材料的收集、记录。本书选取我国"985"高校、"211"高校、普通高校,从实践操作层面获取大量样本高校研究生收费和资助体系现状的事实材料。个案研究主要发挥两个功能:其一,通过个案研究将抽象的问题具体化,以个案来解读政策内容。其二,为改善相关政策制度提供依据。

(六)问卷调查法

问卷调查法是一种结构化调查,在集中时间内对被研究者进行大范围、大样本的调查,以获取调查数据和被研究者的信息,调查结果可以通过相关统计分析软件定量分析出来。研究者可以通过调查问卷了解到被访者的基本态度和行为。本书根据构建的理论框架,设计研究生全面收费政策对贫困生读研意愿的调查问卷。研究生全面收费政策对贫困生学业影响的调查问卷、研究生全面收费政策和资助体系满意度调查问卷,实证分析研究生收费政策对贫困本科生读研意愿影响、研究生收费政策对贫困研究生学业影响以及研究生收费政策和资助体系满意度。

(七)访谈法

访谈法,顾名思义,就是研究者"寻访""访问"被研究者并且与其进行"交谈"和"询问"的一种活动。访谈是遵循特定的目的和一定的规则,在研究者的主动询问下,倾听被研究者的述说,是一种研究性的交流活动,双方共同建构研究问题的理论意义。访谈可以了解被访谈者的所思所想和情绪反应①。本书对贫困生和研究生教育管理工作者进行访谈。访谈贫困本科生，了解研究生收费政策对本科生考研意愿的影响。访谈贫困研究生，了解研究生收费政策对其学业影响、研究生收费政策和资助体系满意度。访谈研究生导师和研究生教育管理工作者，从专家、学者和管理者的视角探讨我国研究生收费政策现存问题、研究生收费政策对贫困生求学的影响和对策。

（八）数理统计分析法

本书研究对回收问卷进行统计和整理，使用 SPSS 软件对有效数据进行描述性统计分析、因子分析、相关分析、方差分析等。分析研究生收费政策对贫困本科生读研意愿的影响、研究生收费政策对贫困研究生学业的影响、研究生收费政策满意度。

第七节 创新之处

一 研究视角创新

本书关注研究生收费并轨的新政策，研究其对贫困学生求学的现实影响和对策，以对贫困学生求学产生的心理影响、经济影响、行为影响为研究视角，深入调查研究生收费政策在影响贫困学生求学选择时所产生的问题，基于研究生收费政策对贫困生求学的影响和开展实证研究，这在同领域研究中并不多见，是极具挑战性和创新性的命题，这将对进一步完善研究生收费政策、创新研究生资助体系提供丰富和充实的事实材料。

二 研究方法创新

本书除运用调查法、文献法等收集有关数据和信息资料并进行定性与定量相结合的分析外，还将综合运用教育经济学、教育管理学、心理学、教育社会学、教育法学等多门学科的知识、理论和方法，探索研究生收费政策对贫困学生求学的影响及对策。

---

① 陈向明：《质的研究方法与社会科学研究》，教育科学出版社 2000 年版，第 165—170 页。

三 研究成果创新

本书从理论与实践层面探索我国研究生收费政策对贫困学生的影响和对策。把研究生收费政策看作一个动态发展的过程，着眼于分析研究生并轨收费政策的实施情况，分析研究生收费政策对贫困学生求学产生的现实影响和对策，对我国研究生收费政策提出合理化建议，深化我国研究生投入机制改革，完善研究生收费政策，创新研究生资助体系，提高研究生培养质量。

第八节 研究的理论基础

本书涉及研究生教育收费，研究生资助，贫困生、研究生收费政策对贫困生求学的影响等内容，因而从教育公平理论、公共产品理论、人力资本理论、高等教育成本分担理论、利益相关者理论、制度变迁理论、激励理论阐述本书的理论基础。

一 教育公平理论

教育公平是世界各国教育制度的一项基本原则，是社会公平价值在教育领域的体现和延伸，是现代教育的基本出发点。教育可以在社会地位、家庭背景等方面存在巨大不平等的状况下，提供给人们通过自身努力向上流动、公平竞争的机会，可以帮助弱势者显著地改善自身的生存状态，摆脱他自身的局限，减少由先天条件决定的不公平。

教育公平是社会公平的底线和基石，没有教育公平将很难实现社会公平。教育公平包括教育权利平等和教育机会均等两方面[1]。教育权利平等是指教育作为一项基本人权，人人皆有受教育的权利。教育机会均等包括教育起点公平、过程公平和结果公平。

研究生收费"双轨制"是教育资源配置中的不公平现象，是一种将公共教育资源向高收入阶层转移的不公平机制。从教育机会公平的角度来看，对研究生实行全面收费是必然趋势，具有理论和实践意义。

研究生全面收费政策需要与研究生资助体系相匹配。研究生资助就其

---

[1] 沈红：《中国高校学生资助的理论与实践》，中国社会科学出版社2016年版，第76页。

本质而言，具有明显的公益性。研究生资助体系一方面可以帮助高校贫困研究生支付学费和基本生活费，使其顺利入学，保障社会弱势群体的权益，体现高等教育入学机会均等；另一方面从国家层面看，有利于推进国家高等教育大众化和普及化的发展，实现人力资源强国的目标。研究生资助关乎贫困学生的切身利益，将对受助学生产生积极的影响，通过多元化的资助方式实现资源再分配，增强受助学生的学业表现和人际交往能力，使其顺利地完成学业，有效地促进其经济资本向人力资本和社会资本的转化，实现其社会阶层的正向流动，促进高等教育公平和社会公平，增强其在就业市场上的竞争力，提升其谋得高就、获取可观收入的可能性，促进高等教育的结果公平。现今，高等教育权利平等在世界大多数国家都已实现。随着学生资助事业的推进与完善，高等教育机会均等作为世界各国高等教育追寻的最终目标，将实现更深层次的过程公平和结果公平。

二 公共产品理论

高等教育收费制度的基本理论，即高等教育的产品属性问题。1954年11月，美国经济学家萨缪尔森（P. A. Samuelson）在其发表的《公共支出的纯理论》（*The Pure Theory of Public Expenditure*）一文中最早提出了公共产品理论。萨缪尔森认为产品具有三大特性，即效用的能否分割性、消费的是否竞争性以及受益的是否排他性。社会产品分为公共产品、私人产品。公共产品具有非排他性和非竞争性，私人产品具有排他性和竞争性，公共产品又分为纯公共产品和准公共产品。

如果教育是公共产品，那么就应该完全由政府埋单；如果是私人产品，那就应该由受教育者自己掏腰包。高等教育属于准公共产品，既有公共产品的性质，又有私人产品的性质，对于准公共产品的供给，在理论上应采取政府和市场共同分担的原则。高等教育的准公共产品属性也决定了高等教育收费的必然性。高等教育的成本应该由受益者共同分担，即国家、个人、家庭及社会共同承担[1]。研究生教育具有准公共产品属性，研究生接受教育首先带来个人更高的经济收入和社会地位，其次才是家庭和社会收益的改变。因此，受教育者应当支付相应的费用[2]。

---

[1] 徐丽红：《社会权利视域下的中国现行高校帮困资助政策研究》，上海社会科学出版社2016年版，第46—47页。

[2] 杨秀芹：《研究生全面收费政策的效用与局限》，《研究生教育研究》2017年第3期。

三 高等教育成本分担理论

在高等教育不断扩张的情况下，各国政府逐渐意识到，世界上没有一个政府的预算能够完全满足公民对高等教育的需求，遍及全球的教育财政危机促使各国采取其他措施来筹集高等教育经费。在这种背景下，由学生、家长、纳税人和大学等分担高等教育成本的高等教育成本分担理论，已经成为世界各国重构高校贫困生资助政策的重要理论依据。

20世纪70年代，美国著名教育经济学家 D. 布鲁斯·约翰斯通在其《高等教育的成本分担：英国、联邦德国、法国、瑞典和美国的学生财政资助》一书中，提出了高等教育成本分担理论，指出高等教育成本由政府、家长、学生、纳税人和高等学院共同分担。

高等教育成本是"大学生接受高等教育期间的教育费用，即高等教育活动中所消耗的物化劳动和活劳动的价值形式的总合"[1]。高等教育成本至少包括四个方面：教学成本、研究支出、学生生活支出、放弃的收益。高等教育成本分担意味着高等教育经费由谁及如何支付的问题，即高教成本如何在政府、社会、企业团体、个人、家庭等社会各方之间合理分担并最终实现的问题。高等教育成本分担主要遵循两项原则：利益获得原则和能力支付原则。根据利益获得原则，高等教育成本分担应与收益相符，谁受益，谁付费，由多方受益者共同分担。根据能力支付原则，所有从高等教育中获得好处和利益的人，无论是直接的还是间接的，都应该按其支付能力大小承担高等教育经费。

高等教育成本分担理论成为20世纪80年代以来世界各国收取高等教育学费的重要理论依据。受高等教育成本分担理论的影响，1989年国家教委等三部委联合发出《关于普通高等学校收取学杂费和住宿费的规定》。1994年，国务院发布《中国教育改革和发展纲要的实施意见》，提出高等学校"缴费的标准由教育行政部门按生均培养成本的一定比例和社会及学生家长的承受能力因地、因校（或专业）确定"。1996年，原国家教委等颁发的《高等学校收费管理暂行办法》明确了高等教育属于非义务教育阶段，学校依据国家有关规定向学生收取学费。受高等教育成本分担理论的影响，中国高等教育开始实施收费。

---

[1] 洪柳：《谈高等教育成本的分担及补偿理论》，《教书育人（高教论坛）》2010年第12期。

四 人力资本理论

人力资本理论是现代西方经济学的一个理论派别。它产生于20世纪50年代中期，盛行于60年代，70年代以后有了新的发展。人力资本理论认为，经济发展主要取决于人的质量，教育是提高人力资本最有效的投资。教育投资是人力资本的核心。受教育越多的人，创造高收入的机会就越多。教育作为一种投资的观念已经深入人心，在知识经济时代，只有通过教育投资，获取知识和技能，才能增加个体的经济收益。教育对经济增长具有重大贡献；教育投资是人力资本投资的核心，比物质资本投资更有利，回报率更高；教育有助于提高人的劳动生产力，提高国民收入；随着科技迅猛发展、经济发展、社会生产力发展和现代国家管理的需要，越来越依赖于受过良好教育的高层次人才。人力资本理论的主要贡献在于：发现了教育培训与个人收入水平的关系，进而建立了人力资本收益率模型；将人力投资划分为教育投资和培训两个变量，并建立了个人收入和两个变量之间的函数关系；发现了人力资源投入的生产性质即人力资源投入不仅是消费，也是投资。

研究生在接受教育的过程中，能够增长知识、增强能力、提升素质等。研究生教育不仅是一种消费，也是一种能带来经济收益的投资。研究生通过缴纳学费的方式承担一部分教育成本，可以提高和改善人的未来收益状况。人力资本及其相关理论的提出，从经济增长的角度为各国投入巨资普遍资助在校学生提供了有力的社会经济价值依据。根据人力资本理论，人力资源是一切资源中最重要的资源，个人的知识、才能不仅是个人财富的重要组成部分，而且也是社会的财富，是国家资源的一部分，个人读书是更多贡献于社会的活动，还能带来社会收益。对贫困研究生给予经济资助是提升国家人力资本存量的有效措施。

五 利益相关者理论

利益相关者是指能够影响组织目标的实现或能够被组织目标实现的过程所影响的人[1]。利益相关者理论认为所有的受企业影响的利益相关者，包括股东、顾客、雇员、消费者、贷款人、分销商、监管者、政府等都有

---

[1] 胡赤弟、田玉梅：《高等教育利益相关者理论研究的几个问题》，《中国高教研究》2010年第6期。

参加企业决策的权利。

研究生教育收费制度改革是一个复杂的系统工程，涉及社会的众多方面。我国研究生收费制度密切相关的主要利益相关群体有研究生、导师、大学/学院、政府、银行、用人单位/就业单位、产学研合作企业等。研究生教育收费制度改革对确定性利益相关者，即核心利益相关者的影响最大。政府、高校、研究生导师以及研究生本人既是研究生教育收费制度改革的主体与推动者，在改革中占有较大比重的利益诉求，同时也是该制度的核心利益相关者。

表 1-1　　　　　　　　研究生收费制度利益相关者分析

主要利益相关者	预期影响和变化	期待	风险
学生	个人投资额增加，理性报考；激励作用促使其更努力	通过努力获取奖励；就业及发展前景比本科毕业时强	就业及发展不如本科，收益率低；未能获得奖励
导师	激励作用，更努力；更重视与学生的学术交流与合作	国家科研经费分配机制更加完善；学生更优秀	项目或课题不足；学生科研能力不强
大学/学院	应对市场机制下的研究生教育	导师与学生受到正向激励，提高研究生培养质量	生源减少；科研经费不足；操作不当导致负向激励
政府	节省教育经费；将市场机制引入研究生教育	提高研究生培养质量，激励创新	应然与实然的差别；奖助机制不合理引发负向激励
银行	进一步完善助学贷款制度	增加业务量，获得利润	不良贷款率相应增加
用人单位/就业单位	无主动变化和短期影响	研究生质量高；专业结构合理，易找到合适人才	学生对工作期待更高，招到合适员工更难
产学研合作企业	与高校研发合作会增多，特别是高科技企业	期待出台更有利于与高校产学研合作的政策，完善机制	无

就研究生资助而言，政府、银行、高校与学生是主要的参与主体，也是研究生资助的利益相关者。研究生资助体系在运行中，各相关利益主体都有各自的利益考量和目标追求。各参与主体在利益观念和行为上存在差异，各方在谋求自身利益最大化过程中存在博弈，影响着研究生资助的成效。在政府、高校、银行、学生这四大利益主体中，信息不对称。政府无从得知高校贫困学生的数量和资助金额，因而难以准确地向高校提供具体的资助；高校缺乏对贫困学生家庭经济状况的了解，因而难以准确认定资

助对象；银行不了解借贷学生的偿还能力，因而放贷动力不足；政府向银行提供学生贷款风险补偿金，却不清楚银行是否积极收回贷款[①]。因而，在学生资助体系运作中，政府应发挥主导作用，通过完善制度设计从宏观上协调其他利益主体的行为；银行应遵守协定，按时足额发放贷款；高校应做好学生资助的宣传、组织、管理以及对借贷学生的信用教育，维护银行的权益；学生作为资助的直接受益者，应严格按照贷款合同履行还款职责。各利益主体互相配合，各司其责，研究生资助体系才能达到利益共赢的效果。

六 制度变迁理论

制度变迁是指一种制度框架的创新和被打破，是新制度产生、替代或改变旧制度的动态过程。当制度不能满足人们需求的时候，就会发生制度变迁。制度变迁包括诱制性制度变迁和强制性制度变迁。强制性制度变迁是一种自上而下的模式，诱致性制度变迁是一种自下而上的模式。在教育领域当一种新的具有较高效率的教育制度取代了低水平的教育制度时，就产生了教育制度变迁。[②] 教育制度的创新或更替从根本上促进了教育事业的发展。

研究生教育收费制度变迁是指研究生教育收费制度的替代、变更、废除或新制度的产生。作为高层次的研究生教育，其收费制度变迁也就是利益的转移或再分配的过程，"当环境变化引起的潜在收入增加时，制度变迁的收益可能大于成本，导致制度的非均衡化，进而引发制度变迁，形成新的制度均衡"[③]，并且只有当制度变迁的预期收益大于预期成本时，研究生教育收费制度变迁才有可能发生。

七 激励理论

早期的激励理论在管理领域运用较为普遍。20世纪初，美国人泰勒基于人性假设提出科学管理理论，认为人是经济人，追求经济利益的最大

[①] 孙涛、梁长锁：《社会资本视角下的高校贫困生资助探究》，《当代教育科学》2008年第7期。
[②] 刘小芳：《我国研究生教育制度变迁中的制度低效问题研究——基于新制度经济学的分析视角》，硕士学位论文，华中农业大学，2010年。
[③] 蒲波：《基于新制度经济学的研究生导师制改革研究》，硕士学位论文，三峡大学，2012年。

化，金钱是唯一能调动员工工作积极性的激励因素。基于泰勒的"经济人假设"，认知派心理学家开始深入探讨人的内在因素，从人的需要、目标和动机等方面来考虑如何调动人们的工作积极性，形成了比较系统的激励理论。美国心理学家赫茨伯格（F. Herzberg）提出双因素激励理论。双因素包含激励因素与保健因素。激励因素主要是指工作中能够使人产生满意感的因素，如工作业绩、工作机遇等；保健因素是指那些没有使人不满意的因素，保健因素与工作环境或工作条件联系较为紧密，如管理监督措施、人际关系等[①]。

在研究生教育层面，激励是指在学生个体具有需求和动机的前提下，针对学生个体实行内部或外部的激励，激发学生的主观能动性和学习积极性。根据赫茨伯格的双因素理论，高校在评定奖学金上，应与研究生的学业及科研成果挂钩，奖励能力突出者，发挥奖学金的激励作用，引导研究生钻研学术，取得学业成就，向更高层次的目标迈进。此外，还应重视保健因素的作用，高校发放助学金及"三助"岗位津贴为研究生学习和生活提供坚实的物质保障，是重要的保健因素。奖助学金作为重要的激励手段，对研究生培养和发展具有重要影响。在开展研究生教育实践工作中，要处理好激励因素和保健因素的关系，积极将保健因素转化为激励因素，注重发挥内在激励的作用。

---

① 李文秀：《全面收费背景下研究生奖助制度研究》，硕士学位论文，山东师范大学，2016年。

第二章

文献综述

  1978 年我国恢复研究生招生，录取了 10708 名硕士研究生。1980 年全国人大常委会通过了《中华人民共和国学位条例》[①]，1981 年，国务院批准了《中华人民共和国学位条例暂行实施办法》，我国正式实施了研究生学位制度[②]。1981—1985 年实行单一国家财政模式，研究生上学不仅免学杂费，国家还发放一定数额的生活补助和津贴。从 1985 年起，研究生教育开始实行收费和免费并存的双轨制，制定了诸如定向培养、委托培养、自筹经费和扩大计划外招生名额等政策。随着市场经济的日益发展和社会需求的日益增加，研究生教育规模逐渐扩大，教育经费需求不断增加。面对高等教育大众化以及强劲增长的研究生教育规模，高等教育财政经费日趋紧张。2008 年全国招收研究生 44.64 万人，其中博士生 5.98 万人，硕士生 38.67 万人[③]，30 年来，2008 年全国硕士研究生的招生规模已是 1978 年的 30 倍。2013 年全国研究生招生 61.14 万人，其中博士生 7.05 万人，硕士生 54.09 万人[④]。2016 年全国研究生招生 66.71 万人，其中博士生 7.73 万人，硕士生 58.98 万人[⑤]。

---

  ① 《中华人民共和国学位条例》，http：//www.moe.gov.cn/s78/A02/zfs_left/s5911/moe_619/tnull_1315.html。
  ② 《中华人民共和国学位条例暂行实施办法》，http：//www.moe.gov.cn/s78/A02/zfs_left/s5911/moe_620/tnull_3133.html。
  ③ 《2008 年全国教育事业发展统计公报》，http：//www.moe.gov.cn/s78/A03/ghs_left/s182/moe_633/201002/t20100205_88488.html。
  ④ 《2013 年全国教育事业发展统计公报》，http：//www.moe.gov.cn/srcsite/A03/s180/moe_633/201407/t20140704_171144.html。
  ⑤ 《2016 年全国教育事业发展统计公报》，http：//www.moe.gov.cn/jyb_sjzl/sjzl_fztjgb/201707/t20170710_309042.html。

2013年2月28日，财政部、国家发展改革委、教育部联合印发《关于完善研究生教育投入机制的意见》（财教〔2013〕19号，以下简称《意见》）。《意见》指出要建立健全研究生教育收费制度，全面实行研究生教育收费制度，从2014年秋季学期起，按照"新生新办法、老生老办法"的原则，向所有纳入全国研究生招生计划的新入学研究生收取学费。同时完善奖助政策体系、扩大奖助范围、提高资助标准。研究生学费标准应综合考虑不同专业研究生培养成本、当地经济发展水平、办学条件、居民经济承受能力等因素，并与本专科学费标准及已收费研究生学费标准衔接。原则上，现阶段全日制学术学位研究生学费标准，硕士生每生每年不超过8000元，博士生每生每年不超过10000元。全日制专业学位研究生以及目前已按规定实行收费政策的研究生，暂执行原收费政策[1]。

随着高等教育规模的逐渐扩大，高等教育成本分担政策在世界范围内广泛推行，高等教育学费成本向学生转移，家庭经济困难的学生完成学业的压力陡增，这一现象已不断演化成为一个亟待解决的社会问题。国内外学者就贫困生的界定、认定的指标和方法以及贫困产生的原因、特征、类型、奖助学金设置问题、受资助学生心理问题等展开了理论和实证研究，形成了较为丰富的研究成果，提出了相应的对策和建议。国内外贫困生资助的研究多集中于经济学、教育学、社会学及统计学、思想政治教育和心理学等学科视角等。

本章从理论和实践层面梳理国内外关于研究生收费、高校贫困生资助、研究生收费和研究生资助对贫困生影响的文献，从文献寻找研究思路和框架，设定研究内容和方法，突破研究重点和核心问题，提供翔实的文献依据。站在前人研究的基础上，为深入推进我国研究生培养机制的改革、完善我国研究生全面收费政策、创新高校贫困生资助体系、增强贫困生获得感，建立健全研究生资助体系、促进教育公平、提高我国研究生教育质量提供参考和借鉴。

---

[1] 《财政部、国家发展改革委、教育部关于完善研究生教育投入机制的意见》，http://www.moe.gov.cn/publicfiles/business/htmlfiles/moe/moe_1779/201303/148129.html.

第一节 国内研究综述

一 关于研究生收费的研究

2014年秋季学期起我国研究生教育已从双轨制转向了全面收费政策，研究生全面收费体制改革也已成为高等教育领域中的一个重大问题。本节通过梳理"研究生收费"在我国发生和发展变化的脉络，可以全面地认识和了解我国研究生收费政策的变迁过程、现实困境、问题、发展脉络及应对策略。本书以"研究生收费"作为检索词对 CNKI 中国知网进行全文精确检索。研究发现，我国学者于20世纪90年代中后期开始关注"研究生收费"，截至2017年12月31日，已有288篇以"研究生收费"为主题的学术论文研究。如图2-1所示。

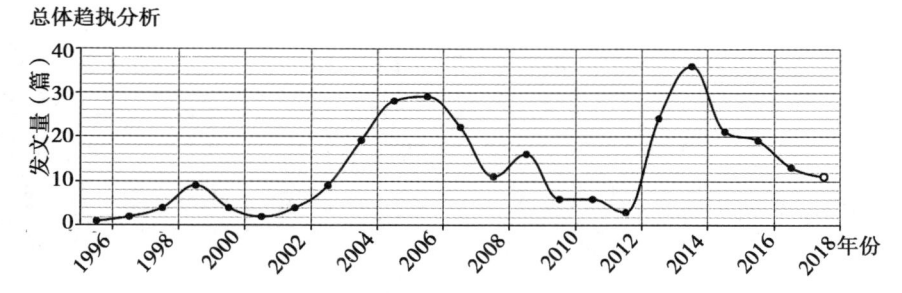

总体趋执分析

图2-1 1996—2017年有关"研究生收费"为篇名的 CNKI 检索结果
（截至2017年12月31日）

资料来源：文献总数：288篇；检索条件：发表时间 between（1990-01-01，2017-12-31）并且（主题=研究生收费或者题名=研究生收费）（精确匹配），专辑导航；全部；数据库：文献跨库检索。

2005年，教育部、国家发展和改革委员会、财政部联合提请国务院批准《关于进行研究生培养机制改革试点的通知》。通知规定拟从2006年起在北京大学、清华大学、西安交通大学、哈尔滨工业大学、华中科技大学、复旦大学、上海交通大学、武汉大学、同济大学9所高校进行研究生培养机制改革的试点[1]，这标志着研究生培养机制改革正式拉开了帷幕。在教育部、财政部的推动和支持下，研究生培养机制改革试点工作取

---

[1]《中国学位与研究生教育大记事（2005）》，《学位与研究生教育》2006年第11期。

得了较大进展。2006年,西安交通大学、哈尔滨工业大学、华中科技大学3所高等学校率先开展研究生培养机制改革的试点工作。2007年,北京大学、清华大学加入第二批试点行列,实行培养机制改革的试点高校增至17所。2008年,伴随着第三批高校加入试点,改革已推广到47所设置有研究生院的高等学校。2009年,研究生培养机制改革推广到全部中央部委属院校,同时鼓励各省(自治区、直辖市)选择省属高等学校开展改革试点工作①。

关于"研究生收费"文献的梳理是本书研究的重要基础。本书的国内文献来自中国期刊网全文数据库、中国优秀硕博论文全文数据库。鉴于2006年起,我国逐渐开始了研究生培养机制改革试点工作,并在西安交通大学、哈尔滨工业大学、华中科技大学这三所高校首先试行了研究生收费工作,由此也拉开了我国研究生收费改革的序幕,此后,国内关于"研究生收费"的研究渐渐增多,从学理和实践上探究研究生收费问题。所以,本书以2006年为"研究生收费"的研究起点,选取了2006—2017年中国期刊全文数据库及2006—2017年中国硕博论文库的期刊和硕博论文为分析对象。通过对"研究生收费"相关文献的梳理(截至2017年12月31日),经研究和分析发现,2006—2017年,我国关于"研究生收费"的研究成果逐年呈现上升的趋势。在中国优秀硕博论文数据库中,以"研究生收费"("研究生资助""研究生培养机制改革""研究生教育成本分担"等)为主题的硕士学位论文共计43篇(见表2-1)。

表2-1 2006—2017年有关"研究生收费"为主题的硕博论文检索结果

标题名	发表时间
我国硕士研究生教育收费的理据和政策研究	2006年
教育部直属高校研究生收费标准研究	2006年
研究生教育成本分担与学生资助的研究	2006年
研究生教育收费政策下学生资助研究	2007年
基于BP神经网络的高校硕士研究生收费模型研究	2007年
我国研究生教育学费制度变迁研究	2007年
研究生教育成本分担问题探析	2007年

---

① 《研究生教育培养机制改革》,http://old.moe.gov.cn//publicfiles/business/htmlfiles/moe/moe_2453/200810/40506.html。

续表

标题名	发表时间
研究生教育成本分担中的政府责任问题研究	2007 年
硕士研究生财政资助的特殊性研究	2008 年
美国研究生资助研究	2008 年
中美硕士研究生教育收费制度比较研究	2009 年
我国研究生资助制度研究	2009 年
我国当前研究生培养机制改革的问题与挑战	2009 年
研究生奖学金改革的制度解构	2009 年
我国的研究生培养机制改革及其对研究生培养质量的影响	2009 年
辽宁省研究生教育收费问题研究	2011 年
我国研究生资助政策研究	2010 年
基于研究生教育机会成本的研究生资助探索	2010 年
全日制专业学位硕士研究生资助体系研究——以广州地区四所高校为例	2013 年
场域理论视角下的研究生收费并轨政策分析	2013 年
不同学科高校硕士研究生学费价格问题研究	2014 年
我国公共政策事前评估研究——以研究生教育收费政策为例	2014 年
三圈理论视角下研究生教育收费制度改革研究	2014 年
硕士生教育全面收费制度实施的前景分析——基于对云南省昆明市呈贡大学城高校的调查	2014 年
全面收费背景下硕士研究生的激励研究	2014 年
我国研究生收费改革的政策研究	2015 年
我国研究生教育收费制度改革研究	2015 年
收费背景下地方高校硕士研究生招生制度改革研究	2015 年
当前我国研究生教育财政投入政策研究	2015 年
学费制度改革后硕士生私人教育成本对入学意愿影响的研究	2015 年
全面收费背景下研究生资助研究	2016 年
研究生收费背景下大学生考研意向影响因素研究——以山西省为例	2016 年
全面收费背景下研究生奖助政策效果评价研究——以 A 大学为例	2016 年
全面收费背景下研究生奖助制度研究——以××大学为例	2016 年
全面收费背景下我国研究生资助制度研究	2016 年
全面收费后 Z 高校研究生资助体系优化研究	2016 年
收费政策下本科生考研决策研究	2016 年
研究生资助政策对全日制硕士生学习投入的影响研究	2016 年

续表

标题名	发表时间
非定向硕士生职业期望在收费前后的比较研究——以北京市高校为例	2016 年
教育公平视角下研究生资助政策研究	2017 年
研究生全面收费政策与学业成就的关系模型及影响机制研究	2017 年
研究生全面收费政策的实施现状与限度分析	2017 年
全面收费背景下研究生学业奖学金评定制度设计	2017 年

在中国期刊全文数据库中，以 2006—2017 为文献分析年段，以篇名"研究生收费"的论文共计 161 篇，其中核心期刊 38 篇（见表 2-2）。

表 2-2　　2006—2017 年有关"研究生收费"的文献检索结果

年份	核心期刊篇数	全文期刊篇数
2006	7	24
2007	6	15
2008	1	11
2009	3	12
2010	1	2
2011	2	5
2012	0	3
2013	3	11
2014	4	23
2015	3	24
2016	3	20
2017	6	11
合计	38	161

在中国期刊全文数据库中，2006 年国内学界关于"研究生收费"的论文 24 篇，达到一个研究小高峰。此后关于"研究生收费"研究的论文数量逐渐下降，但 2013 年后，关于"研究生收费"的论文研究又逐渐攀升，呈现出一股新的研究热潮，到 2015 年已有 24 篇以"研究生收费"为篇名的学术期刊论文，仔细分析这一发文曲线图，其研究取向和研究态势背后折射出研究生培养机制改革、研究生全面收费政策出台对"研究

生收费"的影响（见图2-2）。在中国期刊全文数据库中，笔者以2006—2017为文献分析年段，以"研究生收费"为篇名进行精确检索，查阅相关核心期刊论文共计38篇（见表2-3）。

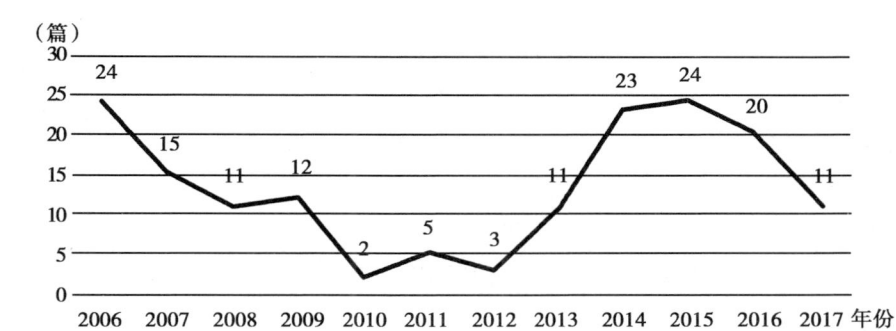

图2-2　2006—2017年有关"研究生收费"CNKI数据库期刊论文检索结果

（截至2017年12月31日）

表2-3　　　　　2006—2017年有关"研究生收费"
为篇名的核心期刊文献检索结果

作者	标题名	刊名	发表时间
陈超	研究生教育收费的制度缺失及其生成	学位与研究生教育	2006年1月
王丽丽	我国研究生教育收费问题的探讨	黑龙江高教研究	2006年3月
金红	我国研究生教育收费探讨	改革与战略	2006年3月
贡咏梅	关于研究生教育制度的探究	辽宁教育研究（现代教育管理）	2006年8月
谭宏彦、闫振龙	研究生教育收费的依据、问题及对策	学位与研究生教育	2006年9月
梁大战	我国研究生教育收费改革探微	黑龙江高教研究	2006年12月
刘增辉	研究生收费：一场小心翼翼的改革	教育与职业	2006年31月
陶红	研究生收费与资助制度改革研究	教育与经济	2007年1月
杨溪	研究生收费标准研究——基于十所教育部直属高校的分析	清华大学教育研究	2007年1月
梅锦萍	研究生收费制度的公共经济学思考	黑龙江高教研究	2007年3月
刘小艳	研究生教育收费对教育公平的影响	高教发展与评估	2007年6月
杨华	研究生教育收费的价格机制与社会问题思考	价格理论与实践	2007年7月
章甫	研究生教育收费标准的合理化改革	价格理论与实践	2007年9月

续表

作者	标题名	刊名	发表时间
楼鑫垚、张万朋	简论研究生教育收费制度体系的构建	中国成人教育	2008年13月
卢振洋、杨松令	研究生教育收费标准问题初探——以北京地区部分理工科高校为例	教育财会研究	2009年1月
西广明	试论研究生收费及相关制度的优化	价格理论与实践	2009年5月
孙燕	完善我国研究生教育收费管理的几点思考	价格理论与实践	2009年6月
毛建青、徐月	全面收费制下地方高校大学生接受研究生教育的影响因素分析——基于浙江省属高校本科生的调查	教育科学	2010年4月
樊华强	困境与出路：我国研究生收费政策的理性思考	黑龙江高教研究	2011年6月
刘强	研究生教育收费问题国际比较	中国高等教育	2011年20月
吴唐风	研究生教育收费背景下的资助体系构建	思想教育研究	2013年10月
张旭路	研究生教育收费制度改革对高校发展的影响	人民论坛	2013年11月
魏红梅、陈宇	研究生"全面收费"政策的合理性研究	研究生教育研究	2014年4月
衣萌、王腾飞、牟晖、徐淑贤	发达国家研究生收费制度与资助体系比较研究	学位与研究生教育	2014年5月
毛建青、谢玲霞	全日制专业学位硕士研究生收费研究	财会通讯	2014年6月
魏静	利益相关者视角下研究生收费制度博弈关系研究	研究生教育研究	2014年8月
赵军	全面实行收费制背景下研究生资助制度：挑战、问题与对策	学位与研究生教育	2015年3月
李博	研究生教育收费并轨制的必然与应然分析	教育探索	2015年8月
李本松	研究生教育全面收费政策之解析	黑龙江高教研究	2015年9月
郑飞中、刘洁、吕建新	研究生教育收费制改革的特征与制度优化——基于制度变迁的视角	学位与研究生教育	2016年2月
杨秀芹	研究生收费政策变迁的过程与实质	研究生教育研究	2016年10月
陈冲	研究生全面收费政策的外部性考量及建议	当代教育科学	2016年11月
方蕾蕾、冯永刚	困惑与抉择：利益博弈视角下的研究生教育收费制度改革	教育科学	2017年1月
杨秀芹、李茜	研究生全面收费政策与学生学业成就的关系模型及影响机理研究	教育与经济	2017年3月
杨秀芹、李茜	研究生全面收费政策的效用与局限	研究生教育研究	2017年6月

续表

作者	标题名	刊名	发表时间
杨秀芹、左佩莹	全面实行研究生教育收费制度的政策分析：目标、限度与改进	学位与研究生教育	2017年8月
杨秀芹	研究生全面收费政策的限度与突破	国家教育行政学院学报	2017年10月
洪柳、李娜	美英研究生教育收费制度变迁研究及其现实启示	黑龙江高教研究	2017年11月

在中国期刊全文数据库中，检索2006—2017年"研究生收费"为篇名的核心论文共计38篇。分别在《学位与研究生教育》《黑龙江高教研究》《研究生教育研究》《价格理论与实践》《教育与经济》《教育科学》《中国高等教育》《清华大学教育研究》《国家教育行政学院学报》《高教发展与评估》《现代教育管理》《教育财会研究》《当代教育科学》《思想教育研究》《人民论坛》《改革与战略》《财会通讯》《教育探索》《教育与职业》《中国成人教育》20类CSSCI和北大核心期刊上刊发。其中，《学位与研究生教育》发文6篇，《黑龙江高教研究》发文6篇，《研究生教育研究》发文4篇，《价格理论与实践》发文4篇，《教育与经济》《教育科学》发文2篇，其余核刊各发文1篇；《学位与研究生教育》《黑龙江高教研究》《研究生教育研究》等核心学术期刊大力关注研究生培养机制改革，推进研究生收费、研究生奖助政策体系的改革研究，成为国内学术界刊发"研究生收费"研究论文的核心阵营（见图3）。

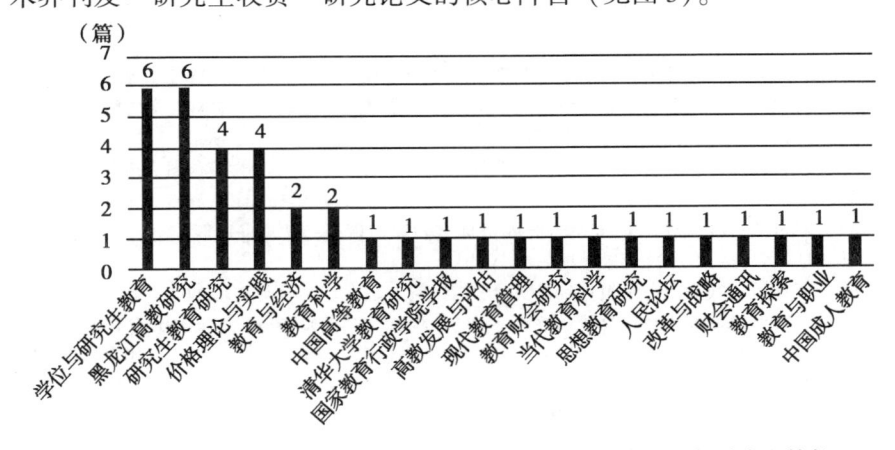

图2-3　2006—2017年有关"研究生收费"为篇名的核心期刊论文篇数

（截至2017年12月31日）

本节梳理了中国期刊全文数据库 2006—2017 年关于"研究生收费"的核心文献，通过文献的梳理和分析，提炼和总结了 2006—2017 年来我国关于"研究生收费"研究的理论基础、研究范式方法、研究问题困惑、研究进展策略等，对研究生全面收费政策的理论研究、研究生全面收费政策的实践探索、研究生收费的国际比较、研究生收费政策的完善与构建等进行文献综述，展望"研究生收费政策"的改革和发展趋向。

（一）研究生收费政策的理论研究

1. 研究生收费政策的理论基础研究

研究生全面收费是研究生培养机制改革的内容之一。贡咏梅（2006）认为大学本专科收取学费，加快了研究生教育收费的步伐。研究生收费的理论基础是人力资本理论[①]。梁大战（2006）认为我国研究生教育收费的理论基础是社会责任说理论、人力资本理论和教育成本分担理论[②]。金红（2006）从人力资本理论、公共产品理论、成本补偿理论探讨了我国研究生收费的经济学基础；从教育公平的视角探讨了我国研究生收费的社会学基础[③]。谭宏彦、闫振龙（2006）认为研究生收费的理论基础是人力资本理论、成本分担理论、社会公平正义理论、教育产品属性论[④]。卢振洋、杨松令（2009）[⑤]、王丽丽（2006）[⑥]、刘小艳（2007）[⑦] 认为研究生教育收费的理论基础是准公共产品理论、人力资本理论。杨华（2007）[⑧]、章甫（2007）[⑨] 从教育经济学理论的视角对我国研究生教育收费进行了理性思考。

樊华强（2011）[⑩]，魏红梅、陈宇（2014）[⑪] 认为萨缪尔森的"公共

---

① 贡咏梅：《关于研究生收费教育制度的探究》，《辽宁教育研究》2006 年第 8 期。
② 梁大战：《我国研究生教育收费改革探微》，《黑龙江高教研究》2006 年第 12 期。
③ 金红：《我国研究生教育收费探讨》，《改革与战略》2006 年第 3 期。
④ 谭宏彦、闫振龙：《研究生教育收费的依据、问题及对策》，《学位与研究生教育》2006 年第 9 期。
⑤ 卢振洋、杨松令：《研究生教育收费标准问题初探——以北京地区部分理工科高校为例》，《教育财会研究》2009 年第 1 期。
⑥ 王丽丽：《我国研究生教育收费问题的探讨》，《黑龙江高教研究》2006 年第 3 期。
⑦ 刘小艳：《研究生教育收费对教育公平的影响》，《高教发展与评估》2007 年第 6 期。
⑧ 杨华：《研究生教育收费的价格机制与社会问题思考》，《价格理论与实践》2007 年第 7 期。
⑨ 章甫：《研究生教育收费标准的合理化改革》，《价格理论与实践》2007 年第 9 期。
⑩ 樊华强：《困境与出路：我国研究生收费政策的理性思考》，《黑龙江高教研究》2011 年第 6 期。
⑪ 魏红梅、陈宇：《研究生"全面收费"政策的合理性研究》，《研究生教育研究》2014 年第 2 期。

产品理论"和约翰·斯通的"成本分担理论"和人力资本理论是研究生收费的理论基础。从投资回报的角度分析，研究生教育是一种人力资本投资，可以提高受教育者的未来收益和社会地位，受教育者的个人收益率大于社会收益率。魏静（2014）在利益相关者视角下探讨研究生收费制度的博弈关系。

李博（2015）认为研究生教育收费并轨制有其理论基础[①]。从教育公共产品理论、人力资本理论、教育成本分担理论、利益相关者理论、公平效率理论的视角分析了研究生收费的合理性和必然性。研究生收费关系到政府、高校、社会和个人等群体的利益，有各自的利益诉求；研究生收费并轨政策体现了公平效率理论，符合研究生教育发展的规律和趋势，促进社会的稳定和发展。

2. 研究生收费制度研究

刘增辉（2006）[②]认为研究生收费制是研究生培养机制试点改革的尝试，研究生收费制意味着双轨制的终结。研究生收费改革的目标在于建立导师责任制和导师资助制。研究生实行收费制有利于调动研究生学习的积极性和主动性，争取短期和长期回报，有利于人才培养。

梅锦萍（2007）[③]从公共经济学的视角对研究生收费制度进行分析，从成本与效益的角度对研究生收费进行经济核算，从效率与公平的视角提出研究生收费制度亟待制度创新；研究表明研究生教育的私人属性大于公共属性；研究生教育收费是一种显性的投资成本，会在一定程度上激发受教育者通过努力得到成本补偿，带来一定的科研产出，提高研究生培养质量，研究生收费制度的关键在于要有配套的奖助机制。

楼鑫垚、张万朋（2008）[④]认为构建研究生收费制度体系，要解决研究生收费标准的依据、研究生收费政策的配套制度等核心问题，兼顾公平与效率；公开高校信息制度，分级、分类实施高校研究生教育成本核算，体现差异性；建立研究生教育的"成本—效用"评价体系；健全配套制度。西广明（2009）[⑤]认为我国研究生收费制度变迁经历了全免费制度、

[①] 李博：《研究生教育收费并轨制的必然与应然分析》，《教育探索》2015年第8期。
[②] 刘增辉：《研究生收费：一场小心翼翼的改革》，《教育与职业》2006年第31期。
[③] 梅锦萍：《研究生收费制度的公共经济学思考》，《黑龙江高教研究》2007年第3期。
[④] 楼鑫垚、张万朋：《简论研究生教育收费制度体系的构建》，《中国成人教育》2008年第13期。
[⑤] 西广明：《试论研究生收费及相关制度的优化》，《价格理论与实践》2009年第5期。

双轨制、并轨制。研究生培养机制改革的核心是导师负责制和资助制。

郑飞中等（2016）① 基于制度变迁的视角，介绍了我国研究生收费制度变迁的历程，我国研究生收费制改革表现出显著的自上而下的强制性制度变迁的特征，也存在自下而上的诱致性制度变迁的特征；研究生收费制度变迁在教育投入、对研究生公平性的质疑、促进投资者间责权利的耦合上有突破。

杨秀芹、李茜（2016）认为研究生收费政策变迁在研究生教育改革与发展进程中贯穿始终。我国研究生收费政策历经了由"零收费"到"自费与公费兼有"再到"全部自费"的过程，凸显了政府主导性、渐进性、动态性和局部性等主要特点，其变迁的实质旨在动态调整变革政府、高校、学生等之间的利益关系，使其处于均衡状态②。

3. 研究生收费的意义

贡咏梅（2006）③，谭宏彦、闫振龙（2006）④，刘增辉（2006）⑤，梁大战（2006），金红（2006）⑥，卢振洋、杨松令（2009）⑦⑧ 认为研究生教育收费有利于增加高等教育经费投入，扩大研究生教育规模，激发研究生学习的积极性和主动性，补偿教育成本，获取短期和长期回报，提高研究生培养质量，改革和优化研究生管理体制，促进学校加强学科建设，调整专业结构，优化课程设置，加强导师资助制的责任，建立奖学金、贷款、助学金、勤工助学、减免学杂费等研究生资助制度；促进基础教育的健康发展。

李本松（2015）认为实行研究生教育全面收费和成本共担政策能够更大程度地保障对义务教育经费的投入，确保教育经费投入效率和效益，有利于我国的社会公平的建设，满足更多人接受教育的权利，保障弱势群

---

① 郑飞中、刘洁、吕建新：《研究生教育收费制改革的特征与制度优化——基于制度变迁的视角》，《学位与研究生教育》2016 年第 2 期。
② 杨秀芹、李茜：《研究生收费政策变迁的过程与实质》，《研究生教育研究》2016 年第 5 期。
③ 贡咏梅：《关于研究生收费教育制度的探究》，《辽宁教育研究》2006 年第 8 期。
④ 谭宏彦、闫振龙：《研究生教育收费的依据、问题及对策》，《学位与研究生教育》2006 年第 9 期。
⑤ 刘增辉：《研究生收费：一场小心翼翼的改革》，《教育与职业》2006 年第 31 期。
⑥ 梁大战：《我国研究生教育收费改革探微》，《黑龙江高教研究》2006 年第 12 期。
⑦ 金红：《我国研究生教育收费探讨》，《改革与战略》2006 年第 3 期。
⑧ 卢振洋、杨松令：《研究生教育收费标准问题初探——以北京地区部分理工科高校为例》，《教育财会研究》2009 年第 1 期。

体的利益，提高国民素质，促进教育公平，还可以去除行政腐败和学术腐败现象，铲除行政腐败和学术腐败的"寻租"空间[①]。

关于我国研究生收费政策的理论研究，笔者从研究生收费政策的理论基础研究、研究生收费制度研究、研究生收费的意义这三个方面对相关核心文献进行梳理和研究。研究生收费政策体现了公共产品理论、成本分担理论、人力资本理论、教育公平理论、利益相关者理论、制度变迁理论等；研究生收费政策历经了免费的单轨制、免费和收费并存的双轨制到收费的单轨制。取消公费制，实行研究生全面收费制度，可以有效缓解政府对研究生教育的财政投入压力，增加研究生教育经费来源途径，促进社会公平正义和稳定发展；打破"公费生"特权，保障贫困生接受研究生教育的合法权益；增加研究生教育成本补偿意识，激发研究生潜心求学，刻苦钻研，通过努力，不断提升科研素养和研究能力，增加科研成果产出，获取研究生国家奖学金、研究生学业奖学金、研究生国家助学金等，发挥研究生收费政策对研究生求学的激励性、竞争性作用。但研究生收费政策应有合理的收费标准依据，实施研究生教育成本核算，体现不同高校、不同学科、不同专业研究生收费的差异化；并相应做好研究生教育配套政策体系建设，推进研究生导师责任制和研究生导师资助制建设，保障贫困研究生的切身利益，完善研究生奖助政策体系，切实发挥研究生收费"奖优助困"的政策效果，全面提高研究生教育培养质量。

（二）我国研究生收费政策的实践探索

1. 研究生收费的可行性研究

贡咏梅（2006）[②]认为大学本专科收取学费，加快了研究生教育收费的步伐。刘小艳（2007）[③]从研究生教育规模的快速扩大导致研究生教育经费短缺的现实数据情况、本专科教育成本补偿政策的顺利实行为研究生教育收费奠定了有利的社会舆论基础等理论视角和客观事实方面，论证了研究生教育收费制度的必要性和可行性。

章甫（2007）[④]探讨了我国研究生收费的必要性和合理性。楼鑫垚、

[①] 李本松：《研究生教育全面收费政策之解析》，《黑龙江高教研究》2015年第9期。
[②] 贡咏梅：《关于研究生收费教育制度的探究》，《辽宁教育研究》2006年第8期。
[③] 刘小艳：《研究生教育收费对教育公平的影响》，《高教发展与评估》2007年第6期。
[④] 章甫：《研究生教育收费标准的合理化改革》，《价格理论与实践》2007年第9期。

张万朋（2008）[①] 探讨了研究生教育成本补偿的合理性和合法性。在我国目前高等教育资源有限以及研究生培养机制改革实施的情况下，研究生收费不但可以分担和补偿高等教育成本，还可以合理配置和优化教育资源、提高研究生教育质量、促进研究生教育事业健康有序发展。

魏红梅、陈宇（2014）[②] 分析了研究生"全面收费"政策的合理性。研究生教育规模扩张、国家财政性教育经费紧张、收费试点工作的顺利推进为"全面收费"政策提供了现实基础。

李本松（2015）[③] 认为研究生教育存在旺盛的需求，研究生全面收费政策可以转向成本分担制，让受教育者承担一部分教育成本，缓解国家教育财政投入的压力。

李博（2015）[④] 在实践操作层面做了研究生收费并轨政策的可行性分析。中国社会经济发展和人民生活水平的提高为研究生收费并轨政策提供了物质保障。研究生助学贷款、奖学金、助学金、"三助"等奖助政策体系的补偿和支持为研究生收费并轨政策提供了可能。逐步推进和放开的研究生收费试点改革为研究生全面收费政策的实施奠定了实践操作的基础。中国本科教育实行的收费制度为研究生收费提供了理论基础和实践依据。

2. 研究生收费政策的困境与问题

（1）研究生收费政策的困境。梁大战（2006）[⑤]，谭宏彦、闫振龙（2006）[⑥] 认为研究生教育收费会对贫困研究生入学机会造成影响，没有配套的激励保障措施，就会使具有相同学习能力的贫困生丧失接受研究生教育的机会和权利，严重损害教育公平；研究生教育收费存在收费标准不明确和贫困生资助的问题。

章甫（2007）[⑦] 认为研究生学费标准过高、增长过快，会引发社会问

[①] 楼鑫垚、张万朋：《简论研究生教育收费制度体系的构建》，《中国成人教育》2008 年第 13 期。

[②] 魏红梅、陈宇：《研究生"全面收费"政策的合理性研究》，《研究生教育研究》2014 年第 2 期。

[③] 李本松：《研究生教育全面收费政策之解析》，《黑龙江高教研究》2015 年第 9 期。

[④] 李博：《研究生教育收费并轨制的必然与应然分析》，《教育探索》2015 年第 8 期。

[⑤] 梁大战：《我国研究生教育收费改革探微》，《黑龙江高教研究》2006 年第 12 期。

[⑥] 谭宏彦、闫振龙：《研究生教育收费的依据、问题及对策》，《学位与研究生教育》2006 年第 9 期。

[⑦] 章甫：《研究生教育收费标准的合理化改革》，《价格理论与实践》2007 年第 9 期。

题。研究生收费应考虑研究生教育成本、家庭经济承受能力等因素。孙燕（2009）[1]指出我国研究生收费管理主要存在三个方面的问题：研究生教育体制与财政拨款体制不协调给收费管理改革带来困难；收费管理未体现对目标定位和培养要求不同研究生的差别化；实行研究生培养机制改革的高校陷入两难。西广明（2009）[2]认为研究生收费会遭遇贫困生支付能力窘迫、研究生资助政策不完善等问题。

毛建青、谢玲霞（2014）[3]认为我国全日制专业学位硕士研究生收费现状表现出热门专业收费高、市场化程度较高、收费政策标准不一等问题。李本松（2015）[4]认为研究生全面收费政策会导致极少数特困生因无法筹集到学费而放弃接受研究生教育；给部分贫困生带来经济、心理和精神上的压力。

郑飞中等（2016）[5]认为研究生全面收费制存在现实困境，政府对研究生全面收费政策意图的解释还较为粗放，未能确定研究生教育学费标准、各类奖助学金的标准；政府、高校、研究生及家庭的相关权利未能完全落实，研究生教育的多元筹资体系还未形成。

陈冲（2016）[6]探析研究生全面收费政策的现实困境。认为现阶段国家研究生教育经费来源和收入并未增多；研究生全面收费政策对大学生的读研意愿会产生影响，家庭收入状况会显著影响大学生的读研意愿，全面收费政策并未解决我国教育经费投入单一的问题。

方蕾蕾、冯永刚（2017）[7]认为研究生收费制度最大的利益相关者是研究生主体；然而研究生教育收费制度面临着正和博弈下对教育公平的诘问，教育成本分担引发新的研究生教育财政压力，研究生身份转变引发研究生个人职业生涯规划困境。

---

[1] 孙燕：《完善我国研究生教育收费管理的几点思考》，《价格理论与实践》2009年第6期。
[2] 西广明：《试论研究生收费及相关制度的优化》，《价格理论与实践》2009年第5期。
[3] 毛建青、谢玲霞：《全日制专业学位硕士研究生收费研究》，《财会通讯》2014年第18期。
[4] 李本松：《研究生教育全面收费政策之解析》，《黑龙江高教研究》2015年第9期。
[5] 郑飞中、刘洁、吕建新：《研究生教育收费制改革的特征与制度优化——基于制度变迁的视角》，《学位与研究生教育》2016年第2期。
[6] 陈冲：《研究生全面收费政策的外部性考量及建议》，《当代教育科学》2016年第21期。
[7] 方蕾蕾、冯永刚：《困惑与抉择：利益博弈视角下的研究生教育收费制度改革》，《教育科学》2017年第1期。

（2）研究生收费标准的问题。章甫（2007）[①]认为应改革研究生教育收费标准，制定合理的研究生教育成本分担比例和教育成本核算方法，关注弱势群体，保障贫困研究生受教育的权利和利益，维护教育公平。体现能力支付原则；关注社会经济发展与专业结构的变化，适时调整专业标准，体现动态性原则。杨华（2007）[②]分析和思考了研究生教育收费的价格机制与社会问题，提出制定差异的、动态的研究生教育收费标准，建立健全相关配套改革措施，建立政府管制与市场调节相结合的收费机制。郑飞中、刘洁、吕建新（2016）[③]认为研究生全面收费政策未能确定合理的研究生学费标准以及各类奖助学金的标准。

（3）研究生资助体系问题研究。吴唐风（2013）[④]认为在研究生教育收费背景下，研究生资助政策将发挥更加重要的作用。我国研究生资助体系在资助方式、结构、范围和效果上仍存在许多问题。我国研究生资助水平、范围有限；研究生资助政策缺乏针对性；社会资源挖掘不够，奖助资金来源渠道单一；部分研究生还贷诚信度不高，助学贷款困难重重。以研究生奖学金、助学金、勤工助学金、助学贷款、学费减免及其他项目为主体系统构建研究生资助体系，是当前一个重要而紧迫的任务。

赵军（2015）[⑤]认为研究生资助制的主要问题是研究生国家助学金制度的发放方式偏颇与财政依赖明显，研究生国家奖学金制度评审指标模糊与后期监管缺失，研究生学业奖学金制度划拨标准不明和调节功能受限，研究生"三助"制度激励机制缺乏与经费保障不力，研究生国家助学贷款制度违约风险较大，申请条件狭隘。

关于研究生教育收费政策的困境与问题，笔者从研究生教育收费政策的困境、研究生教育收费标准的问题、研究生资助体系问题研究这三个方面对相关核心文献进行梳理和分析。上述研究，笔者探讨了研究生教育收费的可行性，研究生教育收费标准，教育公平，研究生教育财政拨款，研

---

① 章甫：《研究生教育收费标准的合理化改革》，《价格理论与实践》2007年第9期。
② 杨华：《研究生教育收费的价格机制与社会问题思考》，《价格理论与实践》2007年第7期。
③ 郑飞中、刘洁、吕建新：《研究生教育收费制改革的特征与制度优化——基于制度变迁的视角》，《学位与研究生教育》2016年第2期。
④ 吴唐风：《研究生教育收费背景下的资助体系构建》，《思想教育研究》2013年第10期。
⑤ 赵军：《全面实行收费制背景下研究生资助制度：挑战、问题与对策》，《学位与研究生教育》2015年第3期。

究生教育经费投入单一，研究生教育全面收费政策对贫困生带来的经济影响、心理影响、精神和行为影响，贫困生资助不充分，研究生奖助政策体系不完善等问题。研究生教育全面收费政策从双轨制到并轨制，意味着研究生教育公费制的取消，实行全面的研究生教育收费制度。一项政策的出台意味着新的政策取代旧的政策，旧的政策不再能满足利益群体的需求，于是新的政策应运而生，这是一种具有更高效率和效益的产生过程。笔者认为，研究生教育全面收费政策执行后，必然会对不同利益群体产生作用和影响，不同的利益相关者在面临新的政策时，会产生新的现实困境和问题。政府、高校、研究生及家庭等不同利益相关者的权利未能得到有效满足，研究生教育多元筹资体系还未健全，研究生教育培养经费供需矛盾突出，研究生教育收费标准不合理，贫困生资助力度、资助范围、资助渠道有限，研究生教育成本分担不健全，研究生导师资助制、研究生教育资助体系不完善，研究生教育全面收费政策与研究生教育培养质量关系等问题需要加大关注，重点研究，设计解决方案，优化研究生教育全面收费政策的路径。

（三）研究生收费和奖助政策体系的实证研究

陶红（2007）[1]对研究生收费与资助制度改革研究进行了研究。在研究生教育收费政策中，以大连理工大学和哈尔滨工业大学为例，分别测算了两校硕士研究生和博士研究生的人均学年培养成本；在科研为主的奖助制度中，实证分析了西安交通大学改革前后研究生奖助金，北京大学、清华大学、浙江大学、哈尔滨工业大学研究生奖助学金，大连理工大学优秀研究生奖学金数据，实证研究表明在研究生教育收费改革试点期间，我国已初步建立了以奖学金、助学金（三助岗位）、特别困难补助、国家助学贷款为主的研究生资助体系。

杨溪（2007）[2]实证分析研究了十所教育部直属高校研究生的收费标准。参照林荣日的估算方法，将整个研究生培养过程按学习和研究两个阶段，分别计算十所直属高校研究生生均年度培养成本；研究发现东部高校研究生生均成本低于中西部地区，博士研究生生均成本高于硕士研究生；硕士研究生学费占研究生生均培养成本的比例高于博士研究生。东部地区

---

[1] 陶红：《研究生收费与资助制度改革研究》，《教育与经济》2007年第1期。
[2] 杨溪：《研究生收费标准研究——基于十所教育部直属高校的分析》，《清华大学教育研究》2007年第1期。

博士、硕士研究生学费比例均值高于中西部地区博士、硕士研究生；农林类高校研究生收费低于其他类别高校。

卢振洋、杨松令（2009）[①] 以北京地区部分理工科高校为例，探究研究生教育收费标准，测算北京市5所理工科高校的研究生年平均培养成本。提出研究生收费标准应建立在生均培养成本之上，但研究生收费标准须考虑不同专业的现行收费水平和预期收入水平、不同学校的差异、学生个人和家庭的承受能力，收费标准上限不能超过高校生均定额拨款；在对北京市51所、广东省12所、上海市18所高校的研究生教育收费标准进行调查后，提出硕士研究生的收费标准在0.8万—1.2万元，博士研究生的收费标准在1万—1.4万元。

毛建青、徐月（2010）[②] 对浙江省杭州市两所高校330名本科生开展研究生全面收费制度对地方高校大学生的读研意愿及影响因素的调查研究。调查表明，不管大学生来自农村还是城镇，家庭住址位于哪个地区，考研意愿都很强烈；在家庭年收入对大学生考研意愿的影响中，家庭年收入在1万—3万元和9万元以上的大学生考研意愿强烈，大学生学费大多来自父母支付，大多数大学生因为受到学校老师的引导和鼓励考研，大学生是否接受研究生教育的意愿与资助体系之间的关系不大，研究生奖学金占学费的比例为60%—80%以及研究生学费标准定在10000—15000元，学生比较容易接受。

杨秀芹、李茜（2017）[③] 探析了研究生全面收费政策与学生学业成就的关系模型及影响机理；对研究生全面收费政策的有效性和研究生对收费政策的满意度进行调查研究。在梳理大量中外文献的基础上，建立研究生全面收费政策对学生学业成就影响机制的理论假设，应用结构方程模型对理论假设进行了实证分析；选取全国16所高校，在全日制硕博研究生中发放调查问卷2000份，其中有效样本1471份，采用AMO和SPSS软件进行数理统计分析。结果表明：第一，研究生全面收费政策对学生学业成就具有正向影响效应；第二，研究生全面收费政策对学生学习动机具有正向

[①] 卢振洋、杨松令：《研究生教育收费标准问题初探——以北京地区部分理工科高校为例》，《教育财会研究》2009年第1期。

[②] 毛建青、徐月：《全面收费制度下地方高校大学生接受研究生教育的影响因素分析——基于浙江省属高校本科生的调查》，《教育科学》2010年第4期。

[③] 杨秀芹、李茜：《研究生全面收费政策与学生学业成就的关系模型及影响机理研究》，《教育与经济》2017年第2期。

影响效应；第三，学习策略在研究生全面收费政策与学生学业成就关系上起中介作用。研究验证了研究生全面收费政策对学生学业成就的直接与间接影响，对完善研究生全面收费政策具有参考价值，对提高研究生学业成就具有实际意义。

关于研究生教育收费和奖助政策的实证研究，《研究生收费与资助制度改革研究》《研究生收费标准研究——基于十所教育部直属高校的分析》《研究生教育收费标准问题初探——以北京地区部分理工科高校为例》《全面收费制度下地方高校大学生接受研究生教育的影响因素分析——基于浙江省属高校本科生的调查》《研究生全面收费政策与学生学业成就的关系模型及影响机理研究》上述文献采用实证调研、结构方程模型、数理统计分析的方法对研究生教育收费和奖助政策进行量化研究。研究生收费和奖助政策的实证研究丰富和拓展了研究生教育的研究范式，使研究生教育的科学研究不仅停留在对研究生教育收费政策的理论研讨上，而是依据研究生收费政策的理论基础，结合研究收费政策在实践操作中存在的困境和问题，实证探究研究生收费政策的核心问题，具体测算研究生生均教育培养成本，探究科学合理的研究生收费标准以及研究生教育成本分担比例等；实证调查分析研究生收费政策对本科生读研意愿的影响及其相关影响因素，探析研究生收费政策对研究生学业的影响。2014年秋季学期起研究生收费政策执行已四年，研究生收费政策和奖助政策的实施现状、研究生对研究生收费政策的满意度、研究生收费政策对研究生教育培养质量的关系等都需要采用实证研究的范式和量化分析的方法，深入具体地开展实证研究，构建模型、进行数理统计分析，评估研究生收费政策的效用，构建客观的标准和合理的指标体系评价研究生收费政策。

(四) 研究生收费政策构建与完善

1. 我国研究生收费提升策略研究

陈超 (2006)[①]认为研究生收费是大势所趋。加快研究生收费制度设计，增加制度供给，是保证研究生合法权益、推动研究生合理收费的制度保障。梁大战 (2006)[②]提出研究生收费标准要考虑研究生教育的人均培养成本、毕业研究生在劳动力市场上的供求和预期收益、学生负担能力、

---

① 陈超:《研究生教育收费的制度缺失及其生成》,《学位与研究生教育》2006年第1期。
② 梁大战:《我国研究生教育收费改革探微》,《黑龙江高教研究》2006年第12期。

地区经济发展水平差异、与本科生收费相衔接等因素；主管部门要对研究生收费加强监管；加强对贫困生的资助，建立完善的奖学金制度和合理的贷学金制度，设立三助岗位，实行弹性学制。

王丽丽（2006）[①]认为研究生收费要处理好政府与高校的关系，协调好政府控制和学校自主权力下放的关系，政府在对学校教育经费确定评估标准时，也应组织社会组织对学校进行评估；研究生收费制度实施中要按照生均教育成本、学校层次和学科专业、不同经济状况和财政模式、地区差异等确定学费标准；配套研究生收费制度改革的保障措施，保障贫困生的权利，建立研究生助学贷款制度、研究生科研基金，提高研究生培养质量；不断完善研究生个人信用系统，建立健全研究生收费的法制体系；明确研究生教育成本项目，建立成本约束机制，加强和完善研究生教育成本核算体系；建立有差别的、动态的研究生收费标准调整机制。

孙燕（2009）[②]对完善我国研究生收费管理提出了对策建议：探索与资助体系配套的财政拨款、收费政策；对学术型与应用型研究生实行分类收费管理；政府制定分类高校的学费标准，学校通过奖学金调节专业差异；完善研究生培养成本监审办法。西广明（2009）[③]对研究生收费及其相关制度优化提出了建议。研究生收费应进一步加强成本分担理论的研究及运用，以培养成本及个人收益预期为出发点，突出专业等的差距；完善研究生资助政策，进一步完善导师负责制，建立健全资助体系，设立并规范"三助"岗位，控制规模；深化财政制度改革。

吴唐风（2013）[④]对系统构建研究生资助体系提出了建议。坚持"公平为主，兼顾效率"的构建理念；加快研究生资助体系制度建设，设立专职行政管理部门；实施"引进来，走出去"的策略，扩大资助经费来源渠道。毛建青、谢玲霞（2014）[⑤]对我国全日制专业学位硕士研究生收费现状提出了全面收费的政策建议；认为要根据实际情况，针对不同地

[①] 王丽丽：《我国研究生教育收费问题的探讨》，《黑龙江高教研究》2006年第3期。

[②] 孙燕：《完善我国研究生教育收费管理的几点思考》，《价格理论与实践》2009年第6期。

[③] 西广明：《试论研究生收费及相关制度的优化》，《价格理论与实践》2009年第5期。

[④] 吴唐风：《研究生教育收费背景下的资助体系构建》，《思想教育研究》2013年第10期。

[⑤] 毛建青、谢玲霞：《全日制专业学位硕士研究生收费研究》，《财会通讯》2014年第18期。

区、学校及学科特点建立科学的分类指导收费体系，并以"扩大助学金范围、提高奖学金力度"为保障。

李本松（2015）认为针对研究生全面收费政策的新问题，建立和完善研究生助学贷款制度；针对不同的学科专业对国民经济发展和个人收益的不同情况，制定不同的研究生收费标准；针对贫困研究生，建立多种配套制度，实行弹性学分制、差别化收费制、扩大研究生"三助"渠道，全方位地给贫困研究提供支持和帮助。赵军（2015）[①]针对研究生资助体系现存问题提出了改革的路径，明晰资助功能定位，克服财政资金依赖，加强研究生多元化资助渠道建设，改进奖助管理办法，推动资助方式转型，完善诚信监督机制以及发布资助工作报告等。

陈冲（2016）[②]认为研究生全面收费政策在实施中应该制定差异化的收费标准，健全研究生资助体系，实行弹性学制，拓展资金来源渠道，规范研究生教费的法制化建设。郑飞中等（2016）[③]提出优化研究生收费制改革制度的对策建议。强化收费制的导向意义、给高校招生自治权，推进研究生招生、录取制度改革，建立研究生培养类型和专业布局结构调整机制；明确研究生教育学费定价权，科学核算研究生教育培养成本，建立以成本核算为基础的差别化高校定价原则；真正发挥奖助体系的激励和保障功能；优化研究生教育经费结构，提升高校研究生教育经费筹措能力。方蕾蕾、冯永刚（2017）[④]提出研究生收费制度的相应改进措施，坚持差异化发展，完善研究生成本分担模式，丰富研究生职业发展路径，完善研究生收费制度。

2. 研究生收费的国际比较研究

谭宏彦、闫振龙（2006）[⑤]研究发现美国、加拿大和日本等国的研

---

① 赵军：《全面实行收费制背景下研究生资助制度：挑战、问题与对策》，《学位与研究生教育》2015年第3期。

② 陈冲：《研究生全面收费政策的外部性考量及建议》，《当代教育科学》2016年第21期。

③ 郑飞中、刘洁、吕建新：《研究生教育收费制改革的特征与制度优化——基于制度变迁的视角》，《学位与研究生教育》2016年第2期。

④ 方蕾蕾、冯永刚：《困惑与抉择：利益博弈视角下的研究生教育收费制度改革》，《教育科学》2017年第1期。

⑤ 谭宏彦、闫振龙：《研究生教育收费的依据、问题及对策》，《学位与研究生教育》2006年第9期。

究生教育，基本上都是政府、学校和个人共同承担费用。刘强（2011）[①] 选取了美国、英国、法国、德国、澳大利亚、日本和我国的香港地区对研究生教育收费体制类型、收费标准的原则和依据以及现实的教育收费标准进行比较。研究生收费主要有两种模式：一种是美国、英国、日本、澳大利亚等国和我国的香港地区，实行研究生收费，政府、学校和个人共同承担教育成本的多元化筹资模式。另一种是德国、法国，其研究生教育不收取学费。德国和法国，其研究生通过提供劳务或以"三助"形式取得助学金，获取资助和冲抵学费。采取收费模式的国家没有统一的收费标准，每个国家和地区的不同高校、学科都有不同的收费标准，大都有最低标准和最高标准限制，研究生学费呈现出差异化和多样化。成本补偿是部分国家或地区的研究生教育收费的重要出发点，学费应该反映教育的直接成本。

衣萌等（2014）[②] 分析了美国、英国和法国研究生收费制度与资助体系，为我国研究生收费与资助工作提供对策。美国研究生收费采用分段式收费，全方位资助的方式，收费标准完全由市场来确定，因学校、专业、研究生项目不同而不同，美国研究生资助体系的资金来源多，资助形式多，范围覆盖广，资助力度强，政策法规强；美国研究生收费采取高收费、高资助的政策。英国研究生教育采取先上学后收费，先评价后资助的模式，研究生毕业工作后，再分期还款，最长还款期不超过 25 年，有效解决了贫困研究生入学问题。法国研究生教育采取公私差异化收费，国家一体化资助的模式。法国已建立了国家主导的研究生全面资助体系。

洪柳、李娜（2017）[③] 梳理了美英研究生收费制度的变迁历程、特点和经验。美国研究生收费经历了个人承担、政府承担、多主体共同承担研究生学费三个阶段，呈现绩效拨款的趋势；美国研究生收费制度改革具有私立性、市场化、社会性、多元化、资助性、公平性、法制化、效率性等特点。英国研究生收费经历了政府承担研究生学费、政府资助转向个人缴纳学费并享有助学贷款、免除公费教育转向收取研究生学费的市场化三个

[①] 刘强：《研究生教育收费问题国际比较》，《中国高等教育》2011 年第 20 期。

[②] 衣萌、王腾飞、牟晖、徐淑贤：《发达国家研究生收费制度与资助体系比较研究》，《学位与研究生教育》2014 年第 5 期。

[③] 洪柳、李娜：《美英研究生教育收费制度变迁研究及其现实启示》，《黑龙江高教研究》2017 年第 11 期。

阶段；英国研究生收费制度改革具有公益性、社会性、资助性、私人性、差别化、法制化、市场化等特点。研究美、英两国研究生收费制度变迁的历程，分析美、英国家研究生收费的成功做法和经验，对不断完善我国研究生收费政策提供启示和借鉴。我国应采取市场化改革的方式，实施灵活的收费方式、差异化的收费标准，完善教育立法体系，试点推行研究生绩效拨款方式，深化研究生培养机制改革，完善研究生全面收费政策和相关配套体系建设。

关于研究生收费政策的构建与完善，本节从我国研究生教育收费的提升策略研究和研究生教育收费的国际比较研究这两个方面对相关核心文献进行梳理和分析。上述研究，针对我国研究生收费政策存在的问题，借鉴美国、英国、法国、德国、加拿大、澳大利亚、日本等国家研究生教育收费制度的做法和成功经验，提出了一系列构建与完善我国研究生教育收费政策和奖助政策体系的意见和建议，对我国研究生教育全面收费政策和奖助体系政策的发展和完善具有较强的理论指导意义、现实针对性和实践参考价值。

（五）我国研究生收费政策展望

通过梳理2006—2017年中国期刊全文数据库中关于"研究生收费"的核心期刊文献，分析我国研究生收费政策的理论基础、制度变迁、现实问题和对策建议，借鉴国外先进国家研究生收费政策和资助体系的经验，展望研究生收费政策的改革和发展趋向，研究生收费政策应与时俱进，应不断健全研究生收费政策和相关配套政策，为我国研究生教育持续、健康、有序的发展保驾护航。

1. 完善研究生收费政策

我国研究生收费政策实施后，合理设定研究生学费标准，改进研究生收费方式，深化研究生教育投入机制改革，不断完善研究生收费政策和配套体系建设已成为牵系人民大众，事关教育公平和教育质量提升，关乎我国研究生教育可持续、健康发展，人才强国战略、创新型人才培养和创新型国家建设的重大问题。研究生收费政策不仅是为了合理分担教育成本，更是为了科学统筹分配研究生教育资源。综观英、法、美三国研究生收费制度，美国的分段式收费、英国的先上学后收费、法国的分散性收费对我国研究生教育改革收费标准和收费方式有着借鉴意义。为增强我国研究生收费政策的合理性和保障性，提高研究生收费政策的效用，应创新建立系统、具体、科学合理的研究生收费政策，加强研究生收费政策的核心制度建设。

第一，针对我国研究生教育存在"一刀切"的不合理的收费问题，应根据本地区经济社会发展水平、学生、家庭人均年收入情况，不同高校、不同学科专业差别，测算研究生教育生均培养成本；确定政府、高校、个人、社会各行为主体在研究生教育成本分担中应承担的比例，构建合理的研究生教育成本分担制度。从教育投入和产出、教育收益率的视角体现研究生教育学科专业培养成本的差异和未来收益。在深化研究生教育投入机制改革中，亟待制定合理的研究生教育收费标准，体现不同校际、不同专业的研究生教育成本差异。对于基础、前沿、国家亟须学科，高校应降低收费标准，扶持国家和地方紧缺专业发展，吸引研究生从事相关领域研究。对于好就业、收益高的热门学科专业，应收取较高学费，优化教育资源配置，调节教育供需杠杆，体现研究生教育个人和社会价值，提高研究生收费政策的效用。

第二，采取灵活的研究生收费方式和差异化的收费标准，缓解政府对高等教育财政投入的压力，增加研究生教育经费投入的多元化渠道；提高研究生教育收费政策成本补偿的个人收益和社会收益；建立动态的研究生教育收费标准调整机制。对处于不同阶段的研究生收取不同的学费。低年级阶段研究生作为知识吸收者而存在，普遍接受课程学习，使用学校教育资源，可对低年级研究生收取较多学费。随着研究生学业的推进，中高年级研究生作为知识生产者而存在，主要以跟随导师进行课题研究及学位论文创造，对于中高阶段研究生应减少学费①。

2. 建立健全研究生资助体系和相关配套政策

第一，增强研究生教育资助体系政策对贫困生求学的保障作用。为有效解决研究生日益增长的美好生活需求和不平衡、不充分发展之间的矛盾，针对研究生教育全面收费政策对贫困生求学影响的问题，应创新研究生教育资助体系，广开渠道，增加社会、企业、私人的捐赠，增强研究生教育资助体系政策对贫困生求学的保障力度。精准界定贫困生，保障贫困生公平、公正接受研究生教育的权利；采取多元化的筹资渠道和途径，增加贫困研究生奖助学金项目，提高奖助金额，扩大资助比例，加大对贫困

---

① 洪柳、李娜：《美英研究生教育收费制度变迁研究及其现实启示》，《黑龙江高教研究》2017年11期。

研究生的帮扶力度，制定合理的资助评定机制，确保资助体系的公平性；把精准扶贫精神深入贯穿在研究生奖助政策体系中，对贫困生进行有效帮扶，实施精准资助；精准扶贫，精准扶智，精准助困，不仅在经济上支持和帮助贫困生，在心理和精神上给予贫困生更多的关爱；做好贫困生的评估和监督工作，实行贫困研究生动态奖助政策，对特困研究生实行特殊的项目资助和帮扶等。增强研究生资助体系的保障和激励作用，提高研究生教育资助体系政策对贫困生的资助效率和作用。

第二，充分发挥研究生资助体系政策的激励作用，切实提高研究生教育质量。

为了更好地增加研究生学习投入，激发研究生学业参与积极性，提高研究生的学业成就、科研成果产出，培养研究生的创新能力，提升研究生教育质量，为创新型人才的培养和创新型国家的建设做贡献，应充分发挥研究生教育资助体系政策的激励作用，切实提高研究生教育质量。激发研究生刻苦钻研，潜心求学，求实创新的积极性和内动力。

在研究生学业成绩提高、科研成果的奖励和创新能力的培养上我国研究生资助体系还存在很大的改革和机制创新空间。我国研究生资助体系应更富有成效性，资助项目应更多样化，应增加"三助"岗位，给研究生提供更多的"三助岗位"机会；加强产学研合作，充分增设研究生科研项目，如启动研究生科研项目、启智项目、创新创业项目等一些旨在激发和提升研究生科研素养和创新创业精神的资助项目，创新研究生资助制度和研究生人才培养模式，提高研究生科研投入和奖励力度，凸显研究生教育的前沿性、学理性、实践性和应用性；针对研究生奖学金评定不合理、评定细则不规范、覆盖面不足、比例额度欠合理等问题，需要加强和改进研究生学业奖学金设置。完善研究生奖助体系建设，充分发挥研究生资助体系的政策效用，有效激发研究生的学习积极性，增加研究生学习投入，增加科研产出，培育高水平科研成果，增强研究生创新能力，充分挖掘研究生术业潜能，不断实现研究生的自我发展与超越，不断提升研究生教育质量，充分发挥研究生资助体系的激励作用。

第三，加强研究生资助体系的信息网络化建设。在大数据、云计算的平台上不断加强和完善研究生资助体系信息系统建设，不断挖掘、建立健全与研究生相关的诸如家庭收入、个人禀赋、特长、资助需求等信息库，实现精准资助、资助育人的个性化资助包模式。不断规范和监督研究生资助管理工作，增强研究生资助工作的公平性和效率性，推进研究生资助政策体系法制化建设，充分保障研究生的合理诉求和正当权益，发展公平而有质量的研究生教育，办人民满意的教育，让研究生满意，增强研究生的学业获得感和生活幸福感，切实提高研究生教育质量。

此外，推进研究生招生、录取制度的改革，推进研究生教育的公平与效率。不断建立和完善公民税收和信用贷款制度，增加研究生贷款额度、根据研究生未来实际还款能力适时地延长还款年延等，提供更便捷、更人性化的研究生贷款制度；增加研究生学费代偿渠道，提供更多的有偿资助模式，建立健全多元化的研究生资助政策体系，不断提高研究生待遇水平。充分发挥研究生导师负责制、导师资助制的效用。不断完善和创新研究生收费政策和奖助体系，深化研究生培养机制改革，创新人才培养模式，提高研究生教育培养质量，为提高国家创新力和国际竞争力提供有力支撑，为建设人力资源强国和创新型国家提供坚强保障。

二 关于贫困生资助的研究

（一）贫困生的认定

高校贫困生认定作为高校贫困生资助工作的首要环节，其准确性直接影响到高校贫困生资助的效益与效率，影响到高等教育机会的公平与均等，影响到我国高等教育改革和发展战略目标的实现。

赵炳起（2006）[①] 优化和重构了高校贫困生认定机制。贫困大学生是指由于家庭经济困难，无力支付或很难支付教育费用的学生。高校贫困生认定方式主要有生源地认定和高校自身认定两种方式；认定的方法主要有收入水平认定法、学生平均消费水平认定法、居民最低生活保障线比照认定法和综合认定法。贫困生认定标准主要有：学生家庭年纯收入在居住所在地属最低水平；学生在校学习、生活月消费水平在学校所在地最低生活保障线以下；学生家庭生活状况在所在地最低生活保障线以下，并不高于学校所在地最低生活保障线；特例情况，如单亲、父母双亡、兄弟姐妹两个人以上同时上大学、学生家庭短期内突发变故、债台高筑、无力上学等。

---

① 赵炳起：《高校贫困生认定机制——优化与重构》，《教育财会研究》2006 年第 4 期。

毕鹤霞（2009）[①]认为贫困生致贫涉及家庭经济指标、家庭人力资源指标、家庭地域指标、学生所需与可供以及特殊性指标等。国内高校对贫困生认定方法主要有横向比较界定法、消费水平界定法和最低生活保障线比照界定法。基于我国高校实践，共有十种方法，分别为三级证明法、相关困难证件法、班主任和辅导员评判、班委会选举产生、通过家庭经济情况直接认定、消费水平和饭卡监控法、居民最低生活保障线界定、根据贫困程度区分、署期家访和家庭问卷调研、设定贫困认定组、定期复查和抽查。

陈超（2012）[②]对收费政策下贫困研究生相关问题的界定与资助对策进行了研究。认为研究生收费政策不仅加剧了研究生的原发性贫困，还引发了再生性贫困。贫困研究生被置于高校贫困生及其资助体系下，在"奖、助、勤、贷"的名额分配上，主要偏向本科生，缺乏对贫困研究生的重视，在界定贫困研究生时，应考虑家庭收入和消费水平、个人收入和消费水平、个人小家庭收入和消费水平。对贫困研究生进行资助应注意保证研究生公平享有"奖、助、勤、贷"的相关政策，建立国家、学校、院系和导师四位一体的资助体系，完善研究生突发事件的预警和自助机制。

（二）贫困研究生资助问题的研究

毕鹤霞（2009）[③]认为研究生教育成本分担需与资助并行，完善研究生奖助体系，广泛发动社会力量，增设定向奖学金、专项奖学金，扩大资助面，增加获奖面，以确保研究生教育成本分担顺利实施。

杨航（2008）[④]探讨了高校贫困研究生资助问题。贫困研究生由于经济困难而引发的社会问题随着研究生招生规模的扩大而日益突出。有偿资助体系中的助学贷款政策存在缺陷，申请覆盖面较窄，贷款总额较低；无偿资助体系中的奖学金制度存在缺陷，奖学金虽然覆盖面大，但数额较小，对于贫困研究生而言仍是杯水车薪。针对高校贫困研究生资助存在的

---

① 毕鹤霞：《国内外高校贫困生认定与研究述评》，《比较教育研究》2009年第1期。
② 陈超：《收费政策下贫困研究生相关问题的界定与资助对策》，《徐州工程学院学报》（社会科学版）2012年第4期。
③ 毕鹤霞：《国内外高校贫困生认定与研究述评》，《比较教育研究》2009年第1期。
④ 杨航：《高校贫困研究生资助问题探讨》，《当代教育论坛》（宏观教育研究）2008年第12期。

问题，高校资助工作要以贫困研究生实际情况为出发点，改革研究生助学贷款相关政策，完善贫困生资助体系；加大研究生资助力度，提高贷款总额，增加贷款名额，完善风险机制，完善研究生奖助政策；加强贫困研究生的其他资助工作，明确规定科研项目经费预算中研究生研究资助的费用，设立专门资金对研究生毕业论文进行资助；保障研究生资助顺利实施，是高校亟待解决的问题。

李华明（2008）[①]对民族院校贫困研究生资助体系进行了研究。研究生奖学金不能有效解困，助学贷款进展缓慢，勤工助学效果欠佳，困难补助和学费减免难尽如人意。民族院校贫困研究生资助体系存在问题的主要原因有：对受助者群体认识不足、资助导向不明确、资助经费供需矛盾突出、社会资助参与不够。在完善资助体系的过程中，应坚持继承与创新相结合、"输血"与"造血"相结合，既要倾斜性资助，又要尊重贫困研究生的主体性，坚持以助学贷款为主要资助方式，加强人才联合培养基地建设。

薛景（2016）[②]认为研究生全面收费政策在一定程度上排斥贫困生接受教育，给贫困家庭带来困扰，影响贫困生的考研热情，阻断了一部分学生的求学需求。研究生全面收费政策实行的是先交费后入学的模式，尽管入学后会有奖学金和助学金的补偿，但是贫困生面临着学费压力，缴费入学的门槛限制着贫困生的求学机会，承受更大的教育成本、年龄压力和心理压力。应完善研究生收费政策，更多地向贫困生倾斜，惠及贫困学生，化解社会阶层矛盾，维护社会稳定。

李阳、高一星（2016）[③]研究了贫困研究生资助工作的困境。高校贫困研究生资助工作存在贫困研究生产生原因多元与资助政策单一存在矛盾、认定的政策目标与执行效果存在偏差、认定标准和认定程序有待进一步完善的困境，电子科技大学贫困研究生人数高达12%，贫困研究生产生的原因有原发性贫困；再发性贫困；因社会原因、突发状况等，遭遇不可避免的大宗支出，比如医疗、住房等方面的大宗支出，导致研究生贫困；本科贫困生读研人数增加导致贫困研究生数量增加。

---

① 李华明：《民族院校贫困研究生资助体系的完善》，《中国成人教育》2008年第17期。
② 薛景：《研究生教育收费对贫困生的精英教育排斥研究》，《考试周刊》2016年第60期。
③ 李阳、高一星：《贫困研究生资助工作的困境及对策研究》，《电子科技大学学报》（社会科学版）2016年第2期。

第二章 文献综述

（三）贫困研究生资助的调查研究

王吉磊等（2011）[①] 对沈阳农业大学贫困硕士研究生进行调查与分析。随着高校扩招，在校贫困研究生的数量也随之增加。沈阳农业大学研究生招生数量基本保持在 800 人左右，每年贫困生认定比例在 24%左右。该研究调查分析了贫困研究生攻读硕士学位的目的、经济来源、兼职必要性、职业定位与发展目标、就业压力。大部分贫困硕士研究生选择读研深造是为了谋求更满意的工作，并选择了兼职工作维持个人日常开销；普遍感到就业压力很大，对个人的职业定位和发展目标缺乏明确的规划。针对这些情况，应积极完善现有贫困研究生资助体系，减轻生活和经济压力；深入了解贫困硕士研究生思想动态，帮助树立正确的贫困观；开展职业生涯辅导课程，增强贫困硕士研究生的就业信心；综合利用研究生品牌项目和活动，提高贫困硕士研究生学习能力和心理素质。

陶鹏等（2012）[②] 以华中农业大学申请国家助学贷款和有"三助"岗位的 200 名贫困研究生为对象，采用问卷调查的方式，探析农林院校贫困研究生资助问题。研究生扩招对贫困研究生资助产生了强烈的冲击；高校资助工作压力增大；银行向农林院校贫困研究生提供助学贷款的意愿不强烈；三助岗位对贫困研究生的资助能力有限；部分贫困研究生不愿意接受资助。农林院校利用自身优势资源对贫困研究生家庭进行有效扶持；导师应成为重要的资助主体；资助标准应考虑物价水平和贫困生的切实需求；对贫困研究生进行人性化关怀。

韦文华（2012）[③] 对贵州师范大学贫困研究生现状进行调查。我国高校家庭经济困难研究生人数不断增加，对家庭经济困难研究生的认定工作成为各项资助工作的首要环节。贵州师范大学成立了专门的研究生资助管理机构——资助中心。研究生助学贷款、奖学金、助学金都由资助中心负责管理、审核、发放。贵州师范大学 22 个学院都设立专职的从事资助工作的岗位，由专门的教师负责统一管理，以保证资助的公平、公正。

[①] 王吉磊等：《沈阳农业大学贫困硕士研究生调查与分析》，《沈阳农业大学学报》（社会科学版）2011 年第 6 期。

[②] 陶鹏、杨秀芹、田学真：《农林院校贫困研究生资助现状及对策——以华中农业大学为例》，《华中农业大学学报》（社会科学版）2012 年第 3 期。

[③] 韦文华：《贵州师范大学贫困研究生的现状调查与对策》，《继续教育研究》2012 年第 6 期。

（四）贫困研究生心理问题的研究

谢守成、徐刚、李炎芳（2010）[①] 在积极心理学视野中研究了贫困研究生心理健康教育。基于积极心理学的贫困观、人性观和研究框架，贫困研究生的心理健康教育需要积极心理学的介入和指导。积极心理学模式下的心理健康教育认为，在主观层面，要增加贫困研究生的积极情绪体验；在个体层面，要注重贫困研究生潜能的发挥和能力的培养；在群体层面，要鼓励贫困研究生参加社团活动和社会实践。

王冬（2010）[②] 对研究生心理贫困的成因和解决策略进行了研究。研究生心理贫困的表现有：专业归属不自信，不敬业，热衷于网络世界，对学习产生倦怠，人际关系敏感，婚恋压力等。研究生心理贫困有主客观原因。学校课程设置的弊端、就业压力、生活压力属于客观原因；研究生个体缺乏人生规划、理想与现实的落差属于主观原因。从学校层面，改良学校教育，加强研究生健康心理教育，创造良好的文化氛围；学校的课程设置要合理、与时俱进；增加就业渠道。从学生层面，增强贫困研究生自身修养，合理安排研究生生活，制订学习计划；增强人际交往能力；增加体育锻炼，提高身体素质。

徐丽玲（2012）[③] 认为研究生心理健康问题日趋突出，而贫困研究生作为研究生中一个特殊的群体，又有着其自身独有的特点。贫困研究生因无法适应环境变化而引起心理失衡；繁重、紧张的学业压力导致了焦躁的心理；严峻的就业形势造成了严重的心理负担；情感和人际关系处理不当带来心理压力。针对贫困研究存在的心理问题，应高度重视贫困研究生的心理健康问题，建立完善的心理健康教育体系；改善贫困研究生学习和生活条件，解决贫困研究生的实际困难；加强就业指导；开展多层次文体活动和社会实践活动；为贫困研究生的心理健康教育提供参考。

贫困研究生因为经济困挠，承受更多的生活压力和精神压力，性格比较孤僻，合作意识较差，在日常生活中常处于封闭或半封闭的小圈子状态，大多数人处于被动状态，不愿意与同学老师接触，更不善于沟通，经

[①] 谢守成、徐刚、李炎芳：《积极心理学视野中的贫困研究生心理健康教育》，《学校党建与思想教育》2010年第22期。

[②] 王冬：《研究生心理贫困的成因分析与解决策略》，《东方企业文化》2010年第6期。

[③] 徐丽玲：《贫困研究生心理问题成因分析及对策研究》，《吉林广播电视大学学报》2012年第12期。

常处于焦虑状态，挫折感强烈。研究贫困研究生心理状况，提升贫困研究生的心理健康水平，引导研究生树立自立意识、创业意识已成为一项紧迫的任务。蔡琼霞（2012）[1] 实证分析了新入校贫困研究生心理健康问题。根据在上海高校就读的研究生学习生活需要以及参照上海市人民政府确立的城镇低保每人每月350元的标准，将家庭人均收入达不到400元的研究生定义为贫困。通过运用 SCL-90 精神症状自评量表和应付方式问卷，对上海师范大学新入校的346名研究生进行调查。贫困研究生在人际关系敏感、抑郁、焦虑、恐怖、偏执、自责等选项上贫困研究生的均值明显偏高于非贫困研究生。新入校贫困研究生表现出较高的人际关系敏感和恐怖倾向，以及较低的解决问题效能的倾向。贫困使研究生产生挫折感，从而产生自卑、抑郁、人际关系敏感、自我封闭等一系列的心理问题和心理障碍，对其学习、生活、性格等造成了影响。针对贫困研究生，应从其实际状况出发，建立有效的心理健康调适体系，重视贫困研究生的心理健康教育，提高心理健康水平；构建绿色通道，创设平常心境；从优化贫困研究生心理素质，鼓励贫困研究生勤工助学，培养自立意识；健全研究生奖励机制，培养创业意识等角度改善贫困研究生的心理健康水平。

三 关于研究生收费政策和资助体系对学生的影响研究

研究生全面收费政策自实施以来引发了社会各界尤其是学术界的关注与热议。从政府、高校、社会、学生、家庭等利益相关者的视角分析和思考研究生全面收费政策对贫困生的影响可考量研究生全面收费政策的作用、问题和政策效果等。

（一）研究生收费政策的影响研究

徐祥运等（2014）[2] 认为研究生收费并轨政策对不同利益群体会产生影响。研究生收费并轨政策对政府和社会、高校和受教育者都将产生积极的影响，可以缓解研究生教育财政困境，促进研究生教育公平，提升教育资源配置效率；优化教育发展环境，改善高校财政发展状况，扩展高校发展规模；提升受教育者的科学文化水平、能力和素养，使贫困生得到更多

---

① 蔡琼霞：《新入校贫困研究生心理健康的现状及调适——基于346份问卷的实证分析》，《未来与发展》2012年第3期。

② 徐祥运、门睿凝、张岩：《研究生教育收费并轨政策对不同利益群体的影响及其对策》，《沈阳工程学院学报》（社会科学版）2014年第4期。

向上流动的机会，提升社会地位，获取未来更好的经济预期和更高的收入回报，获得人力资本权，激发学生的学习积极性以获得更多的奖助学金等。虽然研究生收费并轨政策会缓解研究生教育经费不足、经费来源单一的现状，对促进研究生教育发展将起到很大作用，但政策的实施可能会导致普通高校吸引力减弱、冷热门专业分化、学科专业结构不平衡；研究生科研创新能力没有显著提升，研究生收费方式的改变与研究生教育培养机制并没有明显的直接关系；优秀生源可能外流等问题。

姜云飞（2014）[①]对研究生收费政策对地方高校研究生招生的影响及对策进行了研究。剖析了研究生收费改革的原因，认为国家研究生教育体制改革的因素、研究生教育成本的因素以及高质量人才培养的需要是研究生收费改革的主要原因。全面实行研究生收费政策，从整体上提高了研究生的培养质量，但是地方高校由于在国内、国际的影响力不足，区域特点明显，学科发展并不均衡，研究生全面收费对地方高校会带来负面影响，导致生源地流失，对于经济困难考生，尤其是农村生源，选择放弃继续攻读硕士研究生；导致冷门专业生源困难；加重研究生的经济负担等。研究生收费政策是一把"双刃剑"，既可以起到积极作用，也会带来一定的负面影响，地方高校应借鉴国内外高校的先进经验，以地方高校特色吸引优质生源；采取科学合理的有效措施，建立多元的学业保障机制，规避研究生收费政策带来的负面影响，实现研究生整体质量的提升。

金晓晨、林子赛（2014）[②]基于浙江师范大学150名在读本科生的调查样本，对研究生自费政策对大学生考研意愿的影响进行了问卷、访谈和个案研究。问卷包括三个部分：家庭状况、个人考研意愿和对研究生收费政策了解程度；访谈内容主要涉及访谈对象的基本信息、研究生自费政策对大学生考研意愿的影响。分析大学生的考研动机是为了躲避严峻的就业压力、热爱学术研究、为考公务员打基础、出于父母意愿等。

李晶晶、孙悦（2015）[③]基于安徽师范大学350名在读本科生的调查样本，对研究生自费政策对大学生考研意愿的影响进行了调查研究。大学

---

① 姜云飞：《收费政策对地方高校研究生招生的影响及对策》，《湖北经济学院学报》（人文社会科学版）2014年第7期。

② 金晓晨、林子赛：《研究生自费政策对大学生考研意愿的影响———一项基于浙江师大的调查》，《沧桑》2014年第4期。

③ 李晶晶、孙悦：《研究生自费政策对大学生考研意愿的影响》，《科技经济市场》2015年第11期。

生对考研政策的理解与考研意向选择显著相关,但相关性较弱。研究生自费政策对大学生考研意愿产生了一定的影响,但影响程度较弱,不至于导致大学生大面积放弃考研。调查暴露出广大学生缺乏对研究生收费政策了解的问题。政府和高校应加大对研究生收费政策的宣传工作,让大学生做出充分理性的考研选择。

王帅等(2014)[①]基于南京四所高校1000名大四学生的调查样本,对研究生收费政策对大学生考研情况的影响进行了调查研究。研究生收费政策对绝大部分学生的考研选择不会产生显著影响。经过继续考研和放弃考研两组学生的比较分析,发现研究生收费政策对大学生考研的影响因素中,与户籍、大学期间学费来源、家庭收入存在显著差异,对大学生考研影响显著;与专业、双亲最高学历不存在显著差异,对大学生考研影响不显著。应从国家、社会、个人三个层面采取适当措施,国家应建立健全研究生奖助制度,高校应广泛吸收社会资金,扩充研究生奖助资金的社会支持;学生应发挥自身的积极性,挣取学费和生活费等。

罗曼等(2014)[②]调查研究了研究生全面收费政策对大学生考研的影响。学生家庭年收入对大学生考研选择有影响,低收入家庭的学生会因成本上升而放弃考研;学生生源地并不直接与考研意向选择挂钩,但生源地差异在一定程度上反映了该地区的整体经济及社会发展状况。中西部偏远贫困地区的学生更加注重考研的成本,他们对目标院校的选择会侧重研究生奖学金制度、所在城市的人均消费水平等经济因素。而东南沿海地区特大城市的学生则侧重于目标院校的发展前景、学校软硬件资源、所在城市的发展机遇、就业机会等因素。

钱雯睿、彭晶(2015)基于浙江省两所在杭高校300名大学生的调查样本,调查研究了研究生全面收费政策对大学生考研意愿的影响[③]。研究生全面收费政策可能会对生源比例造成影响;同时也可能造成优秀生源外流;并对大学生的考研意愿产生影响。中部地区的学生考研意愿最大,东部次之、西部地区相对较弱学生户口不管是城镇还是农村,都倾向于愿

[①] 王帅、郭业才、文波:《研究生收费政策对大学生考研情况影响的调查研究》,《大学教育》2014年第18期。

[②] 罗曼、李涓、袁瑛:《研究生收费制度对大学生考研影响的调查研究——以湖北省在校大学生为例》,《金融经济》2014年第6期。

[③] 钱雯睿、彭晶:《研究生教育全面收费政策下大学生考研意愿影响分析与建议——基于浙江省在杭高校学生的调查》,《亚太教育》2015年第29期。

意接受研究生教育，其中来自农村的学生考研意愿相对更迫切；不同年收入的家庭对收费政策的态度不存在显著差异，仅高收入和低收入家庭的考研意愿比中等收入家庭的考研意愿稍微强烈一点。

杨馥溢（2016）探讨家庭经济因素对应届生考研可能产生的影响[①]。设计了学生户籍、户口性质、家庭年均收入和学费来源四个影响因子。调查家庭经济情况是否会成为学生放弃考研的影响因素。在学生所属地区与考研意愿上，中部地区学生考研意愿强烈、东部次之、西部最低，说明研究生收费政策对中部地区学生考研意愿的影响强烈，对东部经济发达地区考生基本没有影响，对西部经济欠发达地区学生造成负面影响，迫于经济压力和负担不得不选择放弃考研；在户口性质与考研意愿上，非农业户口学生考研率远远大于弃考率；而农业户口学生弃考率略高于考研率，说明研究生全面收费政策会限制和阻碍农业户口的学生考研。在家庭年均收入和考研意愿上，中产阶级家庭的学生考研的愿望最为强烈。研究生全面收费政策对中产阶级家庭和家境富裕的学生没有影响，对来自低收入贫困家庭的学生而言研究生收费则是巨大的负担和压力，增加了其考研的风险，降低了其考研的意愿。

（二）研究生资助体系的影响研究

沈华、沈红（2009）[②]研究了国家助学贷款对高等教育个人收益率的影响。对贫困大学生而言，获得助学贷款完成大学学业者比没有获得助学贷款的学生有更高的投资收益率；而且增加生活费贷款后，收益率也相应地提高。同时获得学费和生活费贷款学生的高等教育个人收益率明显地高于只获得学费贷款者；贷款数额增加将有利于提高个人收益率。国家助学贷款对个人高等教育收益率有明显的影响，产生了正效应；不同的贷款额度对高等教育个人收益率有一定的影响，不同的还款方案对高等教育个人收益率也存在显著影响，延长国家助学贷款的还款期限能有效提升高等教育的个人收益率。政府积极推行国家助学贷款政策，扩大资助覆盖面；金融机构和政府进一步加大对国家助学贷款的资助力度，适当提高资助的数额，免除学生在校期间的经济负担；延长还款期限和给予贷款利率的补贴。

---

① 杨馥溢：《研究生全面收费背景下应届生考研的可行性分析》，《大学教育》2016 年第 11 期。

② 沈华、沈红：《国家助学贷款对高等教育个人收益率的影响》，《教育与经济》2008 年第 2 期。

杨钋（2009）[①] 使用甘肃、湖南和江苏三省 19 个高校的学生调查数据，分析了学生资助对个人学业发展的影响。认为学生资助可对大学选择和入学机会都会产生积极的影响；学生资助会降低学生辍学的可能性，提高学位完成的概率；学生资助能提高学生成绩。个人和家庭背景、高中表现、高校类型等影响个人学习成绩。学生资助与学习成绩正相关、与课程不及格负相关、与学习时间正相关、与满意度正相关。使用逻辑斯特模型、有序逻辑斯特模型和一般有序逻辑斯特模型分析是否获得学生资助、资助类型和资助水平对大学成绩的影响；使用逻辑斯特模型分析是否获得学生资助、资助类型和资助水平对学生是否有不及格课程的影响；使用最小二乘法模型来分析是否获得学生资助、资助类型和资助水平对每日课外学习时间的影响；使用逻辑斯特模型来分析是否获得学生资助、资助类型和资助水平对学生对所在学校整体满意度的影响。学生资助与学习成绩正相关，获得更高的资助会显著地提高学生取得优秀成绩的概率；学生资助与课程不及格负相关，获得学生资助显著地降低了个人学业失败的可能性；学生资助与课外学习时间正相关，显著地增加了课外学习时间，但是学生资助与学校满意度无显著相关关系。

杨钋（2009）[②] 以北京市 54 所高校 16058 名在校生调查数据为基础，使用多水平杜宾（Tobit）模型分析对我国高校学生资助的影响因素进行定量分析。引入多水平模型来分析学生和院校层面变量对高校资助的影响。学生层面的影响因素包括个人的性别、是否为中共党员、父亲教育程度、家庭年收入、大学入学考试成绩、大学年级和专业。其中党员身份是用来衡量校园社会活动参与程度，而高考成绩是用来表示学业能力。父亲教育程度和家庭收入是衡量家庭社会经济背景最主要的指标。院校类型和质量也是高校学生资助水平的主要决定因素。研究把是否为重点院校加入模型来控制高校质量，还控制了高校学费水平作为质量的另一衡量指标；使用高校中低社会经济背景学生占全体学生的比例来控制高校学生的社会经济构成，并使用高考平均分数作为全体学生学业能力的指标。杜宾模型最重要的发现是高校质量不仅能够显著地影响资助水平，也会改变获得资助的可能性。目前重点高校学生获得资助水平显著地高于其他学生，而且就读于重点高校显著地提高了个人获得资助的可能性。此外，女性、贫困

[①] 杨钋：《大学生资助对学业发展的影响》，《清华大学教育研究》2009 年第 5 期。
[②] 杨钋：《高校学生资助影响因素的多水平分析》，《教育学报》2009 年第 6 期。

家庭子女、父亲教育程度较高学生和学生党员获得资助的水平也较高。大学高年级学生、高考成绩较高学生和理工科学生获得的资助也显著地高于其他学生。研究结论为调整我国高校学生资助政策提供了实证依据。

胡寿平、马彦利（2010）以美国为例研究了财政资助政策对高等教育入学和大学生学业成功的影响[①]。大学生财政资助是美国促进高等教育入学和大学学业成功的主要机制之一。美国改善高等教育入学和大学生学业成功方面取得进展，就必须增加联邦、州及院校各个层次的助学金数额，同时重新振兴联邦政府、州政府和院校之间的伙伴关系，以缓解学生未被满足的财政需求。研究美国当今高等教育的大学生财政资助政策及其对高等教育入学和大学学业成功的影响对中国的高等教育财政资助政策及研究起到启示和借鉴作用。中国日益增加的高等教育入学率不应该掩盖低收入家庭的学生高等教育机会的相对缺失。高等教育的决策者应考虑采纳和推行合适的财政资助政策，以促进低收入学生大学入读和学业成功的机会。

高等教育成本分担已成为各国解决教育经费短缺的应对策略。高等教育大众化的发展，为社会各阶层学生提供了更多接受高等教育的机会，各国政府相应出台了高校学生资助政策，满足家庭经济困难的学生接受高等教育的需求，保障他们顺利完成学业。学生资助政策成为高等教育财政的重要组成部分。家庭经济困难学生借助高校资助政策完成大学学业是发展的必然趋势。在各国高校资助类型和参与主体逐步呈现多元化的趋势下，众多的资助项目能否实现各自的政策目标？在学生资助项目政策的激励下，家庭经济困难学生的大学行为抉择是否会有所变化？尤其，对大学生的入学需求、学习行为和就业取向等又将产生何种影响？这些都是学者无法回避且迫切需要解决的问题。对这些问题的深入研究能有效地保障高校资助体系的顺利实施，为政策制定者提供科学论证的支撑，为家庭经济困难学生的高等教育入学选择和学业发展给予理论上和实践上的指导。

沈华（2012）[②]研究了高校资助政策对学生行为选择的影响。从理论

---

① 胡寿平、马彦利：《财政资助政策对高等教育入学和大学生学业成功的影响：美国的经验与启示》，《复旦教育论坛》2010年第2期。

② 沈华：《大学生资助政策与行为选择研究回顾及前瞻》，《高教发展与评估》2012年第5期。

层面探讨了资助政策与学生行为选择间的关系；关注高校资助政策对高等教育入学行为和学生学业发展行为这两方面的影响。对学生行为选择研究能有效揭示高校资助体系政策的实施效果，有助于探寻影响大学生行为抉择的重要因素。研究表明：学费和学生资助对学生高等教育入学的影响是有限的，学费和助学金对来自低收入家庭和少数民族的学生影响较大，对其他阶层学生的影响并不显著，不同家庭学生对大学信息掌握的差异也对入学选择有所影响；不同收入阶层学生对大学申请和入学的抉择依赖于他们对资助方式预期的效应；不同资助项目类型会造成学生行为选择的差异。资助政策对学生学业发展会产生影响。资助项目可以降低大学生辍学率和提高学位完成率。财政资助能有效提高大学保持率。奖助学金对学生成绩的提高有积极作用；在改善美国大学生学业完成方面，对中低收入家庭子女而言，奖学金比贷款更有效。美国大学的勤工助学项目有助于提高拉丁美洲和低收入家庭学生的保持率；佩尔助学金能防止来自中低收入家庭的子女辍学，而贷款和勤工助学对全体学生都有作用。

刘文娟、李芳敏（2014）[①] 梳理和分析了国内外近 30 年来关于研究生资助政策成效的实证研究成果。研究综述了资助对研究生的学业进展、对研究生保持率的影响，对研究生学位完成时间和完成率的影响。国外研究生流失率比较高，主要把研究生保持率、学位完成时间和完成率作为衡量研究生教育质量的指标，但较少涉及学生对资助的满意度研究，指出学生资助的满意度是未来研究的方向。国内学者更多地关注学生特征、导师指导、院校环境、培养机制等因素对学生学业成就的影响，很少把研究生资助作为影响因素纳入其中，因此很难判断正在实施的研究生资助政策能否真正激发和调动学生的学习科研积极性，提高研究生培养质量。国内外的研究表明：无论采用何种资助方式，资助水平对研究生学业发展影响很大，充足的资助是学生安心学习的前提，资助水平首先要能保障研究生的基本生活。应当通过提高资助水平来促进研究生的学业发展和能力提升，缩短学位完成时间，降低辍学率。

芦麟凤（2015）[②] 以扬州大学 27 个学院新入学中的 260 名硕士研究

[①] 刘文娟、李芳敏：《资助对研究生学业成就影响机制的实证研究评述》，《学位与研究生教育》2014 年第 6 期。

[②] 芦麟凤：《研究生新型奖助体系对新生的影响——以扬州大学为例》，《学园》2015 年第 21 期。

生为调查样本，了解研究生全面收费制度实施后学校配套的新型奖助政策对新生的影响。大多数学生认为研究生学业奖学金对学习和科研的激励作用较大，大部分学生了解奖学金评选的标准和过程；绝大多数学生没有机会参加"三助"，"三助"岗位酬劳较低，与所学专业相关性不大。研究生全面收费制度实施后，其配套的奖助体系基本能实现激励学生投身学习、科研的目的，但还需要增加"三助"岗位和酬劳；完善奖学金制度，充分发挥奖学金对不同层次学生的激励作用。

鲍威、陈亚晓（2015）[1] 基于北京大学教育学院 2010 年实施的《首都高校教学质量和学生发展监测》项目高校本专科生调查，获取有效样本 36014 人，考察了经济资助和农村第一代大学生学业发展间的联系，分析经济资助对学生学业成就的影响。高校学生资助与农村第一代大学生学业发展间存在关联性和特定的影响机制。学生资助在直接促进农村第一代大学生学业成就提升的同时，分别通过调整经济压力、强化学术融入、增加专业兴趣、促进社会融入等不同路径，间接影响农村第一代大学生的学业成就。不同类型资助方式的影响程度存在较大差异，而且影响机制各不相同。

李锋亮等（2015）[2] 以清华大学的学生资助体系为例，通过清华大学 2010 年、2011 年两个年级 6150 名学生的跟踪数据，采用倾向分数配对模型，建立 Logit 模型，估计倾向分数；利用倾向分数进行配对并估计政策效应，实证检验了奖学金和助学金对学生学业成绩的影响。学生的学业成绩会对其获得奖学金产生显著的正向促进作用。学生的困难等级会显著影响其是否获得助学金，困难等级越高，获得助学金的概率显著更高。奖学金以奖优为基础、助学金以学生的经济需要为基础。为了能让助学金在促进学生学业方面取得更加显著的效果，高校在资助体系建设上应该注重关心、关注、追踪被资助学生的发展与成长，努力为学生提供合适的"发展机会"资助、"成长平台"资助，进而建设一个更加有效的学生资助体系。

---

[1] 鲍威、陈亚晓：《经济资助方式对农村第一代大学生学业发展的影响》，《北京大学教育评论》2015 年第 2 期。

[2] 李锋亮、向辉、刘响：《奖/助学金能否提高大学生的学业成绩？——以清华大学为例》，《清华大学教育研究》2015 年第 6 期。

第二节 国外研究综述

一 关于研究生收费的研究

现代研究生教育制度最先形成于欧美，经过百余年的发展、变革与创新，欧美国家根据本国实际情况形成了较为完善的研究生教育收费制度和资助体系。研究和梳理国外研究生教育收费和资助体系的文献，了解高等教育成本分担、国外研究生教育收费制度、研究生学费的制定、研究生资助体系、研究生资助对高等教育入学和学业成就的影响等，分析已有研究的经验成果和不足，为后续相关研究的开展指明方向，为进一步发展和完善我国研究生收费制度和资助体系，指导高校研究生资助实践工作提供研究方法和思路。

（一）研究生收费的影响研究

将学费作为高等教育服务价格，以需求理论为基础研究学费与入学规模、学生资助与入学规模、学费水平和不同类型的学生资助对来自不同收入阶层、种族高等学校受教育者的影响，有众多文献。其中 Leslie、Brinkman 分别与 1988 年、1993 年对美国 1987 年以前的文献做了述评，得出多个结论。例如对于不同高校，入学人数受学费价格影响的程度不同，其他影响因素还包括学校学生特征、学生资助结构、潜在生源范围和其他高校的相关特征。除学费因素外，影响因素还包括学生家庭收入、学生家庭偏好以及家庭的消费投资价值观。Heller[1] 于 1997 年在 Leslie 和 Brinkman 分析基础上分析了 1988—1996 年的文献，认为增加学费价格会减少入学人数。

基于需求理论，Bryan[2] 为一所小型私立文理学院设计了学费价格模型，称为"学费价格弹性与学校净收入目标模型"。这一模型将学费价格弹性设为 6 档，根据一系列学生调查和相关学校学费数据进行模拟，研究

---

[1] Donald E. Heller, "Student Price Response in Higher Education: An Update to Leslie and Brinkman", *The Journal of Higher Education*, Vol. 68, No. 5, 1997, pp. 624-659.

[2] Glenn A. Bryan, Thomas W. Whipple, "Tuition Elasticity of the Demand for Higher Education among Current Students: A Pricing Model", *The Journal of Higher Education*, Vol. 66, No. 5, 1995, pp. 560-574.

结果显示,当学费为 7000 美元时,这一学校学生人数只减少 150 人,但学校净收入达到最高,此时学费价格弹性开始迅速增大,超过 7000 美元后入学人数会有大幅度下降。

1975 年美国部分州刚刚实行成本分担政策时,Hoenack[①] 以明尼苏达大学为个案,研究学费与学校入学人数之间的关系。研究生表明,学校可以根据标准的经济学需求模型预测不同学费下学生的入学状况。由于估计的研究生生均成本很高,因此在成本分担政策实行当年,研究生学费会大幅度增加 50%以上。不同学科领域的生均成本不同导致学费不同,学生读学科的选择会因学费不同而发生变化。除学费外,其他影响学生选择的因素十分复杂,因此实际操作中政策必须渐进,必须紧密控制入学规模、生源质量等重要因素。

(二) 研究生财政资助的影响研究

1. 财政资助对高等教育入学的影响

在美国高等教育文献中,高等教育入学(college-access)通常指公众总体接受高等教育的机会,可用高中毕业生中接受高等教育的比率作为衡量指标。Heller[②] 总结了联邦财政资助对高等教育入学的影响。财政资助的削减导致在读学生人数的下降,影响的程度与资助的类型有关。总体而言,在读学生人数对助学金比对贷款或工作学习更为敏感。低收入家庭的学生对资助的变化比中高收入家庭的学生敏感。非裔学生对资助的变化要比白人学生敏感。社区学院的学生比四年制院校的学生更容易受到资助变化的影响。此外,其他研究表明,是否获得资助(无论何种资助类型),是预测高中毕业生、大学申请者或高能力性向的高中学生是否入读大学的一个重要指标。Heller 认为,基于需求的州级助学金支出可帮助解释公立院校特别是社区学院的入学率。

Gladieux[③] 对联邦学生资助项目进行了述评。首先,联邦学生资助项目是第二次世界大战后塑造美国高等教育的一支重要力量。其次,当今联邦学生资助项目的目标、机制和构成比 20 世纪 70 年代分散和复杂得多。

---

① Stephen A. Hoenack, William C. Weiler, "Cost-Related Tuition Policies and University Enrollments", *The Journal of Human Resource*, Vol. 10, No. 3, 1975, pp. 323-362.

② Heller, D. E., "Student Price Response in Higher Education: An Update to Leslie and Brinkman", *Journal of Higher Education*, Vol. 68, No. 6, 1997, pp. 624-659.

③ Gladieux, L. E., Federal Student Aid Policy: A History and An Assessment, http://www2.ed.gov/offices/OPE/PPI/FinPostSecEd/gladieux.html.

再次，机会不均等的问题。已被证明比高等教育法案实施的最初时期人们的预想更为棘手。当初构想的联邦学生资助项目的主要目的是帮助那些没有资助就不会有高等教育入学机会的群体。后来，目的演变为帮助那些没有资助也很可能入读大学的群体减轻经济负担。1980 年以后，对纳税人成本和学生学业准备的关注取代教育机会均等成为教育政策的基石。

Dynarski[1] 发现州级助学金项目增加了入读任何类型高校的可能性，增加了入读四年制高校的可能性，减少了入读公立两年制学院的可能性。Perna 和 Titus[2] 推测院校财政资助可促进学生在不同院校之间进行选择。他们的分析表明，社会经济地位处于最低 1/4 区间的高中毕业生更可能入读州内四年制私立院校而非四年制公立院校。

2. 财政资助对大学生学业成功的影响

大学生学业成功和大学产出（student outcome）的概念密切相关。最为常见的衡量指标是学位完成（degree completion）。其他指标包括续读（persistence）、学习成绩、满意度、获得需要的知识和技能、完成学位的年限、学生入学成绩及其他期望的学生发展目标。续读和学业完成在美国高等教育界被视为衡量大学生学业成功的合适指标。对于两年制的学院而言，转入四年制大学就学被认为是一个重要指标[3]。大学生学业与社交投入（student engagement）作为一个大学生成功的指标颇受瞩目。学业与社交投入可定义为大学生投入到课堂内外有教育意义的学业与社会活动中的时间和精力[4]。

联邦财政资助对大学生续读和毕业的影响是一个广受关注的研究课题[5]。助学金对续读和完成学业有显著的正效应。助学金对低收入的学生特别有益，尤其是在入学后的第一年。有证据表明，工作—学习项目的资

---

[1] Dynarski, S., "The New Merit Aid", in C. M. Hoxby (ed.), *College Choice: The Economics of Where to, When to Go, and How to Pay for it*, Chicago: University of Chicago Press, 2004, pp. 63–100.

[2] Perna, L. W., Titus, M., "Understanding Differences in the Choice of College Attended: The Role of State Public Policies", *Review of Higher Education*, No. 27, 2004, pp. 501–525.

[3] 胡寿平、马彦利：《财政资助政策对高等教育入学和大学生学业成功的影响：美国的经验与启示》，《复旦教育论坛》2010 年第 2 期。

[4] Kuh, G. D., "What We're Learning about Student Engagement from NSSE: Benchmarks for Effective Educational Practices", *Change*, Vol. 35, No. 2, 2003, pp. 24–32.

[5] Pascarella, E. T., Terenzini, P. T., "How College Affects Students: A Third Decade of Research", *San Francisco: Jossey-Bass*, Vol. 2, 2005, pp. 5–10.

助与续读和完成学业呈正相关。贷款与续读和完成学业或者呈正相关或者没有显著性关系[1]。

一些学者研究了州级财政资助对学生续读和毕业的影响。St. John[2]发现,基于需求的州级助学金投入的增长,提高了华盛顿州四年制公立大学学生续读率,也增加了少数民族裔学生续读的机会。Heller 和 Marin[3]指出,基于成绩的州级资助项目对缩小高低收入学生之间以及白人和少数民族裔学生之间的学业完成的差距几乎没有任何影响。

一些学者关注私人财政资助对大学生学业与社交投入以及情感—心理类和情感—行为类大学产出的影响。Boatman 和 Long[4] 以及 Hu[5] 发现 GMS 奖学金对低收入、高才华的少数民族裔的学生大学期间学业与社交投入呈显著的正效应。

3. 资助对研究生学业发展影响的实证研究

近几十年来,西方国家研究生修业年限持续延长,辍学率居高不下,2008 年美国研究生院理事会的统计结果显示,全美修业年限在 10 年内的博士学位完成率仅 57%[6]。这不仅浪费了教育资源,也对知识型高科技人才的持续供给带来了挑战。因此,美国政府和高校高度重视研究生的保持率、学位完成时间和完成率,并以此作为衡量研究生教育质量的重要指标。目前西方国家关于资助对研究生学业发展的影响研究多聚焦于此[7]。

---

[1] Hu, S., "Scholarship Awards, College Choice, and Student Engagement in College Activities: A Study of High -achieving Low -income Students of Color", *Journal of College Student Development*, Vol. 51, pp. 151-162.

[2] St. John, E. P., "Evaluating State Grant Programs: A Case Study of Washington's Grant Program", *Research in Higher Education*, Vol, 40, 1999, pp. 149-170.

[3] Heller, D. E., Marin, P. (eds.), "State Merit Scholarship Programs and Racial Inequality", Cambridge, MA: The Civil Rights Project at Harvard University, 2004, pp. 10-16.

[4] Boatman, A., Long, B. T., Does Financial Aid Impact College Student Engagement? The Effect of the Gates Millennium Scholars Program, http://gseacademic.harvard.edu/longbr/Boatman_Long_-_Does_Aid_Impact_Student_Engagement_6-09.pdf.

[5] Hu, S., "Scholarship Awards, College Choice, and Student Engagement in College Activities: A Study of High -achieving Low -income Students of Color", *Journal of College Student Development*, Vol. 51, pp. 151-162.

[6] Council of Graduate Schools, "Ph. D. Completion and Attrition: Analysis of Baseline Demographic Data from the PhD Completion Project", Washington, DC: CGS, 2008. p. 29.

[7] 刘文娟、李芳敏:《资助对研究生学业成就影响机制的实证研究评述》,《学位与研究教育》2014 年第 6 期。

（1）资助对研究生学业进展的影响。研究生的学业进展是一个纵向发展的过程。硕士研究生从入学到获得学位要经历两个阶段，课程学习，修满学分阶段；完成论文，获得学位阶段。博士研究生要经历三个阶段，过渡调适，修满学分阶段；通过综合考试，成为博士候选人阶段；完成博士论文，获得学位阶段。研究生资助对学业进展各阶段的影响各不相同，不同类型的资助也有不同的影响。

Girves 和 Wemmerus[1] 建立了两阶段模型，把学生特征、院校特征、学生资助和师生关系作为第一阶段变量，学业成绩、学生参与度、学生满意度和融合度作为中介变量，研究了这些因素对研究生学业进展的影响机制；运用分层回归分析法，得出了影响硕士生和博士生学业进展的理论模型。研究发现，在硕士生阶段，资助主要影响学生参与，对学业发展没有显著影响；在博士生阶段，资助主要通过影响学生的参与度间接影响学生的学业进展。此外，与获得奖助学金和贷款的学生相比，获得学生助理津贴的学生参与程度更高，同时学业发展得更好。

Tinto[2] 认为充足的经济资助是博士生获得学位的前提，不同的资助类型在其发展的不同阶段影响各不相同。不充足的资助会延长学位完成时间，直接导致学业失败；助研工作更能促进学生的发展，无偿赠与型的奖助学金资助方式更能有效地帮助博士生完成学位论文。Ampaw 和 Jaeger[3] 认为助研工作更能促进博士生的学业发展，而助教工作对完成博士学位论文研究没有显著影响。

（2）资助对研究生保持率（persistence）的影响。Andrieu 和 St. John[4] 利用 1987 年全美学生资助调查数据，采用逐步回归法，研究了资助水平、资助类型和学费对研究生保持率的影响。结果发现：学费和学生助理津贴均与学生的保持率呈显著负相关。同时获得奖助学金、贷款和学生助理津贴的资助包模式对研究生保持率产生了积极显著的影响。在回

---

[1] Girves, J. E., Wemmerus, V., "Developing Models of Graduate Student Degree Progress", *Journal of Higher Education*, Vol. 59, 1988, pp. 163–189.

[2] Tinto, V., "Toward a Theory of Doctoral Persistence", in Tinto, V, *Leaving College*, Chicago, IL: University of Chicago Press, 1993, pp. 230–243.

[3] Ampaw, F., Jaeger, A., "Completing the Three Stages of Doctoral Education: An Event History Analysis", Indianapolis: The Association for the Study of Higher Education Conference, 2010.

[4] St. John, E., Andrien, S., "The Influence of Price Subsidies on Within-year Persistence by Graduate Students", *Journal of Higher Education*, Vol. 29, No. 2, 1995, pp. 143–168.

归模型中加入学费后,模型未被解释的误差大大减小。在研究学生资助时,应考虑学费和其他因素的交互影响。Dean-Delis[1] 和 Liseo[2] 分别利用1993年和2000年全美学生资助调查数据,研究结果也支持混合资助包形式对学生保持率的积极影响,认为可能与资助水平有关,研究生获得的资助总额越多,学生的保持率越高。2010年,Gururaj[3] 等利用元分析方法,验证了美国1987—2000年不同的资助政策对研究生保持率的影响,研究发现:研究生获得的资助总额、奖助学金、学生助理津贴、助学贷款和学费水平均与保持率显著相关,且在所有资助类型中,奖助学金对保持率的影响最大,建议政府应提高奖助学金的资助力度,研究对资助政策的改革具有现实意义。

Strayhorn[4] 的研究发现:研究生期间是否获得贷款与保持率呈显著正相关。贷款额度对研究生的保持率产生消极作用,当贷款额度在25000美元以下时,保持率最高,是额度超过40000美元的研究生的5倍。拖欠贷款与保持率呈显著负相关,这可能和还贷压力有关。

(3) 资助对研究生学位完成时间和完成率的影响。Ehrenberg 和 Maveros[5] 利用25年间入学的博士生数据研究了奖学金、助研津贴和助教津贴对博士学位完成时间和完成率的影响。资助类型对博士学位完成率和完成时间的影响。结果发现:接受 fellowship 和 research assistantship 资助的学生有更高的完成率和更短的学习时间。Barnhill 和 Stanzione[6] 的研究;Ehrenberg、Groen 和 Brucker[7] 的研究也进一步证实了这一结论。

---

[1] Dean-Delie, S., "The Influence of Price and Price Subsidies on Within-year Persistence of Graduate and Professional Students", *Journal of Student Financial Aid*, Vol. 28, 1997, pp. 41-57.

[2] Liseo, P. "Graduate and Professional Student Within-year Persistence and Financial Aid", University of Missouri-St. Louis, 2005, pp. 30-33.

[3] Gururaj, S., Heilig, J., Somers P., "Graduate Student Persistence: Evidence from Three Decades", *Journal of Student Financial Aid*, Vol. 40, No. 1, 2010, pp. 31-46.

[4] Strayhorn, T., "Money Matter the Influence of Financial Factor on Graduate Student Persistence", *Journal of Student Financial Aid*, Vol. 40, No. 3, 2010, pp. 4-25.

[5] Ehrenberg, R., Maveros, P., "Do Doctoral Students' Financial Support Patterns Affect Their Times-to-degree and Completion Probabilities?", *Journal of Human Resources*, Vol. 30, No. 3, 1995, pp. 581-609.

[6] Barnhill, R., Stanzione, D., "Support of Graduate Students and Postdoctoral Researchers in the Science and Engineering: Impact of Related Policies and Practices", NSF, NIH and CGS, 2004.

[7] Ehrenberg, R., Groen, J., Brucker, S., "How to Help Graduate Students Reach their Destination?", *The Chronicle of Higher Education*, 2009.

Lovitts[①] 以自身经历为基础，对博士生辍学的原因进行了分析，发现学生资助通过影响学生参与度间接影响学业发展。与获得研究生助理津贴的学生相比，获得无偿赠与型奖助学金的学生更容易辍学，这种现象在少数族裔学生中更普遍。与 Lovitts 不同，Earl-Novell[②] 的研究认为无偿赠与型资助更能激励学生集中精力投入到学术科研活动中，从而缩短学位完成时间，促进学业发展。

　　Groen、Jakubson 和 Ehrenberg[③] 采用生存分析法，评估了美国研究生教育创新项目实施 10 年来对研究生学位完成时间和完成率的影响。研究发现：总体来看，研究生教育创新项目缩短了学位完成时间，提高了完成率。这主要是通过缩小入学规模、提高资助水平、优化生源质量实现的，其中，学生获得的资助水平越高，则辍学率越低。

　　2010 年，Kim 和 Otts[④] 研究了求学期间的贷款水平对博士学位完成时间的影响，发现博士生求学期间的贷款水平和学位完成时间呈显著负相关，贷款额度越高（尤其是大于 50000 美元时），学位完成时间越短，这一结论和 Strayhorn 的研究相悖。作者认为原因可能是：一方面，当学生的债务负担越重时，学生想尽快获得学位、寻找工作以偿还债务的动机就越强。另一方面，由于本书的研究对象仅限于博士学位获得者，那些由于承受不起沉重的债务负担已经选择了辍学的学生并未包括在内。因此，对某些学生而言，高额的贷款可能会迫使其辍学，而对承受力较强的学生而言，则会缩短学位完成时间。

　　文献检索还发现多个调查报告、调查报告摘要和统计数据。其中美国国家学生资助管理联合会在 1998 年进行了范围广泛的研究生资助调查，调查设计全美 537 个研究生专业，其中学术型专业 214 个，职业性专业 283 个，其他 40 个。调查发现，贷款是最广泛的学生资助方式，在牙科、

[①] Lovitts, B., "Leaving the Ivory Tower: The Causes and Consequences of Departure from Doctoral Dtudy", Lanham, MD: Rowman and Littlefield, 2001.

[②] Earl-Novell, S., "Determining the Extent to Which Program Structure Features and Integration Mechanisms Facilitate or Impede Doctoral Student Persistence in Mathematics", *International Journal of Doctoral Studies*, No. 1, 2006, pp. 45-57.

[③] Groen, J., Jakubson, G., Ehrenberg, R., "Program Design and Student Outcomes in Graduate Education", *Economics of Education Review*, No. 27, 2008, pp. 111-124.

[④] Kim, D., Otts, C., "The Effect of Loans on Time to Doctorate Degree: Differences by Race/Ethnicity, Field of Study, and Institutional Characteristics", *Journal of Higher Education*, Vol. 81, 2010, pp. 1-32.

医学和法学专业90%的学生获得贷款,私立大学60%的硕士获得贷款①。美国国家科学基金委也进行相关调查,以了解科学和工程领域的研究生负债情况,以及这种负债是否与种族、性别相关。美国国家科学基金委的科学资源研究部2000年完成的"欧洲、亚洲、美洲研究生教育变革以及科学家、工程师国际流动报告"②,芝加哥大学"国家观点研究中心"在六个政府机构支持下完成的"美国博士毕业生调查报告"③,都是十分重要、详尽的文献。

二 关于贫困生资助的研究

国外特别是西方发达国家,对于贫困生资助问题的研究,从理论和实践层面都已比较充分和成熟。贫困生资助问题一直是政府与社会关注的焦点,而高校贫困生的认定则是国内外学术界需要研究的问题。高校贫困生认定的指标和方法是贫困生认定研究的核心内容。世界各国对高校贫困生家庭经济状况认定的指标与方法不尽相同④。国外关于贫困生资助问题的研究,多以助学贷款研究为主。

国外对贫困生资助的纯理论研究较多,大都立足于经济学的理论基础,通常运用的理论有人力资本理论、教育公平理论和教育成本分担理论,这些理论成为贫困生资助政策的理论基础。

大学生资助的理论与实践研究已经引起了国外专家学者的高度重视,各国相继出版了诸多论述大学生资助问题的著作与报告,其中的典型研究包括:美国高等教育学生财政资助专家约翰斯通著有《高等教育财政:问题与出路》一书,详细阐述了学生资助的必要性与可行性,并为高校学费制度与学生资助制度的实施提供了实践依据。自20世纪50年代起,美国包括舒尔茨和弗里德曼在内的大批经济学家、社会学家、高等教育家便长期参与到大学生资助领域的研究,出版了专门刊物《大学生财政资助》(Journal of Student Financial Aid),并在国会设了大学生资助政策关

---

① 卢晓东:《研究生学费定价与资助政策研究综述》,《中国高教研究》2006年第2期。
② Division of Science Resources Studies, Directorate for Social, Behavioral, and Economic Sciences, NSF. Graduate Education Reform in Europe, Asia and Americas and International Mobility of Scientists and Engineers: proceeding of an NSF Workshop, April, 2000.
③ The National Opinion Research Center, NORC. Doctorate Recipients from United States Universities: Summary Report, 2003.
④ 毕鹤霞:《国内外高校贫困生认定与研究述评》,《比较教育研究》2009年第1期。

注和咨询小组,《大学生财政资助》杂志对贫困生资助政策的实践和研究给予了极大的推动作用。美国国家教育统计中心每年都会更新《国家高等教育学生资助研究报告》,该报告是联邦政府、研究学者或高等教育工作人员收集信息的首要资源。英国教授伍德霍尔以大学生资助政策研究为己任,编写出版专著和研究报告 10 余部。其中,伍德霍尔经授权对英、美、日、加、德、法、荷兰、挪威、瑞典和澳大利亚十国的大学生资助政策进行调查,对各国的资助方法加以分类总结,深入比较分析,撰写了《经济合作与发展组织成员国学生资助方案述评》(1978),成为学生资助政策改革中最早的国际比较研究报告;另外,由伍德霍尔主编,英、美、瑞典三国学者编撰的专著《大学生财政资助——助学金、贷学金还是大学生毕业税》(1989),审视了发达国家大学生资助政策的新发展。1994 年,加拿大学者韦斯特在著作《国际视野中的英国贷学金制度》详细介绍了英国的贷学金政策。希腊学者、世界银行高级经济学家萨哈罗普勒斯也通过对 78 个国家的高等教育回报率的比较研究,提出了对大学生资助政策改革发展方向的预言和建议。2005 年,国际组织"教育政策研究所"专门就 15 个发达国家的高校成本和学生资助展开比较研究,指出助学贷款仍然是各国最主要的资助方式。

(一)贫困生认定的研究

1. 高校贫困生认定指标

(1)基于家庭经济调查的贫困生认定。家庭经济调查,是指用不同的方案来确认家庭或个人是否有能力支付高等教育的费用,以确认家庭或个人是否属于贷款资助的目标群体,即通过审查来确认家庭或个人是否具备贷款资助资格[①],它是各国高校认定贫困生的前提和实践基础。

当前,世界各国都以家庭经济调查作为认定贫困生的主要手段,各国认定标准也是基于对资助对象的限制而拟定的。其中,美国以家庭收入作为贫困生认定的唯一标准,因为美国完善的收入查证和收入税征收体系可以有效通报和监督居民的非劳动所得;德国家庭经济调查的基本依据是学生上缴的父母所得税的支付税单;日本将居民收入、资产指标与各种分类指标相结合,用以确定学生的家庭经济状况。

---

① A Report By the Advisory Committee on Student Financial Assistance (2001). Washington D. C. (Unpublished).

（2）国外家庭经济调查的主要指标。国外认定贫困生的标准是根据家庭收入和财产估价而制定的。世界各国经济资助方案中因素指标的选择通常是以收入和财产作为需求分析的起点。收入表征指标主要表现在家庭收入来源、家庭支出状况、家庭成员情况、家庭事务变故等因素上。财产表征指标主要集中在家庭流动资产和非流动资产上，具体涉及家庭房产、住所、相关设施、人寿保险、保险柜清单等因素。民族、性别、种族、社会等级、父母教育程度、所在地域、职业类型等通常被看作申请者是否需要资助的指标。各国的家庭经济调查通常包括：家庭人口；家庭成员全部收入；需要供养的子女；非工资性收入；财产，如房产和土地；特殊情况，如失业、病残。

2. 认定经济困难学生家庭经济状况的方法

家庭经济调查的具体内容因各国而异，各国不同资助项目都有各自的调查方法和计算公式。美国确定学生经济状况是根据经济资助需求而定。公式为：经济资助需求＝大学教育成本－家庭能够分担的成本。其中，上学成本＝学费＋杂费＋书本费、文具＋食宿费＋交通费＋上学期间的其他费用。家庭能够负担的成本＝家庭收入＋财产－平均生活开支×家庭人口－重大意外开支[1]。

英国确定学生的家庭经济状况，首先要确定上年剩余收入，计算出学生家庭的经济状况。计算公式是：上年剩余收入＝上年总收入－购房分期付款－其他可扣除费用。然后，再核对家庭应为学生负担的生活费用。最后地方政府根据标准生活费、家庭应该负担的生活费以及学校所在地区和是否走读等情况，来确定学生可以获得的助学金金额[2]。

加拿大基于需求判定贫困学生经济状况，不仅考虑经济因素，还考虑家庭、学校、生源地等综合因素，它的判定需要对五个主要因素进行考察，即家庭预期贡献、收入、资助项目、子女是否在家居住、子女独立程度。其计算公式为：所需＝成本核算－资源差值[3]。

---

[1] Creech, J., Davis, J., "Merit based Versus Need Based Aid: The Continual Issues for Policy Makers", in King, J. (ed.), Financing College Education: How it Works, How It's Changing, Phoenix: The American Council for Education and the Oryx Press.

[2] 马经：《助学贷款国际比较与中国实践》，中国金融出版社2003年版，第181页。

[3] Usher, Alex, "Are the Poor Needy? Are the Needy Poor? The Distribution of Student Loans and Grants by Family Income Quartile in Canada", Toronto, ON: Educational Policy, Institute 11, www.educationalpoGcy.org.

发达国家基于完善的税收机制和征信系统，拥有家庭收支的明细账目，可以准确掌握学生家庭的经济收支情况，均采用公式法计算家庭经济需求，由此来认定高校贫困生。国外学者对贫困生判定研究是根据家庭情况调查，家庭经济调查主要以收入和能力两条途径来考察其经济负担能力。几乎所有的收入状况调查方案不仅以收入作为前提条件，还考虑了其他一些参考指标，如职业类型、住房类型及居住地域、家庭汽车、家庭规模、子女的年龄、性别、种族等。

(二) 大学生资助政策的研究

目前，国内外许多学者都针对国外大学生资助政策进行了研究，其中，对美国、英国、日本这三个国家的研究较为集中系统。

1. 美国大学生资助政策体系

美国高校资助体系主要由奖学金、补助金、勤工助学金和助学贷款四项构成。第一，奖学金与补助金。该项资助资金的主要来源是美国联邦政府，例如哈佛大学每年接受财政资助的学生占总人数的70%以上，麻省理工大学接受财政资助的学生人数占75%以上，其主要的资助项目有联邦佩尔助学金、联邦补充教育机会助学金（FSEOG）、教师助学金、学术竞争奖学金、国家SMART奖学金。另外，各州、学校和企业也均设有不同形式的奖学金项目，其中，美国州政府奖学金项目的目的在于增加高等教育入学率[1]，将优质高中毕业生留在本州高校内[2]，同时激励学生提高学术表现[3]。有学者从政策目标、资助对象、评选标准、资助额度等方面对美国不同州之间的学生资助活动进行比较[4]。

第二，校园工读计划，也称学生课外就业项目。它是根据《1964年美国经济机会法》建立的学生资助项目，由联邦政府每年分拨给学校一笔经费为在校就读的学生提供兼职机会，学生通过工作获得一定报酬。

第三，助学贷款。从制度建设和贷款规模来看，美国的助学贷款政策

---

[1] Heller, D. E., Marin, P., "State Merit Scholarship Programs and Racial Inequality," Cambridage, MA, 2004.

[2] Zhang, L., Ness, E. C., "Does State Merit-based Aid Stem Brain Drain", *Evaluation and Policy Analysis*, No.6, 2010, pp.1–23.

[3] Cornwell, C., et al., "The Enrollment Effects of Merit-based Financial Aid: Evidence from Georgia's Hope Program", *Journal of Labor Economics*, 2006 (24): 761–786.

[4] Doyle, W. R., "Adoption of Merit-based Student Grant Programs: An Event History Analysis", *Education Evaluation and Policy Analysis*, No.28, 2006, pp.259–285.

是国际学生贷款的成功典范，是一种延迟付费性质的资助项目。自金融危机爆发以来，整体信贷市场紧缩导致个人商业贷款额度下降，学生贷款也如此。据统计，截至 2009 年 1 月底，以往 60 家私人贷款机构中的 39 家停止放贷，未停止放贷的机构也提高了审核标准①。种种原因推动着联邦政府改革学生贷款方案，走向利率相对更低的政府"直接贷款"。因此，2010 年以前，美国助学贷款形式多样，包括联邦政府发放的贷款、低利率的长期贷款、私人金融机构贷款等。自 2010 年 7 月 1 日起，联邦政府取消了由政府补贴私人贷款公司办理的贷款业务，所有贷款全部通过联邦直接贷款项目进行，内容主要包括联邦直接贷款和帕金斯贷款。其中，直接贷款包括贴息和非贴息的斯坦福贷款；帕金斯贷款由政府将贷款基金拨给学校，不收手续费、利率为 5% 且偿还期为 10 年。

2. 英国大学生资助政策体系

英国早在 1944 年教育法中便规定由政府为学生提供奖学金和其他津贴，1962 年在安德森委员会报告的基础上，议会通过修改教育法规让所有接受全日制高等教育的学生都可以接受需要的资助②。其大学生资助政策体系主要包括免收学费、奖学金和助学金以及贷款三项内容。第一，免收学费。该项政策主要面向在英国高校接受全日制教育的英国和欧盟国家的本科生，由英国政府通过地方教育局当局将免去的学费划拨给学校。第二，奖学金和助学金。由于英国学生的学费、生活费和其他费用主要由政府承担，因此，在奖学金与助学金之间有时并没有明显的界限，地方教育当局提供的奖学金是学生获得资助的最大来源；大学和大学学院掌管的基金也会为学生提供奖学金，但部分奖学金只限于某些特殊学校或特定地区的学生。第三，贷款。该项资助经费由国家提供，形式为低息贷款或无息贷款，低息贷款利息低于存款利率，一些家庭经济情况良好的学生也愿意参与贷款。还款一般从毕业后次年开始，学生可以分期偿还所有贷款。

3. 日本大学生资助政策体系

日本是贷学金政策实施较早的国家，其大学生资助政策体系以学生贷款为主，在资助形式上日本不倡导无偿资助，主要由具有教育贷款性质的

---

① 沈红、赵永辉：《美国高校学生资助政策变革及其效应》，《高等工程教育研究》2014 年第 4 期。

② 詹鑫：《英国高校改革：学生资助与教育参与》，《比较教育研究》2004 年第 4 期。

"育英奖学金"以及一些组织机构和个人为学生提供奖学金、助学金、贷学金等多种形式的资助组成。首先，育英奖学金是日本大学生资助资金的主要来源。日本育英会是国家掌控育英奖学金的机构，组织和职权非常明确。其次，在贷学金方面，《日本育英会法》和《实施条例》将贷学金划分为"无息贷予性奖学金"和"有息贷予性奖学金"，前者不计利息，主要供出身贫寒、经济困难的学生贷款，后者"有息贷予性奖学金"奖学金年利率为3%，供其他需要的学生贷款。贷学金主要来源于育英会借贷的资金、政府拨款以及回收的贷学金三个渠道，根据学生家庭经济状况、学生品行、学生成绩、学生健康状况对学生进行审核并确定发放金额。在贷款还款方面，日本是世界上长期实施贷学金政策国家中还款质量最高的国家，育英会作为一个专门机构发放学生贷款并制定高效的追讨办法以降低拖欠率；地方政府为鼓励学生尽早还款，规定若在偿还期内提前4年还清贷款，则退还贷款的10%作为奖励；同时规定了贷学金减免的相关政策。最后，日本民间团体对大学生资助的投入力度很大，许多组织机构均为学生提供资助，来自社会民间团体的资金已成为日本学生接受资助的第二大来源。

（三）大学生资助模式的研究

1. 以美国为代表的"混合资助模式"

混合资助模式是目前世界上最为普遍采用的模式，其运作受各国历史文化传统的影响。资金来源和资助形式的多元化是美国混合资助模式的主要特点。其混合性、多元性主要体现在资金来源、资助形式及管理方式方面：首先，在资金来源上，美国资助资金来源于联邦政府、州政府、高校、慈善组织和企业，其中联邦政府的资助占主导地位；其次，在资助形式上，采用奖学金、助学金、贷学金、校园工读和学费减免相结合的五种形式；最后，在资助管理方式上，美国采取有针对性的资助和科学的"资助包"方式，包括健全法律保障、规定资助系统及比例、独创"资助包"政策严谨管理、定期公布监督结果及制定还贷优惠政策等。其一，健全法律保障：美国早在20世纪60年代便出台了多项学生资助法律，《经济机会法（1964）》《高等教育法（1965）》及《教育法修案（1972）》均成为美国高校大学生资助政策实施的法律保障。其二，规定资助系统及比例。在美国高校大学生资助政策体系中，奖、助、贷、工读约占资助总额的 80%;各院校资助和其他资助则占 20% 左右①。其三,实施"资助包"政策。美国丰富多样的资助政策内容使大学生资助形成"混合资助"的特点,在给大学生带来众多受助机会的同时也引出了资金公平发放等问题,因此为保持资助公平,美国独创了"资助包"政策防止资金发放失衡。其四,定期公布监督结果。美国大学入学考试委员会每年会公布六大地区四类院校成本费;各高校每年也会公布基本配比标准从而推进了美国高校大学生资助管理工作的透明化、规范化,形成了良好的社会监督氛围。其五,制定还贷优惠政策。如延长还贷期限、毕业后参军或到特定公立中小学任教可减少或免还贷。

2. 以英国为代表的"贷助结合模式"

该资助模式是世界上最早对贫困学生开展的资助模式,并先后在我国、苏联、英国及联邦德国等 50 多个国家进行实施,其中以英国为典型代表。1970 年之前,英国采取由政府无偿为学生支付学费和大部分生活费的资助政策,而且还为大学生提供免费医疗、失业救济金和住房补贴;1970 年之后,在经济和舆论的双重压力下,英国政府把"免学费+高额补助"的资助模式逐渐转变为"收学费+限额补助+贷款";自 20 世纪 80 年代后期开始,"生活费用补助"又改为"补助"与"贷款"相结合;90 年代后期开始,只提供贷款并收取学费;2004 年 1 月,英国政府通过《高等教育法案》,推出了新的高等教育学费政策和资助制度,规定从 2006 年 9 月开始,英格兰地区的大学将进一步提高学费,上限为每年 3000 英镑,新法案实施后 2006—2007 学年入学的新生,根据家庭收入情况可获得无须偿还的生活费用补助,最高限额为 27 英镑,还贷期可推迟到毕业且年收入高于 15000 英镑之后再开始偿还债务,25 年之后所有债务将不再追究。

3. 以日本为代表的"无息贷款资助模式"

日本的大学生资助制度与其他国家资助制度的主要差异在于日本不提供无偿资助,而是通过无息贷款的形式资助学生。近年来,日本成立了独立性管理机构学生服务组织(JASSO),主要负责学生贷款系统管理,日本的贷学金分"一般贷款"与"特别贷款",其中前者主要针对家庭经济一般困难的学生,贷款金额较少;后者则主要针对家庭经济十分困难的学

---

① Jean M. Johnson., "Graduate Education Reform in Europe, Asia and the Americas", National Science Foundation, 2000, pp. 45–46.

生，但对其学业成绩要求非常严格，贷款金额也相对较多。但无论哪种形式的贷款都一律免息，要求在毕业后按月偿还且在 20 年内还清。另外，日本的贷学金有专门的组织机构来负责学生困难程度的认定和助学贷款的审批与发放。

第三章

高校贫困生基本问题解析

第一节 高校贫困生的划分

目前,对高校贫困生的划分,根据不同的标准主要有两种划分方法。[①]

一 根据家庭收入和生活水平将高校贫困生划分为困难学生和特别困难学生

(一)困难学生

家庭经济收入无法负担学生的学费和住宿费,但能保障基本生活费用,且符合以下条件之一的,可认定为家庭经济困难学生:

(1)家庭所在地地处偏远经济较落后的地区,家庭人均收入明显低于本地区城乡居民人均收入的;

(2)父母因下岗、失业、残疾、年迈等原因导致家庭经济收入微薄的;

(3)因多个子女同时就读造成家庭经济困难的;

(4)单亲家庭或父母离异且未再婚导致家庭经济困难的;

(5)因自然灾害、家庭变故、个人患重病等发生临时经济困难,仅靠自身或家庭能力难以克服的;

(6)由于其他原因造成家庭经济困难的。

(二)特别困难学生

家庭经济收入无法负担学生的学费、住宿费和基本生活费用,且符合

---

① 吴建章:《高校贫困生问题研究》,山东人民出版社2016年版。

下列条件之一者，可认定为家庭经济特别困难学生：

(1) 孤残学生、烈士子女、优抚家庭子女或列入农村五保户的子女等无直接经济来源、仅靠政府救济的；

(2) 家庭所在地地处偏远经济落后的地区，家庭人均收入明显低于本地区城乡居民人均收入，且为少数民族的；

(3) 父母均丧失劳动能力，没有直接经济来源的；

(4) 家庭享受城镇、农村居民最低生活保障的；

(5) 学生家庭所在地区发生重大自然灾害或突发性灾祸，造成家庭经济特别困难的；

(6) 本人或直系亲属患重症，需长期自费治疗的；

(7) 其他情况导致家庭特别困难的。

二 根据高校贫困生的形成与构成特点，将贫困学生划分为自然历史条件型和社会结构变迁型

(一) 自然历史条件型

自然历史条件型是指由于自然历史原因造成家庭贫困的高校贫困生。这类高校贫困生一般是由于家庭长期处于一种贫困状态下、无力提供子女教育费用或者由于突然的变故而失去承担子女教育能力而造成的。这类高校贫困生主要有：

(1) 来自老、少、边、穷地区型。老、少、边、穷地区是指高校贫困生的主要来源地属于革命根据地、边疆、少数民族、自然条件恶劣的贫困地区。

(2) 弱势家庭型。弱势家庭型是指由于家庭长期处于贫困状态，生活窘迫而无力承担子女的学费，如残疾人家庭、单亲家庭或父母双亡家庭等造成的高校贫困生。

(3) 天灾人祸型。天灾人祸型是指由于意外的天灾人祸导致家庭财产的损失或家中主要经济收入者丧失劳动能力或死亡等失去以往的经济来源而造成的高校贫困生。

(二) 社会结构变迁型

社会结构变迁型是指由于社会结构的变迁而造成家庭贫困形成的高校贫困生。目前，它是高校贫困生增多的主要原因，其类型又可分为体制转化型和收入差距扩大型。

（1）体制转化型。当前，随着改革开放的持续深化，我国经济社会发展正经历着一个特殊的转型时期，社会结构也发生着剧烈的变化。市场经济的建立和完善，产业结构的调整优化，导致部分职工下岗、失业，使其生活陷入困顿。由于父母下岗、失业而失去经济来源，直接影响到其子女的教育，是造成城市高校贫困生增多的主要原因。

（2）收入差距扩大型。改革开放促进了国家经济的整体繁荣和人民生活水平的提高，但同时也带来了地区间的不平衡和家庭收入差距的扩大。这种不平衡和收入差距的扩大折射到高校中表现为相当数量的高校贫困生队伍。随着不平衡和收入差距的持续扩大，这支队伍的数量也会日益增多。

第二节　高校贫困生的规模

近十几年来，随着高校招生全面并轨，特别是扩招步伐的加快、高等教育收费标准的提高，高校贫困生的人数和比例均呈迅速增长趋势。我国高校贫困生到底有多少人，总体规模有多大？贫困生在研究生中所占的比例是多少？这些都是令人感到十分困惑的问题。由于每所学校对高校贫困生的界定标准不一致，而且对高校贫困生没有形成一个定量的管理模式。因此，迄今为止，事实上还没有一个确切的数字。2004年8月4日，中国扶贫基金会新长城项目部开放助管孙美丽告诉新华社记者：目前我国高校在校生中的贫困生比例约为20%，特困生比例为8%。据中国扶贫基金会对4省区20所高校的调查，农、林、师范类学校贫困生比例超过30%，特困生比例超过15%。如果按2004年高校在校学生1900多万人计算，高校贫困生当年人数有380万人，如果考虑西部和农、林、师范等学校的特点，高校贫困生人数应该在400万左右。[①]

教育部在2010年8月12日举行的2010年第10次新闻通气会上公布了全国普通高等学校家庭经济困难学生情况。2009年，全国普通高校在校生总人数2285.15万人，其中，家庭经济困难学生人数527万人，占全部在校生总人数的23.06%；家庭经济特别困难学生人数166.1万人，占全部在校生总人数的7.27%。其中，中央部属高校在校生总人数251.72

---

① 引自新华网，http：//news.xinhuanet.com/newscenter/2004-08/05/content-1719136.htm，2004-08-06。

万人，其中，家庭经济困难学生人数 55.3 万人，占比 21.97%；家庭经济特别困难学生人数 18.2 万人，占比 7.23%。教育部直属高校在校生总人数 197.09 万人，其中，家庭经济困难学生人数 43.4 万人，占比 22.02%；家庭经济特别困难学生人数 13.9 万人，占比 7.05%。地方高校在校生总人数 2033.43 万人，其中，家庭经济困难学生人数 471.7 万人，占比 23.2%；家庭经济特别困难学生人数 147.9 万人，占比 7.27%。[1]

第三节 高校贫困生的分布状况

导致家庭经济困难学生产生的原因是多种多样的，因而家庭经济困难学生的分布也有鲜明的特点[2]，通过对相关资料的分析，对兄弟院校的走访和对在校家庭经济困难学生的访谈和调查，我们发现，家庭经济困难学生的分布具有以下特征：

一 从城乡分布来看，高校家庭经济困难学生中农村学生占了绝大部分

这主要是因为我国是农业大国，农业人口占了绝大部分，农村经济结构不合理，整体生产力水平低下，以致农村家庭经济相对困难，加之农村人群思想观念相对落后，多子女家庭较多，加剧了家庭贫困，这些家庭的子女一旦有机会进入大学，自然就成为家庭经济困难学生群体的一部分。

二 从地域分布看，高校家庭经济困难学生来自中西部地区的家庭经济困难学生居多

这是与地区的生产力水平密切相关的，特别是西部地区的生产力低下直接导致家庭经济困难相对集中。

三 从家庭经济困难学生父母的职业类别看，家庭经济困难学生主要集中在农民和工人家庭

这反映出我国各行业经济收入的总体分布状况，绝大多数的农民家庭

---

[1] 引自中国新闻网，http://www.chinanews.com/edu/2010/08-12/2463649.shtml，2010-08-12。

[2] 赵明吉、赵敏、龙希利、丛培卿：《高校家庭经济困难学生问题研究》，山东大学出版社 2010 年版，第 68—69 页。

和工人家庭收入相对较低。

四 从专业分布来看，高校家庭经济困难学生中理工科专业的学生比例高于文科学生，农、林、地矿、师范类专业的家庭经济困难学生的比例高于其他专业

这与多年来人们认为理工科更实用、更容易找工作的观念有关，农、林、地矿、师范类专业收费相对较低，成为家庭经济困难学生选择这类院校的一个原因，因此，这些专业就集聚了更多的家庭经济困难学生。

第四节 高校贫困生的特征

贫困是一个随着历史、区域和标准变化而变化的复杂概念。在经济社会多元发展背景下，贫困始终处于变化和发展中，而且在不同地区、不同阶层呈现不同的特征。黄贵荣、刘金源认为，"贫困在人类社会的不同历史阶段表现出不同的特征和趋势"[①]。任福耀、王洪瑞在《中国反贫困理论与实践》一书中指出了我国贫困人口分布有五个重要特征："社会结构特征、自然地理特征、社会阶层特征、体制转轨特征、个人素质特征。"[②] 高校贫困生呈现出贫困性、弱势性、多元性、暂时性和循环性的特征。[③]

一 贫困性

贫困性是高校贫困生最典型的特征，主要体现在用于生存与发展的物质资源的贫乏。一是家庭收入不高。家庭收入是高校贫困生生活的主要来源，家庭收入水平直接决定了高校贫困生的生活水平。高校贫困生主要依靠家庭资助上大学，家庭收入大多在"温饱线"边缘徘徊，甚至低于"温饱线"。二是基本生活没有保障。高校贫困生的家庭支持相对较少，仅能维持其基本的生活，如果生活得不到基本的保障，他们的学习和生活势必会受到影响，特别是如果家庭突遭变故，甚至会影响到他们学业的完成。

---

① 黄贵荣、刘金源：《失衡的世界：20世纪人类的贫困现象》，重庆出版社2000年版，第13页。
② 任福耀、王洪瑞：《中国反贫困理论与实践》，人民出版社2003年版，第22—24页。
③ 吴建章：《高校贫困生问题研究》，山东人民出版社2016年版，第36—39页。

二 弱势性

经济的贫困决定了高校贫困生的弱势性。弱势性是指高校贫困生在学生群体，乃至社会阶层中，在教育、就业等方面的低层次性。主要体现在高校贫困生在社会关系中，居于各种社会关系的最边缘；在经济关系中，居于分配关系的最末环节。当然，高校贫困生作为一个社会弱势群体只是一个临时阶段，相对于每一位高校贫困生而言，毕业后参加工作即能改变弱势状况，知识由于经济条件的限制和具体国情决定了这一弱势群体还会长期存在。

高校贫困生的弱势性是由家庭因素和个人因素构成的。一是家庭的弱势性。高校贫困生主要来自老、少、边、穷经济不发达地区以及下岗失业等弱势家庭，这些家庭由于经济上的贫困，具有先天的弱势性，他们在多种社会性资源的占有上比较贫乏。二是贫困生本身的弱势。高校贫困生自身的弱势主要包括高校贫困生生存能力的低层次性，主要表现在：第一，本身没有任何收入来源。教育支出的大部分费用靠资助或贷款来募集，少部分通过勤工俭学来解决。第二，生存能力弱势。生活贫困造成他们生活处于封闭状态，进而形成心理上的闭塞，特别是在交际能力等方面的差距，如普通话不标准、存在交际障碍等。

三 多元性

贫困具有多样性。彭刚认为："贫困的基本特征是作为现代贫困的多元性与复杂性。"① 世界银行在《2000/2001年世界发展报告》中明确指出："贫困不仅指物质的匮乏，而且还包括低水平的教育和健康；除此之外，贫困还包括风险和面临风险时的脆弱性，以及不能表达自身的需求和缺乏参与机会。"② 夏振坤认为贫困包括"制度短缺、环境短缺和可行能力短缺所造成的贫困。"③

学生贫困也具有多元性。学生贫困除经济贫困外，一般还包括学习、心理、就业和技能等多个层面的贫困，是多元贫困。张文芝认为学生接受高等教育所需要支付的"高昂的学费给贫困家庭带来了沉重的经济负担，

---

① 彭刚：《丰裕中的贫困》，《教育与研究》2005年第12期。
② 世界银行《2000/2001年世界发展报告》，中国财政经济出版社2001年版，第15页。
③ 夏振坤：《经济发展中值得研究的几个问题》，《经济学动态》2003年第12期。

不仅使这部分学生难以维持正常的学习和生活,而且也造成了一些严重的心理障碍"。① 姚春序认为:"'双困生'是高校贫困生特殊群体中的又一个特殊群体,所谓'双困生',是指高校中不仅生活上贫困,同时学习上也相对困难的大学生。"② 方黛春认为:"贫困生的心理问题突出、交际能力比较弱,学习压力大,学习成绩不理想。"③

四 暂时性

暂时性贫困是指贫困人群在贫困与脱离贫困之间的波动以及贫困的短期性,是对贫困的动态描述。暂时性贫困包含了两层意思:一是贫困是可以摆脱的;二是贫困转化为非贫困时在转化周期上较短暂,比如由于自然灾害、某些疾病或其他突发性事件所造成的贫困,会随着事件的推移较快地得到改善。樊怀玉、郭志仪认为贫困本身是一个模糊概念,它具有不确定性,贫困会随着时间和空间以及人民的思想观念的变化而变化。④

学生贫困的暂时性是指学生在经济、学习和心理等方面的困难或困惑所持续的时间短暂,特别是毕业后参加工作,随着经济的独立,一些现象会彻底消失。例如,高校贫困生的经济贫困,会随着他们的创造内容、方法和能力不断增强,可能在短期内会克服或缓解经济压力;在学习上,会随着知识的不断积累,学习能力逐步得到提高;在心理上,随着时间和环境的变化,某种不健康心理会逐渐被遗忘。

五 循环性

根据有关贫困循环理论,贫困往往具有循环往复的特征,某一方面的贫困往往是另一方面贫困的原因,而其贫困的结果又常常成为下一方面贫困的原因。学生贫困的循环性是指学生经济、学习、心理和技能贫困导致就业困难,就业困难又导致经济困难的恶性循环。相对来说,不排除经济困难促使了学习好的个体和群体,但普遍的情况是经济困难容易导致学习

---

① 张文芝:《论高校贫困大学生的现状与对策》,《西南民族大学学报》(人文社会科学版) 2005 年第 8 期。
② 姚春序:《高校"双困生"现象分析和解困对策研究》,《浙江工程学院学报》1999 年第 3 期。
③ 方黛春:《高校勤工助学在实践育人中的功能及实现探索》,《新西部》2007 年第 11 期。
④ 樊怀玉、郭志仪:《贫困论:贫困与反贫困的理论与实践》,民族出版社 2002 年版,第 1 页。

差。高校贫困生在经济、学习、心理、就业等各方面的贫困相互影响、相互制约、循环往复，使贫困生成为"双困生"，甚至"多困生"。

第五节 高校贫困生的认定

高校贫困生的认定是高校贫困生资助工作的基础环节。做好高校贫困生的助学工作，首先必须科学界定贫困生的范围，确定助学政策实施的目标群体。只有建立一个科学合理的贫困生认定体系，才能发挥助困资金的使用效益。2007年教育部、财政部共同颁布和实施了《教育部财政部关于认真做好高等学校家庭经济困难学生认定工作的指导意见》，对高等学校家庭经济困难学生认定的组织、流程、办法提出了指导性的意见。①

一 组织结构

（1）学校学生资助工作领导小组全面领导本校家庭经济困难学生的认定工作。学校学生资助管理机构具体负责组织和管理全校的认定工作。

（2）院（系）成立以分管家庭经济困难学生资助工作的院（系）领导为组长，院（系）学生辅导员、学生工作办公室主任等担任成员的认定工作组，负责认定的具体组织和审核工作。

（3）以年级（或专业）为单位，成立以学生辅导员任组长，班主任、学生代表担任成员的认定评议小组，负责认定的民主评议工作。认定评议小组成员中，学生代表人数视年级（或专业）人数合理配置，应具有广泛的代表性，一般不少于年级（或专业）总人数的10%。认定评议小组成立后，其成员名单应在本年级（或专业）范围内公示。

二 认定程序

家庭经济困难学生认定工作每学年进行一次。学校应制定严格的认定工作程序，学校学生资助管理机构、院（系）认定工作组、年级（或专业）认定评议小组，按照各自的职能分工，认真、负责地共同完成认定工作。

（1）学校应全面、认真部署每个学年的家庭经济困难学生认定工作。

---

① http：//www.gov.cn/zwgk/2007-07/03/content_ 670473.htm.

学校在向新生寄送录取通知书时，应同时寄送《高等学校学生及家庭情况调查表》（见表3-1）；在每学年结束之前，应向在校学生发送《高等学校学生及家庭情况调查表》。需要申请认定家庭经济困难的新生及在校学生要如实填写《高等学校学生及家庭情况调查表》，并持该表到家庭所在地乡、镇或街道民政部门加盖公章，以证明其家庭经济状况。已被所在学校认定为家庭经济困难的学生再次申请认定时，如家庭经济状况无显著变化，可只提交《高等学校家庭经济困难学生认定申请表》（见表3-2），不再提交《高等学校学生及家庭情况调查表》。

（2）每学年开学时，学校学生资助管理机构布置启动全校认定工作。认定评议小组组织学生填写《高等学校家庭经济困难学生认定申请表》，并负责收集《高等学校学生及家庭情况调查表》。

（3）认定评议小组根据学生提交的《高等学校家庭经济困难学生认定申请表》和《高等学校学生及家庭情况调查表》，以学生家庭人均收入对照学校所在地省级教育、财政部门确定的认定标准，并结合学生日常消费行为，以及影响其家庭经济状况的有关情况，认真进行评议，确定本年级（或专业）各档次的家庭经济困难学生资格，报院（系）认定工作组进行审核。

认定评议小组进行民主评议时应着重考虑孤残学生、烈士子女，以及家庭成员长期患重病、家庭遭遇自然灾害或突发事件等特殊情况的学生。

（4）院（系）认定工作组要认真审核认定评议小组申报的初步评议结果。如有异议，应在征得认定评议小组意见后予以更正。

（5）院（系）认定工作组审核通过后，要将家庭经济困难学生名单及档次，以适当方式、在适当范围内公示5个工作日。如师生有异议，可通过有效方式向本院（系）认定工作组提出质疑。认定工作组应在接到异议材料的3个工作日内予以答复。如对院（系）认定工作组的答复仍有异议，可通过有效方式向学校学生资助管理机构提请复议。学校学生资助管理机构应在接到复议提请的3个工作日内予以答复。如情况属实，应做出调整。

（6）学校学生资助管理机构负责汇总各院（系）审核通过的《高等学校家庭经济困难学生认定申请表》和《高等学校学生及家庭情况调查表》，报学校学生资助工作领导小组审批，并建立家庭经济困难学生信息档案。

（7）学校和院（系）每学年应定期对全部家庭经济困难学生进行一次资格复查，并不定期地随机抽选一定比例的家庭经济困难学生，通过信件、电话、实地走访等方式进行核实。如发现弄虚作假现象，一经核实，取消资助资格，收回资助资金。情节严重的，学校应依据有关规定进行严肃处理。

表 3-1　　　　　　　　　　高等学校学生及家庭情况调查表

学校：＿＿＿＿＿＿　院（系）：＿＿＿＿＿＿　专业：＿＿＿＿＿＿　年级：＿＿＿＿＿＿

学生基本情况	姓名		性别		出生年月		民族	
	身份证号码		政治面貌		入学前户口		□城镇 □农村	
	毕业学院				家庭人口数			
	年级		班	在校联系电话				
	家庭类型	□孤儿 □单亲 □残疾 □烈士或优扶对象子女 □低保家庭 □建档立卡贫困户 □其他						
	家庭通信地址							
	邮政编码			联系电话				
家庭主要成员情况	姓名	年龄	与学生关系	工作（学习）单位		职业	年收入（元）	健康状况
家庭有关信息	家庭年收入＿＿＿＿＿＿（元）。学生本学年已获资助情况＿＿＿＿＿＿＿＿＿＿＿＿＿＿＿＿＿＿＿＿＿＿＿＿＿＿＿＿＿＿＿＿＿。 家庭遭受突发意外事件：＿＿＿＿＿＿＿＿＿＿＿＿＿＿＿＿＿＿＿＿＿＿＿＿＿＿。 家庭成员失业情况：＿＿＿＿＿＿。家庭欠债情况及原因：＿＿＿＿＿＿。 其他情况：＿＿＿＿＿＿。							

本人承诺以上所填内容真实无误，并予以认可，如不真实，本人愿意承担相应后果。
学生本人签名：　　　学生家长或监护人签名：　　　　　　　　　＿＿年＿＿月＿＿日

学生家庭所在地乡镇（街道）民政部门、村（居）委会、原就读高中确认签章	经办人签字：　　　　单位名称： 联系电话：　　　　　　　　　（加盖公章） 　　　　　　　　　　　　　　＿＿年＿＿月＿＿日

注：本表供学生申请家庭经济困难认定和申请国家助学贷款用。可复印。请如实填写，到家庭所在地的乡镇（街道）民政部门、村（居）委会、原就读高中任何一单位核实、盖章。乡镇（街道）民政部门无专用公章，可由政府代章。

表 3-2　　　　　　高等学校家庭经济困难学生认定申请表

学校：

学生本人基本情况	姓名		性别		出生年月		民族	
	身份证号码		政治面貌		家庭人均年收入		元	
	学院		系		专业			
	年级		班		在校联系电话			

学生陈述申请认定理由	学生签字：＿＿＿年＿＿月＿＿日 注：可另附详细情况说明。

民主评议	推荐档次	A. 家庭经济一般困难 □ B. 家庭经济困难 □ C. 家庭经济特殊困难 □ D. 家庭经济不困难 □	陈述理由	评议小组组长签字：＿＿＿年＿＿月＿＿日

认定决定	院(系)意见	经评议小组推荐、本院（系）认真审核后， □ 同意评议小组意见。 □ 不同意评议小组意见。调整为＿＿。 工作组组长签字：＿＿＿年＿＿月＿＿日	学校学生资助管理机构意见	经学生所在院（系）提请，本机构认真核实，□ 同意工作组和评议小组意见。 □不同意工作组和评议小组意见。调整为： 负责人签字： ＿＿＿年＿＿月＿＿日 （加盖部门公章）

三　认定方式

目前，我国高校贫困生认定方式主要包括生源地认定、高校认定两种方式。①

（一）生源地认定

生源地认定主要是由当地镇、街道办事处、民政部门等单位出具的贫困证明来判断。这种认定可由学生所在地直接对学生的家庭经济状态进行认定，避免了高校直接到所在地进行认定的困难，降低了高校贫困生认定

---

① 吴建章：《高校贫困生问题研究》，山东人民出版社 2016 年版，第 36—39 页。

的成本。但因为贫困证明来源于学生所在地，在开具过程中缺少监督约束机制，贫困证明的真实性、可信性可能会出现偏差。另外，由于对于贫困认定的具体差异，来源于不同地区的贫困证明对于贫困的认定标准不同，造成各贫困证明不具有可比性。

（二）高校认定

高校认定主要是由学校、院（系）、年级、班级根据学生在校具体情况基础上，对学生家庭的经济状况进行认定，经过多重的审核，最终确定贫困生的办法。这种认定从学生的具体情况出发，相对直接、准确，但是由于需要对学生的学习、生活状况进行调查，中间很多环节会涉及学生的隐私，同时为做到公正、透明，必须对评出名单予以公示，这势必触及贫困生的自尊心，无形中会对贫困生造成一定程度的心理压力。

四 认定方法

目前我国高校对贫困生认定的方法主要是从学生的经济状况上考虑的。在认定工作中，大多数高校主要是从四个方面来认定贫困生：一是学生家庭的年收入情况；二是学生每月在学习和生活上的消费支出情况；三是学生是否有能力交纳学费或部分学费；四是生源地与学校所在地的最低生活保障线。这四种因素具体反映到高校贫困生认定的方法上，主要有《贫困证明》认定法、学生平均消费水平认定法、居民最低生活保障线比照认定法和综合认定法四种。

（一）《贫困证明》认定法

主要是根据学生入学时提供的《高等学校学生及家庭经济情况调查表》，或当地民政局、居委会等相关部门开具的县乡村三级证明，相关困难证件如《特困证》《最低生活保障证》《社会扶助证》等证明认定贫困生的方法。这种认定方法使学校认定的成本大大降低，但缺点是证明的真实性和可信度无法得到保证，也不能动态反映学生家庭消费结构、消费水平和收入变化的信息，由此造成贫困证明材料在学校对贫困生认定工作中仅起到参考作用。

（二）学生平均消费水平认定法

主要是在调查确定全校学生平均消费水平的基础上，通过学生消费支出的比较，低于该水平的则为贫困生。这种方法最能反映学生家庭的经济状况，具有一定的可信性。但统计学生的消费支出情况需要耗费大量的时间，也不可能对学生各个方面知根知底，在实际工作中难免出现偏差或造成判断错误，同时这种方法过分强调了物质消费的必要性，削弱了教育消费中精神消费与文化消费的重要性。

（三）居民最低生活保障线比照认定法

主要是对在校学生的学习、生活消费水平进行调查摸底，并将学生消费水平与学校所在地居民最低生活保障线进行对比，低于此线的为特困生，略高于此线的为贫困生。该种方法由于考虑到了学校所在地居民最低生活保障线，对于贫困生的认定和消费具有指导意义。

（四）综合认定法

这种方法是将学生学习生活消费支出的情况、学生家庭人均收入情况、学生交纳学费的情况、学生家庭人均收入情况、学生交纳学费的情况、本校学生消费水平情况等进行综合、全面调查的认定方法。这种方法具有很强的工作指导性和实践性，已被广大学校所认可和采纳。

当前高校普遍运用上述四种方法对贫困学生进行认定，这四种认定方法各有自己的优势，但各种认定方法受原始来源的指标质量的限制，采用任何一种认定方法都有可能存在不足，综合起来，主要有以下几个方面。

第一，以贫困证明认定标准单一。贫困生的认定，最基础的是学生必须提供《高等学校学生及家庭经济情况调查表》，以此作为家庭贫困的证明。贫困证明开具的部门为学生所在的当地政府、街道或民政部门，难免由于学生原因通过当地关系获得非真实的贫困证明，而当地县、乡、村因为学生资助经费不需要自己支付，出现把关不严，随意为申请的学生开出贫困证明的现象。作为高校很难判定和核实各地主管部门开出证明的真实性，因而以贫困证明作为资助认定依据并不能反映学生家庭困难的真实性。

第二，贫困生材料审核只注重形式，未做深入调查。高校对于贫困生提供的材料只是在形式上进行审核，多数集中在材料是否涂改、签字是否真实、盖章是否齐全等，而对于学生本身材料以外的实际情况并没有作具体的了解，对于存在的疑点也没有作出深入的调查核实，非贫困生难免会对学生真实贫困状况产生怀疑。《高等学校学生及家庭情况调查表》中填写的家庭纯收入、人均年收入、月生活费等数据，由于学生在上大学之前，很少参与家庭的经济管理，很少有同学对家庭的经济状况非常了解，很多同学是随意地填写，致使这些重要的数据缺乏真实性和可靠性。

第三，学生家庭情况复杂，对于学生家庭收入的统计标准不同意。学生家庭情况各不相同，有的是单亲家庭，有的是父母下岗无固定收入，有的是家庭有重病的亲属等，但有些学生家庭还是有能力提供子女上大学的费用。由于我国目前的收入信息体系还不健全，对于家庭的收入并不能获得官方的统计数据，而对于学生自己申报的家庭收入，由于统计的标准不统一，中间存在的实际差额较大，最终会造成学校无法通过家庭收入来判定学生是否应该获得资助或判定学生的贫困等级。

第四，对于学生贫困认定的定性指标重于定量指标，主观判断大于客观依据。目前，我国对于贫困生认定的主要依据或办法还是通过学生评议、班主任辅导员评议、学院评议等，给出的都是定性评价指标，这些评价指标主观判断的成分很大，同学或老师的印象分起了决定性的作用，而对于学生自己的消费情况、家庭收入的实际情况等定量的客观指标在贫困生认定的工作中却没有起到很重要的作用，或者说学校根本无法获得申请贫困认定学生定量的硬性数据，这对于评议产生的贫困生的可信度产生怀疑。

第五，贫困生状况动态跟踪管理不足，针对性、实效性不强。贫困生资助是一个长期的过程，对于每一名贫困学生，国家都会给予不同程度的资助。但是由于贫困生贫困程度的复杂性，学校很难对每名贫困生各个方面进行深入、详细的了解，对学生的具体情况跟踪了解也不够，一些已经摆脱贫困的学生有可能继续获得学校各方面的资助，这势必会挤占有限的资助名额和资助资金，出现并不困难的学生拿着补助，新出现的贫困学生却因名额限制或资金限制而无法及时获得资助，造成贫困生资助资金在使用上产生的实际效益较弱。

为弥补贫困生认定工作中的不足，部分高校采用了贫困生家庭实地走访的认定方式。这种认定方式具有如下优势和特点。

第一，保证了学生提供的贫困证明材料的真实性和准确性。由于采用实地走访，走访人员能够深入到贫困生所在地域，了解这一地域的实际经济情况和普遍家庭生活水平。另外，由于深入到贫困生的一家一户，对每一个贫困生的家庭状况进行了解，能够获取第一手资料，保证信息的真实和准确性。

第二，保护了学生的隐私，真正做到了公平、公开、公正。采用实地走访形式，能够在很大程度上尊重学生的自尊心，同时在走访过程中也可以将国家和学校的关心、关爱送达到每一位贫困生的家中，能够鼓励贫困生克服生活困难，树立积极向上的信心和决心。

贫困生家庭实地走访的认定方式将生源地认定的方式和学校认定方式结合起来，很好地弥补了两大认定中缺乏信息准确性的不足，可以说是一个建立在实际基础上的认定方式。但是由于高校学生来自全国各地，走访人员到达每一个目的地都需要消耗大量的差旅费、住宿费、伙食费等，而这些费用都需要学校来埋单，这无疑增加了学校的成本开支。另外实地走访需要动员大量的学校教职工，需要他们牺牲个人的休息时间，同时走访工作也是一个非常艰苦的工作。因此，贫困生家庭实地走访这种方式面临实际的困难。

目前的高校贫困生认定程序依次是学生本人提出申请、生源地民政部门证明、班级评议、院（系）审核、学校按比例确认、建立贫困生库、学校按比例资助。这一认定程序从形式上来说是比较公正和公平的，但由于学生来源的多样再加上学生家乡来的"贫困证明材料"难以证明学生家庭的实际困难及其程度，班级评议结果受人缘因素影响较大，在院（系）审核与学校确认阶段不少高校仅局限于形式审核，即仅审核有关材料是否齐全和程序是否规范，缺少实地考察和真正的确认，这样，在认定过程中就会出现"假贫困"和夸大贫困程度的现象。[1]

国外由于具有完善的税收制度，且通过税收比较容易掌握学生家庭的经济状况，因而国外在判别一个学生是不是贫困生时，主要以学生家庭的经济状况作为主要的认定标准。如果学生的资助需求为负值，则证明该学生不是贫困生。在英国，判别贫困生的指标主要有学生家庭的收入状况、大学所在地的生活标准及学生是否选择住校等。其中学生家庭的收入状况不是依据学生家庭上年的总收入，而是指学生家庭上年的剩余收入，需要在总收入的基础上减去房贷等各项家庭支出。在加拿大，进行贫困生认定时，除考虑学校、生源地等综合因素外，学生家庭的经济状况也是其主要的判别依据。而在计算学生的资助需求时，首先需要进行成本核算，再用成本核算后的值减去资源差值。

美国、英国、加拿大在进行贫困生认定时，均将学生家庭的经济状况

---

[1] 邹海贵：《社会正义视域中的高校贫困生教育救助探析》，《高教探索》2009年第4期。

作为重要的指标。在确定贫困生的资助需求时，三国也分别制定了具体的计算公式，操作性较强。美国、英国、加拿大对贫困生的认定方法为我国进行贫困生认定工作提供了新的思路，但是在我国税收制度还不健全的情况下，采用美国、英国、加拿大的贫困生认定方法，还为时尚早。

第六节　我国贫困生资助体系政策演进

一　免学费加人民助学金阶段

中华人民共和国成立以后，党和政府制定新的教育制度和教育政策。1952年，《关于调整全国高等学校及中等学校人民助学金的通知》和《关于调整全国各级各类学校教职工工资及人民助学金标准的通知》，规定在全国高校实行人民助学金制度。国家实行免学费加生活补助的政策。人民助学金制度一直实行到20世纪80年代初[①]。

二　奖学金和学生贷款并存阶段

我国高校资助由最初的人民助学金到奖学金与学生贷款并存[②]。1983—1986年，处于人民助学金和人民奖学金并存阶段[③]；改革"免费上大学加人民助学金"政策，设立人民奖学金。1987—1994年，处于奖学金和学生贷款并存阶段；1986年，将人民助学金改为人民奖学金；1987年，在普通高等学校本、专科学生中全面实行无息贷款制度。

三　多元混合资助阶段

从1993年开始，国家相继下发了《关于对高等学校生活特别困难学生进行资助的通知》《关于普通高等学校设立勤工助学基金的通知》《关于普通高等学校经济困难学生减免学杂费有关事项的通知》等，着力解决高校贫困生读书难的问题。1997年，本科高校全面推行收费制度；1999年，开办国家助学贷款；2002年，设立国家奖学金，针对家庭经济

---

①　邹海、社薛浩、陈万明：《我国高校贫困生资助政策的演进与完善》，《高等教育研究》2012年第2期。

②　高丽芝、董灿明、段连丽：《中国高校贫困生资助体系的历史与现状研究》，《思想战线》2015年第S1期。

③　朱善璐：《一流大学必须有一流学生资助体系》，《中国高等教育》2016年第9期。

困难、品学兼优的学生提供无偿资助。2004 年，建立以风险补偿机制为核心的国家助学贷款新制度。2005 年设立国家助学奖学金。

高校资助工作是保障家庭经济困难学生顺利完成学业、促进教育公平的重要举措。2007 年 5 月，国务院出台了《关于建立健全普通本科高校高等职业学校和中等职业学校家庭经济困难学生资助政策体系的意见》（国发〔2007〕13 号），从国家层面强化了高校资助工作的制度设计与顶层设计。2007 年逐步建立起奖学金、助学金、学生贷款、勤工助学、特殊困难补助和学费减免等多种助困方式并存的高校贫困生资助体系[1]，包括下列重要改革措施[2]：①在国家奖学金评选中取消了家庭经济困难的条件限制，另设国家励志奖学金；②将国家助学金分为几个等级，进一步扩大资助范围，资助人数达在校生总数的 20%；③进一步落实国家助学贷款政策和"绿色通道"制度，开展生源地信用助学贷款；④在教育部六所直属师范大学实行免费师范生教育试点；⑤进一步落实鼓励社会力量捐资助学优惠政策；⑥更加明确勤工助学的组织机构、岗位设置、管理办法、酬金标准和相关法律责任等；⑦鼓励大学生深入基层、投身国防，实施学费补偿国家助学贷款代偿政策。"建立家庭经济困难学生资助体系和国家奖学金制度，是党和国家为建设创新型国家和人力资源强国、实现教育优先发展和促进教育公平而采取的一项重大举措。"[3] 高校贫困生资助体系构建以来，资助形式不断丰富，资助金额逐年提升。

2016 年，教育部全面推进以对象精准、力度精准和发放时间精准为重点的学生资助工作精准化，要求各地各学校要全面、准确、及时地把国家学生资助政策落到实处。2016 年教育部办公厅印发了《教育部办公厅关于进一步加强和规范高校家庭经济困难学生认定工作的通知》，部署学生资助对象精准认定工作。各地各学校积极探索实施精准资助的新思路和新方法：参考教育统计数据，综合考虑地区经济发展程度、困难学生比例等因素，在资助资金预算上向欠发达地区、困难学生集中地区倾斜，避免"一刀切"的做法；加强与扶贫、民政、残联等部门的协作，建立资助对

---

[1] 刘士林、王晓静：《对我国高教资助体系创新与升级方式的思考》，《教育发展研究》2012 年第 5 期。

[2] 韩丽丽、李廷洲：《改革开放 40 年我国高等教育资助体系的回顾与展望》，《中国高教研究》2018 年第 6 期。

[3] 刘延东在 2007—2008 学年国家奖学金颁奖大会上的讲话，教育部官网，http://www.moe.gov.cn/edoas/web-site18/38/info1235525800111538.htm。

象认定协作机制；探索大数据跟踪分析与调查摸底、同学评议相结合的资助对象和资助标准识别认定方法；按家庭经济困难学生困难程度，实行分档发放资金，重点加大对建档立卡贫困家庭学生和孤残学生的资助力度；改革资金拨付和发放办法，推进助学金集中发放等。实行精准资助，提升了学生资助工作的水平，提高了学生资助政策的针对性和有效性。

学生资助事关教育公平与社会公平，事关脱贫攻坚和共享发展理念的落实。2016 年，在财政、教育等中央有关部门和各级地方政府，以及各级各类学校的共同努力下，我国学生资助政策进一步完善，财政投入力度不断加大，资助资金大幅增长，资助育人和精准资助全面推进，各项政策有效落实，学生资助水平进一步提高，为家庭经济困难学生顺利入学、完成学业提供了强有力的保障。在研究生教育阶段，建立了研究生国家奖学金、国家助学金、学业奖学金、"三助"岗位津贴、国家助学贷款、基层就业学费补偿贷款代偿、应征入伍国家资助、校内奖助学金及新生入学"绿色通道"等相结合的资助政策体系。

全国学生资助管理中心发布的《2017 年中国学生资助发展报告》[①]显示：2017 年，全国累计资助学前教育、义务教育、中职学校、普通高中和普通高校学生 9590.411 万人次（不包括义务教育免除学杂费和免费教科书、营养膳食补助），累计资助金额达 1882.14 亿元（不包括义务教育免除学杂费和免费教科书、营养膳食补助）。

2017 年，政府、高校及社会设立的各项高校学生资助政策共资助全国普通高等学校学生 4275.69 万人次，资助资金 1050.74 亿元。大学生资助金额占学生总资助金额的 55.8%。从资金金额分布视角看，普通高校学生资助工作是当前中国学生资助工作的最重要组成部分。学生资助资金连续 11 年保持高速增长。

图 3-1 是 2017 年普通高校学生资助资金分布情况。在普通高校学生资助中，财政资金 508.83 亿元，中央和地方各级政府财政资金占 2017 年度高校资助资金总额的 48.43%，约占年度高等教育资助总额的一半，政府财政支出是我国高校学生资助资金的主导力量。其中，中央财政 301.23 亿元，占高校资助资金总额的 28.67%；地方财政 207.60 亿元，占高校资助资金总额的 19.76%。

---

① 2016 年中国学生资助发展报告，教育部官网，http：//www.moe.edu.cn/jyb_xwfb/xw_fbh/moe_2069/xwfbh_2017n/xwfb_170228/170228_sfcl/201702/t20170228_297543.html。

银行发放国家助学贷款 284.20 亿元，占高校资助资金总额的 27.05%。

高校事业收入中提取并支出资助资金 238.21 亿元，占高校资助资金总额的 22.67%。

社会团体、企事业单位及个人捐助资助资金（以下简称社会资金）19.50 亿元，占高校资助资金总额的 1.85%。

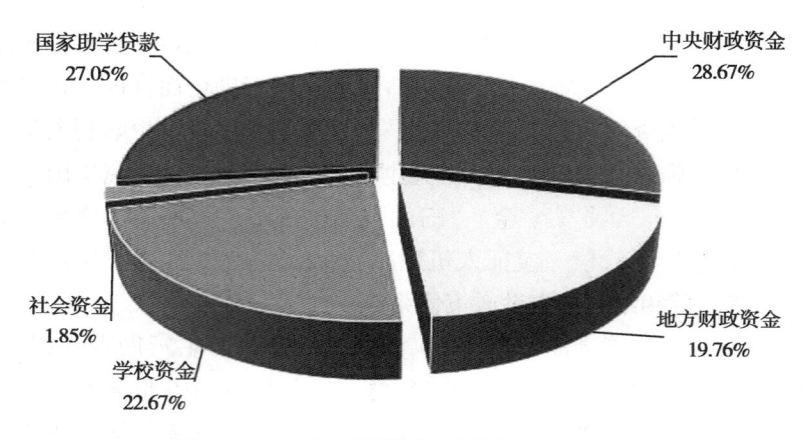

图 3-1　2017 年普通高校学生资助资金分布

（一）奖学金

2017 年，各类奖学金共奖励全国普通高校学生 867.54 万人次；奖励金额 232.89 亿元，占高校资助资金总额的 22.16%。

其中，国家奖学金共奖励本专科生 5.00 万人，奖励金额 4.00 亿元；奖励硕士研究生 3.50 万人，奖励金额 7.00 亿元；奖励博士研究生 1.00 万人，奖励金额 3.00 亿元。

国家励志奖学金奖励本专科生 80.78 万人，奖励金额 40.39 亿元。

研究生学业奖学金奖励研究生 143.47 万人，奖励金额 104.32 亿元。

其他各类奖学金共奖励高校学生 633.79 万人次，奖励金额 74.18 亿元。

（二）助学金

2017 年，各类助学金共资助全国普通高校学生 982.63 万人次，资助金额 312.03 亿元，占高校资助资金总额的 29.70%。

其中，国家助学金资助本专科生 565.92 万人，资助金额 162.49 亿元；资助研究生 219.94 万人，资助金额 117.19 亿元；其他各类助学金共资助高校学生 196.77 万人次，资助金额 32.35 亿元。

（三）国家助学贷款

全国发放国家助学贷款 409.16 万人，发放金额 284.20 亿元，占高校资助资金总额的 27.05%。其中，发放生源地信用助学贷款 389.52 万人，发放金额 270.23 亿元。国家财政为国家助学贷款支付贴息 29.31 亿元，其中，中央财政贴息 8.33 亿元，地方财政贴息 20.98 亿元。

（四）高校学生应征入伍服兵役国家资助（含直招士官）

全国 15.64 万高校学生应征入伍服兵役享受国家资助，资助金额 20.72 亿元。

（五）高校学生基层就业学费补偿贷款代偿

全国 6.94 万高校毕业生赴基层就业享受学费补偿贷款代偿，资助金额 6.00 亿元。

（六）师范生免费与补助

中央部属六所师范院校及部分地方师范院校师范生免费与补助政策资助 7.03 万人，资助金额 6.15 亿元。

（七）退役士兵学费资助

退役士兵考入普通高校享受学费资助 1.07 万人，资助金额 6036.58 万元。

（八）大学新生入学资助

大学新生入学资助 15.35 万人，资助金额 1.00 亿元。

（九）研究生"三助"岗位津贴

研究生"三助"岗位津贴资助 168.33 万人次，资助金额 51.75 亿元。

（十）勤工助学

普通高校学生参与勤工助学 361.91 万人次，资助金额 25.98 亿元。

（十一）其他资助

特殊困难补助 147.72 万人次，资助金额 9.25 亿元。
伙食补贴发放 624.13 万人次，资助金额 12.98 亿元。
学费减免资助 20.79 万人，减免金额 8.07 亿元。

校内无息借款资助 5.23 万人，借款金额 3.42 亿元。

其他项目资助 284.47 万人次，资助金额 46.39 亿元。

随着我国高校学生资助政策体系的逐步建立健全，当前我国高校学生资助已经形成了"以奖贷助为主、勤补免为辅，外加绿色通道"的政策内容体系[①]。具体资助项目主要包括国家奖助学金、国家助学贷款发放、勤工助学、赴基层就业享受学费补偿代偿、应征入伍服兵役国家资助、退役士兵考入普通高校学费资助、师范生免费与补助、学费减免、新生入学资助、特殊困难补助或是补贴、校内无息借款及其他项目等（见表3-3）。

表 3-3　　　　2017 年全国高校学生资助经费分配结构

资助项目内容	资助金额（亿元）	所占比重（%）
国家助学金	312.03	29.70
国家奖学金	232.89	22.16
国家助学贷款发放	284.20	27.05
国家助学贷款贴息	29.31	2.79
勤工助学	25.98	2.47
研究生"三助"岗位津贴	51.75	4.93
赴基层就业享受学费补偿代偿	6.00	0.57
应征入伍服兵役国家资助（含直招士官）	20.72	1.97
退役士兵考入普通高校学费资助	0.60	0.05
师范生免费与补助	6.15	0.59
学费减免	8.07	0.77
新生入学资助	1.00	0.09
特殊困难补助	9.25	0.88
伙食补贴	12.98	1.24
校内无息借款	3.42	0.33
其他项目	46.39	4.41

资料来源：《全国学生资助发展报告（2017）》。

此外，2017 年秋季学期，通过"绿色通道"入学的家庭经济困难学生 127.66 万人，占当年报到新生总人数的 15.11%。

---

①　范晓婷、曲绍卫：《经济新常态下全国高校学生资助经费管理研究——基于 2007—2013 年学生资助发展报告统计数据分析》，《教育发展研究》2015 年第 19 期。

第四章

研究生教育收费和资助体系制度变迁研究

第一节 我国研究生教育收费制度变迁研究

制度变迁是指制度的替代、变更、转换、交易和创新的过程。新制度经济学代表人物之一诺斯认为,"制度变迁是制度的创立、变更以及随时间变化而被打破的方式"。也有学者认为"制度变迁是指制度创新主体为实现一定目标而进行的制度重新安排或制度结构的重新调整,是为了实现更高水平的效率而进行的对制度均衡的动态探索"。[1] 并且"有效的制度变迁是指一种效益更高的制度对另一种制度的替代过程"。[2]

我国研究生学费制度和资助体系伴随研究生教育制度改革已经发展了六十多年,其间先后经历三个阶段:第一阶段从中华人民共和国成立后到 1984 年,实行全面免费制度,研究生除了免除学费以外,还享受不低于同等级机关干部工资标准的人民助学金,这些教育经费完全由政府财政统一负担。第二阶段从 1985—2005 年,1985 年开始实行双轨制,即委托培养研究生需由委托单位向高等学校交纳培养费用,其他研究生学费待遇不变。1993 年全日制研究生分为非定向、定向、委培和自筹经费四种类型,向后三种和非全日制、港澳台及国外留学研究生收取一定的学费,研究生资助也从单纯参照本科生毕业定级工资标准核算资助金额发展到由普通奖学金和优秀奖学金组成的奖学金制度。第三阶段为 2006 年起。2006 年哈尔滨工业大学、华中科技大学、西安交通大学 3 所高校开展研究生培养机制改革(以学费制度与资助体系改革为切入点)试点工作,打破"公费""自费"双轨制,全部研究生都要交纳学费,通过奖学金制度来为研究生

---

[1] 惠鑫:《制度变迁视野下研究生资助制度研究》,硕士学位论文,三峡大学,2012 年。
[2] 卢现祥、朱巧玲:《新制度经济学》,北京大学出版社 2011 年版,第 460 页。

提供资助，资助的额度在抵扣学费后能够保障研究生基本生活，资助面也能达到 80% 以上。2009 年这项改革扩大到所有中央部（委）属高校。2013 年 2 月国务院常务会议决定从 2014 年秋季学期起，向全部纳入国家招生计划的新入学研究生收取学费。这标志着我国全面实行研究生教育收费制度。对于研究生教育费用的收取标准，国家并未给出详细方案，国家发展改革委、财政部、教育部在《关于加强研究生教育学费标准管理及有关问题的通知》中明确了全日制学术型研究生按照硕士生每生每学年不超过 8000 元、博士生不超过 10000 元的标准执行，其他类型硕士研究生的学费标准，由各省级教育行政部门根据经济发展水平、物价变动情况以及受教育者的经济承受能力等因素确定，建立研究生学费标准动态调整机制。对于研究生教育全面实行收费制度后的资助体系，教育部、财政部先后印发了《研究生国家助学金管理暂行办法》《研究生学业奖学金管理暂行办法》两个通知，加上 2012 年实施的《研究生国家奖学金管理暂行办法》和一直以来实施的研究生助学贷款政策，我国研究生教育在国家层面上初步形成了"两奖两助"的资助体系，然而这些暂行办法只是对宏观资助标准、评选条件提出指导意见，省级教育行政部门和高校要做好研究生学费和资助工作，还需要不断摸索前行、借鉴总结。

随着研究生招生数量的增加，国家对于研究生教育投入的财政经费也随之急剧增加。教育部于 2002 年首次提出研究生收费机制改革，发布了《关于研究生教育收费的研究与建议报告》征求意见稿。2004 年起，教育部等相关部门开始选择试点开展研究生收费工作，为保证生源的稳定性，由最初选择的九个试点单位减少为三个，为新的政策有一个良好的保证打下了基础。2009 年，教育部办公厅下发了《关于进一步做好研究生培养机制改革试点工作的通知》，决定逐步扩大试点范围，研究生收费改革工作取得了阶段性的可喜成果。2010 年，研究生收费制度改革在被列入《国家中长期教育发展规划纲要（2010—2010）》，文件明确要求建立健全研究生教育收费制度。财政部、国家发展和改革委员会、教育部随即联合印发了《关于完善研究生教育投入机制的意见》与完善奖助体系的文件，这标志着我国研究生全面收费政策及其配套政策正式出台。2013 年，我国财政部、国家发展和改革委员会、教育部发布关于完善研究生教育投入机制的意见，明确提出全面实行研究生教育收费制度，不再区分公费与自费，这标志着我国进入了研究生教育全面收费时代。

一 单轨制时期（1949—1984 年）

研究生教育收费单轨制主要是指以单一国家财政模式为基础，通过国家按招生指标下拨培养费建立起的全免费的研究生教育体系。国家和政府是教育投资的唯一主体，也是研究生教育经费的主要来源，其全免费制度的实施与我国当时的经济体制和社会情况有着必然的联系。

"我国研究生教育起源于 1918 年的北京大学，当时在校研究生 148 人。"① 从 1918 年到中华人民共和国成立，为我国研究生教育发展的萌芽期，由于当时战争原因及经济基础薄弱严重限制了研究生教育的发展，直到 1949 年中华人民共和国成立政府开始积极探索研究生教育的发展之路。"免费"指的是中华人民共和国初期一直到 1984 年，研究生入学实施免交学费政策。彼时，我国大学生的资助政策是"免学费加人民助学金"，人民助学金"资助的对象是公立学校的本、专科生和研究生等"。② 1949 年后我国开始重视研究生教育以及招收研究生，研究生教育的所有经费完全由政府承担，目的是为了确保经济困难的人接受研究生教育，为国家培养高层次的人才促进社会的公平竞争，实现社会财富的分配，以促进经济建设的发展。1952 年 7 月政务院颁布《关于调整全国高等学校及通知》，决定将全国高等学校及中等学校的公费制一律改为人民助学金制，对高等学校学生全部给予助学金，这标志着免学费加人民助学金制度的形成。1960 年，教育部发布《关于研究生人民助学金标准的暂行规定》，对各类研究生人民助学金标准作出具体规定。"文化大革命"期间研究生教育中断 12 年，1978 年 5 月研究生教育才得以恢复。1980 年全国人大常委会通过了《中华人民共和国学位条例》，1981 年"各高等教育机构开始招收硕士、博士学位研究生，此后我国研究生教育正式进入蓬勃发展的新时期"。③ 去除"文化大革命"期间研究生停招的 12 年，研究生免费入学政策实施了约 20 年。④ 当时的经济体制是强化中央集权的计划经济，与之相适应的高等教育全部由国家主办，实行的是"统包、统分、免费入学"

---

① 萧超然等：《北京大学校史（1898—1949）》，北京大学出版社 1988 年版，第 68 页。
② 张建奇：《"免学费加人民助学金"政策的形成、实施及其作用和影响》，《清华大学教育研究》2002 年第 4 期。
③ 赵军：《研究生培养机制改革：行动与反思》，清华大学出版社 2014 年版，第 144 页。
④ 沈延兵、王凌宇、陶德坤：《完善研究生资助体系的思考》，《辽宁教育研究》2004 年第 11 期。

的制度，学生毕业后由国家进行统一分配，工资待遇由国家统一制定、发放，上学者比不上学者收入要高些，但高出的幅度非常有限。这一政策一直推行到20世纪80年代中期。直至1983年7月，教育部和财政部联合发布《关于颁发〈普通高等学校本、专科学生人民助学金暂行办法〉和〈普通高等学校本、专科学生人民奖学金试行办法〉的通知》，降低"人民助学金"的比例，设立"人民奖学金"，同时指出"学生的助学金应逐步改为以奖学金为主"，"人民助学金"制度逐渐退出，研究生免费入学并享受人民助学金待遇的时代逐步走向结束。

单轨制得以顺利推行主要有以下三点原因：一是由经济体制决定，当时我国实行计划经济，强调人民内部利益的一致性，国家实施免费研究生教育政策以换取研究生毕业后创造所需的社会价值。二是单轨制在当时我国生产力水平低下的社会情况下具有迅速动员社会资源，并能使研究生教育主要按照国家计划和社会需求合理设置与协调发展的优点。[①]"中华人民共和国成立后需要大批受过高等教育并且能够服从政府意志的专业技术人才，政府为了获得学生的人力资本专有权以实现社会建设的需求，就只能实施免费读研加人民助学金的政策。"[②] 三是单轨制的实施，在教育起点上确保了公平，增加低收入者获得研究生教育的机会，具有实现教育机会均等从而缓解社会收入分配不公的功能。

单轨制的实施有利于我国高层次人才的培养，一度对我国的经济建设起到重要作用。然而单轨制也存在许多不足，一是计划经济体制下国家包办了高等教育，成为研究生教育经费的唯一来源，这种中央高度集权的计划经济体制下高校始终处于被动地位丧失自治权，研究生丧失消费者权益，成为服从国家政治意识分配的建设者与接班人；二是单轨制缺乏有效的激励机制，不能促进研究生在校期间有效地投入到学习以及完成科研任务，从而无法确保研究生质量，因为当时研究生毕业后国家统一分配，学习好坏并不影响将来的就业；三是单轨制造成教育资源分配的不公平与低效率配置，一方面免费的研究生教育实质是将公共教育资源向高收入阶层转移，因为只有少数人接受了免费研究生教育，且这少数人中又以城镇居民和高收入家庭子女为主，必然造成教育资源分配中事实的不平等。另一

---

① 廖琪：《我国研究生教育学费制度变迁研究》，硕士学位论文，四川师范大学，2007年。
② 张岩：《场域理论视角下的研究生收费并轨政策分析》，硕士学位论文，东北财经大学，2013年。

方面单轨制实施时间过长，使有限的资源过多投入到研究生教育领域而忽略了高等教育中本、专科的教育，造成教育的不均衡。①

二 "双轨制"时期（1985—2005 年）

我国研究生教育单轨制阶段，国家实行免费的研究生教育制度。随着读研人数的日益攀升，国家财政面临着越来越大的负担和压力，难以承担庞大的研究生教育支出。随着改革开放的推进，市场机制作为资源配置方式逐渐被引入到高等教育中，传统的免费研究生教育发生改变，研究生教育收费制度出现新的方式，开辟了新的招生方式和多元化的研究生收费制度，创新了研究生教育资源配置，计划分配的格局、单一国家财政的拨款模式逐渐被打破，形成公费和自费并存的研究生教育双轨制。在国家主导下，我国经济和社会制度向市场化方向变迁。研究生教育单轨制在国家主导下的市场化变迁，意味着国家按照市场经济规律改造现有研究生教育投入制度，以达到优化研究培养、提高人力资本生产效率的目的。

从 20 世纪 80 年代中期开始，我国在研究生招生制度不断创新，逐步推行委培生与自费生制度，逐渐打破单一财政拨款模式与单一计划分配格局，开始了研究生教育的多元化发展。"双轨制"笼统地说，指的是实施对公费生免交学费，对自费生收取学费的政策。在执行过程中，对全日制计划内非定向研究生（公费生）免收学费并给予普通奖学金；对定向培养研究生"学习期间的培养费用按规定标准由国家向培养单位提供"；对委培生、自筹经费研究生（简称"自费生"）收取学费，且不给予普通奖学金。1984 年《高等学校接受委托培养学生的试行办法》出台，允许高校开始招收委托培养的学生，并"根据谁委托培养学生谁负责解决经费的原则，委托单位要负担为其培养的学生所需的基本建设投资和经常费"，该文件的出台标志着我国正式实施研究生教育收费双轨制。

1985 年 5 月，《中共中央关于教育体制改革的决定》指出，实行国家计划招生、用人单位委托招生、国家计划外招收少数自费生②。1985 年起我国研究生教育开始推行自费与公费并行政策，自此高等教育收费开始出

---

① 曾婉珍：《我国研究生教育收费制度改革研究》，硕士学位论文，三峡大学，2015 年。
② 《中共中央关于教育体制改革的决定》，教育部官网，2018 年 6 月 26 日，http://old.moe.gov.cn//publicfiles/business/htmlfiles/moe/moe_177/200407/2482.htm。

现①。1985年11月《关于高等学校招收委托培养硕士生的暂行规定》指出："高等学校招收委托培养硕士生一律实行合同制。招收委托培养硕士生的高等学校应向委托单位收取委托培养费用。委托培养费用包括基建投资和经常费。"我国研究生教育"双轨制"改变了单一的国家免费教育财政政策，开辟了新时期我国研究生教育成本分担多元化的新纪元②③。1992年9月，《关于加快教育改革和发展的若干意见》指出，高校招生实行国家任务计划和调节性计划，扩大委托培养、自费生比例，招收应届毕业生和在职人员，实行国家计划、定向、委培和自费生等形式的招生④。这些政策的出台都为我国研究生教育收费双轨制的推行积累了经验并提供了法律依据。

研究生教育收费双轨制实行公费、自费并行模式，其实施时间为1985—2005年。在此阶段，研究生教育收费双轨制作为一种制度创新，主要是由"公费教育利益空间狭小而导致，教育利益空间的狭小引发了高校与学生对政策的不满，并激励高校与学生试图创新政策以谋取自身更多利益"。⑤此阶段自费生与委培生的制度创新，是利益相关者对分享教育资源的极大追求，不仅满足了部分富裕学生接受研究生教育的愿望也可以增加高校的办学经费，从而达到教育利益均衡。

研究生教育双轨制也存在问题与不足。双轨制满足了更多学子求学的愿望，但同时也产生了教育不公平的问题，不仅在招生录取过程中存在不公平问题，也在培养工作过程中容易形成一些不公平现象，特别是对自费生造成不公平。如在研究生招生过程中判定"公费生"与"自费生"尺度不易掌握，并且在现实操作中，由于各种关系和社会资本的卷入，研究生招生工作易产生教育"寻租"的腐败现象。在研究生教育双轨制规则中，考生一旦获取了公费研究生资格，读研期间，就可以"一劳永逸"，非但免除学费还可以坐享补助，学业竞争和生活压力较小，学习积极性不

---

① 叶鸿蔚、陆兰：《中美研究生教育成本分担机制对比分析及思考》，《研究生教育研究》2017年第1期。
② 符得团、马建欣：《研究生教育成本分担与资助》，中国社会科学出版社2009年版。
③ 於洁：《三圈理论视角下研究生教育收费制度改革研究》，硕士学位论文，南京师范大学，2014年。
④ 《关于加快教育改革和发展的若干意见》，法律教育网，2018年6月26日，http://www.chinalawedu.com/falvfagui/fg22598/19331.shtml。
⑤ 张岩：《场域理论视角下的研究生收费并轨政策分析》，硕士学位论文，东北财经大学，2013年。

高,而自费生不仅要缴纳学费,还要勤工俭学、做兼职赚取学费和生活费,背负着沉重的思想包袱和经济压力,落差较大,心理失衡,身心疲惫,影响着研究生的学习时间投入、学业成绩和人才培养质量。

研究生教育收费双轨制广开渠道,创设委培生、定向生、自费生与公费生并存的招生方式,实现研究生教育成本分担,满足研究生教育发展和人民群众的需要。研究生教育收费制度通过制度创新产生新的教育利益,但自费制度一方面给家境宽裕的学生提供入学机会的同时,另一方面又不可避免地影响和剥夺了贫困生求学的权利。贫困生在面对一笔不小的研究生学费开支时,只能望研兴叹,望而却步,放弃读研机会,而家境殷实和社会资本充裕的学生却凭借有力的经济基础和社会关系,通过缴纳学费或寻租等方式,搭乘自费生的"绿色通道",获得研究生入学和就读公费生名额的机会。该制度创新所提供更广阔的研究生入学机会被少数富裕家庭学生所占有,这在很大程度上会挤兑寒门学子读研求学的上升通道,迫使贫困生忍痛弃研,造成教育的不公平,扩大教育不平等。这样的结果不符合公众的政策期待,从而引发新的不满。研究生教育公费和自费两条腿走路的方式,是研究生教育收费制度的改革与创新,是研究生教育收费从单轨制向双轨制转变的制度变迁,体现了高等教育成本分担由国家财政单一主体向多元化主体的转变。研究生教育双轨制虽可以满足民众接受研究生教育的愿望,减少政府财政拨款负担,增加研究生教育经费多元化来源渠道,但由于双轨制自身存在不平等、不合理的现实问题,容易引发公众的抱怨和不满。因此我国研究生教育收费"双轨制"在改革和发展中,在利益群体的压力下,还需寻求更大范围的制度创新,比如在研究生培养过程中引进动态竞争机制,以解决研究生教育发展中不公平、不合理的问题,加强和保障我国研究生教育质量。

三 全面收费(并轨制)时期(2006年起)

研究生教育全面收费并轨制是对所有纳入全国研究生招生计划的研究生收取学费,即取消研究生招生"公费生"和"自费生"的身份类别差异,并在入学后依据学生学习成绩及科研表现给予研究生国家奖学金、学业奖学金、助学金等资助。长期以来,由于我国研究生扩招导致其规模不断激增,并且"公费生"主要由国家下拨经费培养,使研究生教育财政已不堪重负,投入经费明显不足,又由于双轨制的种种弊端,因而推行研究生收费体制改革势在必行。

(一) 改革试点期 (2006—2013年)

早在1998年,国家就对全面收费的方案进行了论证,并准备于1999年在上海进行试点,但由于担心影响生源而夭折了。研究生双轨制收费形式下衍生出来经费短缺、学校"寻租"、教育失衡等问题越来越明显,这些问题的出现都在呼吁新的研究生教育收费制度——全面收费的出台,以实现教育公正[①]。2002年,《关于研究生教育收费的研究与建议报告》正式提出研究生收费机制改革;2004年出台《拟上报国务院关于试行研究生收费制度的请示》;2005年,《关于进行研究生培养机制改革改革试点的通知》要求,从2006年起拟在北京大学、清华大学、哈尔滨工业大学、复旦大学、同济大学、上海交通大学、武汉大学、华中科技大学、西安交通大学9所高校进行研究生培养机制改革试点[②]。同时还决定"教育部批准设置研究生院的53所全日制普通高等学校,可以根据自身的条件和准备工作的情况,向教育部申请对新入学的研究生实行收费制度"。

2006年,哈尔滨工业大学、华中科技大学和西安交通大学成为研究生培养机制改革首批试点高校,3所高校同时开始实施研究生教育收费"并轨",取消原有"公费制",对全日制和非全日制研究生一律收取学费,并在全日制研究生当中辅以奖助学金等配套措施的改革[③],开启研究生教育收费试点改革的先河。2007年北大、清华等高校加入第二批试点行列,试点学校增加至17所,2008年改革试点扩至56所高等学校,2009年《关于进一步做好研究生培养机制改革试点工作的通知》决定"2009年将改革试点范围扩大至所有中央部(委)属培养研究生的高等学校,鼓励各省、自治区、直辖市选择所属培养研究生的高等学校进行改革试点"。随着研究生培养机制改革在全部部委属高校的铺开,培养机制改革试点高校逐步取消"公费生",并实施全面收费。同期,地方高校研究生收费仍实施"双轨制"。改革试点期逐步取消了公费和自费的区别,试点学校全面提高研究生助学金资助和标准,逐渐实施导师负责制与研究生

[①] 沈延兵、王凌宇、陶德坤:《完善研究生资助体系的思考》,《辽宁教育研究》2004年第11期。

[②] 赵军:《研究生培养机制改革:行动与反思》,清华大学出版社2014年版,第149页。

[③] 武毅英、陈梦:《困惑与出路:对我国研究生培养机制改革的思考》,《现代大学教育》2008年第2期。

助教、助研和助管"三助"资助制度，为我国研究生教育全面收费制度的实施奠定了坚实基础。

（二）全面收费正式实施期（2014年秋季学期起）

经过前期试点工作的平稳顺利推进，为全面收费打下了坚实基础，我国研究生教育全面收费已然成为必然趋势。2013年2月28日，经国务院同意，财政部、教育部印发了《关于完善研究生教育投入机制的意见》（财教〔2013〕19号），从收费制度方面建立健全研究生教育收费制度，完善了研究生教育投入机制。《意见》指出，2014年秋季学期起全面实行，所有纳入全国研究生招生计划的新入学研究生将交纳学费，原则上，现阶段全日制学术学位研究生学费标准，硕士生每生每年不超过8000元，博士生每生每年不超过10000元；按照"新生新办法、老生老办法"的原则，向所有纳入全国研究生招生计划的新入学研究生收取学费。2013—2014年年初，除财教〔2013〕19号文件外，中央相关部委还发布《关于深化研究生教育改革的意见》（教研〔2013〕1号）[1]、《研究生国家助学金管理暂行办法》（财教〔2013〕220号）[2]、《研究生学业奖学金管理暂行办法》（财教〔2013〕219号）[3]、《普通高等学校研究生国家奖学金评审办法》（教财〔2014〕1号）[4] 等收费制度配套和奖助学金体系建设文件，明确收费和奖助学金标准。2013年年底至2014年8月，各省高校分别出台相关管理制度，根据国家相关标准确定省域或校级学费、奖助标准。2014年秋季研究生入学时，全国高校全部取消"公费制"，研究生新生均实行缴费上学，宣告"双轨制"和全面收费试点的结束，标志研究生缴费入学时代的来临。从2014年起，研究生入学原则上都采取全面收费政策，同时加大了奖励政策，将原来的助学金调整为奖学金，扩大了奖励比例和奖励力度。试点院校将再无公费、自费之分，而调整为获奖助研究生和未获奖助研究生，实行研究生奖学金、助学金制度，所有试点院校

---

[1]《教育部 国家发展改革委 财政部关于深化研究生教育改革的意见》，教育部官网，2018年6月26日，http：//www.moe.gov.cn/srcsite/A22/s7065/201304/t20130419_154118.html##1。

[2]《关于印发〈研究生国家助学金管理暂行办法〉的通知》，财政部官网，2018年6月26日，http：//jkw.mof.gov.cn/zhengwuxinxi/zhengcefabu/201308/t20130812_976564.html。

[3]《关于印发〈研究生学业奖学金管理暂行办法〉的通知》，财政部官网，2018年6月26日，http：//jkw.mof.gov.cn/zhengwuxinxi/zhengcefabu/201308/t20130812_976562.html。

[4]《普通高等学校研究生国家奖学金评审办法》，央广网，2018年6月26日，http：//edu.cnr.cn/pdtj/yw/20140307/t20140307_515013054.shtml。

的研究生都要缴纳学费。2012 年,我国设立了研究生国家奖学金管理暂行办法①。用于奖励学业成绩特别优秀、科学研究成果显著、社会公益活动表现突出的研究生。每年奖励 4.5 万名,其中,博士生 1 万名,奖励标准为每生每年 30000 元;硕士生 3.5 万名,奖励标准为每生每年 20000 元。同时,不断完善研究生奖助体系,通过奖学金、助学金、各种创新与扶持基金等途径,提高对研究生的奖助覆盖面和奖助制度,减少学生负担。定向和委培研究生的学费按协议执行。

从 2014 年秋季学期起,我国研究生教育收费制度进入全面收费政策时代。研究生教育收费制度改革是研究生培养机制改革的重要组成部分。一项新政策的出台,必然意味着之前的政策存在不合理成分,因此需要加以修改完善②。"研究生教育并轨制旨在变革双轨制的不当之处,不断创新和完善研究生教育收费制度。研究生教育全面收费政策是研究生教育收费制度创新的必然选择。研究生教育取消公费制,实行研究生全面收费政策是深化市场经济改革和研究生培养机制改革的产物。"

研究生全面收费政策取消公费制,向所有纳入招生计划的研究生收费,但研究生全面收费政策不能简单地理解为收费,研究生全面收费政策除了收费,还配套了相应的资助体系政策。研究生全面收费政策是成本分担与成本补偿相结合的政策,旨在完善研究生教育资源配置模式,缓解高等教育供求矛盾,通过建立研究生全面收费和奖助配套体系政策,引入竞争激励机制,全面激发研究生的学习热情和创新活力,培养高水平科研成果,提高研究生教育质量。

研究生教育并轨制将为我国研究生培养机制改革注入新鲜活力,同时也将对研究生、导师、高校、政府等利益相关者带来不同程度的影响。研究生教育全面收费政策是多方利益相关群体彼此博弈,最终实现整体利益最大化的过程③。在研究生个体层面,研究生全面收费政策取消公费生与自费生的差别,打破公费生一锤定音的制度框架,在起点上保证教育公平,引入学业动态竞争激励机制,研究生因缴纳学费,会触发个人教育投入与产出、个人教育成本与收益机制,激励研究生努力求学,潜心科研,

---

① 《研究生国家奖学金管理暂行办法》,教育部官网,2018 年 6 月 26 日,http://old.moe.gov.cn/publicfiles/business/htmlfiles/moe/s7505/201403/164956.html。
② 程燕燕:《研究生教育全面收费制度探析》,《洛阳理工学院学报》(社会科学版) 2014 年第 4 期。
③ 杨秀芹、李茜:《研究生全面收费政策的效用与局限》,《研究生教育研究》2017 年第 3 期。

使研究生更加注重投入与回报，多出成果，出好成果，争取拿到研究生国家奖学金、学业奖学金。但现有奖学金评价不合理的指标设定，造成研究生投机取巧，精于计算，不注重科研成果质量，滥竽充数，不是为科研而"科研"，而是为奖学金而"科研"，学术竞争扭曲为"论文锦标赛"[①]，这就与政策的初衷相违背。

研究生全面收费制度是调动研究生导师积极性的重要条件[②]。研究生全面收费制度会增加导师的科研积极性与育人责任感，促使导师更努力地申请更多高水平的科研课题，对学生进行科研能力的培养以及生活方面的资助，重视与研究生的学术交流与合作，指导研究生开展科学研究，提高研究生的创新能力和培养水平，改善导师与研究生的关系，促进导师资助制和导师负责制的改进与完善。但人文社科与理工科在课题经费的差异较大，人文社科类导师可能因项目或课题经费的限制难以较充分或不能资助学生。研究生导师资助制虽可在一定程度上遏制导师滥招或招而不管现象，但导师交费后，则可能尽量少招，或为了挽回"损失"，拼命给学生增加任务，使师生关系变为事实上的"雇佣"关系[③]。

研究生全面收费政策的实施能够缓解我国教育经费投入单一的局面，实现多元化筹资，向所有研究生收取学费不仅可以减轻政府财政压力，也能够将更多经费投入到我国基础教育中，从而能促进基础教育的发展。研究生收费并轨制的实施将进一步扩大高校办学自主权，办学经费来源多样化，同时并轨制将有利于各高校优化教育资源配置，将更多的经费投入到研究生办学上，提高研究生质量。

研究生教育收费并轨政策是研究生教育收费政策进一步创新的必然选择，随着研究生教育自身的发展，并轨制也必然存在些许不足并带来一系列的问题。研究生全面收费政策采取向个人收取学费，再由国家奖助学金代偿学费的方式由国家和个人主要分担研究生教育成本，其实质仍是政府主导的成本分担制，未能实行市场主导的成本分担制，企业、高校、社会等未能起到承担多元化成本的作用。研究生全面收费政策执行后，各高校大都按照国家规定的最高标准收费，并未依据专业培养成本、地方经济发

---

① 魏静：《利益相关者视角下研究生收费制度博弈关系研究》，《研究生教育研究》2014年第4期。

② 龚娟：《从我国研究生培养体制改革看我国高等教育的人本管理——以研究生收费体制改革为突破口》，《今日南国》（理论创新版）2009年第7期。

③ 武毅英：《对我国研究生培养机制改革现状的思考》，《教育研究》2008年第9期。

展水平差异等确立学费标准，各地区、各高校、各专业的学费标准缺乏差异，缺乏科学测算和市场调节。

研究生教育全面收费政策在改革与发展中，研究生教育学费标准合理性问题、政策执行公平性问题、导师资助制问题、奖助政策体系配套问题以及研究生培养质量问题引起了社会的广泛关注。研究生全面收费可能会对利益相关者造成新的不公平，其实施将会在一定程度上影响贫寒学子获得研究生入学机会，产生研究生教育利益的不公平分配，对贫困生求学造成心理、经济、行为、学业等影响，并加剧重点高校与普通高校的分化等[①]（见表4-1）。

表4-1　　　　　研究生收费新旧政策的比较分析

内容对比分析	旧	新
培养模式	"公费"与"自费"双轨并行	全部实行自费
奖、助学金	资助额度少，覆盖面积有限	资助额度大大增加，覆盖面积达90%以上
资助的发放及侧重	以研究生入学考试成绩为评定依据，"一考定三年"；科研经费着重向理工类学科发放	设立学业奖学金，综合考评研究生的学业成绩、科研成果以及社会服务等方面；注重对人文社科类领域科研的激励
贫困生及"三助"岗位	评定标准不明确，经费发放不到位	"绿色通道""导师责任制""导师项目资助制"

第二节　我国研究生教育资助制度变迁研究

现实的发展源于历史，一切不基于历史的研究只会成为无源之水，无本之木，经不起实践考验。科研工作必须把握研究对象的历史发展脉络，认识其历史发展的内在规律性，才能真正把握研究对象，厘清研究思路，明确研究问题。中华人民共和国成立初期，我国初步建立了研究生教育体系，便有与之相应的研究生奖助办法。然而1966年"文化大革命"爆发，我国教育事业受到重创，研究生教育被迫中断。1978年，我国恢复研究生招生制度；1980年《中华人民共和国学位条例》标志着我国学位与研究生教育制度正式确立。1981年各高等教育机构开始招收硕士、博

---

① 重点高校指"985"工程和"211"工程高校。

士学位研究生；此后，我国研究生教育正式进入蓬勃发展的新时期。伴随着研究生教育的改革和发展，研究生资助制度也随之发展和变迁。中华人民共和国成立 60 多年来，我国研究生资助制度经历了从单一资助向多元化资助转变，逐渐完善发展的过程。现今，我国已建立了研究生国家奖学金制度、研究生学业奖学金制度、研究生国家助学金制度、研究生助教、助研、助管岗位津贴、研究生国家助学贷款政策、绿色通道、学费减免、特殊困难补助、研究生导师项目资助等为主体的多元化奖助政策体系（见表 4-2）。

表 4-2　　　　　　　研究生教育与研究生资助体系关系

时间＼名称	研究生教育	研究生资助体系
1977—1985 年	国家计划招收研究生阶段	人民助学金制度阶段
1986—1991 年	国家计划招收研究生与委托培养研究生并存阶段	人民助学金和研究生奖学金并存阶段
1992 年至今	计划招收研究生、委托培养研究生和自筹经费研究生三者相结合阶段	人民助学金、研究生奖学金和"三助"相结合制度阶段与"奖、助、贷、补"为主体的多元化阶段

本节从历史研究的角度出发，以我国政府在研究生资助方面的重大事件以及颁布的相关标志性政策文件开展文本分析，梳理我国研究生资助制度变迁的历史发展过程；回顾我国 60 多年来的研究生资助制度变迁过程，我国研究生资助制度经历了研究生资助单轨制、研究生资助双轨制、研究生资助并轨制三个不同的发展阶段。本书全面、系统地还原和展现了我国研究生资助变迁过程所历经的重要的研究生资助事件和政策文本，进一步厘清了我国研究生教育资助制度变迁过程，对于全面认识和分析我国研究生奖助政策体系存在的问题，深化和完善研究生奖助政策体系具有重要的研究价值和意义。

一　研究生资助单轨制（1949—1984 年）

研究生资助单轨制是指以单一国家财政资助为基础，通过人民助学金的建立起完全免费的研究生教育体系。研究生资助单轨制的实施时间是从中华人民共和国成立初到 1984 年。中华人民共和国成立初，国家实行计划经济体制，与此相适应，高等教育实行计划管理模式，国家对整个高等教育实行包办政策，研究生培养采取的是计划内培养。这种培养方式是按照国家研究生招生计划招收研究生，实行免费的研究生教育，研究生免交学费和住宿费，而且对经济困难学生提供经济上的帮助；政府是教育投资的唯一主体，国家财政是研究生教育经费的主要来源。[①]

中华人民共和国成立初，我国还没有建立全国统一的研究生资助体系，各地方政府只是根据当地实际情况制定了一些临时性的助学金政策。1952年7月8日，政务院发出《关于调整全国高等学校及中等学校学生人民助学金的通知》，决定自1952年9月起，实行统一的人民助学金制度。

1960年1月国务院转发了教育部《关于研究生人民助学金标准的暂行规定》。

1977年12月17日教育部、财政部联合发出《关于普通高等学校、中等专业学校和技工学校学生实行人民助学金制度的办法》。

1981年国家教委和财政部联合发布《关于改变研究生学习期间生活待遇问题的通知》。

1983年教育部、财政部对人民助学金办法进行了初步改革，颁布了《普通高等学校本、专科学生人民助学金暂行办法》和《普通高等学校本、专科学生人民奖学金实行办法》。

二 研究生资助双轨制（1985—2005年）

研究生资助双轨制是通过研究生招生机制将研究生分为两类。第一类研究生主要是计划内的非定向研究生，人们通常将其视作公费生。第二类研究生则是少数计划内的定向研究生和计划外研究生，计划外研究生又包括计划外委托培养研究生和自筹经费研究生，人们通常笼统地视其为自费生。研究生资助双轨制对不同类别研究生实施不同的资助办法。计划内的非定向研究生继续享受免费教育，不仅免交学费，每月还享有基本生活费；计划内定向研究生、计划外委托培养研究生和自筹经费研究生则由个人或委托单位承担培养成本，承担全部或部分学费和生活费。

20世纪70年代末80年代初，我国开始全面实行改革开放，市场机制作为资源配置方式逐渐被引入到高等教育中，传统的免费制研究生教育

[①] 赵军：《研究生培养机制改革：行动与反思》，清华大学出版社2014年版，第144页。

也面临着与时俱进的问题。

1984年，教育部、国家计委、财政部联合颁发了《高等学校接受委托培养学生的施行办法》。文件规定，委托培养研究生的委托培养费、人民助学金、奖学金都由委托单位自行拨付。

1985年5月27日《中共中央关于教育体制改革的决定》发布，决定明确指出"要改革人民助学金制度"。

1985年，国家教委、计委和财政部联合发布《关于高等学校招收委托培养硕士生的暂行规定》指出，招收委托培养硕士生的高等学校应向委托单位收取委托培养费用。委托培养费用包括基建投资和经常费。

1988年，国家教委制定了《关于高等学校聘用研究生担任助教工作的试行办法》，推动了研究生勤工俭学制度的建立。

1991年，国家教委、财政部印发了《普通高等学校研究生奖学金制度试行办法》，将实行研究生生活补助费的办法改为实行研究生奖学金制度，强化了奖学金的激励作用。

1992年，国家教委发布了《关于加快教育改革和发展的若干意见》，意见指出："研究生招生制度，实行招收应届毕业生和在职人员相结合，国家计划、定向委托培养和自费生等多种形式相结合。进行研究生在学校学习期间兼任助教、助研和助理管理人员的试验。"奖学金制度和三助制度的实施，不仅提高了研究生学习的积极性，同时培养了研究生的实际工作能力。同年国家教委、国务院学位委员会发布了《关于学位与研究生教育改革和发展的若干意见》，意见指出："在改进国家招生计划工作的同时，学校可以根据社会需求增加委托培养、定向培养和自筹经费招生的数量。""逐步改革研究生教育经费拨款和投资机制，实行国家财政拨款为主与多渠道筹措经费相结合的办法。进一步改革研究生奖学金的发放办法，对从事国家重点建设项目、艰苦行业和到边远地区工作的研究生，设立国家奖学金；鼓励各类用人部门以及热心支持研究生教育事业的团体和个人，设立各种名义的研究生奖学金，培养单位要结合人事制度的改革，设立研究生兼职工作的岗位津贴；运用奖学金等经济手段，对招生数量、培养类型和就业去向进行调控。"自此，从1993年开始，我国一些高校开始根据国家拨款所覆盖研究生的百分比，将纳入学校管理的研究生分为计划内和计划外两种类型，前者免收学费，并给予研究生普通奖学金（生活补助金），后者（包括委培生、自筹经费研究生、自费生）则须承担一定的费用（委培生由委培单位出资，自筹经费生由导师和个人出资，自费生由个人出资）。

1998 年我国高等学校普遍开始实施学生缴费上学制度。1998 年颁布的《中华人民共和国高等教育法》第五十四条规定：高等学校的学生应按国家规定缴纳学费；家庭经济困难的学生，可以申请补助或减免学费。同时第五十五条规定：国家设立各种形式的奖学金，对品学兼优的学生、国家规定专业的学生以及到国家规定地区工作的学生给予奖励；设立各种形式的助学金，对家庭经济困难的学生提供帮助。这为研究生资助制度改革提供了法理依据。

1999 年，我国高校开始扩招，高等教育开始由精英教育逐步迈入大众化阶段，研究生招生规模也连年扩大。与 1998 年相比，1999 年研究生增长 27%，2000 年增长 35%，2001 年增长 35%，2002 年增长 22.8%，由于招生人数的增多，研究生收费制度进行了相应的改革，公费比例逐年缩小，一些高校自费生的规模已经超过了公费生。自费生规模的提升，增加了家庭经济困难的学生求学难度。在此背景下，2000 年国务院办公厅转发了中国人民银行、教育部、财政部发布的《关于助学贷款管理的补充意见》。该意见明确指出，"由各级财政贴息的国家助学贷款的贷款对象，由全日制本、专科学生扩大至研究生；贷款学生本科毕业后继续攻读研究生及第二学士学位的，在此期间贷款期限相应延长，贷款本息在研究生及第二学士学位毕业后四年内还清"。这标志着助学贷款开始被纳入双轨制研究生教育资助体系之中。

2003 年，教育部又发出《关于切实做好资助高校经济困难学生工作的紧急通知》，全面落实和推进奖学金、学生贷款、勤工助学、特殊困难补助和学费减免政策及"绿色通道"制度，进一步丰富了双轨制研究生资助体系的内容。

双轨制时期国家出台的关于研究生资助制度的政策文本较多，改革密度较强。总体来看，双轨制研究生资助制度是伴随着研究生收费制度的改革建立起来的。双轨制研究生资助制度具有如下几点特征：一是资金来源多元化。国家不再是资金的主要来源，国家、社会、学校和个人都不同程度地被纳入到资助主体之中。二是资助目的多元化。研究生资助体系在注重保障学生的学习及生活的基础上，加强了对研究生实际能力的培养以及学习积极性的提升。三是资助方式多元化。资助方式由单一的人民助学金制度向"奖、助、贷、减、免"的研究生资助体系。

三 研究生资助并轨制（2006年起）

研究生资助并轨制是指取消研究生招生的公费生和自费生的身份类别差异，研究生培养单位在向所有研究生收取学费的基础上，基于教育成本分担原则建立起来的研究生资助体系。研究生资助并轨制经历了改革探索（2005—2013年）和正式实施（2014年）两个阶段。

教育成本分担理念是美国教育经济学家约翰·斯通于1986年提出来的。它的基本原则就是"谁受益，谁付款"，凡是高等教育的受益方均需承担高等教育成本的一部分。研究生教育作为高等教育的最高层次，与高等教育具有共性。

我国研究生教育成本分担一说较早在2003年召开的全国研究生院院长联席会上，由有关主管部门领导和专家共同提出来的："即从目前基本上由国家承担这种单渠道方式，转变为由国家、学校、社会和研究生（及其家庭）多渠道共同承担的方式。"

2005年8月5日，教育部、国家发展和改革委员会、财政部联合提请国务院批准《关于进行研究生培养机制改革试点的通知》，拟从2006年起在北京大学、清华大学、哈尔滨工业大学、复旦大学、同济大学、上海交通大学、武汉大学、华中科技大学、西安交通大学9所高校进行研究生培养机制改革的试点，资助制改革是改革试点的重要内容之一。这也意味着研究生资助改革已经进入酝酿阶段。2006年华中科技大学、哈尔滨工业大学、西安交通大学三所高校最先进入研究生培养机制改革试点行列，研究生资助体系作为培养机制改革的重要内容也正是启动，这也标志着研究生资助并轨制进入改革探索阶段。在改革探索初期，政府并没有出台统一的研究生收费政策及其相关的资助政策，但从2006年开始，试点院校的资助制改革呈现出一些共同的特征。首先，改革将从多渠道筹集资金，大幅度提高研究生资助的覆盖面和资助额度。实行研究生资助体系改革后，很多高校研究生受助范围扩大，资金额度也得到提升，如哈尔滨工业大学2007年研究生培养机制改革前硕士生资助额最高为每人每年3100元，改革后最高为每人每年6500元，增加了3400元。改革前全校硕士生总资助额度为2780万元，改革后总资助额度为4600万元，增加了1820万元。其次，改革更加突出研究生资助的公平性和竞争性。在资助对象的选择上，资助体系对全体研究生一视同仁，不再区分公费生与自费生；在资助方式上，资助体系更加注意资助的激励性、竞争性，改革院校更多以学年综合成绩等作为助学金、奖学金评定依据。如哈尔滨工业大学在研究生入学初期，就以院系为单位组织研究生学习奖学金评定办法及评定原则，并将详细内容印制在《硕士研究生手册》及《研究生工作手册上》，发放给研究生、导师及管理工作人员，使研究生及其导师全面了解奖学金的评定过程和评比方法。而且各院系设置的研究生奖学金评定细则中，研究生学位课平均成绩所占的比例在60%—80%，保证在课程学习及其他方面表现突出的研究生有机会得到较高的奖励。最后，改革普遍引入了导师项目资助制。导师项目资助制就是要求导师要从自己的科研项目中拿出一部分经费用以资助研究生的学习和生活。改革试图通过项目资助制，建立导师指导激励机制，使导师对研究生的悉心指导不仅出自于道德和责任，同时也关系到导师科研产出和切身利益。

  经过数年的改革探索，2013年2月28日，财政部、国家发展改革委、教育部下发了《关于完善研究生教育投入机制的意见》（财教〔2013〕19号）。该意见的颁布，标志着我国研究生资助并轨制正式进入实施阶段。意见指出，"从2014年秋季学期起，按照新生新办法，老生老办法的原则，向所有纳入全国研究生招生计划的新入学研究生收取学费"。根据意见精神，研究生奖助政策体系得到了进一步完善，主要表现在以下几个方面：第一，加大奖助经费投入力度。以政府投入为主，按规定统筹高等学校自筹经费、科研经费、助学贷款、社会捐助等资金，建立健全多元奖助政策体系，提高研究生待遇水平。第二，建立研究生国家助学金制度。从2014年秋季学期起，将现有的研究生普通奖学金调整为研究生国家助学金，用于补助研究生基本生活支出。第三，加大研究生助教、助研和助管岗位津贴资助力度。高等学校要按规定统筹利用科研经费、学费收入、社会捐助等资金，设置研究生"三助"岗位，并提供"三助"津贴。第四，建立研究生国家奖学金制度。从2012年秋季学期起，设立研究生国家奖学金，用于奖励学业成绩特别优秀、科学研究成果显著、社会公益活动表现突出的研究生。研究生国家奖学金所需资金由中央财政全额承担。第五，建立研究生学业奖学金制度。从2014年秋季学期起，设立研究生学业奖学金，用于奖励支持研究生更好地完成学业。高等学校根据研究生学业成绩、科研成果、社会服务以及家庭经济状况等因素，确定研究生学业奖学金的覆盖面、等级、具体标准和评定办法，并负责组织实施。第六，完善研究生国家助学贷款政策。确保符合条件的研究生都可以申请并及时获得国家助学贷款。提高研究生国家助学贷款年度最高限额，原则上不超过年度学费和住宿费标准总和。第七，完善配套政策措施。高等学校要综合采取减免学费、发放特殊困难补助、开辟入学"绿色通道"等方式，加大对家庭经济困难研究生的资助力度。进一步落实和完善鼓励捐资助学的优惠政策，积极引导和鼓励企业、社会团体和个人面向高等学校设立研究生奖助学金、专题研究项目，或提供实践实习岗位、就职锻炼机会等。鼓励有条件的高等学校设立留学生奖学金，吸引国外优秀学生来华攻读研究生学位。

四 我国研究生资助体系变迁的历史脉络

表4-3　　　　　我国研究生资助体系变迁的历史脉络

时间	重大事件及政策（文件）
20世纪50年代	我国初步建立起研究生教育体系
1952年7月	《关于调整全国高等学校及中等学校学生人民助学金的通知》规定，高等学校的学生包括研究生全部享受人民助学金，标准为每人每月12元
1955年2月	《关于制定1955年高等学校一般学生人民助学金分地区标准的通知》规定，研究生人民助学金的标准为每生每月25元
1955年8月	《全国高等学校一般学生人民助学金实施办法》规定从1955年10月份起，全国高等学校（高等师范院校除外）学生人民助学金由原来的发给全体学生改为发给部分学生
1956年12月	《关于全国高等学校研究生人民助学金标准问题的通知》规定研究生每人每月发给45元助学金，另加地区差价补助
1958年	1958年教育事业管理权力下放后，各地区自行制定了人民助学金办法和开支标准
1960年1月	《关于研究生人民助学金标准的暂行规定》规定，没参加过实际工作的研究生，每人每月按36元发给人民助学金，各地可在每人每月2—4元的范围内拟定补助办法
1960年1月	《关于改进工人、农民、干部、学生和研究生人民助学金标准问题的报告》规定连续工龄在3年以上的工人、干部，从事农业劳动3年以上的农民学生，发给工人、农民、干部学生人民助学金标准比一般学生高
1963年10月11日	《关于高等学校培养研究生经费人员编制和研究生助学金及其他生活待遇问题的几点规定》对研究生助学金的主要补充是：脱产研究生每人每年发给书籍费40元
1966—1976年	研究生在校学习期间一律由原单位照发工资；家庭经济有困难的，可享受人民助学金（北京地区的标准为12元，享受人数一般为50%）

续表

时间	重大事件及政策（文件）
1977年12月17日	《关于普通高等学校、中等专业学校和技工学校学生实行人民助学金制度的办法》规定研究生人民助学金标准，按学校所在地普通高等学校应届毕业生工资标准的90%由学校发给本人，学校另按研究生每人每月2元编列预算并作为研究生特殊困难补助
1978年	恢复研究生招生制度
1979年8月	教育部等规定连续工龄满五年的国家职工考入大学后，将一律实行职工助学金制度，不再享受原工资；一般学生实行人民助学金制度，除高等师范、体育、民族学生全部享受人民助学金外，其他学生的人民助学金享受面按75%计算
1980年2月12日	《中华人民共和国学位条例》标志着我国学位与研究生教育制度正式确立
1981年	各高等教育机构开始招收硕士、博士学位研究生
1981年12月10日	《关于改变研究生学习期间生活待遇问题的通知》
1983年7月21日	《普通高等学校本、专科学生人民助学金暂行办法》和《普通高等学校本、专科学生人民奖学金实行办法》规定1983年秋季起，实行人民助学金和人民奖学金并存的办法。一般学生人民助学金，师范、体育、农林和民族类学生全员享受人民助学金，煤炭、矿业、地质、石油院校按学生人数的80%计算，其他院校按学生人数的60%计算
1984年	《高等学校接受委托培养学生的施行办法》指出，委托培养研究生的委托培养费、人民助学金、奖学金都由委托单位自行拨付。正式启动研究生资助体系双轨制
1985年	《关于高等学校招收委托培养硕士生的暂行规定》指出，委托单位应向培养单位缴纳研究生委托培养费用，委托培养费用包括基建投资和经常费
1985年5月27日	《中共中央关于教育体制改革的决定》指出要改革人民助学金制度
1985年12月12日	《关于研究生在校学习期间生活补助费待遇问题的规定》规定没参加过实际工作的博士研究生每生每月76元，入学前是国家职工的，每生每月增加15元；没参加过实际工作的硕士研究生每生每月补助58元，入学前是国家职工的，1978年年底以前参加工作的，每生每月增加10元，1978年年底以后参加工作的，每生每月增加7元；书籍补助费：博士研究生每生每年100元、硕士研究生每生每年60元
1987年7月31日	《普通高等学校本、专科学生实行贷款制度的办法》规定家庭经济困难学生，不能支付学习期间全部或部分生活费用，国家提供每人每年最高300元的无息贷款
1988年5月20日	《关于高等学校聘用研究生担任助教工作的试行办法》规定了研究生担任助教的工作任务、条件、要求和待遇等，给研究生提供了培养教学实际工作能力的平台，推动了研究生勤工俭学制度的建立

续表

时间	重大事件及政策（文件）
1991年12月29日	《普通高等学校研究生奖学金制度试行办法》将试行研究生生活补助费的办法改为实行研究生奖学金制度，研究生奖学金分为普通奖学金和优秀奖学金，强化了奖学金的激励作用。普通奖学金标准：博士研究生没参加实际工作的，每生每月90元，国家正式职工参加工作两年以上的100元，四年以上的110元；硕士研究生没参加实际工作的，每生每月70元，国家正式职工参加工作两年以上的80元，四年以上的90元；优秀奖学金标准：博士研究生：每生200元，评比比例15%以内；硕士研究生：每生150元，评比比例15%以内；书籍补助费：博士研究生每生每年100元、硕士研究生每生每年60元
1992年2月8日	《关于学位与研究生教育改革和发展的若干意见》指出，可增加委托培养、定向培养和自筹经费招生的数量。设立国家奖学金、各种名义奖学金、兼职工作的岗位津贴
1992年9月1日	《关于加快教育改革和发展的若干意见》招收应届毕业生和在职人员，研究生招生制度采取国家计划、定向委托培养和自费生等形式。实施助教、助研、助管三助制度
1993年	国内一些高校开始实施计划内和计划外招生，计划内免收学费，并给予普通奖学金（生活补助金），计划外（包括委培生、自筹经费研究生、自费生）则须承担一定的费用
1993年7月26日	《关于对高等学校生活特别困难学生进行资助的通知》指出要重视、关心和解决特困生问题
1993年8月14日	《关于修改〈普通高等学校本、专科学生实行贷款制度的办法〉部分条款的通知》提高了家庭经济困难学生的贷款额度和比例
1995年4月10日	《关于普通高等学校经济困难学生减免学杂费有关事项的通知》对家庭经济困难的学生给予特殊困难补助和学杂费减免
1998年8月29日	《中华人民共和国高等教育法》指出，高等学校的学生应按国家规定缴纳学费；家庭经济困难的学生，可以申请补助或减免学费，国家设立各种形式的奖学金、助学金。这为研究生资助制度改革提供了法理依据
1999年	我国高校开始扩招，研究生招生规模扩大，研究生收费制度也相应改革，招生公费比例逐年缩小，自费比例增多，增加了贫困生家庭经济负担
1999年5月13日	《关于国家助学贷款的管理规定（试行）》规定了适用对象：经济困难的全日制本、专科生支付学费和生活费；中国工商银行是唯一经办行；中央财政50%贴息
1999年	国家助学贷款试点工作正式在北京、上海、天津、重庆、武汉、沈阳、西安、南京8个城市启动
2000年8月1日	《助学贷款管理办法》规定了研究生助学贷款的申请条件、限额、期限等，助学贷款的最高限额不超过学生在读期间所在学校的学费与生活费
2000年8月22日	《关于助学贷款管理的补充意见》指出，国家助学贷款对象，由本、专科生扩大至研究生；助学贷款纳入研究生教育资助体系；中央财政贴息的国家助学贷款，由8个试点城市扩大到全国范围，其经办银行由中国工商银行扩大到中国农业银行、中国银行和中国建设银行

续表

时间	重大事件及政策（文件）
2003年7月21日	《关于切实做好资助高校经济困难学生工作的紧急通知》全面落实和推进奖学金、学生贷款、勤工助学、特殊困难补助和学费减免政策及"绿色通道"制度
2004年6月23日	《关于进一步完善国家助学贷款工作若干意见的通知》规定借款学生在校期间的贷款利息全部由财政补贴，6年内还清贷款；普通高校每年的借款总额原则上按全日制普通本专科学生（含高职学生）、研究生以及第二学士学位在校生总数20%的比例、每人每年6000元的标准计算确定
2004年9月3日	《关于切实解决高校贫困学生困难问题的通知》对原有的国家助学贷款政策、操作机制、风险防范、组织领导等做了重要调整、补充和完善，建立国家助学贷款新机制，全面部署了贫困家庭学生的资助工作
2004年9月9日	《关于进一步做好资助贫困家庭学生工作的通知》规定提取10%学费收入用于帮助困难学生
2005年	改国家奖学金 为国家助学奖学金，资助品学兼优和生活困难的研究生
2005年	《关于进行研究生培养机制改革试点的通知》拟从2006年起在北大、清华等9所高校进行研究生培养机制改革的试点
2006年	启动华中科技大学、哈尔滨工业大学、西安交通大学三所高校研究生收费并轨制度，探索和实施研究生资助并轨制
2007年5月13日	《关于建立健全普通本科高校 高等职业学校和中等职业学校家庭经济困难学生资助政策体系的意见》普通高等学校全日制研究生的资助政策另行制定
2009年3月11日	《高等学校毕业生学费和国家助学贷款代偿暂行办法的通知》实施学费和助学贷款代偿。本科生代偿金额不超过6000元；研究生代偿标准和年限，分别按照国家规定的相应学制计算
2009年4月20日	《应征入伍服义务兵役高等学校毕业生学费补偿国家助学贷款代偿暂行办法》规定国家对每名高校毕业生每学年补偿学费或代偿国家助学贷款本息的金额，最高不超过6000元。研究生代偿标准和年限，分别按照国家规定的相应学制计算
2009年9月4日	《关于进一步做好研究生培养机制改革试点工作的通知》将改革试点范围扩大至所有中央部（委）属培养研究生的高等学校
2010年7月29日	《国家中长期教育改革和发展规划纲要（2010—2020年）》指出，大力推进研究生培养机制改革
2011年10月25日	《关于实施退役士兵教育资助政策的意见》实施自主就业退役士兵教育资助政策，学费资助标准最高不超过年人均6000元；生活费及其他奖助学金直接补给退役士兵学生本人
2012年9月29日	《研究生国家奖学金管理暂行办法》每年奖励4.5万名在读研究生。博士研究生1万名、每生每年3万元；硕士研究生3.5万名、每生每年2万元
2013年2月28日	《关于完善研究生教育投入机制的意见》指出，从2014年秋季学期起，按照新生新办法，老生老办法的原则，实施研究生全面收费制度，我国研究生资助并轨制正式实施
2013年5月6日	《关于加强研究生教育学费标准管理及有关问题的通知》规定现阶段学费：全日制学术型硕士研究生每生每学年不超过8000元、博士研究生10000元

续表

时间	重大事件及政策（文件）
2013年8月20日	《高等学校学生应征入伍服义务兵役国家资助办法》规定，学费补偿、国家助学贷款代偿及学费减免标准，本专科生每人每年最高不超过6000元，硕士研究生8000元，博士研究生10000元
2013年7月29日	《研究生国家助学金管理暂行办法》规定，从2014秋季学期起，博士研究生资助标准不低于每生每年10000元、硕士研究生6000元，中央部属高校博士研究生不低于12000元
2013年7月29日	《研究生学业奖学金管理暂行办法》规定，从2014年秋季学期起，中央财政对中央高校研究生学业奖学金所需资金，按照博士研究生每生每年10000元、硕士研究生8000元的标准拨款，研究生学业奖学金标准不得超过同阶段研究生国家奖学金标准的60%。地方所属高校根据本办法制定研究生学业奖学金管理办法
2014年7月25日	《关于调整完善国家助学贷款相关政策措施的通知》调整本专科学生每人每年助学贷款资助最高不超过8000元、研究生12000元
2017年3月3日	《关于进一步提高博士生国家助学金资助标准的通知》指出，从2017春季学期起，中央高校博士生从每生每年12000元提高到15000元，地方高校博士生从每生每年不低于10000元提高到不低于13000元。《关于下达2017年学生资助补助经费（高等教育）的通知》要求尽快将博士生国家助学金提标资金下达到研究生培养单位，保证及时按照新标准将国家助学金发放到符合条件的博士生手中

第三节　国外研究生教育收费制度变迁研究

　　自1981年中国研究生学位制度建立后，中国研究生教育不断发展壮大。面对高等教育大众化以及强劲增长的研究生教育规模，政府投入研究生教育的经费负担也越来越大。高等教育收费改革成为一种国际趋势，高等教育成本分担已成为各国解决教育经费紧缺的普遍做法。美、英等国拥有先进、发达的高等教育体系，以其精良、优质的高等教育质量享誉全球。美、英、德、法、日五国研究生教育在改革和发展中，经历了各自的制度变迁过程。梳理国外研究生教育收费制度的变迁历程、特点和经验，对现阶段中国研究生全面收费政策面临的问题，可起到借鉴作用，以期促进中国研究生教育持续健康的发展和人才培养质量的提升。

　　研究生教育作为高等教育的最高层次，与经济和社会发展的联系紧密，研究生教育对个人的发展、社会的进步、国家核心竞争力的形成以及综合国力的提升将产生巨大的影响。研究生教育的发展以及研究生人才培养质量的提升对于创新型国家的建设起着至关重要的作用。

随着高等教育由精英化向大众化迈进，乃至普及化的实现，高等教育发展迅速，规模壮大，人们对高等教育满怀憧憬，希望能接受良好的高等教育，不断提升自身的人力资本。面对庞大的高等教育经费，高等教育成本分担是各国为解决教育经费紧缺而采取的普遍做法，各国根据本国的历史发展和现实情况，采取了不同的高等教育收费政策。自2014年秋季学期，中国开始实施研究生全面收费政策，这意味着中国研究生收费双轨制的现实终结。本节通过梳理美、英、法、德、日五国研究生收费制度的变迁，呈现其在不同时期研究生收费制度的演变过程，探析其在不同阶段所面临的问题及应对策略，以研究生收费制度变迁为视角，考量中国研究生全面收费政策产生的问题、影响及效用。在创新研究生收费制度层面提出一些研究和思考，为深化和完善研究生全面收费制度提供国际经验。

一　美国研究生教育收费制度变迁研究[①]

综观世界，美国是当今高等教育体系最先进、最发达的国家。美国最高的教育方案——研究生教育，以力量的顶峰出现。这个高级层次使美国高等教育成为全世界领先的有磁性系统。它们从世界各处找来寻找高质量训练的高级学生，培养和集聚了全球顶尖的高水平人才。2016年诺贝尔奖的11名科学家中有5名来自美国。处于美国最高层次的研究生教育何以大比例地成就世界顶尖人才？美国研究生教育体系经历了怎样的发展历程？与美国研究生教育发展息息相关的研究生收费制度经历了怎样的变化和发展？美国研究生教育何以卓越？这些问题时时盘挂在笔者脑中，深深地吸引着笔者开展研究。

美国研究生教育迄今已有190多年历史。1826年，哈佛学院开设研究生课程，已取得学士学位的毕业生只需缴纳一定的学费就能接受研究生教育，这可认为是美国研究生教育的开端，1868年乔治亚大学开始授予硕士学位，1869年哈佛大学成立了研究生部。1876年，效仿德国模式的约翰·霍普金斯大学成立，首次创办研究院[②]。回顾美国研究生教育发展

[①] 洪柳、李娜：《美英研究生教育收费制度变迁研究及其现实启示》，《黑龙江高教研究》2017年第11期。

[②] 吴琼：《中美硕士研究生教育收费制度比较研究》，硕士学位论文，东北大学，2009年。

的历史,笔者梳理和呈现一幅具有美国奇迹和特色的研究生收费制度变迁的流动画卷。

(一) 个人承担学费阶段

美国研究生收费制度最初经历了个人承担学费阶段。18世纪末到19世纪初,美国工业化发展迅速,加速了南北方矛盾的激化,国内时局动荡不安,政府主要精力未能放在教育上,接受研究生教育多是"那些满足宗教信仰和财产要求,完全有能力负担子女教育的人"[①]。1826—1860年期间,教育被视为私人事务,学费由个人承担。

(二) 政府承担学费阶段

19世纪中期,美国完成第二次工业革命,资本主义经济发展,自然科学研究取得重大进展,高素质人才的重要性凸显,美国政府逐渐重视研究生教育。1861年《莫雷尔法案》规定联邦政府拨地的收益用于"资助和维持最少一所学院"[②]。1890年,国会修改了《莫雷尔法案》,决定向赠地学院继续提供联邦资助。1939年,第二次世界大战爆发。1940年,联邦政府给研究生的科研资助达3100万美元[③]。1958年,美国颁布《国防教育法》,规定1959年向1000名研究生提供奖学金,并在以后五年,每年再增加1500名[④]。1945—1976年,美国研究生教育迎来了"黄金时期",政府对高等教育支出占有重要地位,1958—1968年,联邦政府对研究生的资助从10亿美元增加到50亿美元[⑤]。1971年,美国率先实现高等教育普及化目标。1972年,政府出台《高等教育法修正案》,政府资助直接发到学生手中,学生有择校自主权。

(三) 多主体共同承担阶段

1973年石油危机爆发,世界经济急速衰退,高等教育规模扩大,

[①] [美] 埃尔伍德·帕特森·克伯莱:《美国公共教育——关于美国教育史的研究和阐释》,安徽教育出版社2012年版,第111页。

[②] 续润华:《美国"莫雷尔法案"的颁布及其历史意义》,《外国教育研究》1993年第2期。

[③] [美] 伯顿·克拉克:《研究生教育的科学研究基础》,王承绪译,浙江教育出版社2001年版。

[④] P. G. Altbach, R. O. Berdahl, "Higher Education in American Society", Buffalo, New York: Prometheus Books, 1981, p.165.

[⑤] [美] 伯顿·克拉克:《研究生教育的科学研究基础》,王承绪译,浙江教育出版社2001年版,第270页。

政府负担增大,国内外经济不景气,政府的高等教育经费捉襟见肘。1986年,约翰斯通提出高等教育成本分担理论,认为受教育者、学校、企业、政府、社会共同承担高等教育成本,这一理论被世界广泛接受。"1980—1990年,联邦政府、州政府和地方政府对教育经费投入比由48.3%降至41.2%,学费、私人捐赠、基金会等收入总和占比由51.7%上升至58.8%。"[1] 20世纪80年代前,美国政府主要承担研究生教育成本,随着研究生教育经费负担的增大,美国采取了市场化筹资的举措,鼓励校企合作,通过社会服务获取经费,争取个人和社会捐资助学等。

美国研究生学费普遍偏高。以2017—2018学年商学院研究生学费为例,斯坦福大学22956美元[2],纽约大学56554美元;美国研究生收费标准由市场决定,专业、学校、生源地等都会是收费标准不同的因素。与美国高学费相对应的就是高资助政策,资助种类多且力度大。2016年,美国几所私立大学提高了研究生津贴与福利,康奈尔大学研究生津贴调高2%,哥伦比亚大学涨幅高达17%[3]。

(四)绩效拨款趋势

20世纪70年代以来,随着"新公共管理运动"的兴起,美国出现了绩效拨款(Performance Based Funding)方式,将产出或绩效作为拨款依据,旨在提高高等教育绩效[4]。美国是一个联邦制国家,高等教育治理主要在州及以下层级,绩效拨款通常在州一级层面实施。截至2014年6月,美国已有26个州实施了绩效拨款项目,超过4个州已采纳并即将实施,还有几个州正酝酿实施[5]。

---

[1] 杨明:《政府与市场:高等教育财政政策研究》,浙江教育出版社2007年版,第390—391页。

[2] Stanford University Registrar's Office, "Tuition and Fees", https://registrar.stanford.edu/students/tuition-and-fees/tuition-and-fees/tuition-and-fees-2017-18.

[3] 张帅:《美国私立大学调高研究生津贴和福利》,http://www.ict.edu.cn/ebooks/b3/text/n20160929_13377.shtml。

[4] 张晓宁、杨晓江:《美国高等教育绩效拨款政策及其对我国研究生教育绩效拨款改革的启示》,《学位与研究生教育》2016年第8期。

[5] Dougherty, K., Jones, S. M., Natow, R. S., et al., "Performance Funding for Higher Education: Forms, Origins, Impacts and Futut", The Annals of the American Academy of Political and Social Science, Vol. 655, No. 1, 2014, pp. 163-184.

二　英国研究生教育收费制度变迁研究[①]

英国具有悠久、独特、成熟和发达的高等教育体系，以其精良、优质的高等教育质量在世界上享有盛誉。英国研究生教育最初实行免学费制度。随着市场自由竞争机制的引入，英国开始收取少量研究生学费并提供助学贷款。1998年全面实行研究生收费制度。英国研究生收费制度的演变与其经济发展紧密相连。

（一）政府承担学费阶段

英国研究生收费制度最初采取政府承担学费的方式。英国研究生教育起源较早，中世纪在神学、法学和医学中授予硕士称号。伦敦大学在借鉴德国博士学位制度后，建立了英国学位考核制度。19世纪大工业生产时期，英国吸收了德国经验，形成和发展了英国研究生教育模式[②]。19世纪后半期，曼彻斯特的欧文学院和阿伯里思威斯学院因教育经费紧张问题向政府申请财政补贴，终因未曾有过教育补贴的先例而被驳回。1881年《威尔士的中等教育和高等教育》发表，两所学院都获得了4000英镑政府教育资助，开创了政府对高等教育财政补贴的先河[③]。1944年《巴特勒法案》规定研究生学费和生活费由政府支付，试行奖学金方案，根据研究生家庭收入划分奖学金等级，每个等级有固定金额，奖学金实质上是贫困生助学金。1945年《帕西报告》、1946年《巴洛报告》都主张政府承担高等教育经费。1960年，《安德逊报告》提出政府"支付学生学费并给予一定助学金"的具体方案[④]。1962年颁布《教育法案》，规定所有全日制研究生无须支付学杂费，由地方教育局负责，以每个学生的家庭条件为参考标准提供不同额度的生活补助[⑤]。

[①] 洪柳、李娜：《美英研究生教育收费制度变迁研究及其现实启示》，《黑龙江高教研究》2017年第11期。
[②] 杜作润、廖文武：《高等教育学》，复旦大学出版社2003年版，第185页。
[③] Gordon W. Roderick. "A Fair Representation of All Interests? The Aberdare Report on Intermediate and Higher Education in Wales 1881", History of Education, No. 3, 2001.
[④] 张琳：《英国高等教育收费与资助政策的历史演进》，硕士学位论文，湖南师范大学，2009年。
[⑤] 王莉华：《英国高等教育成本分担政策——政府市场策略的发展及其影响》，《比较教育研究》2007年第2期。

（二）政府资助转向个人缴纳学费并享有助学贷款阶段

1973年，石油危机爆发，英国经济每况愈下，撒切尔政府上台后大幅削减政府财政支出、推行竞争机制，高等教育经费尤为紧张。20世纪90年代，英国研究生规模大幅增长，政府经济压力更为严峻。1980年，非欧盟国家留学生需向英国高校缴纳全额学杂费，本土学生实行免费加资助的优惠政策。《雷弗休姆报告》改变了资助方式，学生可获助学金也可贷款。1987年，英国高等教育毛入学率超过15%，标志着精英化转向大众化[1]。1988年，英国《教育改革法》提出1990年正式实施"缴费上学，贫困生可贷款并获补助金"[2]。1990年，《教育法案》规定可以申请无息贷款补贴生活，毕业后还贷。

（三）免除公费教育转向收取研究生学费的市场化阶段

1997年，《迪尔英报告》规定根据"教育成本分担"原则，1998年每人每年收取1000英镑学费，可申请生活费和学费贷款，贫困生无须支付学费。1998年，《教学和高等教育法案》宣布废除公费教育，英国开启了研究生收费市场化阶段。

2003年，政府出台《高等教育的未来》，提出研究生学费将上涨，高校享有收费自主权。2004年，《高等教育改革法案》提出英国从2006年实行成本分担政策，不再执行国家统一学费标准，高校可自行收费，但不能超过国家上限，研究生可贷款，就业后按收入偿还，并提供生活补助和奖助学金等。2010年，《布朗报告》倡导高等教育投资主体由政府向第三方转移。2012年，《研究生：被遗忘的部门》会议指出不能遗忘研究生教育，英格兰高教基金管委会每年拨款7000万英镑资助研究生教育。2016年研究生可申请10000英镑研究生贷款支付学费和生活费。2017年，英国大学学费最高上调至9000—9250英镑，此项规定适用于英国本土和欧盟学生，但不包括国际研究生的学费，具体标准因校而异。

2017年3月英国政府正式启动脱离欧盟的程序。英国对本国和国际研究生收费差异很大。爱丁堡大学2017—2018学年，建工专业，本土和欧盟研究生10800英镑，国际研究生23700英镑；信息专业，本土和欧盟

---

[1] 杨贤金、索玉华：《英国高等教育发展史回顾、现状分析与反思》，《天津大学学报》（社会科学版）2006年第3期。

[2] 张琳：《英国高等教育收费与资助政策的历史演进》，硕士学位论文，湖南师范大学，2009年。

研究生 10200 英镑，国际研究生 20100 英镑；哲学、心理和语言专业，本土和欧盟研究生 9500 英镑，国际研究生 20100 英镑。

三 德国研究生教育收费制度变迁研究

19 世纪初，洪堡提出"学术自由"和"教学与科研统一"的办学理念，并依据这个理念成立了柏林大学，对学生实施研究生教育，开创了研究生教育的先河。也可以说这是世界最早的研究生教育。德国此时只授予博士学位，没有像其他一些国家划分本科生和研究生。1984 年，德国的科隆大学成立了第一个研究生院——分子生物学研究生院。法国的大学研究班、美国的研究院、日本的技术学校都曾借鉴了德国研究生教育的经验[①]。通过梳理德国研究教育收费制度的演变过程，我们可以了解研究生教育收费制度的德国模式和经验。

（一）免学费阶段

德国的研究生收费制度最初采用免学费的方式。1810 年，洪堡创建了柏林大学，它所开办的研究生教育无须缴纳学费，研究生只需支付自己的生活费用，同时享有申请生活补助或贷款的权利。德国高等教育在第二次世界大战后进入大众化阶段，学生人数的增加导致高校经费负担日益加重，而为两德统一所付出的经济代价导致经济低迷，失业率上升，政府对教育的投入一再减少，学生毕业后找不到工作，选择继续回到学校深造，逃避就业问题，一定程度上又加重了德国社会经济发展的负担。这些问题循环往复，造成种种问题积压在一起，高等教育收费改革势在必行。

（二）缴费制阶段

20 世纪 60 年代，德国基本实现了高等教育大众化，面对德国高校沉重的财政压力，缴费制的实行就成了发展之势。德国研究生教育收费制度随即发生变化，以缴费的方式取代了之前的免费制。1993 年，德国通过《关于高校政策的十个论题》，提出"最高资助年限应不能超过标准修业年限，否则需缴纳学费，严重超出者则取消学籍"[②]。1998 年，两党在《联合执政协议》中加入禁止大学收费的条例。2002 年 8 月，国会希望通

[①] 平森：《德国近现代史》，商务印书馆 1987 年版，第 312—313 页。
[②] 周丽华、胡劲松：《德国高等教育收费改革思路简析》，《比较教育研究》1998 年第 3 期。

过《高等学校框架法》的颁布来压制收费改革的呼声，并提出只有"在规定期限内完成学业或只超过期限少许的学生不需要交纳学费"①，德国大部分的高校校长强烈反对禁止收费的规定，最终反对无果。从2002年开始，就读的研究生和没有在规定学期内毕业的大学生需向高校缴纳学费。从2006年开始，有6个联邦州施行全面收取学费的政策。联邦政府从2010—2013年投入1500万欧元来提升博士生培养国际化程度，各专业领域的国际博士生培养均可申请，每一成功的国际博士生培养项目每年至多可获得10万欧元资助②。2016年8月开始，德国政府对《德国联邦教育资助法》进行修改和补充，将资助限额与收入减免额上调了7%，加大了资助力度，也扩大了资助受益的范围③。

德国实行的收费模式可以分为很多种，其中比较有代表性的有以下四种：第一种是根据专业和年级的不同来收取学费，政府可以提供奖学金或贷款，学生须在毕业后10年内还清；第二种是学生入学时得到一笔教育存款，在学校规定的学期内是不需缴纳学费，超出存款额度则需交纳额外的学费；第三种是学校给每一个学生在开学时就开设一个专属的学习账户，存有规定的标准课时数供学生完成学业；第四种是学校在开学时给学生一笔专用于学业的学习存款用于学生的课程学习。

（三）政府主动承担公立高校学费阶段

巴符州科学部长鲍尔已作出决定，"从2017—2018年冬季学期开始，向欧盟外的国际学生收取学费，向非欧盟成员国学生收取学费，在高教、经济和社会政策方面都会产生不良后果"。德国高校事务专家格林认为："为了保持德国'欢迎文化'的声誉和形象，推进德国高校国际化进程，保障德国高校优质的专业人才培养和供给，我们不应主张向国际学生收费。"向非欧盟成员国学生收取学费并不能说明在联邦范围内都将开始全面施行收费政策。私人缴交的学费，对于高校的融资只是杯水车薪。

从2006年开始，6个联邦州施行了全面收取大学学费政策，截至2014年已经全部停止实施。目前在全德国境内都未推行大学收取学费的

---

① 陆瑜：《世纪之交的德国高等教育市场化改革研究》，硕士学位论文，华中师范大学，2008年。

② 《提升博士生培养国际化程度：德出台新举措》，http：//www.de-moe.edu.cn/article_read.php? id=12016-20100531-737。

③ 《德国联邦助学金BAföG新变化》，http：//www.de-moe.edu.cn/article_read.php? id=12016-20160816-3710。

政策，无论本科阶段还是研究生阶段的求学，公立高校一律施行免费政策。① 现今，德国的研究生收费制度趋向于政府主动承担公立高校学费。

四 法国研究生教育收费制度变迁研究

19 世纪初，法国开始仿照德国的教育模式发展本国研究生教育。"法国大学传统的课程结构在本科生和研究生阶段之间。一个冗长的第一个层次的教学导致一个主要学位——硕士学位诞生，接近美国系统的硕士学位"，法国并没有研究生院，20 世纪 80 年代政府发布了"5 个或更多的学位层次"，在 4 年的学习之后即第二阶段结束，也就取得硕士学位②。法国的研究生教育没有一个明确的概念解释，这可以说是法国最早的研究生教育③。法国的高等教育在欧洲大学发展的过程中发挥了极大的作用。法国从长期的政府负担教育经费的免费制度开始转向收费制度，研究生教育投资虽然还是以政府为最大的主体，但学生、企业等主体的作用也逐渐发挥出来。

（一）政府承担学费的阶段

法国公立研究生教育的学费最初是由政府完全承担的，并不需研究生自己负责。1929—1933 年爆发世界经济危机，法国经济愈加萧条，失业问题紧随其后，都直接对教育的发展造成消极影响。法国政府一再减少财政支出，研究生规模却在急剧扩张，教育经费捉襟见肘。20 世纪 50 年代到 70 年代，爆发了第三次科技革命，资本主义发展飞速，西方社会发生了巨大的变化，而教育发展却明显跟不上社会发展。1968 年，法国颁布了《高等教育指导法》，体现出高等教育的经济价值，为日后法国政府制定关于研究生质量法律提供制度保障。

（二）多主体共同承担的阶段

20 世纪 80 年代以来，法国教育投入明显无法满足规模急速扩张的高等教育的发展，迫使法国政府、高校和社会开始努力寻找其他的投资主体，私人投资变成首要选择。在这种情况下，法国最终决定开始对学生收

---

① 《巴符州大学收学费引发争议》，2017 年 1 月 12 日，http://www.de-moe.edu.cn/article_read.php?id=12016-20170112-4208。

② 伯顿·克拉克：《探究的场所——现代大学的科研和研究生教育》，王承绪译，浙江教育出版社 2001 年版，第 119 页。

③ 钱赛英：《中法研究生教育比较研究》，硕士学位论文，武汉理工大学，2004 年。

取学杂费。

1986—1987 学年法国大学开始向研究生收取 450 法郎的注册费①。法国综合性公立大学的准入门槛低，本国或外国的研究生学费的大部分数额仍是由国家直接承担，每学年学费不会超过 600 欧元（一些学校或学院都有自己的学费系统），法国本地研究生和国际研究生都是一样的，只需每年缴纳注册费用即可，无须再支付其他费用，博士生所缴纳的注册费用因学校而异。如果学生在校期间获得奖学金和助学金，注册费用也可全部免除。为减轻研究生的经济压力，法国高等教育和研究部决定，从 2010 年秋季学期开始，所有综合性公立大学研究生缴纳注册费时最多可选择分三次付款全款②。以斯特拉斯堡大学和巴黎第六大学两所大学为例，研究生教育需缴纳 256 欧元（合约人民币 1870 元）的学费和 215 欧元（合约人民币 1571 元）的社会保险登记费③。私立的高等教育机构则不能享受像公立教育机构的特权，研究生必须缴纳相对高昂的注册费和学费，数额因学校不同而不尽相同，收费没有统一标准。以南特大西洋设计学院为例，硕士一年级和二年级每年需缴纳 7700 欧元的学费，首付款为年度学费的 25%，剩余部分通过银行 5 次自动划账支付。

五　日本研究生教育收费制度变迁研究

1877 年，日本第一所国立大学——东京大学成立。1886 年日本出台《帝国大学令》，日本第一帝国大学即东京大学成为第一所可开设研究生院的公立大学，这可以说是日本研究生教育的开端④。日本政府于 1919 年颁布《大学改革法》，同意授予私立大学以大学地位的权利，允许设立研究生院⑤。随着日本社会经济的不断发展，日本的研究生教育收费制度也在不断地演变和发展，其经历了免学费、政府与个人共同承担、政府支持私立大学的阶段，我们可以从研究生教育收费制度变迁中了解日本的

---

① 杨明：《论法国高等教育财政的改革》，《教育与经济》2001 年第 2 期。
② Tuition fees, http://www.en.unistra.fr/index.php?id=22277&L=3, Tarifs des droits universitaires, http://www.upmc.fr/fr/formations/inscriptions_scolarite/droits_d_inscription.html.
③ Tarifs des droits universitaires, http://www.upmc.fr/fr/formations/inscriptions_scolarite/droits_d_inscription.html.
④ 伯顿·克拉克：《研究生教育的科学研究基础》，王承绪译，浙江教育出版社 2001 年版，第 337—338 页。
⑤ 同上书，第 338 页。

做法。

(一) 免学费阶段

日本最早的研究生教育是吸纳了德国的国家主义教育思想，认为研究生教育应服务于国家发展[①]。日本的研究生院可以说是由政府的政令主观促成建立，最初实行的也是免收学费的政策，鼓励学生主动接受研究生教育，加速了日本经济发展，综合国力也得到前所未有的增强。1904 年爆发日俄战争。20 世纪初，日本的军事活动频繁，高素质人才供给不足，研究生教育暴露出很多问题。

(二) 政府与个人共同承担

1. 政府承担

"1909 年，东京大学的研究生人数为 966 人；五年后研究生人数下降为 293 人，这种破坏性的减少是废止免学费的制度造成的。在那之前，不要求研究生缴纳学费，一旦他们知道他们必须付账，他们就毫不犹豫地离开研究生院。"[②] 由此可以发现，在 1914 年国立大学的研究生教育已经开始实行收费制度。1947 年，日本国会颁布了《教育基本法》，以法律手段来保障国立大学研究生教育收费制度的实施，这是值得各国借鉴的经验。1963 年，日本的高等教育进入大众化阶段。1999 年，日本进入高等教育普及化阶段。2007 年，日本颁布了《研究生教育改革推进计划》，提出在此后的三年间将逐年增加对研究生教育的资助。2013 年 11 月，政府出台《国立大学改革计划》，旨在推动日本国立大学更为主动地参与到市场竞争中去。日本国立大学研究生的学费是由政府统一规定的，地区、专业或者学校的不同都不会对收费标准产生影响，国立大学不能擅自修改学费标准。近年来国立大学的学费一直保持上涨的趋势，为避免教育机会不均的问题出现，贫困学生的学费、杂费和住宿费等都可在学校核实无误后申请全部免除或部分免除，这都是可由高校自行决定的[③]。公立大学的经费主要是来自地方政府拨款，政府还会给予一定的经济资助。公立大学研究生的学费不再是由政府决定，所在地的议会可以决定这些高校的收费标准，

---

① 钟立泉：《日本教育改革》，人民教育出版社 1991 年版，第 30 页。
② 伯顿·克拉克：《研究生教育的科学研究基础》，王承绪译，浙江教育出版社 2001 年版，第 441 页。
③ 国立大学の授業料と減免制度（全額、また半額免除）について，https://news.yahoo.co.jp/byline/ryosukenishida/20161230-00066083/，2016.12.30。

日本本国研究生与海外留学研究生的学费相差不多。2016年，国立和公立大学研究生的学费是 535800 日元，不会因专业或学校不同而有所差异①。日本东京大学学费是 535800 元②。

2. 个人承担

第二次世界大战后日本的经济负担不起高等教育发展的重担，政府鼓励创办私立大学。1970 年，日本私立大学开始享有财政补贴，旨在减小国立和私立大学间的学费差距，将私立大学学费逐年上涨的趋势扭转，但并未取得实效。1975 年，《日本私立学校促进与资助法》颁布，教育的重要性得到重视，私立学校可以得到政府给予的必要补助来增强其公共性质。私立大学对所需缴纳的研究生学费有完全的自主权，不需经过政府的同意，但必须能对所设的学费标准有清晰的解释，并定期将学校的财务报表对社会公众公开。2013 年 3 月底日本人口总数为 1.26 亿人，比 2012 年减少 26.6 万人，生源严重不足导致近几年来一些不太好的私立大学的学费开始逐年减少。

3. 政府支持私立大学

1949 年，政府颁布《私立学校法》，用法律手段保障政府对私立大学进行资助。1970 年，政府发布了《日本私学振兴财团法》，将政府对私立大学研究生教育的经费补助制度化。1975 年，政府出台的《私立学校振兴助成法》中规定了政府对私立大学提供国库资助。1988 年，政府颁布《特定公益增进法人》，规定个人或团体向私立大学研究生教育提供资助就可享有优惠政策③。2002 年，日本政府开设了专门的经费项目，直接向私立大学的研究生教育发放经费，鼓励私立大学开办研究生教育④。同年，实施"21 世纪 COE 计划"，在国立大学、公立大学和私立大学间引入自由竞争机制，政府资助也不再一味地偏向国立大学，而是增加了对公立和私立大学的资助，特别是对私立大学的资助经费⑤。

---

① 国立大学の授業料と減免制度（全額、また半額免除）について，https://news.yahoo.co.jp/byline/ryosukenishida/20161230-00066083/，2016.12.30。

② 东京大学官网，http://www.u-tokyo.ac.jp/zh/prospective-students/tuition_fees.html。

③ 方芳、钟秉林：《民办高等教育财政支持制度的研究现状与未来展望——我国民办高等教育改革与发展探析（四）》，《中国高等教育》2011 年第 7 期。

④ 熊庆年：《日本研究生教育改革十五年》，《学位与研究生教育》2004 年第 1 期。

⑤ 卢冬丽、董维春：《日本高等教育政策的国际化进程研究》，江苏省高等教育学会教育经济研究委员会成立大会暨第一届江苏省教育经济学术年会论文集，2013 年第 7 期。

第五章

研究生收费政策和资助体系现状研究

研究生全面收费政策作为研究生投入机制改革的重要一环。在缓解高等教育经费压力，提高研究生教育质量等方面发挥着重要的作用。研究生全面收费政策在实施过程中，研究生教育收费现状如何？为了解研究生全面收费政策的实施现状，本书关注现阶段我国高校学术型硕士研究生教育收费现状问题，通过文献研究、调查研究等方式了解我国高校研究生全面收费政策的执行现状。

第一节 研究生全面收费政策和研究生资助体系概览

一 研究生全面收费政策

从2014年秋季学期起，按照"新生新办法、老生老办法"的原则，向所有纳入全国研究生招生计划的新入学研究生收取学费。原则上，现阶段全日制学术学位研究生学费标准，硕士生每生每年不超过8000元，博士生每生每年不超过10000元。

二 研究生资助体系政策

研究生资助体系政策，包括研究生国家奖学金和研究生学业奖学金、研究生国家助学金、"三助"、研究生国家助学贷款政策及减免学费、发放特殊困难补助、开辟绿色通道等相关配套政策措施。

（一）奖学金

奖励对象	研究生国家奖学金
每学年奖励名额	硕士研究生 3.5 万名 博士生 1 万名
每人每学年奖励标准	硕士研究生 20000 元 博士研究生 30000 元

＊研究生阶段设有学业奖学金，按照博士研究生每生每年 10000 元、硕士研究生每生每年 8000 元的标准以及在校生人数的一定比例给予支持。
中央高校奖励金额不超过同阶段研究生国家奖学金标准的 60%。
地方高校由各地参照中央政策制定执行。

（二）国家助学金

奖励对象	全日制研究生
每人每学年奖励标准	硕士研究生不低于 6000 元
	中央高校博士研究生 15000 元
	地方高校博士研究生不低于 13000 元

（三）国家助学贷款

贷款对象	高校家庭经济困难学生
贷款金额	研究生不超过 12000 元
贷款年限	最长不超过 20 年
贷款利率	执行中国人民银行同期公布的同档次基准利率，不上浮

＊贷款学生在校期间的贷款利息全部由财政贴息。
毕业后的利息由学生支付，并按约定偿还本金。
模式
校园地国家助学贷款
通过就读学校向经办银行申请
研究生助学贷款以校园地国家助学贷款为主
生源地信用助学贷款
通过户籍所在县（市、区）的学生资助管理机构提出申请
有的地区直接到相关金融机构申请

(四) 勤工助学

实行方式	研究生：学校面向研究生设置助研、助教、助管岗位
工作时长及报酬	研究生："三助"津贴标准由高校依据国家有关规定，结合当地物价水平等因素确定

(五) 校内资助

*学校利用从事业收入中提取的资助资金，以及社会团体、企事业单位和个人捐助资金等，设立：

校内奖学金	助学金
困难补助	伙食补贴
校内无息借款	减免学费

(六) 绿色通道

*对被录取入学、无法缴纳学费的家庭经济困难新生，先办理入学手续，然后分别采取不同办法予以资助

第二节 研究生收费政策现状调查

一 "985"高校全日制学术型硕士研究生学费现状调查

本书对我国39所"985"高校全日制学术型硕士研究生学费标准进行调查发现，复旦大学宗教学专业7000元/年，南京大学中美文化研究中心国际关系专业4万元/年（学制2年），同济大学耳鼻咽喉科学专业7000元/年，华东师范大学海洋科学、生物医学工程、药学三个一级学科及所属二级学科7000/年，华中科技大学医学院10000元/年，四川大学哲学、教育学、文学、历史学、法学、经济学、管理学专业不超过7200元/年，电子科技大学7200—8000元/年，厦门大学全程33000元（含两年、两年半和三年学制）。上述"985"高校相关专业全日制学术型硕士研究生学费标准不按8000元/年收费，余下大多数"985"高校均按8000元/年收费（见表5-1）。

表 5-1　"985"高校全日制学术型硕士研究生学费现状

高校名称	学费（元/年）
北京大学	8000
清华大学	8000
复旦大学	宗教学 7000，其他所有专业 8000
上海交通大学	不超过 8000
南京大学	中美文化研究中心国际关系专业 4 万元/年（学制 2 年），其他专业 8000
浙江大学	8000
中国科学技术大学	8000
哈尔滨工业大学	8000
西安交通大学	8000
中国人民大学	8000
北京师范大学	8000
北京理工大学	8000
北京航空航天大学	8000
中央民族大学	8000
中国农业大学	8000
南开大学	8000
天津大学	8000
同济大学	耳鼻咽喉科学专业 7000，其他专业 8000
东南大学	8000
华东师范大学	海洋科学、生物医学工程、药学三个一级学科及所属二级学科 7000，其他专业 8000
武汉大学	8000
华中科技大学	医学院 10000，其他专业 8000
中南大学	8000
东北大学	8000
吉林大学	8000
山东大学	8000
大连理工大学	8000
中国海洋大学	8000
国防科技大学	无军籍研究生学费参照湖南省物价局核定的学费标准及学校当年规定
湖南大学	8000

续表

高校名称	学费（元/年）
四川大学	哲学、教育学、文学、历史学、法学、经济学、管理学专业不超过7200，其余学科不超过8000
电子科技大学	7200—8000（川发改价格〔2014〕430号）
重庆大学	8000
厦门大学	全程33000（含两年、两年半和三年学制）
中山大学	8000
华南理工大学	8000
兰州大学	8000
西北工业大学	8000
西北农林科技大学	8000

二 "211"高校全日制学术型硕士研究生学费现状调查

广西大学是广西办学历史最悠久、规模最大的综合性大学，是广西唯一的国家"211工程"建设学校，中西部高校提升综合实力计划建设高校、世界一流学科建设高校和"部区合建"高校。广西大学硕士研究生学习年限为2—5年（含休学和保留学籍）。学术型硕士学制3年，专业学位硕士除工商管理硕士（含EMBA）2年外，其他类别专业硕士学制均为3年（含全日制、非全日制）。2019年广西大学全日制学术学位硕士学费为8000元/生·学年。毛笛等[1]以"211高校"为研究对象，选取在校级层面明确全日制学术型研究生学费标准的91所高校为样本，以此为依据探讨全面收费制度的实施现状与问题。

本课题通过文献和调查研究发现，我国不同地区的上百所"211"高校学术型硕士研究生收费标准。现阶段我国绝大多数高校研究生都以8000元国家最高标准收取学费。全国不同层次、不同类型高校学术型硕士研究生收费标准无显著差异。

（一）学费差距较小，标准趋同

除厦门大学设置的学费标准，硕士研究生全程33000元/生（含两年、

---

[1] 毛笛、毛建青：《全日制学术型研究生全面收费的实证研究——基于91所"211高校"的数据分析》，《研究生教育研究》2018年第1期。

两年半、三年学制)①，超过规定外，其余 90 所高校的学费均未超过国家规定的最高标准，且不同地区、不同层次、不同专业间的学费差距较小（见表 5-2）。

表 5-2　　　　　　　　　"211" 高校学费标准统计

		学费按最高标准设置的高校			硕士平均学费（元/年）
		总计（所）	频率（所）	比例（%）	
地区	东部	48	41	85.4	7979.2
	中部	14	14	100.0	8000.0
	西部	18	15	83.3	7740.7
	东北	11	10	90.9	7863.6
层次	"985"	30	26	86.7	8020.0
	"211"	61	50	82.0	7872.7
专业	不分专业	77	76	98.7	8039.0
	分专业	14	4	28.6	7273.8
总计		91	84	92.3	7921.2

1. 不同地区间学费差距小

依据国家统计局的划分方法②，我国的经济区域分为东部、中部、西部和东北四大地区③。东部 48 所 "211" 高校有 41 所高校按硕士研究生 8000 元/年的最高标准收费；中部 14 所高校均按最高标准收费；西部 18 所高校有 15 所高校按最高标准收费④；东北 11 所高校有 10 所按最高标准收费；不同地区间研究生学费标准趋同。

2. 不同层次间学费差距小

在 "985 高校" 中，大多数高校硕士研究生学费标准为 8000 元/年。在非 "985" 的 61 所 "211 高校" 中，有 50 所高校硕士研究生学费标准

---

① 《关于公布厦门大学 2017 年硕士研究生学费标准的通知》，2016 年 10 月 13 日，http://zxb.xmu.edu.cn/42/05/c5797a213509/page.htm。
② 《东西中部和东北地区划分方法》，2011 年 6 月 13 日，http://www.stats.gov.cn/ztjc/zthd/sjtjr/dejtjkfr/tjkp/201106/t20110613_71947.htm。
③ 东部包括北京、天津、河北、上海、江苏、浙江、福建、山东、广东和海南；中部包括：山西、安徽、江西、河南、湖北和湖南；西部包括内蒙古、广西、重庆、四川、贵州、云南、西藏、陕西、甘肃、青海、宁夏和新疆。东北包括辽宁、吉林和黑龙江。
④ 其中有 4 所四川的 "211 高校" 按该省规定的最高标准设置学费，即文、法、经、史、哲、管、教类硕士研究生 7200 元/年，博士研究生 9000 元/年；其他类硕士研究生 8000 元/年，博士研究生 10000 元/年。

为硕士研究生 8000 元/年。不同层次高校在办学水平上存在差距，但学费差距小。

3. 不同专业间学费差距小

在样本高校中，有 77 所高校学术型硕士研究生学费不分专业，均为 8000 元/年（除厦门大学超过最高标准），仅 14 所高校不同专业学费不同。

(二) 资助覆盖较广

高校普遍以学业奖学金与助学金抵扣全研究生学费。在样本高校中，学业奖学金覆盖所有学生的高校共有 49 所，最低档学业奖学金即能返还学费的有 11 所。

表 5-3　"211"高校学业奖学金设置情况

学业奖学金	全覆盖高校		最低档即能抵还学费高校	
	频率（所）	比例（%）	频率（所）	比例（%）
硕士研究生	49	53.8	11	12.1

高校助学金包括国家助学金与高校助学金。硕士研究生国家助学金资助标准不低于每生每年 6000 元。在国家助学金的基础上，有 16 所高校又自行设立了本校硕士研究生助学金。

在学业奖学金和高校助学金资助下，仅最低档的奖助学金就能返还所有硕士研究生学费的高校有 55 所。硕士研究生最高能获 23000 元/年；最低能获 6000 元/年，抵扣学费，每年只需实际缴纳 2000 元左右。许多高校仅"一奖一助"即能抵扣研究生学费。

表 5-4　"211"高校"一奖一助"设置现状

一奖一助	最低档即能抵还学费高校		最高能获	平均最高能获	最低能获	平均最低能获
	频率（所）	比例（%）	（元/年/生）	（元/年/生）	（元/年/生）	（元/年/生）
硕士研究生	55	60.4	23000	16646.2	6000	9045.6

第三节　研究生全面收费政策和研究生资助体系个案研究

个案研究就是对单一的研究对象进行深入而具体研究的方法。个案研究的对象可以是个人，也可以是个别团体或机构。它包括对一个或几个个案材料的收集、记录。本书选取我国"985"高校、"211"高校、普通高校作为研究生收费政策和研究生奖助政策体系的研究对象，从实践操作层面呈现样本高校研究生收费现状和研究生奖助政策体系的执行情况。本书的个案研究主要发挥两个功能：其一，通过个案研究将抽象的问题具体化，以个案来解读政策内容。其二，为改善相关政策制度提供依据。

一 北京大学研究生收费政策和资助体系

北京大学（Peking University）创办于1898年，初名京师大学堂，以最高学府身份创立，最初也是国家最高教育行政机关，行使教育部职能。北大是中国近代第一所国立综合性大学，是中国著名的高等学府，亚洲和世界最重要的大学之一。北大开创了中国高校中最早的文科、理科、政科、商科、农科、医科等学科的大学教育，是近代以来中国高等教育的奠基者。在中国现代史上，北大是中国"新文化"与"五四"等运动的中心发祥地，也是多种政治思潮和社会理想在中国的最早传播地，享有极高的声誉和重要的地位。

北京大学组建了北京大学研究生奖助工作专家委员会，建立和形成了一套完备的研究生资助体系，制定了学业奖学金、奖励资助、"三助"等各项翔实的实施细则和管理办法；设有多项捐赠奖学金和科研资助项目等。

（一）北京大学研究生学费收费标准

北京大学2018年硕士研究生招生简章（校本部）[①]。

学费标准：

北京大学按照国家有关规定向所有研究生收取学费（2017年学费标准附后，供参考）。

北京大学学术型硕士研究生每生每学年为8000元。

---

① 北京大学2018年硕士研究生招生简章，北京大学研究生院网，https://admission.pku.edu.cn/docs/20180521095950625931.pdf。

表 5-5　　　　　　　　北京大学 2017 年学费标准

序号	学位层次	院系码	专业属性	专业名称	学习年限（年）	学习方式	学费总额（元）
1	硕士	×××	科学学位	各专业	2	全日制	16000
2	硕士	×××	科学学位	各专业	3	全日制	24000

注：不含医学部和深圳研究生院（有删节）。

（二）北京大学研究生奖助体系简介

北京大学硕士研究生奖助学金简介（校本部）①

从 2007 年开始，北京大学实行研究生培养机制改革，在统筹了国家拨款、校级资金、科研经费和社会资源等的基础上，形成了更加合理有效的研究生奖助体系。

一　北京大学研究生学业奖学金

1. 资助对象

校本部人事档案转入我校的全日制学术型研究生，不包括留学生以及专业学位和其他经特别说明的研究生教育项目招收的研究生。

2. 资助标准及获奖比例

北京大学学业奖学金由年度学费津贴和生活津贴组成。年度生活津贴额度按照人文、社会科学、理学和信息与工程科学部的划分，各学部有所不同，全校平均额度约为 1.2 万元/人·年。

学业奖学金的评定由各院系负责组织实施，实行年度动态评定。院系可在预算总额度内根据学科特点自行设置学业奖学金的等级、额度和覆盖面和评定方法。

学术学位研究生国家助学金统筹至学业奖学金中，即北大研究生学业奖学金总额中包含国家助学金。国家助学金不单独发放。

二　专项学业奖学金

为激励研究生勤奋学习、潜心科研、勇于创新、积极进取，学校设立专项学业奖学金。

1. 资助对象

专项学业奖学金的资助对象为国家招生计划内攻读北京大学硕士学位

---

① 北京大学硕士研究生奖助学金简介，北京大学研究生院网，http://grs.pku.edu.cn/jzgz/gzsk/232244.htm。

的不享受工资待遇的全日制研究生，留学生除外。

2. 基本资助标准为 8000 元/人·年，按在校生一定比例，并向优势学科、基础学科和国家亟须的学科（专业、方向）倾斜。院系可根据具体情况在预算范围内自行设置标准和覆盖面。

三　专业硕士学位研究生国家助学金

1. 资助对象：校本部人事档案转入我校的全日制专业硕士学位和单列项目研究生，不包括留学生。

2. 资助标准：6000 元/人·年。

四　科学实践创新奖

为进一步完善研究生奖助体系，促进研究生教育可持续发展，从 2012 年开始，学校设立奖优性质的奖学金"研究生科学实践创新奖"。

1. 奖励对象：校本部全日制专业学位和单列项目研究生。

2. 奖励标准：1 万元/人·年，同时颁发荣誉证书。

3. 光华管理学院和法学院实施不同的配套方案。

五　助教

为全面提升研究生的综合素质，发挥研究生对教学的辅助作用，学校设立助教岗位。

1. 聘用原则：按需设岗、按劳取酬、竞争上岗、严格考核。

2. 资助标准：800 元/月·岗，各单位可以根据研究生实际承担的工作量发放岗位津贴。

六　助研

为进一步建立健全导师项目资助制，以高水平科研支撑高水平培养，各院（系、所、中心）应设立研究生助研岗位。硕士生助研岗位月津贴建议标准为不低于 300 元/人·月。

七　其他专项资助

为资助家庭经济困难的优秀研究生顺利完成学业，设立王文忠—王天成奖学金和闳材奖学金。

1. 资助对象：校本部人事档案转入我校的家庭经济困难的优秀全日制研究生（包括硕士和博士研究生）。

2. 资助标准：5000 元/人·年。

3. 资助名额：王文忠—王天成奖学金 20 人/年；闵材奖学金 200 人/年。

北京大学研究生院奖助办公室
2015 年 6 月

二 清华大学研究生收费政策和资助体系

清华大学，诞生于 1911 年，依托美国退还的部分"庚子赔款"建立，因坐落于北京西北郊的清华园而得名。1925 年设立大学部；1928 年更名"国立清华大学"。1937 年抗战爆发后，南迁长沙，与北大、南开大学联合组建"国立长沙临时大学"；1938 年迁至昆明，改名"国立西南联合大学"；1946 年迁回北京清华园；1952 年，全国高校院系调整后，清华大学成为一所多科性工业大学。2018 年 7 月，"世界大学学术排名（ARWU）"披露世界一流学科排名，清华大学共有 29 个学科跻身全球前 100 名，其中，9 个跻身前 10 名，1 个位列世界第一。

（一）清华大学研究生学费收费标准

清华大学 2018 年硕士研究生招生简章[1]（有删节）。

表 5-6　　　　清华大学 2018 年全日制硕士研究生学费标准

专业名称	代码	学费标准
所有学术型专业	—	0.8 万元/生·年

（二）清华大学研究生资助奖励办法（简）[2]

为了激励研究生勤奋学习、潜心科研、用于创新、积极进取，学校统筹利用国家财政拨款、学校自筹经费、科研经费和社会捐助等资金，充分发挥学校、院系和导师的积极作用，努力争取各方面资源，进一步完善包括学业资助、优秀奖励、勤工俭学、困难补助、助学贷款等方面的研究生奖助政策体系，充分发挥奖助政策对研究生的激励与资助作用，调动研究生从事学习及研究的积极性。

---

[1] 清华大学 2018 年硕士研究生招生简章，清华大学研究生招生网，http：//yz.tsinghua.edu.cn/publish/yjszs/8549/2017/20170921090240180790189/20170921090240180790189_.html。

[2] 清华大学研究生资助奖励办法（简），清华大学研究生招生网，http：//yz.tsinghua.edu.cn/publish/yjszs/8542/20140901135957353488199/1499417746641.pdf。

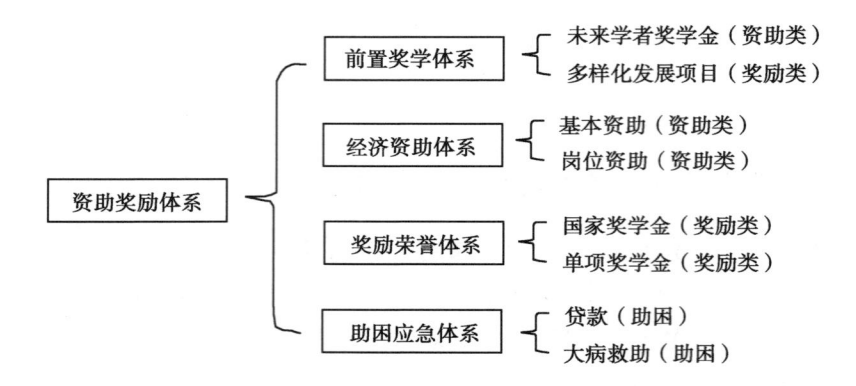

142　我国研究生收费政策对贫困生求学的影响和对策研究

```
                    ┌─ 前置奖学体系 ─┬─ 未来学者奖学金（资助类）
                    │              └─ 多样化发展项目（奖励类）
                    │
                    ├─ 经济资助体系 ─┬─ 基本资助（资助类）
                    │              └─ 岗位资助（资助类）
资助奖励体系 ──────┤
                    ├─ 奖励荣誉体系 ─┬─ 国家奖学金（奖励类）
                    │              └─ 单项奖学金（奖励类）
                    │
                    └─ 助困应急体系 ─┬─ 贷款（助困）
                                   └─ 大病救助（助困）
```

图 5-1　清华大学研究生资助奖励体系基本框架

表 5-7　　　　　　　清华大学研究生经济资助方案

类型	A：学习资助（万元/年）		B：院系资助（万元/年）		总收入（万/年）
	A1：基本奖助金	A2①：校设岗位奖助金（助教、助管）	B1：院系奖助金	B2：院系/导师岗位津贴	
学术学位硕士	1.4	1.6	≥0.6		≥2.0
专业学位硕士	0.6	—	各院系自行确定		

以上各类奖助金适用对象：

基本奖助金（A1）：

基本修业年限内的全日制研究生（有固定工资收入的除外）。

校设助管津贴（A2）：

助管岗位：原则上限于基本修业年限内的全日制学术学位研究生（有固定工资收入的除外）。

院系/导师奖助金及岗位津贴（B）：

基本修业年限内的全日制研究生（有固定工资收入的除外）。

奖励与助困：

1. 学校按照规定评定研究生国家奖学金，用于奖励学业成绩优异、科学研究成果显著、社会公益活动表现突出的研究生。

---

① 研究生若已承担校舍岗位 A2，则院系资助 B 部分不做要求。

2. 学校设立各类研究生前置支持型奖学金和后置奖优型奖学金，用于激励研究生全面发展与特色发展。

3. 学校为研究生提供勤工俭学机会。学校对遇到临时突发性特殊困难的研究生酌情提供特殊困难补助。学校积极支持帮助符合条件的研究生按照国家政策申请国家助学贷款。学校对入学时遇到临时突发性经济困难的研究生提供"绿色通道"。

资助总额限制：

研究生在校期间从学校、院系和导师等不同渠道获得的各类资助（不含奖优助困类资金）总金额博士生每年不得超过 9 万元，硕士生每年不得超过 5 万元。

研究生在校期间获得的各类奖学金、奖励、助学金、困难补助、助学贷款等奖优助困类资金的总金额博士生每年不得超过 5 万元，硕士生每年不得超过 4 万元。

三 北京师范大学研究生收费政策和资助体系

北京师范大学是教育部直属重点大学，是一所以教师教育、教育科学和文理基础学科为主要特色的著名学府。学校的前身是 1902 年创立的京师大学堂师范馆，1908 年改称京师优级师范学堂，独立设校，1912 年改名为北京高等师范学校。1923 年学校更名为北京师范大学，成为中国历史上第一所师范大学。1931 年、1952 年北平女子师范大学、辅仁大学先后并入北京师范大学。[1]

（一）北京师范大学研究生学费收费标准

北京师范大学 2018 年硕士研究生招生简章（有删节）[2]。

关于学费和奖助体系。

1. 所有硕士研究生均需缴纳学费。学术学位学费标准为 0.8 万元/生/学年。

2. 从 2014 年起，我校实行新的奖助体系，具体内容见《北京师范大学研究生奖助学金设立方案》。

---

[1] 北京师范大学简介，北京师范大学官网，http://www.bnu.edu.cn/xxgk/xxjj/index.htm。
[2] 2018 年学术学位博士生招生简章，北京师范大学研究生招生网，http://yz.bnu.edu.cn/detail/407cf5bf。

（二） 北京师范大学研究生资助体系简介

北京师范大学研究生资助体系简介

北京师范大学重视家庭经济困难学生资助工作，多年来坚持"以学生为本"的资助工作理念和"公开、公平、公正"的资助工作原则，紧密结合学校实际，全面贯彻落实国家资助政策，积极整合校内外资源，广泛开拓助学渠道，逐年增加助学经费投入，构建了"奖贷助勤减免补"这一完善有效的学生资助政策体系，从制度上保证了"不让一个学生因为家庭经济困难而失学"。

2012年，学校把学生资助工作从学生处职能中独立出来，设立了"学生资助管理中心"这一职能部门，专门负责家庭经济困难学生资助工作，进一步保障了学生资助工作的科学化和专业化发展。学生资助管理中心以服务家庭经济困难学生成长成才为核心，着力健全资助体系，提高资助育人水平，完善资助管理制度，提升资助服务质量，努力打造一流的高校资助工作，促进学校向世界一流大学的目标迈进。

一 学费减免

为了体现党和政府的抚恤优待政策，资助部分家庭经济困难、无力承担学费的学生顺利完成学业，学校对于孤儿、父母残疾无劳动能力等家庭经济困难学生实施学费减免。具体事宜参看《北京师范大学学费减免管理办法》(见学生资助管理中心网站)。

二 勤工助学

勤工助学是指学生在学校的组织下利用课余时间，通过劳动取得合法报酬，用于改善学习和生活条件的社会实践活动。

勤工助学属于有偿资助，是学生资助工作的重要组成部分，是提高学生综合素质和资助家庭经济困难学生的有效途径。勤工助学分外校内勤工助学和校外勤工助学。

1. 校内勤工助学

校内勤工助学是指学生在校内各院系、各机关单位等设置的岗位进行勤工助学工作。勤工助学工作以"学有余力、自愿申请、扶困优先、资助育人"为原则，由学校在不影响正常教学秩序和学生政策学习的前提下有组织地开展。2014年，学校大幅增加校内勤工助学投入，硕博酬金标准分别上调为20元/小时、25元/小时，月标准酬金调整为800元/月、1000元/月，勤工助学年度预算超过1000万元；研究生助管岗位700个，为学生提供了充足的锻炼机会。

校内勤工助学岗位申请流程：

（1）学期初，通过学生资助管理中心微信公众号，查看勤工助学招聘信息，选定岗位后向设岗单位发送简历。

（2）新学期开学后的前两周内参加各单位组织的面试。

（3）新学期开学后的前四周内参加各单位组织的培训与试用。

（4）在设岗单位组织下签订岗位责任书，确定聘用关系。

（5）正式上岗工作，具有参加学校勤工助学培训的资格。

（6）每月酬金由设岗单位月底以实际工作小时数计算，报学生资助管理中心审核后，由财经处直接打入学生银行账户。

（7）学期末参加学生资助管理中心统一组织的考核评优。

（8）学生还可申请各单位设置的勤工助学临时岗位。

2. 校外勤工助学

学生资助管理中心设有唯一由北师大校方授权办理的家教部，凭借"全国师范大学排头兵"的特色，为学生提供充足、可靠的家教信息。学生一入学即可参加家教培训，取得资格证后就可以上岗工作。无数师大学子通过做"一对一"家教，不仅获得了经济报酬走向自立自强，而且提升了沟通能力、教学能力和自信心，为未来的职业生涯发展打下了良好的基础。

家教工作申请流程：

（1）有意从事家教工作的学生参加家教部组织的上岗培训（培训通知发布在学生资助管理中心网站及家教部官方微信），培训结束并考核合格后可获得《北京师范大学家教上岗证》。

（2）获得上岗证的学生可在家教部办公室信息栏选择适合自己的家教信息，由家教部工作人员告知家长联系方式。

（3）学生本人电话联系家长，确定具体事宜。

三 其他资助政策与措施

1. 新生绿色通道

为切实保证家庭经济困难学生顺利入学，学校建立了新生"绿色通道"制度，对被录取入学、因家庭经济困难无法筹足学费的新生，一律先办理入学手续，发放补助物资，确保"不让一个学生因为家庭经济困难而失学"。

2. 自强之星

为大力弘扬北京师范大学学生自立自强的宝贵精神，营造昂扬向上的校园文化氛围，树立积极进取的大学生励志典型，发挥榜样的示范引领作用，特设立北京师范大学自强之星奖学金。

（1）评选名额

自强之星：10 名，奖金 10000 元；

自强之星提名奖：10 名，奖金 5000 元；

自强之星入围奖：30 名，奖金 1000 元。

（2）申报条件

①在校全日制二年级（含）以上本科生或研究生；

②具有良好的思想政治素质，积极进取，乐观向上；

③家庭经济困难且坚韧不拔，自立自强，事迹突出；

④学业成绩优良，无不良嗜好，无不及格科目，无违纪现象。

3. 临时困难补助

学生在校期间遇突发事件或意外情况导致经济困难，可向所在院系提出书面申请，说明自己的困难情况，并提交有关证明材料，获取临时困难补助。主要补助项目如下：

（1）用于解决家庭或个人突发变故的临时性困难补助，金额为 500—3000 元不等；

（2）学校根据时间节点设立的专项补助，如新生绿色通道补助、就业补助、返乡补助、受灾补助等，金额为 500—3000 元不等；

（3）学生突发大病补助，该补助是学生大病救助体系中的一部分，金额为 5000—10000 元不等；

（4）各级政府因解决某项具体问题而设立的政策性困难补助，如北京市水电澡补助、副食品涨价补助，金额不等。

四 家庭经济困难学生认定

为切实保证我校家庭经济困难学生资助工作的公平、公正、合理开展，保证国家制定的各项高等学校资助政策和措施真正落实到家庭经济困难学生身上，我校在每学年初开展家庭经济困难学生认定工作。原则上只有经过家庭经济困难认定的学生才能获得助学金。

家庭经济困难学生认定流程：

1. 每学期结束前院系向学生发放《高等学校学生及家庭情况调查

表》，新生的表格随《录取通知书》寄出，需要申请认定的学生要如实填写，并到家庭所在地乡、镇、街道政府或民政部门加盖公章，以证明其家庭经济状况。已被学校认定为家庭经济困难的学生如家庭经济状况无显著变化，无须重复认定。

2. 每学年开学时，学生资助管理中心布置启动全校认定工作。辅导员或班主任组织本班学生线上填写《北京师范大学家庭经济困难认定指标测评问卷》，并收集《高等学校学生及家庭情况调查表》。辅导员或班主任与每个新申请认定的学生进行一次深度辅导，以核实学生填写的家庭经济困难的具体情况，并将谈话的情况介绍给院系认定评议小组。

3. 院系认定评议小组根据《高等学校学生及家庭情况调查表》《北京师范大学家庭经济困难认定指标测评问卷》采集的数据与得分以及辅导员或班主任的意见，全面结合其日常消费行为、家庭年收入支出，以及影响学生家庭经济状况的有关情况，认真进行评议，确定本年级（或专业）学生的家庭经济困难程度，并将认定意见报送到院系认定工作组进行审核。

4. 院系认定组要认真审核认定小组申报的认定意见。如有异议，应在征得认定评议小组意见后予以更正。

5. 院系认定工作组审核通过后，要将家庭经济困难学生名单及困难等级，以适当方式，在适当范围内公示 5 个工作日。如师生有异议，可通过有效方式向本院系认定工作组提出质疑。认定工作组应在接到异议材料的 3 个工作日内予以答复。如对院系认定工作组的答复仍有异议，可通过有效方式向学生资助管理中心提请复议。学生资助管理中心应在接到复议提请的 3 个工作日内予以答复。如情况属实，应作出调整。

6. 学生资助管理中心负责复核院系审核通过的《北京师范大学家庭经济困难学生院系拟认定汇总表》。复核通过后建立家庭经济困难学生信息档案。

五　家庭经济困难学生走访

为进一步落实国家资助政策，完善资助工作反馈机制，调查和了解贫困大学生的家庭实际情况，提高家庭经济困难学生认定的准确性，同时加强学校与贫困大学生家庭之间的联系，向贫困大学生宣传国家资助政策，为改进学生资助工作提供切实有效的依据，学校会不定期地面向家庭经济困难学生开展走访工作。如在走访过程中发现有弄虚作假现象，一经核实,即取消其家庭经济困难学生资格,收回资助资金,情节严重的,学校应依据有关规定进行严肃处理。

(三) 北京师范大学研究生奖助学金设立方案

<h3 style="text-align:center">北京师范大学研究生奖助学金设立方案</h3>

根据国家《关于完善研究生教育投入机制的意见》,从 2014 年秋季起,全面实行研究生教育收费制度。根据国家《研究生学业奖学金管理暂行办法》和《研究生国家助学金管理暂行办法》等文件精神,经学校研究,决定对 2014 级及以后年级的研究生设立奖助体系,以更好地促进拔尖创新人才培养,加快推进世界一流大学建设。

一　奖助体系的设置原则

1. 保障基本生活和奖励优秀并重。助学金保障基本生活需求,注重公平导向;奖学金奖励品学兼优、全面发展或拥有专长、贡献卓著的优秀学生,注重激励功能。奖助结合,做到普惠式补助和激励性奖励并重。

2. 鼓励全面发展和鼓励个性创新并重。综合类奖学金注重学生的综合素质提升,促进学生全面发展;专项类奖学金注重学生某一方面的专长和业绩,鼓励学生个性发展与创新。

3. 过程性评价与结果性评价并重。奖学金评定坚持把过程评价和结果评价结合起来,既注重学生在学习、科研和实践环节中的过程表现,也注重学生在科研创新中取得的重大成果、在国际和全国性比赛中取得的优异成绩、在社会实践中做出的重要贡献。

二　奖助体系的适用对象

我校纳入全国研究生招生计划的 2014 级及以后年级的、在国家教育拨款学制年限内的非定向、全日制研究生,同时须具有中华人民共和国国籍。

三　基本结构和具体内容

基于"奖优、助困、酬劳"的原则,研究生奖助学金体系包含基本助学金、"三助"岗位津贴、奖学金、突出成果奖励、特困资助、学院奖学金与专项奖学金六个类别。

1. 基本助学金

为保障研究生的基本生活需要,学校设置基本助学金,其标准为:硕士生 0.6 万元/生·年,博士生 1.44 万元/生·年。

2. "三助"岗位津贴

学校为研究生设置教学助理（以下简称"助教"）、管理助理（以下简称"助管"）岗位，学校与导师（院系）共同为研究生设置研究助理（以下简称"助研"）岗位。助教、助管、助研岗位统称为"三助"岗位。全日制硕士生的"三助"岗位津贴标准为0.8万元/岗·年，全日制博士生岗位津贴标准为1万元/岗·年；"三助"岗位覆盖率在学制内全日制硕士生中可达到80%，在学制内全日制博士生中可达到100%。

3. 奖学金

设立国家、学校、培养单位三级优秀研究生奖学金奖励体系，对优秀新生和学业优秀、综合表现突出的在校研究生进行奖励。

（1）新生奖学金。为提高研究生生源质量，学校设研究生优秀新生奖学金，覆盖面达到当年招生人数的100%。硕士新生奖学金共设一等奖、二等奖2个等级，学术型硕士生分别按当年招生人数的40%和60%评定，奖金分别为1万元/人和0.6万元/人；专业硕士生分别按当年招生人数的15%和85%评定，奖金分别为0.8万元/人和0.6万元/人；硕士新生一等奖只用于奖励保送推免生。博士新生奖学金设特等奖和一等奖两个等级，分别按当年博士生招生人数的5%和95%评定，奖金金额分别为8万元/人和1万元/人。新生奖学金在新生入学评定后发放，其中，博士生新生特等奖学金分两次发放。

（2）学业奖学金。学校设研究生学业奖学金，和国家奖学金形成梯次奖励优秀学生。学业奖学金共设一等奖、二等奖、三等奖3个等级，其中学术型硕士生分别按40%、45%和12%评定，奖金分别为1.2万元/人·年、1万元/人·年和0.6万元/人·年；专业硕士生分别按40%、45%和12%评定，奖金分别为1.2万元/人·年、1万元/人·年和0.6万元/人·年；专业硕士生分别按40%、45%和13%评定，奖金分别为1万元/人·年、0.8万元/人·年和0.6万元/人·年；博士生分别按35%、40%和20%评定，奖金分别为1.8万元/人·年、1.5万元/人·年和0.8万元/人·年。

专业学位研究生的新生奖学金与学业奖学金由学校和院系共同承担，按照学生不同学费标准承担相应比例，学费在每生每年1万—2万元的专业，学校和院系承担比例为8∶2；学费在每生每年2万—4万元的专业，学校和院系承担比例为7∶3；学费在每生每年4万元及以上的专业，学校和院系承担比例为6∶4。

4. 突出成果、突出贡献奖励

学校对发表高水平科研成果、参加高水平学术活动并获得奖励、在全国性及以上艺术体育竞赛中取得优异成绩，以及在学生事务管理、志愿服务活动等社会工作中表现突出的研究生进行奖励。

5. 特困资助

学校对家庭经济困难的研究生，除给予研究生基本助学金、帮助其申请助学贷款外，在"三助"岗位的聘用上同等条件下予以优先。同时，学校将积极争取社会资金为学业优秀的特困研究生设立专项奖学金。对于家庭特别贫困、个人表现特别优秀的研究生，经学生个人申请、培养单位同意和学校研究批准，可减免全部或部分学费。

6. 学院（部、系）奖学金与专项奖学金

依托院系、教育基金会另设学院（部、系）奖学金与专项奖学金若干项，作为研究生奖学金校级奖励的重要补充，原则上此类奖学金的标准不超过1万元/人·年。

以上奖助项目中，除国家奖学金和学校学业奖学金不兼得、博士新生特等奖学金获得者需要承担导师助研工作但不兼得助研津贴外，如无特殊规定原则上其他奖助项目均可兼得。符合条件的延期毕业研究生可申报突出成果奖励。

四 组织实施和工作要求

学校学生工作领导小组统筹管理研究生奖助学金工作。

各类研究生奖助学金由研究生院、研究生工作处和学生资助管理中心根据国家及学校的规定，制定文件，组织实施。研究生院负责研究生新生奖学金项目和突出成果奖励；研究生工作处负责研究生奖学金项目和突出贡献奖励项目；学生资助管理中心负责"三助"岗位和资助工作。

各研究生培养单位应成立学生奖助工作组，具体负责本单位各类研究生奖助学金的统筹与管理。组长由学生工作负责人担任，成员由主管教学的领导、班主任、研究生导师及研究生代表共同组成，小组成员不得少于5人。

此奖助方案于2014年9月起开始实施。

此奖助方案将根据国家拨款制度的改变进行调整。

四　南京农业大学研究生奖助体系

表 5-8　　　　　　南京农业大学研究生奖助体系构成情况①

奖助项目名称	资金来源	奖励对象	奖助比例	奖励额度
国家助学金	财政拨款	全日制在校研究生（有固定工资除外）	100%	硕士生：0.6 万元/生·年 博士生：1.2 万元/生·年
学校助学金	学校自筹	全日制在校博士研究生（有固定工资除外）	100%	2400 元/生·年
校长奖学金	学校自筹	学业、科研成绩特别优异的研究生（与国家奖学金不能兼得）	硕士生不超过 30 人 博士生不超过 30 人	特等奖：10 万元/人 硕士生：3 万元/人 博士生：5 万元/人
国家奖学金	财政拨款	学业、科研成绩优异的研究生	教育部核定	硕士生：2 万元/人 博士生：3 万元/人
学业奖学金	财政拨款加学校自筹	全日制在校研究生（有固定工资除外）	一等奖：30% 二等奖：40% 三等奖：30%	硕士生 一等奖：1.2 万元/生·年 二等奖：0.8 万元/生·年 三等奖：0.6 万元/生·年 博士生 一等奖：1.8 万元/生·年 二等奖：1.5 万元/生·年 三等奖：1.2 万元/生·年
助研岗位津贴	导师自筹	全日制在校博士研究生（有固定工资除外）	100%	最低：300 元/生·月，一年发放 12 个月
助教、助管岗位津贴	学校自筹	从事助管助教岗位的研究生	7%左右	400 元/生·月，一年发放 10 个月
名人企业奖学金	社会捐助	符合捐助者制定条件的研究生	8%左右	最高：10000 元/人 最低：1000 元/人 平均：2233 元/人
专项奖学金	学校自筹	优秀学位论文作者、优秀研究生干部、优秀毕业生等	22%左右	400—30000 元/人不等
国家助学贷款	助学贷款	家庭经济困难研究生	符合条件均可申请	最高额度：12000 元/生·年
绿色通道	学校自筹	无力缴纳学费的研究生新生	5%	缓交
延期博士生基本生活津贴	学校自筹	延期一年以内毕业的博士生	100%	半年以内：800 元/生·月 半年以上一年以内：600 元/生·月

---

① 王敏、侯喜林、姚志友：《新形势下研究生奖助体系的构建与实践》，《学位与研究生教育》2015 年第 3 期。

续表

奖助项目名称	资金来源	奖励对象	奖助比例	奖励额度
创新工程	学校自筹	合理延期毕业博士生	20人	72000元/生·年，并提供住宿

五　东部某师范类高校研究生奖助体系设置

（一）优质生源奖励

奖助对象：

1. 经考核接受的一流大学建设高校、一流建设学科高校的一流建设学科（本科相关学科）的推免生。

奖助金额：50000元

2. 经考核接受的其他推免生。

奖助金额：10000元

3. 一流大学建设高校、一流建设学科高校的一流建设学科（本科相关学科）的全日制本科毕业生，第一志愿报考我校并被录取。

奖助金额：10000元

4. 我校以及我校独立学院全日制应届本科毕业生，第一志愿报考我校并被录取。

奖助金额：6000元

5. 其他高校全日制本科毕业生，第一志愿报考本校并被录取。

奖助金额：3000元

（二）学业奖学金

奖助对象：所有研究生。

奖助金额：平均每人不少于8000元/年。

覆盖面：100%。

（三）国家奖学金

奖助金额：20000元/年。

覆盖面：3%左右。

（四）国家助学金

奖助金额：6000元/年。

覆盖面：100%。

（五）国家助学贷款

奖助对象：符合国家助学贷款条件的所有研究生。

奖助金额：贷款金额不超过年度学费和住宿费标准的总和。

（六）"三助一辅"方位津贴

奖助对象：助管、助教、助研（助研岗位补助由导师发放）、兼职辅导员。

奖助金额：按月发放。

覆盖面：一定比例。

六 广西师范大学研究生奖助项目

（一）国家奖学金

博士3万元/年、硕士2万元/年，奖励学习成绩优异者。

（二）学业奖学金

博士生，一等8000元/人·年、二等6000元/人·年、三等4000元/人·年，获奖面100%；硕士生，一等6000元/人·年、二等4000元/人·年、三等2500元/人·年，获奖面80%。

（三）国家助学金

博士8000元/生·年、硕士6000元/生·年，全日制无工资收入的学生均可获得，覆盖面100%。

（四）新生奖学金

2000—10000元不等，获奖面100%。

（五）研究生勤工助学（助管、助研、助教）津贴

每月不低于400元/人。

（六）困难生资助及学费部分减免

家庭特困的学生。

（七）研究生创新计划项目

博士生4万元/项，硕士生，理工科1.5万元/项、文科1万元/项。

（八）博士生出国研修项目

按申请到不同国别每人补贴10万—20万元不等。

七 广西大学研究生奖助项目

广西大学构建了国家助学金、学业奖学金、国家奖学金、"三助"助学金及相关配套政策措施的研究生（仅全日制）奖助体系。

（一）研究生国家助学金

标准为博士生 10000 元/年，硕士生 6000 元/年，覆盖所有全日制研究生（有固定工资收入的除外）。

（二）研究生学业奖学金

硕士研究生学业奖学金按等级、获奖比例、奖励标准分别为一等，20%，8000 元；二等，20%，5000 元；三等，40%，3000 元。

博士研究生学业奖学金按等级、获奖比例、奖励标准分别为一等，70%，10000 元；二等，30%，8000 元。

（三）研究生国家奖学金

标准为博士生 30000 元/年，硕士生 20000 元/年。

（四）优秀生源单项资助

第一志愿报考我校的"985""211"高校毕业的应届本科生，可获一次性资金奖励。

（五）其他单项奖学金

（六）研究生"三助"项目

研究生可从事"助研""助教""助管"工作以获取劳务收入。

八 部分高校学术型硕士研究生学业奖学金

表 5-9　部分高校学术型硕士研究生学业奖学金发放情况

学校	学术型硕士研究生学业奖学金
中国人民大学	100%覆盖，20%一等 1.2 万元；30%二等 1 万元；50%三等 0.8 万元
北京语言大学	一等 1.2 万元；二等 0.9 万元；三等 0.6 万元
北京工业大学	100%覆盖；一等 0.8 万元；二等 0.4 万元；研二主要按研究成果来排名，覆盖比例 40%
北京林业大学	100%覆盖，奖学金第一年 8000 元，之后根据成绩一等 0.8 万元；二等 0.5 万元；三等 0.2 万元
首都师范大学	一等 1 万元；二等 0.6 万元；三等 0.4 万元；单项奖学金 0.2 万元

续表

学校	学术型硕士研究生学业奖学金
哈尔滨工业大学	一等 1.6 万元；二等 1.3 万元；二等 0.8 万元；比例 1:5:4
天津大学	一等 0.8 万元；二等 0.4 万元
天津财经大学	一等 0.8 万元；二等 0.4 万元；三等 0.2 万元
华北理工大学	一等 0.8 万元；二等 0.7 万元；三等 0.5 万元
中国海洋大学	一等 1.2 万元；二等 0.8 万元；三等 0.5 万元；比例 2:6:2
中南财经政法大学	100%覆盖；一等 1.2 万元；二等 0.8 万元；三等 0.4 万元
华中师范大学	一等 1.2 万元；二等 0.8 万元；三等 0.4 万元
湖南大学	一等 0.8 万元；二等 0.5 万元；二等 0.3 万元；比例 4:3:3
湖南师范大学	一等 1.2 万元；二等 0.8 万元；三等 0.4 万元
福建师范大学	一等 1 万元；二等 0.6 万元；三等 0.3 万元
山东大学	一等 0.8 万元；二等 0.5 万元；三等 0.3 万元；覆盖面 70%以上
中国海洋大学	一等 1.2 万元；二等 0.8 万元；三等 0.5 万元
大连理工大学	一等 1 万元；二等 0.8 万元；覆盖面 70%以上
南京大学	设立三个等级的"学业奖学金"，奖额为每年 0.6 万—1.2 万元
武汉大学	一等 1.2 万元；二等 1 万元；三等 0.8 万元；比例：1:2:7
西安交通大学	一等 1 万元；二等 0.8 万元
西北农林科技大学	一等 1 万元；二等 0.8 万元；三等 0.6 万元；比例：2:6:2
兰州大学	一等 1.2 万元；二等 1 万元；三等 0.8 万元；比列：2:2:3

第六章

研究生全面收费政策对贫困生求学的心理影响研究

我国研究生全面收费政策是深化研究生培养机制改革，实行高等教育成本分担，完善研究生奖助体系政策，激励研究生奋发进取，提高研究生培养质量的重大举措。贫困生是研究生全面收费政策重点关注和保障的对象。本章回溯了1999—2018年我国硕士研究生报考人数和报名增长率的现状；探究研究生全面收费政策与硕士研究生报考人数的关系；分析了我国研究生全面收费政策对贫困生求学的心理影响。研究生全面收费政策对贫困生求学的贫困心理影响，主要表现为自卑心理、焦虑心理、敏感心理、嫉妒心理和虚荣心理。要正确认识研究生全面收费政策，建立健全研究生奖助政策体系；将贫困生思想教育和心理健康教育相统合；将团体辅导与自我教育相结合；完善心理健康教育服务与干预体系；以生态系统发展观为指导创建贫困生健康的心理环境；给贫困生更多的帮扶与关爱，让贫困生全面、深刻地认识研究生收费政策，正确对待研究生教育，树立积极、健康的心理，乐观向上，不断提高贫困生的自身素养，不断提升贫困生的获得感和幸福感。

第一节 问题的提出

2014年秋季学期，我国开始执行研究生全面收费政策。研究生全面收费政策是我国研究生教育投入机制改革的新举措，是我国研究生教育收费制度的新变革。研究生全面收费政策取消了原有公费和自费双轨制投入模式，宣告我国研究生教育"公费"时代的结束，公费研究生已成为历史。研究生全面收费政策向全部纳入全国研究生招生计划的研究生新生收取学费。研究生全面收费政策无疑会触动贫困生群体的利益，打破贫困生既有的获取公费读研机会的一丝幻想，在有公费制的时候，贫困生只要凭借自己的努力，足够刻苦、足够优秀，在考研时考取高分、排名靠前就有可能获得公费名额。公费制给贫困生点燃希望之灯，照亮前行之路。从某种程度上说，公费制是贫困生拼搏进取的奋斗目标和强大动力。

研究生全面收费政策实施后，贫困生和所有学生一样，需缴纳学费。这在贫困生心中产生了不小的震动。研究生全面收费政策会不会阻挡"寒门学子"的求学路？研究生全面收费政策对贫困生求学的影响问题成为引起社会广泛热议的话题。正确认识研究生全面收费政策，全面了解和分析贫困生的思想问题和心理影响，关注和帮扶贫困生，对贫困生开展思想教育和心理健康教育，是高校做好贫困生工作，帮助贫困生积极发展，健康生活的重要途径，也是全面贯彻执行研究生全面收费政策，深化研究生教育投入机制改革，提高研究生培养质量的应有之义。

研究生教育属于非义务教育，应实行以政府投入为主、受教育者合理分担培养成本、多渠道筹措经费的投入机制。从国际经验看，对研究生收取学费也是国际通行做法。我国研究生教育原收费制度不健全，既不利于非义务教育成本分担机制的建立，也阻碍了研究生奖助政策的完善和研究生财政拨款的增加，不利于激励研究生珍惜机会潜心学习、促进研究生教育健康发展。为此，《国家中长期教育改革和发展规划纲要（2010—2020年）》[①]明确要求"建立健全研究生教育收费制度"。为了完善研究生教育投入机制，进一步提高研究生培养质量，2013年2月28日，经国务院同意，财政部、教育部印发了《关于完善研究生教育投入机制的意见》[②]（财教〔2013〕19号），围绕财政拨款制度、奖助政策体系和收费制度，进一步完善研究生教育投入机制。

研究生全面收费政策是指从2014年秋季学期起，按照"新生新办法、老生老办法"的原则，向所有纳入全国研究生招生计划的新入学研究生收取学费。研究生学费标准应综合考虑不同专业研究生培养成本、当地经济发展水平、办学条件、居民经济承受能力等因素确定，并与本专科生学

---

① 《国家中长期教育改革和发展规划纲要（2010—2020年）》，http://www.moe.gov.cn/jyb_xwfb/s6052/moe_838/201008/t20100802_93704.html。

② 财政部、国家发展改革委、教育部：《关于完善研究生教育投入机制的意见》，财教〔2013〕19号文件。

费标准及已收费研究生学费标准相衔接。原则上，现阶段全日制学术学位研究生学费标准，硕士生每生每年不超过 8000 元，博士生每生每年不超过 10000 元。全日制专业学位研究生以及目前已按规定实行收费政策的研究生，暂执行原收费政策。从上述内容看，国家充分考虑到了研究生对学费的承受能力，对研究生学费标准进行合理严格的控制。

我国研究生全面收费政策还包括配套政策——研究生资助体系政策。研究生资助体系政策包括研究生国家助学金制度、研究生国家奖学金制度和研究生学业奖学金制度、研究生助教助研和助管岗位津贴资助力度、国家助学贷款政策、减免学费、发放特殊困难补助、绿色通道等配套政策措施。建立多元奖助政策体系还包括建立健全导师责任制和导师项目资助制、进一步落实和完善鼓励捐资助学的优惠政策，积极引导和鼓励企业、社会团体和个人面向高等学校设立研究生奖助学金、专题研究项目，或提供实践实习岗位、就职锻炼机会等。

完善财政拨款制度，不是简单地增加财政投入，而是重在健全财政投入机制；完善奖助政策体系，不是简单地增加奖助经费，而是重在健全激励与资助机制；建立健全收费制度，不是简单地向学生收费，而是重在健全成本分担机制。财政拨款制度、奖助政策体系与研究生教育收费制度，是一揽子设计、三位一体、相互联系。要深化研究生教育改革，提高研究生培养质量，必须完善研究生教育投入机制；要完善研究生教育投入机制，必须确定科学合理的经费分担机制，必须实行研究生教育收费制度；实行研究生教育收费制度，必须建立健全奖助政策体系，并且两者要统一设计、同步实施，从而解决好家庭经济困难研究生的经济困难，缓解全面收费带来的经济压力，切实促进教育公平[①]。

第二节 我国考研报考人数的回溯与现状分析

研究生全面收费政策，对贫困生最直接的冲击就是收费。起初，很多人都不了解研究生全面收费政策、不清楚研究生全面收费政策的内涵。简单地认为，深化研究生教育投入机制改革就是指研究生全面收费政策，而研究生全面收费政策就是收费。在不了解研究生全面收费政策时，很多人

---

① 《高等学校学生资助政策简介（研究生）》，http：//www.moe.edu.cn/jyb_ zwfw/zwfw_ fwxx/zhfu_ zz/201606/t20160613_ 266504.html。

断章取义地把研究生全面收费政策直接等同于"全自费"。"全自费"对于贫困生而言无疑是当头喝棒,但凡一提及学费,就会加剧贫困生的经济压力和思想负担,造成紧张情绪。面对日渐高涨的学费开支,贫困生心生惆怅、诚惶诚恐、郁郁寡欢。由于家境贫穷,经济拮据,再考虑到读研同时又会产生机会成本,读研期间,不仅不能养家糊口,减轻家里负担,反倒还要给家里增加开支和经济负担,想到此,不少贫困生就心生退怯,考研的热情减退,不由得放弃读研的念头,失去接受研究生教育的机会。

据教育部官网发布的数据,1999—2018 年,20 年来,受经济、就业等因素的影响,我国硕士研究生招生报名年增长率在 2008 年、2014 年、2015 年分别出现负增长①。2008 年美国次贷危机席卷全球,世界发达经济体受到美国金融危机的影响,全球经济增速放缓,导致世界经济衰退、就业不景气,2008 年我国硕士研究生报名人数也受到金融危机的影响,出现了硕士研究生招生报名年增长率的首次下降。

2014 年是我国研究生全面收费政策实施的元年,我国研究生全面收费政策实施后,2014 年、2015 年我国硕士研究生招生报名人数和报名年增长率出现连续下降。2013 年全国硕士研究生报名人数是 176 万,2014 年、2015 年全国硕士研究生报名人数分别是 172 万、164.9 万人。2014 年、2015 年全国硕士研究生报名增长率分别是 -2.27%、-3.8%。在经历连续两年报名人数的下跌后,2016 年全国硕士研究生报名人数出现明显反弹,报考人数达 177 万,增幅 7.3%。2017 年在职研究生首次纳入统考,教育部会同国家发展改革委按全日制和非全日制两类分别编制和下达研究生招生计划,导致 2017 年研究生报名人数大幅增长,达到 201 万②。2018 年全国硕士研究生报名人数是 238 万③(见表 6-1、图 6-1)。

表 6-1　　　　1999—2018 年我国考研报考人数与报名增长率

年份	报名人数(万人)	报名增长率(%)
1999	31.9	16.4

---

① 《1995—2017 年考研报考人数与录取比例统计表》,2018 年 1 月 18 日,http://www.chinakaoyan.com/info/article/id/79123.shtm。

② 《2017 年考研报名人数首破 200 万　考研升温折射就业压力》,2018 年 1 月 18 日,http://www.ce.cn/xwzx/gnsz/gdxw/201612/26/t20161226_19108356.shtml。

③ 《2018 年研究生报考人数达 238 万》,2018 年 1 月 18 日,http://www.xinhuanet.com/politics/2017-12/24/c_1122157518.htm。

续表

年份	报名人数（万人）	报名增长率（%）
2000	39.2	22.9
2001	46	17.3
2002	62.4	35.7
2003	79.7	27.7
2004	94.5	18.5
2005	117.2	24
2006	127.12	8.4
2007	128.2	0.8
2008	120	-6.8
2009	124.6	3.8
2010	140.6	12.8
2011	151.1	7.9
2012	165.6	9.6
2013	176	6.3
2014	172	-2.27
2015	164.9	-3.8
2016	177	7.3
2017	201	13.5
2018	238	18.4

2014年秋季学期起，我国开始执行研究生全面收费政策。而2014年、2015年我国硕士研究生报名人数和报名年增长率出现连续下降。这一下降的趋势使我们把目光投在研究生全面收费政策上，并对其作出假设和分析，是不是研究生收费政策的因素导致了2014年、2015年研究生报考人数下降？或者说这两年连续下降的趋势与研究生全面收费政策有关？

笔者经过研读大量相关文献以及对贫困本科生和研究生的调查和访谈发现，2014年、2015年出现的研究生报考人数连续两年下降，2016年研究生报考人数又开始反弹，2017年、2018年连续保持快速增长的原因与研究生全面收费政策有关。具体可以解释为：研究生全面收费政策在执行之初，高校、社会等缺乏对研究生收费政策的宣传和全面解读，人们对收费政策不甚了解，大都处于懵懂、迷茫的状态。贫困生在未全面、深刻地

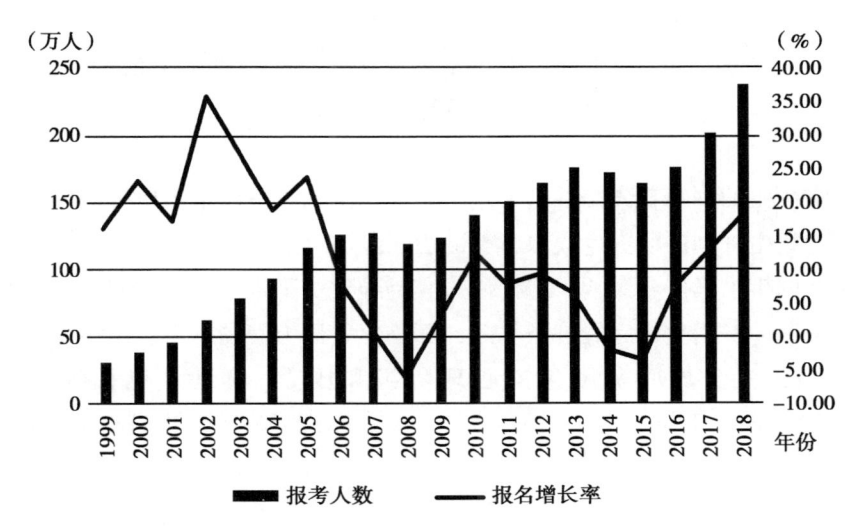

图 6-1　1999—2018 年我国考研报考人数与报名增长率

了解研究生收费政策和研究生奖助体系政策时，会直接受到研究生收费政策的冲击，误认为研究生学费是"全自费"，因担心交不起学费，放弃报考。所以在研究生全面收费政策执行的头两年，也就是 2014 年、2015 年我国硕士研究生报名人数和报名年增长率出现了连续下降。但随着教育部、高校、社会、媒体等机构和部门对研究生全面收费政策进行广泛和深入的宣传、报道和解读，越来越多的人改变了之前对研究生全面收费政策错误和片面的认识，克服了对研究生收费政策的恐惧心理，贫困生能够更全面、更深刻地认识研究生全面收费政策，全面理解研究生收费政策除了收费还有研究生奖助体系等配套政策。

全面收费政策和奖助体系政策更公平地保障了全体研究生的权益，给贫困生提供了多元化的资助模式。研究生全面收费政策打破了"双轨制"的弊端，废除了原有公费生的特权，彻底改变了入学享受公费待遇，三年一成不变的局面。研究生全面收费政策旨在激励研究生刻苦求学，提高研究生培养质量。研究生全面收费政策采取成本分担理论，让学生负担学费，但与之配套的研究生奖助体系政策相应地提供和保障了多元化的研究生资助模式，确保贫困生绝不因贫困而失学。贫困生在全面了解了研究生全面收费政策之后，不再过分担心没钱读研的问题，更加坚定了报考研究生的决心、信心和希望。从 2016 年开始至今，硕士研究生报名人数又回归到逐渐增长的常态。

第三节 研究生全面收费政策对贫困生求学的心理影响分析

贫困生的困难首先是经济困难，研究生全面收费政策向所有纳入全国研究生招生计划的研究生收取学费，由于经济窘迫，研究生全面收费政策会对贫困生求学产生影响。经济困难容易导致贫困生产生心理问题，引发心理贫困。贫困生家庭经济条件差，面临学费压力问题，无法承担学费和生活费，就会加剧贫困生的心理负担和压力。压力，也称为应激（stress），来源于拉丁文"stringere"一词，原意是痛苦，也是单词"distress"（悲痛、穷困）的缩写，有"紧张、压力、强调"等意思。压力是心理压力源和心理压力反应共同构成的一种认知和行为体验过程[1]。压力源是引起压力反应的因素，导致个体产生压力反应的情景、刺激、活动、事件等。导致人体基本功能不平衡的任何环境力量，不能实现的期望、目标和手段冲突、负担过重或过轻、受剥夺、无能为力、创伤等，都是压力源[2]。个体感到紧张的内外刺激也是压力源。

贫困生因家庭经济困难，长期承受着生活的重负，会更频繁地体验到失落、自卑、失望、焦虑、抑郁、悲伤等负面情绪，进而影响到学业、生活、人际交往、身心健康等，造成压力和心理影响[3]。研究生肩负社会、学校、家庭和个人等多方的期待，会更为现实地考量机会成本，研究生所承受的来自学业、就业、婚恋、家庭等诸多方面的压力更为急迫。这些压力如果得不到足够的重视和消解，会给研究生造成严重的心理危害[4][5][6][7]。从整体上讲，贫困生有优于其他学生的一些心理品质，如吃苦

---

[1] 秦小刚：《大学生心理健康教育》，北京师范大学出版社2015年版，第130页。
[2] 杨玉宇：《大学生心理适应与发展》，科学出版社2014年版，第156页。
[3] 刘恒新：《西部高校的学生贫困与反贫困策略》，中国社会科学出版社2009年版，第24页。
[4] 黄家群、刘林峰、高蕾、高晓雷：《硕士研究生的心理压力与心理健康》，《中国健康心理学杂志》2016年第7期。
[5] 燕艳、李志广、张祥沛：《就业压力对硕士研究生学习和科研影响的研究》，《研究生教育研究》2013年第3期。
[6] 吴守宝、吴胜华：《研究生心理健康现状、问题分析及对策思考》，《中国高教研究》2008年第6期。
[7] 陈江波、简福平：《研究生心理压力的调查研究》，《黑龙江高教研究》2006年第1期。

耐劳的精神、坚韧不拔的毅力、独立的自理能力等。但从个体来看，贫困生确实存在一些心理问题。对于不甚了解研究生全面收费政策的寒门学子，言及学费则"望而生畏"，因家境贫寒，入不敷出，无力付费，而愤愤不平，抱怨不公，忍痛告退。研究生全面收费政策会冲击到贫困生的切身利益，对贫困生求学产生心理影响；深入了解和分析贫困生的贫困心理，对于建立健全国家资助体系政策，做好贫困生精准扶贫工作，有效开展物质扶贫和精神扶贫具有重要的现实意义和深远的影响。贫困生的贫困心理主要表现为自卑心理、焦虑心理、敏感心理、嫉妒心理和虚荣心理等。

一　自卑心理

自卑是一种不满足感或不安全感。自卑心理是个体由于自我认知偏差等原因所形成的自我轻视和自我否定的情绪体验，容易使人离群索居，压抑自信心。由于贫困生大多来自我国老、少、边、穷地区，其从小身处环境经济不发达、信息相对闭塞、家庭经济相对贫寒。尽管有部分贫困生是城市生源，却面临着父母下岗、失业、家庭遭遇意外、突变等窘境。

进入大学后，在现代都市中生活，贫困生发现，身边的多数同学穿着名牌服装，用着较为高端的电子产品，衣食无忧、神清气爽、兴趣广泛、才思敏捷、博闻强识、谈吐自如、谈笑风生、意气风发、悠然自得。而贫困生由于经济窘迫，生活压力大，容易因出身贫困而自卑、痛苦，自觉低人一等，自行惭愧，郁郁寡欢。有的贫困生因害怕被人看不起而自我封闭、沉默寡言、性格孤僻、不合群、不与同学交流，不能坦然面对现实，积极悦纳自己；有的贫困生则不思进取，做一天和尚撞一天钟，得过且过。正如德国哲学家黑格尔所言"自卑往往伴随着懈怠"[1]。长时间的自卑和敏感会导致贫困生怠于调整自己的心态，使他们无法从外界得到足够的积极情绪补偿，造成他们失去朝气与活力，产生消极心态，敷衍行事、黯淡度日，从而容易在拒绝人际交往的情况下行动退缩不前，放弃学习甚至放弃对自身未来的规划，自暴自弃，产生自卑感，形成自卑心理。

---

[1]　[德]黑格尔：《精神哲学：哲学全书（第3部分）》，杨祖陶译，人民出版社2006年版，第68页。

二 焦虑心理

焦虑是一种复杂的负面情绪，是一种内心不安或无根据的恐惧，是人们在遇到某些事情，如挑战、困难或危险时出现的一种消极的情绪反应。焦虑表现出紧张、不愉快、痛苦、难以自制等。贫困生由于家庭经济条件差，思想负担沉重，精神紧张、情绪焦躁。有的贫困生因生活费用、学习费用而焦虑；有的贫困生因人际交往的误解或歧视而焦虑；有的贫困生因学业和就业压力产生焦虑。有的贫困生为了减轻家庭经济压力，四处打工挣钱，同时还要应付紧张的学业，产生焦虑心理。

由于高校家庭贫困生肩负着父母的巨大期望，贫困生在潜意识中对自己的贫困和不幸感到恐惧，担心自己的成绩和就业无法让家庭成员感到满意，因此贫困生强烈地希望能够迅速地证明自己的能力以满足他人对自己的期望[1]；但贫困生在自身成长中，由于经济条件受限以及社会竞争激烈等诸多因素的影响，使他们的理想难以迅速实现；贫困生心中憧憬的美好愿景抑或被搁浅抑或被击碎，在残酷的现实面前，他们变得忧心忡忡、不堪一击，惶惶不可终日。这就迫使贫困生处于焦虑的心理状态。贫困生长期处于焦虑状态，就有可能出现血压升高、失眠多梦等病理性症状，长时间焦虑，缺乏有效的心理疏导，严重时还会出现精神紧张和情绪失控，造成抑郁，给贫困生的身心造成严重的伤害。

三 敏感心理

由于激烈的竞争、繁重的学习、陌生的社会和文化环境以及各种不同价值观的冲击，高校贫困生在生活和学习上的表现不尽相同。贫困生一方面因为家庭经济拮据感到自卑，另一方面又有很强的自尊心，心理上产生激烈的矛盾。有的贫困生拥有着积极、乐观的精神，能够客观地看待周围事物，自信、进取，穷则思变，通过努力切实地改变自己窘迫的现状。他们在学习上刻苦求索、奋发向上，顽强拼搏，斩获奖学金；他们在思想上要求进步，积极向党组织靠拢；他们在生活上简朴自立，积极参加勤工助学等获取资助，以解除自身生计之忧，缓解家庭经济压力。

在压力面前有的贫困生越挫越勇，砥砺前行，以自尊、自立、自强的

---

[1] 肖建国、王立仁：《高校家庭贫困生心理问题分析及思想教育对策探究》，《思想教育研究》2013年第2期。

精神激活人生，照亮前程，开创美好生活。然而有的贫困生却敏感多疑，害怕被人嘲笑。他们对其他同学讨论的话语，习惯性地对号入座，倾向性地认为同学们说的就是他[①]。他们不愿承认自己贫困，不愿放下自尊去寻求学校、老师和同学的帮助，不能客观地看待周围人群给予的关心和帮助，对别人的言行举止反应过度，对周围的事物过度敏感，把老师和同学的关心当成是对自己的嘲讽和怜悯，情绪反应强烈，拒绝申请助学贷款、拒绝申请困难补助，对他人的友善帮助表现出冷漠的排斥和坚决的抗拒。

四 嫉妒心理

嫉妒来源于比较视野下的心理落差。嫉妒是一种消极的心理，是指人们为竞争一定的权益，对他人怀有一种冷漠、贬低、排斥甚至是敌视的心理状态。羡慕嫉妒他人的身材、容貌、家境、财富、学识、荣誉、地位、成就、威望等。贫困生的嫉妒心理往往源于自己家境的贫寒。由于家庭贫困，自身条件寒碜，贫困生容易对各方面条件优越的同伴心生嫉妒。贫困生在看到有些同学家境殷实，每月生活费开销在千元以上，穿着名牌服饰，打扮时尚、前卫，拥有高端电子设备，尽享优品生活，并且讨人喜欢、左右逢源时，他们就会抱怨社会不公、内心就会愤愤不平、妒火中烧。

嫉妒就内心感受来讲前期依次表现为由攀比到失望的压力感；中期则表现为由羞愧到屈辱的心理挫折感；后期则表现由不服不满到怨恨憎恨的发泄行为。嫉妒会使人忧伤、痛苦、羞愧、愤怒、怨恨、攻击等。有的贫困生对自身现状强烈不满，对自己家境贫穷而苦恼烦闷，自我意识消极，怨天尤人，愤世嫉俗，对生活持悲观否定态度。有的贫困生则幻想报复，通过搞破坏来发泄自己的嫉妒情绪。

五 虚荣心理

虚荣心理俗称"虚荣心"。虚荣心是自尊心扭曲的过分表现，是一种爱慕虚荣的性格缺陷，是人们为了取得荣誉和引起普遍的注意而表现出来的一种不正常的社会情感，以虚假的方式来保护自己的自尊心理状态。虚荣心是一种过于追求自身价值、自我满足的病态心理，是一种被扭曲了的

[①] 张艳：《高校贫困生心理问题分析与救助》，《江苏高教》2012 年第 1 期。

自尊心，"死要面子活受罪""打肿脸充胖子"都是对虚荣心的生动描述。虚荣心理在贫困生的物质生活、精神生活、社会生活、工作学习等方面都有所反映。有的贫困生受到强烈的自尊心驱使，对自己贫寒的处境和寒酸的外表感到不满和羞愧，在行为上表现出与现实不符甚至相反的举动，采取各种办法掩饰自己的贫困；有的贫困生为了摆脱寒酸形象，与同学、朋友盲目攀比，花钱大手大脚，购买苹果手机、品牌服装等，讲排场，摆阔气，追求物质享受，透支消费，挥霍金钱，入不敷出，以满足一己虚荣之心。在工作学习方面，工作不积极，学习不努力，但还想取得好成绩，于是弄虚作假、心存侥幸、考试时偷看作弊、铤而走险[①]。

---

① 邵瑾菊、刘颖：《特困生虚荣心理分析及解决途径》，《北京理工大学学报》（社会科学版）2005年第2期。

第七章

研究生全面收费政策对本科生读研意愿影响研究

21世纪是知识经济时代，人们对知识的渴求越来越浓，学习意识、竞争意识、拼搏意识也在不断加强。越来越多的学子渴望接受高等教育，人们不仅仅满足于本科学历，而是开始追求更高层次的研究生教育，高层次、高质量教育的需求越来越大。研究生教育开始成为人们提升自己人力资本的重要途径。

自2014年秋季学期起，我国开始实施研究生全面收费政策，我国研究生全面收费政策实施至今已逾四年，研究生全面收费政策对研究生教育有何影响？研究生全面收费政策对本科生读研意愿有何影响？亟须在实践层面上给予关注。本章对研究生全面收费政策对本科生读研意愿影响展开调研，实证分析了研究生全面收费政策对本科生读研意愿的影响因素，着重解析研究生全面收费政策对贫困生读研意愿的影响和问题，不断完善研究生全面收费政策和研究生资助体系政策，引导本科生理性选择读研之路。

第一节 问题的提出

早在20世纪末，面对我国经济尚不发达的现实，为解决我国高等教育快速发展和财政供给困难的矛盾，在人力资本、教育个人收益、高等教育成本分担理论的支持下，我国实行高等教育收费制度，但这一制度并未在研究生教育阶段执行。改革开放以来，随着我国研究生教育规模不断扩大，一方面国家公共财政难以承担越来越多的研究生教育经费，另一方面从1985年开始实行的研究生教育双规制（公费、自费）所产生的弊端越发凸显。我国研究生教育规模虽不断扩大，培养能力不断增强，投入机制逐步健全，初步形成了一条符合我国国情的发展道路。但与研究生教育改革发展的新形势、新要求相比，还存在培养经费供需矛盾突出、成本分担机制不健全、奖助政策体系不完善等问题。

在这种情况下，国家开始考虑对研究生教育实行并轨收费制度。为贯彻落实《国家中长期教育改革和发展规划纲要（2010—2020年）》的有关要求，进一步提高研究生培养质量，促进研究生教育持续健康发展，2013年国家出台了相关研究生教育收费政策，并于2014学年秋季学期开始实施。按照新政策，所有纳入国家招生计划的新入学研究生都须缴纳学费，原则上硕士研究生学费每生每年不超过8000元，博士研究生学费每生每年不超过10000元。这无形中抬高了贫困学生接受研究生教育的门槛，在贫困学生中引起了不小的震撼。研究生教育的收费问题引起了全社会的普遍关注，成为人们讨论的热门话题。研究生全面收费政策对研究生教育利益作出新的分配与调整，从多个层面改变了政府、高校与学生的行为及选择，对各相关利益主体产生了重大影响，特别是对本科生读研意愿产生一定的影响。

大学生读研意愿受多种影响因素。有的学生因为渴望继续深造，希望学业精进、学有所成而读研；有的学生因为就业状况不可控，就业形势严峻，被迫选择读研；有的学生则是为了顺应家长、亲朋好友的意愿或是随波逐流，盲目考研。除了上述因素外，自2014年秋季学期起，又增加了一个新的因素，那就是研究生教育全面收费政策。研究生全面收费政策实施后，大学生读研意愿如何？研究生全面收费政策会影响大学生的考研意愿吗？本章通过对在校本科生进行问卷调查，分析影响本科生读研意愿的相关因素，全面认识和解析研究生全面收费政策对本科生读研意愿的影响和现存问题，引导本科生理性选择读研之路。

第二节 文献回顾与研究设计

一 文献回顾

关于本科生读研意愿的影响因素，主要有家庭因素、就业因素、政策因素、社会因素、学习因素、个人因素。

(一) 家庭因素

在影响个人对研究生教育进行选择的众多因素中，家庭因素往往被视为一个非常重要的因素。丁小浩（2000）[①]认为一个家庭的经济状况是好还是坏对子女高等教育的类型、层次和方式选择产生重要影响。陈爱娟等（2003）[②]认为家庭支付能力直接决定了子女进入高校就读的概率。彭燕伟等（2013）[③]对甘肃农村贫困地区进行调研，定量研究影响家庭对教育投资的因素，研究发现，影响农村家庭对教育投资的主要因素是家长的民族、受教育程度、宗教信仰、教育观念以及教育价格等因素。钟宇平、陆根书（2006）[④]认为家庭中兄弟姐妹的数量、家庭成员辅导学生功课、父母与子女沟通频率等因素，对中国大陆学生的高等教育需求具有显著影响；家庭社会网络广泛度、师生沟通频率，则对香港学生的高等教育需求具有显著影响。

(二) 就业因素

随着高等教育的扩招，本科生的就业形势日趋严峻，大学生就业难问题成为人们关注的焦点。王学颖等（2014）[⑤]调查了本科生考研动机和影响考研因素，认为读研可以暂缓就业压力是本科生选择研究生教育的最主要的原因。刘天军（2013）[⑥]认为就业前景可以左右农民对其子女教育的投资。

(三) 政策因素

政策因素主要涉及收费政策因素和资助政策因素。钟宇平、陆根书等（1996）[⑦]认为学费和资助政策因素是影响大学生选择继续深造的一个重

[①] 丁小浩：《对中国高等院校不同家庭收入学生群体的调查报告》，《清华大学教育研究》2000年第2期。

[②] 陈爱娟、万威武、薛伟贤：《高等学校学费水平影响因素分析》，《价格理论与实践》2003年第1期。

[③] 彭燕伟、陈睿垚：《本科生考研结果影响因素的调查研究——以甘肃省某高校数学与应用专业学生为例》，《天水师范学院学报》2013年第5期。

[④] 钟宇平、陆根书：《社会资本因素对个体高等教育需求的影响》，《高等教育研究》2006年第1期。

[⑤] 王学颖、张楠楠：《大学生考研关键因素分析研究》，《沈阳师范大学学报》（自然科学版）2014年第1期。

[⑥] 刘天军：《大学生考研动机及影响因素研究——基于陕西省6所高校抽样调查的实证分析》，《高等财经教育研究》2013年第4期。

[⑦] 钟宇平、龚放、陆根书：《中国高等教育财政筹划刍议》，《高等教育研究》1996年第6期。

要因素。钟宇平、陆根书（2003）[①]认为不同收入水平家庭学生对学费的反应不同；学生对学费及学生资助的反应随着学生资助政策及学费的变化而变化。崔玉平、李晓文（2009）[②]认为收费政策会影响本科生的读研意向，当学杂费增幅比例较大时，家庭条件较差的学生比其他群体更容易受到影响。耿德英、陈禄秀（2013）[③]通过对模型假设验证发现，资助力度越大，学生越愿意进入大学学习。

（四）社会因素

关于社会因素主要以社会阶层的角度进行研究。社会阶层是指人们在社会中拥有的社会资源不同，造成社会地位的不同。马克思·韦伯在多元分层理论中划分了社会阶层的三个标准，即权利、声望、经济三个维度，不同的社会阶层对教育的选择不同。马丁·特罗曾说，高等教育规模没办法继续扩大，主要是弱势群体入学的机会不能够得到保障。毛建青、徐月（2010）[④]认为来自农村和城镇的大学生以及他们的父亲是农民、工人或者干部的学生在选择高等教育和专业时都有显著的不公平现象，社会因素在大学生选择考研时扮演了重要角色。钟宇平、陆根书（1999）[⑤]认为在高等学校收费的条件下，社会经济地位低的学生在公共高等教育财政资助的分配中处于更不平等的地位。

（五）学习因素

陆根书（2006）[⑥]认为高等教育价值观、自我感知、他人影响、家庭支持程度、个人追求和职业偏好可能对学生的高等教育需求会有潜在的影响。逻辑回归分析的结果表明，上述六个因素中除"他人影响"对学生的高等教育需求没有显著影响之外，其他因素对学生的高等教育需求都具

[①] 钟宇平、陆根书：《中国大学生价格反应行为的基本特征》，《清华大学教育研究》2003年第2期。

[②] 崔玉平、李晓文：《大学生意向性教育需求的影响因素分析——以江苏省在校本科生为例》，《扬州大学学报》（高教研究版）2009年第1期。

[③] 耿德英、陈禄秀：《应届大学毕业生考研动机调查研究》，《西昌学院学报》（自然科学版）2013年第4期。

[④] 毛建青、徐月：《全面收费制下地方高校大学生接受研究生教育的影响因素分析——基于浙江省属高校本科生的调查》，《教育科学》2010年第4期。

[⑤] 钟宇平、陆根书：《收费条件下学生选择高校影响因素分析》，《高等教育研究》1999年第2期。

[⑥] 陆根书：《高中生高等教育需求影响因素分析》，《集美大学学报》（教育科学版）2006年第3期。

有显著影响。学习成绩对其高等教育需求具有显著影响。杜鲁和奥斯丁（1972）认为本科期间的学习成绩对学生读研选择具有显著影响，大学生的读研选择会受到周围同学的影响。陈国华（2010）[①]认为高校名气、高校地理位置、高校排名是考生学校与专业取舍的重要影响因素。

（六）个人因素

刘慧娟（2011）认为大学生选择读研更看重学术水平的提升、知识结构的完善、社交圈的拓宽等。

二　研究设计与数据来源

（一）研究工具

本书通过大量阅读研究生全面收费政策、研究生资助体系政策、研究生全面收费政策对本科生读研意愿影响的相关文献等资料，并且通过访谈法、专家咨询法，咨询专家意见，调查和访谈全日制在校本科生，了解研究生全面收费政策对本科生读研意愿的影响因素，整合多方观点和建议，设计《研究生全面收费政策对本科生读研意愿影响的问卷》，探析研究生全面收费政策对本科生读研意愿的主要影响因素。对编制的初始问卷进行审核、修订，形成预测问卷，进行小范围被试者的预测试验，选取我国不同层次的"985工程"高校、"211工程"高校和普通高校各1所，在西安交通大学、长安大学、广西师范学院随机抽取在校本科生开展预调查。发放预调查问卷各100份，共收回有效问卷278份。其中，西安交通大学89份、长安大学93份、广西师范学院96份。采用SPSS 18.0对测试数据进行统计分析，再次通过访谈法和专家咨询法进一步修订调查问卷，通过测试和讨论分析，删除和调整问卷内容，最后形成了正式的调查问卷。本书问卷由"个人基本信息、研究生全面收费政策对本科生读研意愿影响因素"两部分构成（见附录A）。

"个人基本信息"，主要涉及性别、家庭所在地、高校层次、年级、专业类别、父母的文化程度、父母的职业、兄弟姐妹数量、家庭经济状况等；第二部分关于研究生全面收费政策对本科生读研意愿影响因素调查，由25个测试题项组成。测试题主要有：您有读研意愿吗？您父母对您读研的期望程度、读本科的学费来源、学杂费和生活费等上学开支是否会成

[①] 陈国华：《学校与专业的取舍——高考志愿填报调查分析》，《煤炭高等教育》2010年第6期。

为您选择读研的重要考虑因素？目前的学费标准如何？您本科期间的班级成绩排名？您周围考研的同学多吗？您的考研动机？您了解研究生全面收费政策吗？研究生教育收费会对您的考研意愿有影响吗？研究生全面收费政策会影响您的学习投入程度吗？您认为研究生教育收费会对您的心理产生影响吗？研究生教育收费会给您和家庭造成经济影响吗？研究生教育收费政策对贫困生入学的影响大吗？您知道我国研究生有哪些资助政策吗？您能否获得奖助学金会影响您读研的选择吗？研究生全面收费政策实施后，您认为应提供哪些帮助？您认为本科生与研究生最主要的区别是什么？您认为用人单位最看重求职者什么？您觉得研究生学历对您就业有帮助吗？您认为研究生学历能提高您的潜在收益吗？您认同读研能够拓宽社交圈吗？哪些因素会影响您考研？

（二）问卷测评指标体系

表 7-1　研究生全面收费政策对本科生读研意愿问卷测评指标体系

一级指标	二级指标	三级指标	调查问卷中相关问题
研究生全面收费政策对本科生读研意愿影响因素	家庭因素	家庭所在地	您的家庭所在地
		父母社会经济地位	您父母的文化程度
			您父母的职业
			您的家庭人均年收入
		家庭人口数	您家有几个孩子
	学业因素	高校类型	您就读的高校类型
		专业类别	您的专业类别
		学习成绩	您本科期间的班级成绩排名
		同伴效应	您周围考研的同学多吗
	政策因素	收费政策因素	您了解研究生全面收费政策吗
			您认为研究生教育收费标准是否合理
			读研收费对您考研的影响
			研究生教育收费政策对您考研积极性的影响
			研究生教育收费政策对您学习积极性的影响
			研究生教育收费政策对您心理产生的影响
			研究生教育收费政策对您和家庭的经济影响
			研究生教育收费政策对贫困生入学的影响
			研究生教育收费政策会使您做兼职吗

续表

一级指标	二级指标	三级指标	调查问卷中相关问题
研究生全面收费政策对本科生读研意愿影响因素	政策因素	资助政策因素	您知道我国研究生有哪些资助政策吗
			您认为研究生资助政策应提供哪些帮助
			您能否获得奖助学金会影响您的读研选择吗
	就业因素	学历因素	研究生学历对您就业有帮助吗
			您认为本科生与研究生最主要的区别是什么
	个人价值因素	用人单位	您认为用人单位最看重求职者什么
		未来潜在收益	您认为研究生文凭能够提高潜在收益吗
		提高学术水平	您认为读研能够提高学术水平吗
		拓宽社交圈	您认为读研能够拓宽社交圈吗

（三）数据来源

本问卷以在校本科生为研究对象，在全国范围内开展研究生全面收费政策对本科生求学意愿影响的调查研究。研究数据采用分层与随机抽样相结合的方法，采用实地调研与问卷、相结合的调查方式，共发放问卷4000份，回收问卷3692份，回收率为92.3%。问卷回收后，经逐份浏览和排查，将题目空缺及答题一致的视为无效问卷，去除无效问卷259份，有效问卷为3433份，有效率为92.98%。调查对象涉及我国25个省（区、市）（见表7-2）。

表7-2　　　　　　　　样本数据描述性统计

变量	属性	人数	百分比（%）
性别	男生	1125	32.8
	女生	2308	67.2
生源地	城市	487	14.2
	县镇	643	18.7
	农村	2303	67.1
高校类型	"985"高校	471	13.7
	"211"高校	809	23.6
	普通高校	2152	62.7

续表

变量	属性	人数	百分比（%）
年级	大一	586	17.1
	大二	803	23.4
	大三	968	28.2
	大四	1076	31.3
学科门类	人文社科	1415	41.2
	理工类	1333	38.8
	其他	685	20.0
父亲文化程度	初中及以下	2268	66.1
	中专或高中	722	21.0
	大专或本科	421	12.3
	硕士或博士	22	0.6
母亲程度文化	初中及以下	2589	75.4
	中专或高中	553	16.1
	大专或本科	274	8.0
	硕士或博士	17	0.5
父亲职业	农民、渔民、牧民等生产人员	1258	36.6
	做小生意的个体户	510	14.9
	建筑工人、厂矿工人、服务员、销售员等一般职员	824	24.0
	工程师、医生、教师、律师等专业技术人员	243	7.1
	公务员、企事业单位中高层管理者	213	6.2
	不工作	385	11.2
母亲职业	农民、渔民、牧民等生产人员	1309	38.1
	做小生意的个体户	526	15.3
	建筑工人、厂矿工人、服务员、销售员等一般职员	643	18.7
	工程师、医生、教师、律师等专业技术人员	225	6.6
	公务员、企事业单位中高层管理者	141	4.1
	不工作	589	17.2
兄弟姐妹	独生子女	581	16.9
	一个	1270	37.0
	两个	867	25.3
	三个及以上	715	20.8

续表

变量	属性	人数	百分比（%）
家庭经济状况	特别贫困	730	21.3
	一般贫困	1663	69.7
	中等	864	25.2
	良好	161	4.7
	富裕	15	0.4
总数		3433	100.00

（四）信度和效度分析

1. 信度检验

收集到样本数据后，对数据进行统计学分析和处理之前，很有必要对样本数据进行信度和效度分析，检测本书问卷测量所得数据的可信性和有效性，这些都是实证研究严谨性和科学性保证的要求，同时也是确保所得研究分析结果的价值性和有效性。本书借助于测量工具《研究生全面收费政策对本科生读研意愿影响的问卷》进行调查，对测量工具的稳定性或可靠性需要进行效度分析。

信度（reliability）指的是测量结果的稳定性程度，是指对同一事物重复进行测量时，所获得结果的一致性程度，它反映了测量工具《研究生全面收费政策对本科生读研意愿影响的问卷》的稳定性和可靠性，反映信度大小的统计量为信度系数，其数值范围为0—1，数值越大，测量工具的稳定性和可靠性越高。

内在一致性是指组成研究工具的各项目之间的同质性或内在相关性，内在相关性越大或同质性越好，说明组成研究工具的各项目都在一致地测量同一个问题或指标，也说明该工具的内在一致性越好，信度越高。内在一致性最常用的检验方法是克朗巴赫α系数（Cronbach Alpha coefficient）。Cronbach（1951）所涉及的Cronbach's alpha系数是目前最常用的信度系数，其数值为0—1，一般认为，若Cronbach Alpha值<0.35为低信度，0.35<Cronbach Alpha值<0.7尚可，若Cronbach Alpha值>0.7则属于高信度。如果内在信度系数在0.8以上则说明该测量工具具有较高的内在一致性，信度良好。本书运用SPSS 18.0统计软件《研究生全面收费政策对本科生读研意愿影响的问卷》

进行内在一致性信度分析，问卷的信度 Cronbach's α = 0.718，说明问卷的信度较好。

2. 效度检验

"效度"（Validity）是指对量表测量的有效性程度。即测量工具确能测出其所要测量特质的程度。效度是科学的测量工具所必需具备的最重要条件。在社会测量中，对作为测量工具的问卷或量表的效度要求较高。鉴别效度须明确测量的目的与范围，考虑所要测量的内容并分析其性质与特征，检查测量的内容是否与测量的目的相符，进而判断测量结果是否反映了所要测量的特质的程度。效度分析的方法一般包括内容效度、预测效度、结构效度、验证效度等。

KMO（Kaiser-Meyer-Olkin）检验统计量是用于比较变量间简单相关系数和偏相关系数的指标，主要应用于多元统计的因子分析。KMO 统计量是取值在 0 和 1 之间。当所有变量间的简单相关系数平方和远远大于偏相关系数平方和时，KMO 值接近 1，KMO 值越接近于 1，意味着变量间的相关性越强，原有变量越适合做因子分析；当所有变量间的简单相关系数平方和接近 0 时，KMO 值接近 0，KMO 值越接近于 0，意味着变量间的相关性越弱，原有变量越不适合做因子分析。

因子分析前，首先进行 KMO 检验和巴特利球体检验。Kaiser 给出了常用的 KMO 度量标准：0.9 以上表示非常适合；0.8 表示适合；0.7 表示一般；0.6 表示不太适合；0.5 以下表示极不适合。KMO 统计量在 0.7 以上时效果比较好；当 KMO 统计量在 0.5 以下，不适合应用因子分析法，应考虑重新设计变量结构或者采用其他统计分析方法。本书运用 SPSS18.0 软件检验问卷的效度。《研究生全面收费政策对本科生读研意愿影响的问卷》采用结构效度检验，KMO 值为 0.804，说明问卷效度较高。

表 7-3　　　　　　　　KMO 和巴特利球体检验

KMO 取样适切性量数		0.804
巴斯特球体检验	近似卡方	33393.680
	自由度	1326
	显著性	0.000

第三节　数据分析与多维描述

财教〔2013〕19号《关于完善研究生教育投入机制的意见》[1] 指出，从2014年秋季学期开始，我国实行研究生全面收费政策，全日制硕士研究生收费标准不超过8000元。为了深入研究和分析研究生全面收费政策对本科生读研意愿的影响，本书自行设计了测量工具《研究生全面收费政策对本科生读研意愿影响的问卷》，设计访谈提纲，实证调查研究研究生全面收费政策对本科生读研意愿的影响因素，并进行数理统计分析。

一　研究生全面收费政策对本科生读研意愿影响的数据分析与多维描述

（一）读研意愿

自2014年秋季学期起，我国开始执行研究生全面收费政策，我国研究生全面收费政策至今实施已逾四年。为了解当前在读本科生的读研意愿，本书开展了研究生全面收费政策对本科生读研意愿的调查。数据结果显示，71.9%的被测有读研意愿，28.1%的被测没有读研意愿。数据分析表明，当前本科生读研意愿较高，大多数本科生都有继续求学，深造读研的意愿。

表7-4　读研意愿

		频次	百分比	有效百分比	累计百分比
有效	有	2468	71.9	71.9	71.9
	没有	965	28.1	28.1	28.1
	总计	3433	100.0	100.0	

（二）父母对您读研的期望程度

在影响个人对研究生教育进行选择的众多因素中，家庭因素往往被视为一个非常重要的因素。个人的读研意向、读研行为在一定程度上受到家庭尤其是父母的影响。父母对孩子读研期望程度表明家庭因素对本科生读

---

[1] 《三部门解读关于完善研究生教育投入机制的意见》，2018年7月6日，http://www.gov.cn/jrzg/2013-03/02/content_2343134.htm。

研意愿的影响作用。表 7-5 表明，38.8% 的被测父母对其读研期望程度偏低；10.5% 的被测父母对其读研期望程度很低，28.3% 的被测父母对其读研期望程度较低；61.2% 的被测父母对其读研期望程度偏高；45.1% 的被测父母对其读研期望程度较高，16.1% 的被测父母对其读研期望程度很高。

表 7-5　　　　　　　　　父母对您读研的期望程度

		频次	百分比	有效百分比	累计百分比
有效	很低	361	10.5	10.5	10.5
	较低	970	28.3	28.3	38.8
	较高	1548	45.1	45.1	83.9
	很高	554	16.1	16.1	100.0
	总计	3433	100.0	100.0	

（三）本科学费来源

本科学费来源有父母、亲戚、学校补助、勤工俭学、奖助学金、学校贷款、朋友、积蓄等。数据分析结果显示，父母是最主要的高等教育成本分担方。被测大学学费来源方式依次为父母、学校贷款、学校补助、奖助学金、勤工俭学、亲戚、个人积蓄、朋友等。

表 7-6　　　　　　　　　　本科学费来源

		数值 N	百分比（%）
学费来源	A. 父母	2612	33.2
	B. 亲戚	413	5.3
	C. 学校补助	1059	13.5
	D. 勤工俭学	890	11.3
	E. 奖助学金	887	11.3
	F. 学校贷款	1644	20.9
	G. 朋友	49	0.6
	H. 积蓄	302	3.8
	总计	7856	100.0

注：表中数据由于四舍五入的原因，结果可能不等于100%。下同。

(四) 学杂费、生活费是否成为您读研的重要考虑因素

文献研究认为，一个家庭的经济状况是好还是坏对子女高等教育的类型、层次和方式选择产生重要影响；经济因素、家庭支付能力直接决定了子女进入高校就读的概率，成为影响大学生选择读研的重要考虑因素[1][2]。学杂费、生活费等上学开支是影响大学生读研意愿的因素之一。表 7-7 表明，75.5%的被测认为学杂费、生活费是在校本科生读研意愿的重要考虑因素；24.5%的被测认为学杂费、生活费不会对在校本科生的读研意愿造成影响。

表 7-7　　学杂费、生活费是否成为您读研的重要考虑因素

	频次	百分比	有效百分比	累计百分比
是	2591	75.5	75.5	75.5
否	842	24.5	24.5	100.0
总计	3433	100.0	100.0	

(五) 对研究生学费标准的看法

表 7-8 显示，0.9%的被测认为研究生学费标准很低，2.5%的被测认为研究生学费标准偏低，24.2%的被测认为研究生学费标准合理，72.4%的被测认为研究生学费标准较高，其中 59.3%的被测认为研究生学费标准偏高，13.1%的被测认为研究生学费标准很高。

表 7-8　　　　　　　　对研究生学费标准的看法

	频次	百分比	有效百分比	累计百分比
很低	30	0.9	0.9	0.9
偏低	85	2.5	2.5	3.3
合理	832	24.2	24.2	27.6
偏高	2035	59.3	59.3	86.9
很高	451	13.1	13.1	100.0
总计	3433	100.0	100.0	

---

① 丁小浩：《对中国高等院校不同家庭收入学生群体的调查报告》，《清华大学教育研究》2000 年第 2 期。

② 陈爱娟、万威武、薛伟贤：《高等学校学费水平影响因素分析》，《价格理论与实践》2003 年第 1 期。

（六）您本科期间的班级排名

文献研究认为高校排名是考生学校与专业取舍的重要影响因素[①]。21.2%的被测在本科期间的班级排名是前10%，33.9%的被测在本科期间的班级排名是前10%—前30%，23.9%的被测在本科期间的班级排名是前30%—前50%，12.3%的被测在本科期间的班级排名是前50%—前70%，8.8%的被测在本科期间的班级排名是后30%。

表7-9　　　　　　　　您本科期间的班级排名

	频次	百分比	有效百分比	累计百分比
前10%	728	21.2	21.2	21.2
前10%—前30%	1163	33.9	33.9	55.1
前30%—前50%	819	23.9	23.9	78.9
前50%—前70%	422	12.3	12.3	91.2
后30%	301	8.8	8.8	100.0
总计	3433	100.0	100.0	

（七）您周围考研同学的情况

文献研究认为大学生的读研选择会受到周围同学的影响。表7-10表明，13.2%的被测周围考研同学很少，35.8%的被测周围考研同学较少，38.5%的被测周围考研同学较多，12.5%的被测周围考研同学很多。

表7-10　　　　　　　　您周围考研同学的情况

	频次	百分比	有效百分比	累计百分比
很少	453	13.2	13.2	13.2
较少	1229	35.8	35.8	49.0
较多	1322	38.5	38.5	87.5
很多	429	12.5	12.5	100.0
总计	3433	100.0	100.0	

---

① 陈国华：《学校与专业的取舍——高考志愿填报调查分析》，《煤炭高等教育》2010年第6期。

第七章　研究生全面收费政策对本科生读研意愿影响研究　　181

(八) 读研动机

大学生的读研动机表现为热爱学术，深入专业领域的学习；提升学历层次，获取文凭；就业因素，获得更多的就业机会；家庭因素，家人的意愿；获得更高的收入报酬；更换专业；目标不明确，随波逐流等。表7-11表明，39.1%的被测是为了就业因素，获得更多的就业机会而读研；21.4%的被测是为了提升学历层次，获取文凭而读研；14.8%的被测是因为热爱学术，为了能深入专业领域的学习而读研；13.5%的被测是为了获得更高的收入报酬而读研；4%的被测是为了能够更换专业而读研；3.8%的被测是因为家庭因素，听从家人意愿而读研；3.3%的被测是因为目标不明确，随波逐流而读研。

表7-11　　　　　　　　　　读研动机

		频次	百分比	有效百分比	累计百分比
有效	热爱学术，深入专业领域的学习	508	14.8	14.8	14.8
	提升学历层次，获取文凭	735	21.4	21.4	36.2
	就业因素，获得更多的就业机会	1344	39.1	39.1	75.4
	家庭因素，家人的意愿	129	3.8	3.8	79.1
	获得更高的收入报酬	464	13.5	13.5	92.6
	更换专业	139	4.0	4.0	96.7
	目标不明确，随波逐流	114	3.3	3.3	100.0
	总计	3433	100.0	100.0	

(九) 对研究生全面收费政策的了解程度

表7-12表明，31.3%的被测对研究生全面收费政策不了解；60.8%的被测对研究生全面收费政策不太了解；6.5%的被测对研究生全面收费政策比较了解；1.4%的被测了解研究生全面收费政策。

表7-12　　　　　　对研究生全面收费政策的了解程度

	频次	百分比	有效百分比	累计百分比
不了解	1075	31.3	31.3	31.3
不太了解	2088	60.8	60.8	92.1

续表

	频次	百分比	有效百分比	累计百分比
比较了解	224	6.5	6.5	98.7
了解	46	1.4	1.4	100.0
总计	3433	100.0	100.0	

（十）研究生全面收费政策对读研意愿的影响程度

表7-13表明，6.3%的被测认为研究生全面收费政策不会影响自己的读研意愿；30.4%的被测认为研究生全面收费政策对自己的读研意愿影响不大；48.8%的被测认为研究生全面收费政策对自己的读研意愿影响较大；14.5%的被测认为研究生全面收费政策对自己的读研意愿影响很大。

表7-13　研究生全面收费政策对读研意愿的影响程度

	频次	百分比	有效百分比	累计百分比
没有影响	215	6.3	6.3	6.3
影响不大	1044	30.4	30.4	36.7
影响较大	1676	48.8	48.8	85.5
影响很大	498	14.5	14.5	100.0
总计	3433	100.0	100.0	

（十一）研究生全面收费政策对学习投入的影响程度

表7-14表明，9.4%的被测认为研究生全面收费政策对自己的学习投入程度没有影响；38.2%的被测认为研究生全面收费政策对自己的学习投入程度影响不大；41%的被测认为研究生全面收费政策对自己的学习投入程度影响较大；11.4%的被测认为研究生全面收费政策对自己的学习投入程度影响很大。

表7-14　研究生全面收费政策对学习投入的影响程度

	频次	百分比	有效百分比	累计百分比
没有影响	324	9.4	9.4	9.4
影响不大	1311	38.2	38.2	47.6
影响较大	1407	41.0	41.0	88.6

续表

	频次	百分比	有效百分比	累计百分比
影响很大	391	11.4	11.4	100.0
总计	3433	100.0	100.0	

（十二）研究生全面收费政策对心理的影响

表 7-15 表明，8.7%的被测认为研究生全面收费政策对自己的心理没有影响；39.3%的被测认为研究生全面收费政策对自己的心理影响不大；40.8%的被测认为研究生全面收费政策对自己的心理影响较大；11.2%的被测认为研究生全面收费政策对自己的心理影响很大。

表 7-15　　　　研究生全面收费政策对心理的影响

	频次	百分比	有效百分比	累计百分比
没有影响	298	8.7	8.7	8.7
影响不大	1348	39.3	39.3	47.9
影响较大	1402	40.8	40.8	88.8
影响很大	385	11.2	11.2	100.0
总计	3433	100.0	100.0	

（十三）研究生全面收费政策对经济的影响

表 7-16 表明，4.2%的被测认为研究生全面收费政策对自己的经济没有影响；17.6%的被测认为研究生全面收费政策对自己的经济影响不大；52.5%的被测认为研究生全面收费政策对自己的经济影响较大；25.7%的被测认为研究生全面收费政策对自己的经济影响很大。

表 7-16　　　　研究生全面收费政策对经济的影响

	频次	百分比	有效百分比	累计百分比
没有影响	145	4.2	4.2	4.2
影响不大	602	17.6	17.6	21.8
影响较大	1804	52.5	52.5	74.3
影响很大	882	25.7	25.7	100.0
总计	3433	100.0	100.0	

（十四）研究生全面收费政策对贫困生入学的影响

表7-17表明，2.6%的被测认为研究生全面收费政策对贫困生入学没有影响；10.9%的被测认为研究生全面收费政策对贫困生入学影响不大；51.3%的被测认为研究生全面收费政策对贫困生入学影响较大；35.2%的被测认为研究生全面收费政策对贫困生入学影响很大。

表7-17　　　　研究生全面收费政策对贫困生入学的影响

	频次	百分比	有效百分比	累计百分比
没有影响	89	2.6	2.6	2.6
影响不大	375	10.9	10.9	13.5
影响较大	1762	51.3	51.3	64.8
影响很大	1207	35.2	35.2	100.0
总计	3433	100.0	100.0	

（十五）研究生全面收费政策对兼职的影响

表7-18表明，5.5%的被测认为研究生全面收费政策不会使自己做兼职工作，赚取学费和生活费；47.5%的被测认为研究生全面收费政策可能会使自己做兼职工作，赚取学费和生活费；50.0%的被测认为研究生全面收费政策会使自己做兼职工作，赚取学费和生活费。

表7-18　　　　研究生全面收费政策对兼职的影响

	频次	百分比	有效百分比	累计百分比
不会	188	5.5	5.5	5.5
有可能会	1632	47.5	47.5	53.0
会	1613	50.0	50.0	100.0
总计	3433	100.0	100.0	

（十六）对研究生资助政策的了解程度

表7-19表明，35.8%的被测不知道有研究生资助政策；57.3%的被测知道有研究生资助政策，但不清楚有哪些；6.9%的被测知道有研究生资助政策，且比较清楚政策内容。

第七章 研究生全面收费政策对本科生读研意愿影响研究　　185

表 7-19　　　　　　　　对研究生资助政策的了解程度

	频次	百分比	有效百分比	累计百分比
不知道有资助政策	1230	35.8	35.8	35.8
知道有，但不清楚有哪些	1966	57.3	57.3	93.1
知道有，比较清楚政策内容	237	6.9	6.9	100.0
总计	3433	100.0	100.0	

（十七）奖助学金对读研的影响

表 7-20 表明，9.1%的被测认为奖助学金对读研没有影响；39.5%的被测认为奖助学金对读研的影响不大；40.9%的被测认为奖助学金对读研的影响较大；10.5%的被测认为奖助学金对读研的影响很大。

表 7-20　　　　　　　　奖助学金对读研的影响

	频次	百分比	有效百分比	累计百分比
没有影响	311	9.1	9.1	9.1
影响不大	1355	39.5	39.5	48.6
影响较大	1404	40.9	40.9	89.5
影响很大	360	10.5	10.5	100.0
总计	3433	100.0	100.0	

（十八）完善研究生资助体系政策的措施

表 7-21 表明，40.6%的被测认为应完善奖助学金制度，提高助学金，扩大奖学金覆盖面，增加奖学金额度；39.2%的被测认为应完善助学贷款和勤工助学制度；19.1%的被测认为应从导师处获得更多的补助；1.0%的被测填了其他选项。

表 7-21　　　　　　　　完善研究生资助体系政策的措施

		数值 N	百分比（%）
完善研究生资助体系政策的措施	A. 完善奖助学金制度，提高助学金，扩大奖学金覆盖面，增加奖学金额度	3045	40.6
	B. 完善助学贷款和勤工助学制度	2940	39.2
	C. 从导师处获得更多的补助	1431	19.1
	D. 其他	75	1.0
总计		7491	100.0

(十九) 研究生和本科生最主要的差别

表 7-22 表明,57.4%的被测认为知识结构是研究生和本科生最主要的差别;10.2%的被测认为升职机会是研究生和本科生最主要的差别;10%的被测认为薪酬是研究生和本科生最主要的差别;22.4%的被测认为就业率高是研究生和本科生最主要的差别。

表 7-22　　　　　　　研究生和本科生最主要的差别

	频次	百分比	有效百分比	累计百分比
知识结构	1971	57.4	57.4	57.4
升职机会	349	10.2	10.2	67.6
薪酬	343	10.0	10.0	77.6
就业率高	770	22.4	22.4	100.0
总计	3433	100.0	100.0	

(二十) 研究生学历对就业的帮助

表 7-23 表明,2.2%的被测认为研究生学历对就业没有帮助,一张文凭而已;4.2%的被测认为研究生学历对就业帮助较小;55.3%的被测认为研究生学历在一定程度上对就业有帮助;38.3%的被测认为研究生学历对就业帮助很大,可以显著增加就业机会。

表 7-23　　　　　　　研究生学历对就业的帮助

	频次	百分比	有效百分比	累计百分比
没有帮助,一张文凭而已	74	2.2	2.2	2.2
帮助较小	145	4.2	4.2	6.4
在一定程度上有帮助	1900	55.3	55.3	61.7
帮助很大,可以显著增加就业机会	1314	38.3	38.3	100.0
总计	3433	100.0	100.0	

(二十一) 研究生学历对提高潜在收益的作用

表 7-24 表明,1.5%的被测认为研究生学历对提高潜在收益没有作用;32.5%的被测不能确定研究生学历可以提高潜在收益;12.6%的被测认为研究生学历对提高潜在收益作用不大;53.4%的被测认为研究生学历

对提高潜在收益有很大作用。

表 7-24　　　　　研究生学历对提高潜在收益的作用

	频次	百分比	有效百分比	累计百分比
没作用	50	1.5	1.5	1.5
不确定	1117	32.5	32.5	34.0
作用不大	432	12.6	12.6	46.6
有很大作用	1834	53.4	53.4	100.0
总计	3433	100.0	100.0	

（二十二）读研对拓宽社交圈的看法

表 7-25 表明，5.1%的被测并不认同读研可以拓宽社交圈；27.5%的被测不能确定读研可以拓宽社交圈。67.4%的被测认为读研可以拓宽社交圈，其中，43.6%的被测比较同意读研可以拓宽社交圈；23.8%的被测认同读研可以拓宽社交圈。

表 7-25　　　　　读研对拓宽社交圈的看法

	频次	百分比	有效百分比	累计百分比
不认同	174	5.1	5.1	5.1
不确定	944	27.5	27.5	32.6
比较同意	1497	43.6	43.6	76.2
认同	818	23.8	23.8	100.0
总计	3433	100.0	100.0	

（二十三）读研影响因素

经文献研究发现，关于研究生全面收费政策对本科生读研意愿影响因素，主要有家庭因素、就业因素、政策因素、社会因素、学习因素、个人因素。表 7-26 表明，23.8%的被测认为家庭因素是研究生全面收费政策对本科生读研影响最主要的因素；接下来，21.5%的被测认为学业因素、就业因素是研究生全面收费政策对本科生读研影响的重要因素；17.3%的被测认为个人价值因素是研究生全面收费政策对本科生读研影响的重要因素；15.9%的被测认为政策因素是研究生全面收费政策对本科生读研影响的重要因素。研究生全面收费政策对本科生读研意愿影响因素按重要程度排列依次是家庭因素>学业因素>就业因素>个人价值因素>政策因素。

表 7-26　　　　　　　　　　读研影响因素

		Responses	
		N	Percent（%）
读研影响因素	A. 家庭因素	2784	23.8
	B. 学业因素	2516	21.5
	C. 政策因素	1853	15.9
	D. 就业因素	2512	21.5
	E. 个人价值因素	2018	17.3
总计		11683	100.0

二　研究生收费政策对本科生读研意愿影响交叉列联表分析

（一）家庭经济状况与读研意愿统计分析列联表

表 7-27 显示，在 980 名没有读研意愿的本科生中，特别贫困本科生 216 名、一般贫困本科生 515 名，731 名贫困生没有读研意愿，占比 74.6%。数据分析表明，本科生读研意愿会受到家庭经济状况的影响，贫困生放弃读研的概率远高于非贫困生。

表 7-27　　　　　家庭经济状况与读研意愿统计分析列

		家庭经济状况					总计
		特别贫困	一般贫困	中等	良好	富裕	
读研意愿	有	514	1148	647	131	13	2453
	没有	216	515	217	30	2	980
总计		730	1663	864	161	15	3433

（二）家庭经济状况与研究生全面收费政策了解程度统计分析列联表

表 7-28 显示，在 1075 名完全不了解研究全面收费政策的本科生中，贫困生有 748 名，占比 69.6%；在 2088 名不太了解研究生全面收费政策的本科生中，贫困生有 1472 名，占比 70.5%；在 224 名比较了解研究生全面收费政策的本科生中，贫困生有 136 名，占比 60.7%；在 46 名了解研究生全面收费政策的本科生中，贫困生有 37 名，占比 80.4%。数据分析说明，与非贫困生相比，完全不了解以及不太了解研究生全面收费政策的贫困生偏多，贫困生或许正是因为缺少对研究生全面收费政策的了解和

认识，对研究生收费心生恐惧与无奈，进而产生放弃考研的念头；但比较了解及了解研究生全面收费政策的贫困生比例高于非贫困生。

表 7-28　家庭经济状况与研究生全面收费政策了解程度统计分析列

		家庭经济状况					总计
		特别贫困	一般贫困	中等	良好	富裕	
研究生全面收费政策的了解程度	完全不了解	236	512	278	43	6	1075
	不太了解	444	1028	514	97	5	2088
	比较了解	35	101	66	19	3	224
	了解	15	22	6	2	1	46
总计		730	1663	864	161	15	3433

（三）家庭经济状况与研究生收费对本科生考研意愿影响统计分析列联表

表 7-29 显示，493 名被测认为特别贫困本科生受到研究生收费对考研意愿的影响较大，1020 名被测认为一般贫困本科生受到研究生收费对考研意愿的影响较大。171 名被测认为特别贫困本科生受到研究生收费对考研意愿的影响很大，380 名被测认为一般贫困本科生受到研究生收费对考研意愿的影响很大。贫困生是受到研究生收费对本科生考研意愿影响较大及很大的直接相关群体和主要群体。家庭经济困难学生受到研究生收费对考研意愿的影响远大于非贫困生。

表 7-29　家庭经济状况与研究生收费对本科生考研意愿影响统计分析列

		家庭经济状况					总计
		特别贫困	一般贫困	中等	良好	富裕	
研究生收费对本科生考研意愿的影响	没有影响	11	26	86	30	8	161
	影响不大	55	237	364	84	7	747
	影响较大	493	1020	345	35	0	1893
	影响很大	171	380	69	12	0	632
总计		730	1663	864	161	15	3433

（四）家庭经济状况与研究生全面收费政策的经济影响统计分析列联表

表 7-30 显示，356 名特别贫困本科生认为研究生全面收费政策对经济的影响较大，974 名一般贫困本科生认为研究生全面收费政策对经济的

影响较大。301 名特别贫困本科生认为研究生全面收费政策对经济的影响很大，454 名一般贫困本科生认为研究生全面收费政策对经济的影响很大。高等教育是人力资本投资，今日的教育投资指向未来的教育回报，未来可以产生更高的教育收益。为了接受研究生教育，贫困生及其家庭需要负担一笔不小的教育开支，较之非贫困生，研究生全面收费政策对贫困生及其家庭的经济影响普遍较大。

表 7-30　家庭经济状况与研究生收费政策对经济影响统计分析列

		家庭经济状况					总计
		特别贫困	一般贫困	中等	良好	富裕	
研究生全面收费政策对经济的影响	没有影响	20	37	53	28	12	150
	影响不大	53	198	271	78	3	603
	影响较大	356	974	433	38	0	1801
	影响很大	301	454	107	17	0	879
总计		730	1663	864	161	15	3433

（五）家庭经济状况与研究生收费政策对心理影响统计分析列联表

表 7-31 显示，304 名特别贫困本科生认为研究生全面收费政策对心理的影响较大，753 名一般贫困本科生认为研究生全面收费政策对心理的影响较大。115 名特别贫困本科生认为研究生全面收费政策对心理的影响很大，186 名一般贫困本科生认为研究生全面收费政策对心理的影响很大。贫困生承载了家庭的厚望，为了维持生计和学业，贫困生背负了较大的经济负担，为了能获取奖学金或挣钱早日偿还贷款，贫困生的经济压力继而会转化为心理压力，研究生全面收费政策对贫困生的心理压力和影响远大于非贫困生。

表 7-31　家庭经济状况与研究生全面收费政策对心理影响统计分析列

		家庭经济状况					总计
		特别贫困	一般贫困	中等	良好	富裕	
研究生全面收费政策对心理的影响	没有影响	48	113	91	38	8	298
	影响不大	263	611	394	78	2	1348
	影响较大	304	753	306	35	4	1402
	影响很大	115	186	73	10	1	385

续表

	家庭经济状况					总计
	特别贫困	一般贫困	中等	良好	富裕	
总计	730	1663	864	161	15	3433

（六）家庭经济状况与研究生全面收费政策对学习投入影响统计分析列联表

表 7-32 显示，313 名特别贫困本科生认为研究生全面收费政策对学习投入的影响较大，758 名一般贫困本科生认为研究生全面收费政策对学习投入的影响较大。120 名特别贫困本科生认为研究生全面收费政策对学习投入的影响很大，183 名一般贫困本科生认为研究生全面收费政策对学习投入的影响很大。贫困生由于有读研的经济压力，读研期间，为了赚取学费和生活费缓解后顾之忧，不能全身心地投入学习，可能会做兼职等，在一定程度上就会分散学业和科研的专注力，研究生全面收费政策对贫困生学习投入以及学业成绩产生较大影响。相对家庭经济困难学生，家庭经济条件中等及以上的学生则普遍认为研究生全面收费政策对学习投入的影响不大或没有影响。家庭经济条件优越的学生没有生活的经济压力和忧患，读研期间，其家庭可以为其提供读研费用，支付充裕的生活开销，他们不需要为赚取学费和生活费做兼职耗费学习、科研时间，分散学习注意力。就家庭经济状况而言，家庭经济条件优越的学生由于家境殷实，无须顾虑学费、生活费用开支，倾向认为研究生全面收费政策对学习投入影响不大或没有影响。

表 7-32　家庭经济状况与研究生全面收费政策对学习投入影响统计分析列

		家庭经济状况					总计
		特别贫困	一般贫困	中等	良好	富裕	
研究生全面收费政策对学习投入的影响	没有影响	64	117	103	34	6	324
	影响不大	233	605	388	81	4	1311
	影响较大	313	758	301	33	2	1407
	影响很大	120	183	72	13	3	391
总计		730	1663	864	161	15	3433

(七) 家庭经济状况与研究生全面收费政策对兼职影响统计分析列联表

表 7-33 显示，439 名特别贫困本科生认为研究生全面收费政策会考虑兼职，274 名特别贫困本科生认为研究生全面收费政策有可能会考虑兼职，仅有 17 名特别贫困本科生认为研究生全面收费政策不会考虑兼职。829 名一般贫困本科生认为研究生全面收费政策会考虑兼职，778 名一般贫困本科生认为研究生全面收费政策有可能会考虑兼职，仅有 56 名一般贫困本科生认为研究生全面收费政策不会考虑兼职。数据分析表明研究生全面收费政策在很大程度上会促使贫困生从事兼职工作，赚取学费和生活费，减轻家庭经济负担。家庭经济条件优越的学生考虑兼职的情况要远低于贫困生。

表 7-33 家庭经济状况与研究生全面收费政策对兼职影响统计分析列

		家庭经济状况					总计
		特别贫困	一般贫困	中等	良好	富裕	
研究生全面收费政策对兼职的影响	不会	17	56	76	64	8	221
	有可能会	274	778	498	76	6	1632
	会	439	829	290	21	1	1580
总计		730	1663	864	161	15	3433

(八) 本科期间班级成绩排名与读研意愿统计分析列联表

表 7-34 显示，在 728 名本科期间班级成绩排名前 10% 的学生中，581 名本科生有读研意愿，占比 79.8%；在 1163 名本科期间班级成绩排名前 10%—前 30% 的学生中，853 名本科生有读研意愿，占比 73.3%；在 819 名本科期间班级成绩排名前 30%—前 50% 的学生中，576 名本科生有读研意愿，占比 70.3%；在 422 名本科期间班级成绩排名前 50%—前 70% 的学生中，274 名本科生有读研意愿，占比 65%；在 301 名本科期间班级成绩排名较靠后的学生中，117 名本科生有读研意愿，占比 38.9%。经卡方检验，$P<0.001$，本科期间班级成绩排名与读研意愿具有显著性差异。这说明，本科期间班级成绩排名越靠前，其读研意愿越强烈；本科期间班级成绩排名靠后，其读研意愿也相应减弱。

表 7-34　本科期间班级成绩排名与读研意愿统计分析列联表

		读研意愿 有	读研意愿 没有	总计
本科期间班级成绩排名	前 10%	581	147	728
	前 10%—前 30%	853	310	1163
	前 30%—前 50%	576	243	819
	前 50%—前 70%	274	148	422
	排名较靠后	117	184	301
总计		2468	965	3433

第四节　研究结论

本章实证分析了研究生全面收费政策对本科生读研意愿的影响，就研究生全面收费政策对本科生读研意愿影响相关数据以及研究生全面收费政策对本科生读研意愿影响交叉列联表进行了描述统计分析，研究结论如下。

一　研究生全面收费政策对本科生读研意愿影响相关数据分析结论

关于研究生全面收费政策对本科生读研意愿的调查结果显示，71.9%的被测有读研意愿。28.1%的被测没有读研意愿。当前在读本科生读研意愿较高，大多数在读本科生都有继续求学，深造读研的意愿。关于父母的期望程度，61.2%的被测父母对其读研期望程度偏高。

关于本科学费来源方式依次为父母、学校贷款、学校补助、奖助学金、勤工俭学、亲戚、个人积蓄、朋友等。学杂费、生活费等上学开支是影响大学生读研意愿的因素之一。75.5%的被测认为学杂费、生活费是在校本科生读研意愿的重要考虑因素；关于对研究生学费标准的看法，72.4%的被测认为研究生学费标准较高，其中 59.3%的被测认为研究生学费标准偏高，13.19%的被测认为研究生学费标准很高。

关于读研动机，39.1%的被测是为了就业因素，获得更多的就业机会而读研；21.4%的被测是为了提升学历层次，获取文凭而读研；14.8%的被测是因为热爱学术，为了能深入专业领域的学习而读研；13.5%的被测是为了获得更高的收入报酬而读研；4%的被测是为了能够更换专业而读研；3.8%的被测是因为家庭因素，听从家人意愿而读研；3.3%的被测是因为目标不明确，随波逐流而读研。

关于对研究生全面收费政策的了解程度，31.3%的被测对研究生全面收费政策不了解；60.8%的被测对研究生全面收费政策不太了解；6.5%的被测对研究生全面收费政策比较了解，1.4%的被测了解研究生全面收费政策。关于对研究生资助政策的了解程度，35.8%的被测不知道有研究生资助政策；57.3%的被测知道有研究生资助政策，但不清楚有哪些；6.9%的被测知道有研究生资助政策，且比较清楚政策内容。

关于研究生全面收费政策对读研意愿的影响程度，6.3%的被测认为研究生全面收费政策不会影响自己的读研意愿；30.4%的被测认为研究生全面收费政策对自己的读研意愿影响不大；48.8%的被测认为研究生全面收费政策对自己的读研意愿影响较大；14.5%的被测认为研究生全面收费政策对自己的读研意愿影响很大。

关于研究生全面收费政策对本科生读研意愿影响因素，主要有家庭因素、就业因素、政策因素、社会因素、学习因素、个人因素。研究生全面收费政策对本科生读研意愿影响因素按重要程度排列依次是家庭因素>学业因素>就业因素>个人价值因素>政策因素。

二 研究生全面收费政策对本科生读研意愿影响交叉列联表分析结论

本科生读研意愿会受到家庭经济状况的影响，贫困生放弃读研的概率远高于非贫困生。与非贫困生相比，完全不了解以及不太了解研究生全面收费政策的贫困生偏多，贫困生或许正是因为缺少对研究生全面收费政策的了解和认识，对研究生收费心生恐惧与无奈，进而产生放弃考研的念头；但比较了解及了解研究生全面收费政策的贫困生比例高于非贫困生。

高等教育是人力资本投资，今日的教育投资指向未来的教育回报，未来可以产生更高的教育收益。为了接受研究生教育，贫困生及其家庭需要负担一笔不小的教育开支，相比非贫困生，研究生全面收费政策对贫困生及其家庭的经济影响普遍较大。

贫困生承载了家庭的厚望，为了维持生计和学业，贫困生背负了较大的经济压力，为了能获取奖学金或挣钱早日偿还贷款，贫困生的经济压力继而会转化为心理压力，研究生全面收费政策对贫困生的心理压力和影响远大于非贫困生。

研究生全面收费政策对贫困生学习投入以及学业成绩产生较大影响。相对家庭经济困难学生，家庭经济条件中等及以上的学生普遍认为研究生全面收费政策对学习投入的影响不大或没有影响。

研究生全面收费政策在很大程度上会促使贫困生从事兼职工作，赚取学费和生活费，减轻家庭经济负担。家庭经济条件优越的学生考虑兼职的情况要远低于贫困生。

本科期间班级成绩排名与读研意愿具有显著性差异。本科期间班级成绩排名越靠前，其读研意愿越强烈；本科期间班级成绩排名靠后，其读研意愿也相应减弱。

第八章

研究生全面收费政策对研究生学业影响研究

自 2014 年秋季学期起,我国研究生全面收费政策实施已四年,研究生全面收费政策对研究生学业影响如何?本章对研究生全面收费政策对研究生学业影响展开调研,实证分析了研究生全面收费政策对研究生学业影响、研究生学习投入对学业发展影响、学业参与对研究生学术水平影响。研究发现:研究生全面收费政策对研究生学业投入具有正向影响;研究生学业投入对研究生学业发展具有正向影响;研究生全面收费政策对研究生学业发展具有正向影响;研究生学业发展影响对研究生教育质量具有正向影响;研究生全面收费政策对研究生教育质量具有正向影响。为了激发研究生潜心求学,增加学习投入,提高研究生学业成就,提升研究生教育质量,要加大对研究生全面收费政策的深度宣传和指导,创新贫困生资助制度,完善研究生奖助体系建设,充分发挥研究生资助体系政策的激励作用。

第一节 问题的提出

1978 年,我国恢复研究生招生,录取了 10708 名硕士研究生。此后,我国研究生教育需求日益增加,研究生招生规模逐年增大。1998 年高校扩招,我国研究生招生规模也大幅增长。1998 年,研究生招生人数 8.8 万人;2013 年,研究生招生人数 61.1 万人;2016 年,研究生招生 66.7 万人,全国在学研究生人数 198.11 万,授予博士、硕士学位人数 56.39 万。中国已经成为世界排名第二的研究生教育大国[1]。2018 年,考研报考

---

[1] 教育部:《中国已成为世界排名第二的研究生教育大国》,中国新闻网,2018 年 7 月 6 日,http://www.chinanews.com/gn/2017/12-28/8411424.shtml。

人数 238 万人，比 2017 年增长 18.4%。

我国千人注册研究生数、千人拥有的研发人员数虽然稳步提升，但与研究生教育发达国家的差距仍然较大。我国虽已成为研究生教育大国却大而不强。我国研究生教育在增量的同时质量问题令人堪忧。据调查显示，56.9%的硕士生导师与 47.8%的博士生导师认为研究生教育质量形势严峻[1]。因此，我国要建成世界研究生教育强国，既要切实缩小与发达国家研究生教育质量方面的差距，又要稳步扩大研究生教育规模，调整优化研究生教育结构。

发展是我国研究生教育的主题，质量是我国研究生教育的主调。研究生教育发展既要有"质"又要有"量"，兼顾规模的适度扩充和质量的全面提升[2]。为缓解政府在研究生教育经费投入不足的问题，优化公共教育资源配置，调动学生学习积极性，建立研究生教育质量长效保障机制和内在激励机制，提升研究生培养质量，2013 年 2 月 28 日，经国务院同意，财政部、教育部印发了《关于完善研究生教育投入机制的意见》[3] 试图完善"财政拨款、奖助政策与收费制度"。从 2014 年秋季学期起，实施研究生全面收费政策。

我国研究生收费政策还包括配套政策——研究生奖助体系政策。研究生奖助体系政策包括研究生国家奖学金制度和研究生学业奖学金制度、研究生国家助学金制度、研究生助教助研和助管岗位津贴资助力度、国家助学贷款政策、减免学费、发放特殊困难补助、绿色通道等配套政策措施。财政拨款制度、奖助政策体系与研究生收费制度，是一揽子设计，三位一体、相互联系。要深化研究生教育改革，提高研究生培养质量，必须完善研究生教育投入机制，建立健全奖助政策体系，并且两者要统一设计、同步实施，从而解决好家庭经济困难研究生的经济困难，缓解全面收费带来的经济压力，切实促进教育公平。[4]

---

[1] 康永刚、许玉镇、杨洲：《导师在研究生思想政治教育中的作用及其制度建构》，《思想教育研究》2010 年第 12 期。
[2] 王战军：《中国研究生教育质量年度报告教育大国》，中国科学技术出版社 2017 年版，第 1 页。
[3] 《三部门解读关于完善研究生教育投入机制的意见》，2018 年 7 月 6 日，http://www.gov.cn/jrzg/2013-03/02/content_2343134.htm。
[4] 《高等学校学生资助政策简介（研究生）》，http://www.moe.edu.cn/jyb_zwfw/zwfw_fwxx/zhfu_zz/201606/t20160613_266504.html. 2016-06-13/2018-01-16。

当前，我国研究生收费政策执行至今已有四年。研究生收费政策效用如何？研究生收费政策与奖助体系对研究生学业的影响如何？研究生收费政策与奖助体系能够提高研究生教育质量吗？为了解我国当前研究生学业发展现状，探析研究生收费政策对研究生学业影响以及研究生求学的问题，本书组开展了研究生收费政策与奖助体系对研究生学业影响的调查研究，获取研究生收费政策与奖助体系对研究生学业影响调研数据以及研究生对收费政策与奖助体系的评价、意见和建议，为构建有效的研究生学业影响机制，完善我国研究生收费政策与奖助体系，提高研究生学业成就和研究生教育质量，提供参考依据和政策建议。

第二节 文献回顾与研究设计

一 文献回顾与研究假设

研究生全面收费政策对研究生学业发展的影响。财政拨款、奖助政策与收费制度作为国家财政调控手段，对促进教育公平、提高入学机会、促进贫困生学业发展、提高研究生教育质量发挥着重要作用。研究生培养机制改革为研究生收费政策与奖助体系政策的构建创造了新契机。研究生收费政策需要构建与之相适应的研究生奖助体系，有效地发挥研究生收费政策与奖助体系的激励和保障作用。

Wilson（1995）认为，好的政策可以给学习者提供相互支持与合作，共同解决问题的活动，以达到学习目标。[1] Cabrera 等（1990）认为，学生支付能力是学业发展的前提条件，收费政策对学生支付能力带来直接影响，进而对学业发展产生影响。[2] 研究生全面收费政策起到"助学+奖学"双重作用。

根据"学生整合理论"[3]，学生与高等教育机构的学术性和社会性整

---

[1] Wilson, "Metaphors for Instruction: Why We Talk about Learning Environments", *Educational Technology*, No. 9-10, 1995, pp. 25-30.

[2] Cabrera, A., Stampen, J., Hansen, W., "Exploring the Effects of Ability to Pay on Persistence in College", *Review of Higher Education*, Vol. 13, No. 3, 1990, pp. 303-335.

[3] 赵必华：《大学生学习成效影响因素的调查研究——基于35所本科院校的数据》，《高教探索》2017年第11期。

合是决定个人学业表现的主要因素,收费和资助政策是学术性整合的衡量指标。[1] 它可以通过合理收取学费,对经济压力大的群体提供资助,给予奖学金激励,增加学生学习投入,提高成绩。获得"学业奖学金与学费的相应抵免",一方面减轻学生经济负担,另一方面增加学生学业投入。

20世纪30年代,泰勒(Tyler)提出了"任务时间"(time on task)理论[2],他认为,学生学习投入时间越多,学到的知识就越多。20世纪70年代,佩思(C. Pace)提出了"努力质量"(quality of effort)理论[3],他认为,学生越努力学习,用在学习上的时间和精力越多,学习效果就越佳。韩映雄(2010)采用自编的"全国研究生学习体验调查"问卷(NSGE),针对研究生培养机制改革是否促进学生学习进行了调研,研究认为研究生培养机制改革在一定程度上促进了学生的学业投入。[4] 研究生收费政策改变了研究生求学成本和收益结构,在增加直接成本的情况下,研究生学习压力增大,在压力和激励的作用下,激发研究生学习动机和内动力,自觉增加学业投入,实现研究生的学习约束由"他律"变为"自律"。

成就动机理论(H. A. Murray & J. W. Atkinson)、自我效能理论(Albert Bandura)、归因理论(B. Weiner)是学业发展的主要理论基础。Girves和Wemmerus(1988)[5] 为更深入地研究学生学业发展情况,把学生、院校特征、资助和师生关系视为第一阶段变量,学生成绩、参与度、满意度和融合度视为中介变量,建立模型来探讨各因素对学生学业进展的影响,结果发现在博士生阶段,学生参与度在资助与学业发展的关系上起到中介作用;获得奖学金或助理津贴的学生参与程度最高,学业发展更好。[6]

---

[1] Cabrera, A., Nora, A., Castaneda, M. B., "College Persistence: Structural Equations Modeling Test of an Integrated Model of Student Retention", *The Journal of Higher Education*, No. 2, 1993, pp. 123–139.

[2] 龙琪、倪娟:《美国大学生学习影响力模型述评》,《复旦教育论坛》2015年第5期。

[3] 陈琼琼:《大学生参与度评价:高教质量评估的新视角——美国"全国学生参与度调查"的解析》,《高教发展与评估》2009年第1期。

[4] 韩映雄:《研究生培养机制改革真的促进了学生学习吗?》,《复旦教育论坛》2010年第5期。

[5] Grives, J. E., Wemmerus, V., "Developing Models of Graduate Student Degree Progress", *Journal of Higher Education*, Vol. 59, 1988, pp. 163–189.

[6] 李茜:《研究生全面收费政策与学业成就的关系模型及影响机制研究》,硕士学位论文,华中农业大学,2017年。

Andrieu 和 John（1993）利用 1987 年全美学生资助调查数据，探讨了学费对保持率的影响。结果发现：相比于私立大学，公立大学的研究生对学费更加敏感。① Andrieu 和 John（1993）认为在学费问题上，学生的保持率与学费呈负相关。② Ehrenberg 和 Maveros（1995）认为获得奖学金和助研津贴的学生毕业率更高，学位完成时间更短。③ Earl – Novell（2006）认为奖学金可以促使学生专注于学习与科研，对缩短学位完成时间有促进作用，而助教津贴会占用学生大量时间从而阻碍他们的学业进展。④ 刘文娟等（2014）认为研究生资助和学业成就之间具有显著性关系。⑤ 杨希（2012）运用结构方程模型、多元回归法、断点回归法和工具变量法等评估资助对学业发展的影响。⑥ 彭安臣、沈红（2012）认为，资助是提高博士生教育质量的重要因素。⑦

基于上述理论基础和文献研究，本书提出如下假设：

H1：研究生收费政策对研究生学业投入具有正向影响；
H2：研究生学业投入对研究生学业发展具有正向影响；
H3：研究生收费政策对研究生学业发展具有正向影响；
H4：研究生学业发展对研究生教育质量具有正向影响；
H5：研究生收费政策对研究生教育质量具有正向影响。

---

① Andrieu, S. C., John, E. P., "The Influence of Prices on Graduate Student Persistence", *Research in Higher Education*, Vol. 34, No. 4, 1993, pp. 399–425.

② 赵媛：《研究生资助政策对全日制硕士生学习投入的影响研究》，硕士学位论文，西安外国语大学，2016 年。

③ Ehrenberg, R., Mavros, P., "Do Doctoral Students' Financial Support Patterns Affect Their Times-to-degree and Completion Probabilities?", *Journal of Human Resources*, Vol. 30, No. 3, 1995, pp. 581–609.

④ Earl-Novell, S., "Determining the Extent to Which Program Structure Features and Integration Mechanisms Facilitate or Impede Doctoral Student Persistence in Mathematics", *International Journal of Doctoral Studies*, No. 1, 2006, pp. 45–57.

⑤ 刘文娟、李芳敏：《资助对研究生学业成就影响机制的实证研究评述》，《学位与研究生教育》2014 年第 6 期。

⑥ 杨希：《学生资助对学业发展效果的评估方法综述》，《中国高等教育评估》2012 年第 3 期。

⑦ 彭安臣、沈红：《博士生资助与博士生培养质量——基于 12 所大学问卷调查数据的实证分析》，《学位与研究生教育》2012 年第 7 期。

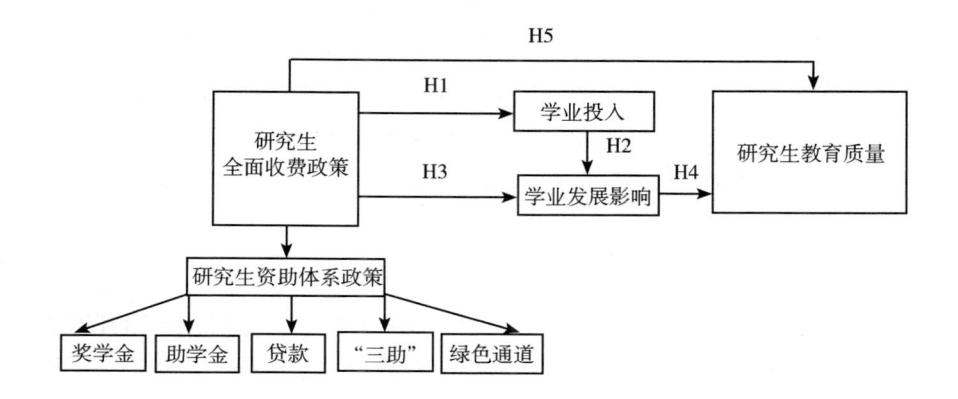

图 8-1 研究生全面收费政策与资助体系对研究生学业发展影响关系

二 研究设计与数据来源

(一) 研究工具

笔者经查阅研究生收费政策、研究生奖助体系影响等相关文献，采用德尔菲法，咨询专家意见，调查、访谈全日制在校研究生、研究生导师及研究教育管理工作负责人，全面收集研究生收费政策对研究生学业影响的看法和意见，整合多方观点和建议，设计《研究生收费政策对研究生学业影响调查问卷》。本书问卷由"个人基本信息、研究生收费政策、研究生奖助体系"三个部分构成。

"个人基本信息"，主要涉及性别、家庭所在地、高校层次、年级、专业类别、家庭经济状况等；第二部分关于研究生收费政策调查，由9个测试题项组成。测试题主要有：研究生收费政策的了解程度、研究生学费缴费方式、研究生学费标准接受程度、研究生压力源、研究生收费对研究生的经济影响、研究生收费对兼职的影响、一周学业投入时间、研究生收费对学业投入的影响、研究生收费政策对研究生经济影响心理影响学业影响的排列顺序。第二部分主要考察研究生对收费政策的了解程度、感知程度以及学业投入程度等，考量研究生收费政策效用；第三部分是关于研究生奖助体系的调查，总共由22个测试题项组成，测试题主要有：研究生获得奖学金情况、国家奖学金激励作用、学业奖学金激励作用、研究生奖学金对学业投入影响、研究生对奖学金评定的看法、参与课题数量、发表论文以及核心论文数量、参加学术会议次数、获奖情况、助学金对研究生生活影响、高校提供"三助"岗位机会、院系研究生奖学金评定细则的规范程度、研究生对奖学金量化评定的看法、研究生奖学金评定标准、院校奖学金覆盖面、研究生奖学金比例、额度的合理性、研究生奖学金的资助作用、激励程度、竞争程度、读研对研究生学术质量提升的关系。第三部分主要考察研究生对奖助体系的感知程度、评价程度，考量研究生奖助体系对研究生学业影响。

(二) 数据来源

本问卷以全日制学术型硕士研究生为研究对象，在全国范围内开展研究生收费政策对研究生求学影响的调查。研究数据采用分层与随机抽样相结合的方法，采用实地调研与问卷相结合的调查方式，共发放问卷2000份，回收问卷1836份，回收率为91.8%。问卷回收后，经逐份浏览和排查，将题目空缺及答题一致的视为无效问卷，去除无效问卷125份，有效问卷为1711份，有效率为93.19%。调查对象涉及我国25个省、自治区和直辖市，覆盖来自全国东中西部不同层次高校及不同专业类别的1711名硕士研究生。其中，东部地区包括北京、上海、天津、河北、辽宁、吉林、黑龙江、江苏、浙江、福建、山东、广东；中部地区包括山西、安徽、江西、河南、湖北、湖南；西部地区包括广西、内蒙古、贵州、四川、重庆、云南、陕西。样本分布的基本情况见表8-1。

表8-1 样本分布基本情况

变量	属性	人数	百分比（%）
性别	男	798	46.60
	女	913	53.40
家庭所在地	城市	844	49.30
	县镇	305	17.80
	农村	562	32.90
高校层次	"985"	281	16.40
	"211"	696	40.70
	普通高校	734	42.90
年级	研一	1171	68.44
	研二	305	17.83
	研三	235	13.73

续表

变量	属性	人数	百分比（%）
专业类别	人文社科类	926	54.1
	理工类	417	24.4
	其他	368	21.5
家庭经济状况	特别贫困	137	8.0
	一般贫困	490	28.6
	中等	993	58.0
	良好	83	4.9
	富裕	8	0.5
总数		1711	100.00

（三）信度和效度分析

本书运用 SPSS 18.0 软件进行可靠性分析，检验问卷的整体信度与各因子信度。研究生全面收费政策对研究生学业影响研究的整体信度 Cronbach's $\alpha=0.814$，说明问卷的整体信度较好。问卷效度采用结构效度检验，KMO 值为 0.943，说明问卷效度较高。

第三节 数据分析与多维描述

为了考量研究生全面收费政策对研究生的学业影响，本书对此展开了前期相关研究工作，设计调查问卷、访谈提纲，调查研究生收费现状，对研究生全面收费政策、研究生资助体系政策对研究生学业成就的影响进行研究和分析。财教〔2013〕19 号《关于完善研究生教育投入机制的意见》指出，从 2014 年秋季学期开始，我国实行研究生教育全面收费政策，全日制硕士研究生的收费标准不超过 8000 元每生每学年。本书研究发现，除专硕外，我国各高校学术型研究生学费基本以政策允许的最高上限 8000 元每生每学年作为收费标准，不同层次、不同类型高校及不同学科在研究生学费标准上没有差异。本书就研究生全面收费政策、研究生资助体系政策对研究生学业发展影响进行了数据分析。

一 研究生全面收费政策的相关数据分析与多维描述

（一）研究生全面收费政策的了解程度

自 2014 年秋季学期起，我国开始执行研究生全面收费政策，我国研究生全面收费政策现今实施已逾四年。人们对研究生全面收费政策大致有了一定的了解和认识。分析结果显示，5.7% 的被测了解研究生全面收费政策，44.7% 的被测对研究生全面收费政策比较了解，37.3% 的被测对研究生全面收费政策不太了解，仍有 12.3% 的被测对研究生全面收费政策完全不了解（见表 8-2）。

表 8-2　　　　　　　　研究生全面收费政策的了解程度

	频次	百分比	有效百分比	累计百分比
完全不了解	211	12.3	12.3	12.4
不太了解	638	37.3	37.3	49.7
比较了解	764	44.7	44.7	94.3
了解	98	5.7	5.7	100.0
总计	1711	100.0	100.0	

（二）研究生学费缴费方式

研究生学费缴纳方式由家庭、个人积蓄、亲戚朋友、奖助学金、贷款、"三助"等构成。分析结果显示，家庭是最主要的研究生教育成本分担方。被测研究生学费缴费方式依次为家庭、贷款、奖助学金、个人积蓄、亲戚朋友、"三助"、其他等（见表 8-3）。

表 8-3　　　　　　　　研究生学费缴费方式

		数值 N	百分比
方式	A. 家庭	1365	58.8
	B. 个人积蓄	175	7.5
	C. 亲戚朋友	102	4.4
	D. 奖助学金	299	12.9
	E. 贷款	306	13.2
	F. "三助"	61	2.6
	G. 其他	12	0.5
总计		2320	100.0

(三) 研究生学费标准接受程度

财教〔2013〕19号《关于完善研究生教育投入机制的意见》指出，从2014年秋季学期开始，我国实行研究生教育全面收费政策，建立健全研究生教育收费制度，完善研究生奖助政策体系。分析结果显示，接近60%的被测对8000元/年的研究生学费标准能够接受，26.5%的被测认为研究生学费标准比较高、比较难以承受，15.7%的被测认为研究生学费标准非常高，很难承受（见表8-4）。

表8-4　　　　　　　　　研究生学费标准接受程度

	频次	百分比	有效百分比	累计百分比
非常高，很难承受	268	15.7	15.7	15.8
比较高，比较难以承受	454	26.5	26.5	42.3
一般，基本能承受	922	53.9	53.9	96.2
不太高，能承受	55	3.2	3.2	99.3
不高，完全可以承受	12	0.7	0.7	100.0
总计	1711	100.0	100.0	

(四) 读研压力源

研究生压力源来自于经济压力、学业压力、情感压力、就业压力、自我期望压力、家庭期望压力、人际关系压力等。分析结果显示，研究生的就业压力、学业压力、自我期望压力、家庭期望压力、经济压力较大，小部分研究生感受到人际关系压力、情感压力，4%的被测自觉在读研过程中，没有压力（见表8-5）。

表8-5　　　　　　　　　研究生压力源

		数值N	百分比
压力源	经济压力	791	12.9
	学业压力	1254	20.5
	情感压力	266	4.3
	就业压力	1262	20.6
	自我期望压力	1169	19.1
	家庭期望压力	1086	17.7
	人际关系压力	270	4.4
	没有压力	22	0.4
总计		6120	100.0

（五）研究生全面收费对研究生的经济影响

研究生全面收费政策取消了公费制，面向所有全日制研究生收取学费。研究生全面收费政策是我国研究生教育投入机制改革新的举措，是我国研究生教育收费制度新的变革。研究生全面收费政策取消了原有公费和自费双轨制的投入模式，向全部纳入全国研究生招生计划的研究生收取学费，所有接受研究生教育学生均需自行承担学费。研究生全面收费对于家境殷实的学生影响不大，但对于家境贫困的学生而言，会加大经济开支，加重经济负担，研究生全面收费对贫困生会产生影响。分析结果显示，53%的被测认为研究生全面收费的经济影响不大。31.2%的被测认为研究生全面收费的经济影响较大，12.4%的被测认为研究生全面收费的经济影响很大（见表8-6）。

表8-6　　　　研究生全面收费对研究生的经济影响

	频次	百分比	有效百分比	累计百分比
没有影响	58	3.4	3.4	3.4
影响不大	907	53.0	53.0	56.4
影响较大	533	31.2	31.2	87.6
影响很大	213	12.4	12.4	100.0
总计	1711	100.0	100.0	

（六）研究生全面收费对兼职的影响

研究生全面收费对于经济条件欠佳的学生而言，面对学费、生活费等开支，兼职是一种能够赚钱，补偿学费和生活费的方式。但在校外兼职，谋取生活来源的方式是以牺牲研究生自身学习时间，耗散精力为代价的。兼职可以增加人生经历，丰富社会经验，但兼职意味着时间的分配、精力的分散，不能全身心地投入学习和科研，心理压力较大、经济负担重，身心疲惫，对研究生自身学业发展产生不利影响。分析结果显示，研究生全面收费政策实施以来，38.7%的被测表示不会做兼职，30.5%的被测表示有可能会做兼职，30.8%的被测表示会去做兼职（见表8-7）。

表 8-7　　　　　　　　研究生全面收费对兼职的影响

	频次	百分比	有效百分比	累计百分比
不会	662	38.7	38.7	38.7
有可能会	522	30.5	30.5	69.3
会	527	30.8	30.8	100.0
总计	1711	100.0	100.0	

（七）研究生全面收费政策对研究生造成的经济影响、心理影响、学业影响的排列顺序

研究生全面收费政策在不同程度上对研究生造成经济影响、心理影响、学业影响。分析结果显示73%的被测将经济影响放在首位，认为研究生全面收费政策给其造成的经济影响最大。大部分被测为何将经济影响放在首位？理由有三：其一，读研不仅需要支付学费、生活费等，由于机会成本的存在，读研还意味着放弃工作而损失的收益。研究生想到自己读研的处境，非但没有挣钱还要进行研究生教育成本投资，加之研究生奖助体系政策虽说可以补偿研究生学费，但要想获得高额奖学金也并非易事。其二，在经济负担上，家境殷实的学生要比家境贫寒的学生优越，由于研究生都已到成家立业的年龄，大多数研究生不好意思啃老，再伸手向父母要钱，希望能早日自食其力。其三，由于经济理性人，当下之所以选择读研，进行教育人力资本投资是为了日后的教育产出收益，研究生对未来获取较高的教育收益充满着期待，但由于毕业可获薪资的不确定性，这也会加大研究生对经济影响的关切和重视程度。研究生全面收费政策对研究生造成影响重要性的排列顺序为经济影响>心理影响>学业影响（见表8-8）。

表 8-8　　　　研究生全面收费政策对研究生造成经济影响、
心理影响和学业影响的排列顺序

	频次	百分比	有效百分比	累计百分比
经济影响>心理影响>学业影响	915	53.5	53.5	58.5
经济影响>学业影响>心理影响	333	19.5	19.5	72.9
心理影响>经济影响>学业影响	132	7.7	7.7	80.7
心理影响>学业影响>经济影响	97	5.7	5.7	86.3
学业影响>经济影响>心理影响	138	8.1	8.1	94.4

续表

	频次	百分比	有效百分比	累计百分比
学业影响>心理影响>经济影响	96	5.6	5.6	100.0
总计	1711	100.0	100.0	

二 研究生全面收费政策对研究生学业投入的影响分析

(一) 一周学习投入时间

学习投入时间是衡量学业成就和研究生教育质量的有效测量指标。学习投入时间越多，所产生的学业影响就越大，相应所取得的学业成绩、科研成果就越好。研究生全面收费政策改变了研究生求学成本和收益结构，在增加直接成本的情况下，研究生学习压力会增大，在压力和激励的作用下，激发研究生学习动机和内动力，增加学业投入，增加成本补偿预期实现的可能性。分析结果显示，一周学习投入时间60小时以上的被测占比52.4%。一周学习投入时间在70小时以上的占比为40.5%，平均每天至少学习10小时（见表8-9）。

表8-9　　　　　　　　　一周学习投入时间

	频次	百分比	有效百分比	累计百分比
30—40小时	260	15.2	15.2	15.2
40—50小时	272	15.9	15.9	31.1
50—60小时	282	16.5	16.5	47.6
60—70小时	203	11.9	11.9	59.5
70小时以上	694	40.5	40.5	100.0
总计	1711	100.0	100.0	

(二) 研究生全面收费政策对学习投入的影响

如表8-10所示，65.9%的被测认为研究生全面收费政策对研究生学习投入产生正向影响，55.2%的被测认为研究生全面收费政策对研究生学业投入的影响较大，10.7%的被测认为研究生全面收费政策对研究生学业投入的影响很大，5.6%的被测认为研究生全面收费政策对研究生学业投入没有影响。研究生全面收费政策在收取学费的同时配套奖助政策体系，给研究生提供资助和奖励，激发研究生高等教育成本补偿意识，提高学习积极性，增加学习投入，体现了研究生全面收费政策对学习的激励效用。

表 8-10　　　　　　　研究生全面收费政策对学习投入的影响

	频次	百分比	有效百分比	累计百分比
没有影响	95	5.6	5.6	5.6
影响不大	488	28.5	28.5	34.1
影响较大	945	55.2	55.2	89.3
影响很大	183	10.7	10.7	100.0
总计	1711	100.0	100.0	

（三）研究生奖学金对学习投入的影响

研究生奖学金具有激励性、挑战性、竞争性、无偿性的特点。高等级奖学金特别是研究生国家奖学金是优秀研究生奋斗进取的目标。研究生国家奖学金不仅是一名优秀研究生学识、荣誉的象征，还可获得一笔可观的收入。奖学金对研究生学习投入具有正向影响。但研究生奖学金具有竞争性，名额有限，大多数研究生拿不到高等级的研究生奖学金，有的高校一等奖学金与二等奖学金、三等奖学金奖励金额差距很大，二等奖学金与三等奖学金之间差距较小，研究生奖学金等级奖励额度较小较难调动研究生的竞争积极性；有的高校奖学金没有全覆盖，导致部分研究生成了名副其实的"自费"研究生。如何激励相对处于后位的研究生？如何激发研究生的学习积极性，增加学习投入？如何合理设定研究生奖学金额度、比例、覆盖面？如何最大限度地激励研究生，最大限度地发挥研究生奖学金的政策效用？高校研究生管理部门需不断改革和完善研究生奖学金制度。研究分析结果显示，71%的被测认为研究生奖学金对学习投入具有积极影响作用。40.3%的被测认为研究生奖学金对学习投入的影响很大，30.7%的被测认为研究生奖学金对学习投入的影响较大，仅有6.1%的被测认为研究生奖学金对学习投入没有影响（见表8-11）。

表 8-11　　　　　　　研究生奖学金对学习投入的影响

	频次	百分比	有效百分比	累计百分比
没有影响	104	6.1	6.1	6.1
影响不大	392	22.9	22.9	29.0

续表

	频次	百分比	有效百分比	累计百分比
影响较大	526	30.7	30.7	59.7
影响很大	689	40.3	40.3	100.0
总计	1711	100.0	100.0	

（四）研究生全面收费政策对学习投入的相关分析

表 8-12 是研究生全面收费政策的了解程度对学习投入的相关分析。分析结果显示，研究生对全面收费政策的了解程度与学习投入时间具有正相关，在 0.01 水平上显著。研究生对全面收费政策了解越多，学习投入时间越多，研究生全面收费政策对学习投入时间具有正向影响。

表 8-12　研究生全面收费政策的了解程度对学业投入的相关分析

		对研究生全面收费政策的了解程度	您一周的学习投入时间
对研究生全面收费政策的了解程度	皮尔逊相关	1	0.376**
	显著性		0.000
	数值 N	1711	1711
您一周的学习投入时间	皮尔逊相关	0.376**	1
	显著性	0.000	
	数值 N	1711	1711

注：** Correlation is significant at the 0.01 level (2-tailed)。
** 在 0.01 水平显著

综上分析，本书假设 1：研究生全面收费政策对学业投入具有正向影响效应成立。

三　研究生资助体系政策的相关数据分析与多维描述

（一）研究生奖学金对学习投入的影响

如表 8-13 所示，40.3% 的被测认为研究生奖学金对学习投入的影响很大，30.7% 的被测认为研究生奖学金对学习投入的影响较大，22.9% 的被测认为研究生奖学金对学习投入的影响不大，6.1% 的被测认为研究生奖学金对学习投入没有影响。

表 8-13　　　　　　研究生奖学金对学习投入的影响

	频次	百分比	有效百分比	累计百分比
没有影响	104	6.1	6.1	6.1
影响不大	392	22.9	22.9	29.0
影响较大	526	30.7	30.7	59.7
影响很大	689	40.3	40.3	100.0
总计	1711	100.0	100.0	

（二）研究生对奖学金评定的看法

如表 8-14 所示，14% 的被测认为研究生奖学金评定不合理，48.1% 的被测认为研究生奖学金评定比较不合理，33.3% 的被测认为研究生奖学金评定比较合理，仅 4.6% 的被测认为研究生奖学金评定合理。

表 8-14　　　　　　研究生对奖学金评定的看法

	频次	百分比	有效百分比	累计百分比
不合理	240	14.0	14.0	14.0
比较不合理	823	48.1	48.1	62.1
比较合理	569	33.3	33.3	95.4
合理	79	4.6	4.6	100.0
总计	1711	100.0	100.0	

（三）研究生奖学金评定对同学关系的影响

如表 8-15 所示，9.4% 的被测认为研究生奖学金评定对同学关系没有影响，35.1% 的被测认为研究生奖学金评定对同学关系影响不大，48.9% 的被测认为研究生奖学金评定对同学关系影响较大，6.7% 的被测认为研究生奖学金评定对同学关系影响很大。

表 8-15　　　　　　研究生奖学金评定对同学关系的影响

	频次	百分比	有效百分比	累计百分比
没有影响	160	9.4	9.4	9.4
影响不大	600	35.1	35.1	44.4
影响较大	836	48.9	48.9	93.3
影响很大	115	6.7	6.7	100.0
总计	1711	100.0	100.0	

（四）参与课题数量

如表8-16所示，26.3%的被测未参与课题研究，34.6%的被测参与了1项课题研究，33.5%的被测参加了2项课题研究，3.6%的被测参与了3项课题研究，2.1%的被测参与了4项及以上课题研究。

表8-16　　　　　　　　　　参与课题数量

	频次	百分比	有效百分比	累计百分比
0项	450	26.3	26.3	26.3
1项	589	34.6	34.6	60.7
2项	574	33.5	33.5	94.2
3项	62	3.6	3.6	97.8
4项及以上	36	2.1	2.1	100.0
总计	1711	100.0	100.0	

（五）发表论文数量

如表8-17所示，35.2%的被测未发表论文，33.1%的被测发表了1篇论文，17.9%的被测发表了2篇论文，8.5%的被测发表了3篇论文，5.3%的被测发表了4篇及以上论文。

表8-17　　　　　　　　　　发表论文数量

	频次	百分比	有效百分比	累计百分比
0篇	603	35.2	35.2	35.2
1篇	567	33.1	33.1	68.3
2篇	306	17.9	17.9	86.2
3篇	145	8.5	8.5	94.7
4篇及以上	90	5.3	5.3	100.0
总计	1711	100.0	100.0	

（六）发表核心期刊论文数量

如表8-18所示，55.1%的被测未发表论文，28.5%的被测发表了1篇论文，11.3%的被测发表了2篇论文，4%的被测发表了3篇论文，1.1%的被测发表了4篇及以上论文。

表 8-18　　　　　　　　　　发表核心期刊论文数量

	频次	百分比	有效百分比	累计百分比
0 篇	943	55.1	55.1	55.1
1 篇	488	28.5	28.5	83.6
2 篇	193	11.3	11.3	94.9
3 篇	68	4.0	4.0	98.9
4 篇及以上	19	1.1	1.1	100.0
总计	1711	100.0	100.0	

（七）参加学术会议次数

如表 8-19 所示，31.6%的被测未参加学术会议，14.4%的被测参加了 1 次学术会议，40.2%的被测参加了 2 次学术会议，3.9%的被测参与了 3 次学术会议，9.9%的被测参与了 4 次及以上次学术会议。

表 8-19　　　　　　　　　　参加学术会议次数

	频次	百分比	有效百分比	累计百分比
0 次	541	31.6	31.6	31.6
1 次	246	14.4	14.4	46.0
2 次	688	40.2	40.2	86.2
3 次	66	3.9	3.9	90.1
4 次及以上	170	9.9	9.9	100.0
总计	1711	100.0	100.0	

（八）获奖情况

如表 8-20 所示，41.4%的被测未获奖项，44.1%的被测获得 1 项奖励，8.1%的被测获得了 2 项奖励，3.3%的被测获得了 3 项奖励，3%的被测获得了 4 项及以上奖励。

表 8-20　　　　　　　　　　获奖情况

	频次	百分比	有效百分比	累计百分比
0 项	709	41.4	41.4	41.4
1 项	755	44.1	44.1	85.6

续表

	频次	百分比	有效百分比	累计百分比
2项	139	8.1	8.1	93.7
3项	57	3.3	3.3	97.0
4项及以上	51	3.0	3.0	100.0
总计	1711	100.0	100.0	

（九）英语等级

如表 8-21 所示，32.4%的被测通过了 CET 四级，64.6%的被测通过了 CET 六级，1.5%的被测通过了 TEM 四级，1.5%的被测通过了 TEM 八级。

表 8-21　　　　　　　　　英语等级

	频次	百分比	有效百分比	累计百分比
CET 四级	555	32.4	32.4	32.4
CET 六级	1106	64.6	64.6	97.1
TEM 四级	25	1.5	1.5	98.5
TEM 八级	25	1.5	1.5	100.0
总计	1711	100.0	100.0	

（十）助学金对研究生生活的影响

如表 8-22 所示，4.8%的被测认为助学金对研究生的生活没有影响，52.9%的被测认为助学金对研究生的生活影响不大，29.8%的被测认为助学金对研究生的生活影响较大，12.5%的被测认为助学金对研究生的生活影响很大。

表 8-22　　　　　　　助学金对研究生生活的影响

	频次	百分比	有效百分比	累计百分比
没有影响	82	4.8	4.8	4.8
影响不大	905	52.9	52.9	57.7
影响较大	510	29.8	29.8	87.5
影响很大	214	12.5	12.5	100.0
总计	1711	100.0	100.0	

（十一）高校提供"三助"岗位机会

如表8-23所示，22.7%的被测认为高校提供"三助"岗位机会很少，61.5%的被测认为高校提供"三助"岗位机会较少，14.3%的被测认为高校提供"三助"岗位机会较多，1.5%的被测认为高校提供"三助"岗位机会很多。

表8-23　　　　高校提供"三助"岗位机会

	频次	百分比	有效百分比	累计百分比
很少	389	22.7	22.7	22.7
较少	1052	61.5	61.5	84.2
较多	244	14.3	14.3	98.5
很多	26	1.5	1.5	100.0
总计	1711	100.0	100.0	

（十二）研究生为了评奖学金，花钱发表论文的情况

如表8-24所示，19.4%的被测认为研究生为了评奖学金，花钱发表论文的情况很少，22.7%的被测认为研究生为了评奖学金，花钱发表论文的情况较少，49.6%的被测认为研究生为了评奖学金，花钱发表论文的情况较多，8.3%的被测认为研究生为了评奖学金，花钱发表论文的情况很多。

表8-24　　　研究生为了评奖学金，花钱发表论文的情况

	频次	百分比	有效百分比	累计百分比
很少	332	19.4	19.4	19.4
较少	389	22.7	22.7	42.1
较多	848	49.6	49.6	91.7
很多	142	8.3	8.3	100.0
总计	1711	100.0	100.0	

（十三）院系研究生奖学金评定细则的规范程度

如表8-25所示，5.6%的被测认为院系研究生奖学金没有评定细则，存在"暗箱操作"现象，10.7%的被测认为院系研究生奖学金评定细则

不科学、不规范、不合理，操作性不强，评定结果不准确，56.8%的被测认为院系研究生奖学金评定细则欠科学、欠规范、欠合理，操作性不强，评定结果不准确，26.9%的被测认为院系研究生奖学金评定细则科学、规范、合理，操作性强，评定结果精准。

表 8-25　　　　　　　院系研究生奖学金评定细则的规范程度

	频次	百分比	有效百分比	累计百分比
没有评定细则，存在暗箱操作现象	95	5.6	5.6	5.7
评定细则不科学、不规范、不合理，操作性不强，评定结果不准确	183	10.7	10.7	16.2
评定细则欠科学、欠规范、欠合理，操作性不强，评定结果不准确	972	56.8	56.8	73.1
评定细则科学、规范、合理，操作性强，评定结果精准	461	26.9	26.9	100.0
总计	1711	100.0	100.0	

（十四）研究生奖学金量化评定的看法

如表 8-26 所示，31.3%的被测认为学生在科研上一味追求数量，急功近利，32.0%的被测认为研究生奖学金量化评定限制了研究生多样化、个性化发展，10.5%的被测认为研究生奖学金量化评定，这样操作性更强，评定结果更精准，26.1%的被测认为研究生奖学金量化评定，这样操作缺乏规范性、科学性，评定结果欠准确。

表 8-26　　　　　　　研究生奖学金量化评定的看法

		数值 N	百分比
量化评定	学生在科研上一味追求数量，急功近利	1094	31.3
	限制了研究生多样化、个性化发展	1118	32.0
	这样操作性更强，评定结果更精准	366	10.5
	这样操作缺乏规范性、科学性，评定结果欠准确	912	26.1
总计		3490	100.0

(十五) 研究生奖学金评定标准

研究生奖学金评定标准由思想政治素质、学习成绩、论文数量、论文质量、科研项目成果、参与课题情况、综合获奖情况、社会实践活动构成。分析结果显示，12.4%的被测选择了思想政治素质，15.8%的被测选择了学习成绩，15.2%的被测选择了论文数量，13.4%的被测选择了论文质量，13.6%的被测选择了科研项目成果，11.3%的被测选择了参与课题情况，12.4%的被测选择了综合获奖情况，6.1%的被测选择了社会实践活动。研究生奖学金评定标准依次是学习成绩、论文数量、科研项目成果、论文质量、综合获奖情况、思想政治素质、参与课题情况、社会实践活动（见表8-27）。

表8-27　　　　　　　　　研究生奖学金评定标准

		数值 N	百分比
评定标准	思想政治素质	1200	12.4
	学习成绩	1529	15.8
	论文数量	1469	15.2
	论文质量	1294	13.4
	科研项目成果	1314	13.6
	参与课题情况	1094	11.3
	综合获奖情况	1204	12.4
	社会实践活动	588	6.1
	总计	9692	100.0

(十六) 院校奖学金覆盖面

如表8-28所示，10.6%的被测认为院校奖学金覆盖面很小，19.5%的被测认为院校奖学金覆盖面较小，57.5%的被测认为院校奖学金覆盖面较大，7.9%的被测认为院校奖学金覆盖面很大，4.6%的被测认为院校奖学金实现了全覆盖。

表8-28　　　　　　　　　院校奖学金覆盖面

	频次	百分比	有效百分比	累计百分比
很小	181	10.6	10.6	10.8

续表

	频次	百分比	有效百分比	累计百分比
较小	334	19.5	19.5	30.3
较大	984	57.5	57.5	87.8
很大	132	7.9	7.7	95.4
全覆盖	80	4.6	4.6	100.0
总计	1711	100.0	100.0	

(十七) 奖学金对研究生学习积极性的影响

如表 8-29 所示，4.7%的被测认为奖学金对研究生学习积极性没有影响，49.6%的被测认为奖学金对研究生学习积极性影响不大，33.2%的被测认为奖学金对研究生学习积极性影响较大，12.6%的被测认为奖学金对研究生学习积极性影响很大。

表 8-29　　　　　奖学金对研究生学习积极性的影响

	频次	百分比	有效百分比	累计百分比
没有影响	80	4.7	4.7	4.7
影响不大	849	49.6	49.6	54.3
影响较大	568	33.2	33.2	87.5
影响很大	214	12.6	12.6	100.0
总计	1711	100.0	100.0	

(十八) 研究生奖学金比例设置的合理性

如表 8-30 所示，15.7%的被测认为研究生奖学金比例设置不合理，21.7%的被测认为研究生奖学金比例设置较不合理，59.4%的被测认为研究生奖学金比例设置较合理，3.2%的被测认为研究生奖学金比例设置合理。

表 8-30　　　　　研究生奖学金比例设置的合理性

	频次	百分比	有效百分比	累计百分比
不合理	269	15.7	15.7	15.7
较不合理	371	21.7	21.7	37.4

	频次	百分比	有效百分比	累计百分比
较合理	1017	59.4	59.4	96.8
合理	54	3.2	3.2	100.0
总计	1711	100.0	100.0	

（十九）研究生奖学金额度的合理性

如表 8-31 所示，16.6% 的被测认为研究生奖学金额度不合理，22.3% 的被测认为研究生奖学金额度较不合理，57.7% 的被测认为研究生奖学金额度较合理，3.4% 的被测认为研究生奖学金额度设置合理。

表 8-31　　　　　　　　研究生奖学金额度的合理性

	频次	百分比	有效百分比	累计百分比
不合理	284	16.6	16.6	16.6
较不合理	382	22.3	22.3	38.9
较合理	987	57.7	57.7	96.6
合理	58	3.4	3.4	100.0
总计	1711	100.0	100.0	

（二十）研究生奖学金的资助作用

如表 8-32 所示，15.2% 的被测认为研究生奖学金的资助作用很小，24.7% 的被测认为研究生奖学金的资助作用较小，52.3% 的被测认为研究生奖学金的资助作用较大，7.8% 的被测认为研究生奖学金的资助作用很大。

表 8-32　　　　　　　　研究生奖学金的资助作用

	频次	百分比	有效百分比	累计百分比
很小	260	15.2	15.2	15.2
较小	423	24.7	24.7	39.9
较大	895	52.3	52.3	92.2
很大	133	7.8	7.8	100.0
总计	1711	100.0	100.0	

（二十一）研究生奖学金的激励程度

如表 8-33 所示，12.7% 的被测认为研究生奖学金的激励程度很小，25% 的被测认为研究生奖学金的激励程度较小，55.6% 的被测认为研究生奖学金的激励程度较大，6.7% 的被测认为研究生奖学金的激励程度很大。

表 8-33　　　　　　　　研究生奖学金的激励程度

	频次	百分比	有效百分比	累计百分比
很小	218	12.7	12.7	12.7
较小	427	25.0	25.0	37.7
较大	952	55.6	55.6	93.3
很大	114	6.7	6.7	100.0
总计	1711	100.0	100.0	

（二十二）研究生奖学金的竞争程度

如表 8-34 所示，7.8% 的被测认为研究生奖学金的竞争程度很小，20.6% 的被测认为研究生奖学金的竞争程度较小，63.2% 的被测认为研究生奖学金的竞争程度较大，8.4% 的被测认为研究生奖学金的竞争程度很大。

表 8-34　　　　　　　　研究生奖学金的竞争程度

	频次	百分比	有效百分比	累计百分比
很小	134	7.8	7.8	7.8
较小	353	20.6	20.6	28.5
较大	1081	63.2	63.2	91.6
很大	143	8.4	8.4	100.0
总计	1711	100.0	100.0	

四　研究生资助体系政策对研究生学业发展的影响分析

（一）研究生获奖学金的情况

研究生奖学金是研究生资助体系政策的重要组成部分。研究生奖学金包括国家奖学金和学业奖学金。研究生奖学金可以激励研究生奋发进取、潜心求学，产出高水平科研成果，提升研究生培养质量。分析结果显示，82.9%的被测获取过研究生奖学金，3%的被测荣获研究生国家奖学金，33%的被测获得一等奖学金，26.1%的被测获得二等奖学金，20.8%的被测获得三等奖学金，仍有17.1%的被测没有拿过奖学金（见表8-35）。

表8-35　　　　　　　　　研究生获奖学金的情况

	频次	百分比	有效百分比	累计百分比
没拿过奖学金	293	17.1	17.1	17.1
三等奖学金	355	20.8	20.8	37.9
二等奖学金	447	26.1	26.1	64.0
一等奖学金	565	33.0	33.0	97.0
国家奖学金	51	3.0	3.0	100.0
总计	1711	100.0	100.0	

（二）研究生国家奖学金的激励作用

如表8-36所示，93.6%的被测认为研究生国家奖学金具有正向激励作用，42.1%的被测认为研究生国家奖学金有很大的激励作用，29.2%的被测认为研究生国家奖学金的激励作用较大，22.3%的被测认为研究生国家奖学金的激励作用较小，6.4%的被测认为研究生国家奖学金没有激励作用。

表8-36　　　　　　　　研究生国家奖学金的激励作用

	频次	百分比	有效百分比	累计百分比
没有作用	109	6.4	6.4	6.4
作用较小	381	22.3	22.3	28.7
作用较大	499	29.2	29.2	57.9
很大作用	722	42.1	42.1	100.0
总计	1711	100.0	100.0	

（三）研究生学业奖学金的激励作用

如表8-37所示，94.6%的被测认为研究生学业奖学金具有正向激励作用，43.2%的被测认为研究生学业奖学金的激励作用很大，30.9%的被测认为研究生学业奖学金的激励作用较大，20.5%的被测认为研究生学业奖学金的激励作用较小，5.4%的被测认为研究生学业奖学金没有作用。

表 8-37　　　　　　　　研究生学业奖学金的激励作用

	频次	百分比	有效百分比	累计百分比
没有作用	93	5.4	5.4	5.4
作用较小	350	20.5	20.5	25.9
作用较大	528	30.9	30.9	56.8
很大作用	740	43.2	43.2	100.0
总计	1711	100.0	100.0	

（四）家庭经济状况与获得奖学金等级统计分析

表 8-38 是家庭经济状况与获得奖学金等级统计分析列联表。分析结果显示，贫困生尤其是特别贫困的研究生获得高等级奖学金的人数偏少，没拿过奖学金或获得三等奖学金的人数偏多；家庭经济状况中等及以上的研究生绝大多数都能获得二等及以上奖学金；虽然这并不能得出家庭经济状况越好，学生获得奖学金等级越高的结论，但至少可以说明家庭经济状况特别贫困及贫困的学生，由于其家庭经济压力、心理思想负担、社会资本缺失、优质资源贫乏，在与家庭经济背景良好、社会资本充足、优质资源丰富的同学同台竞技时，总体处于劣势，贫困生获得高等级高额度奖学金难度较大。根据文献研究，高校大部分贫困生来自欠发达地区，文化基础相对较差，再加上经济困难产生的生活和心理方面的压力在很大程度上影响到学习，其成绩偏低所占比例较大，往往处于经济和学习的"双贫"状态[1]。本书也印证了家庭经济困难学生较多获得低额奖学金的结论[2]。但总体而言，研究生奖学金对研究生学业发展和研究生教育质量提升作用较大。

---

[1] 徐秀云、何建中：《高校学生资助体系现状、问题和对策》，《上海理工大学学报》（社会科学版）2006 年第 3 期。

[2] 王平：《我国高校贫困学生新资助体系的实施现状及对策》，《当代教育论坛》（上半月刊）2009 年第 6 期。

表 8-38　　　　家庭经济状况与获得奖学金等级统计分析列

		获得奖学金情况					总计
		没拿过奖学金	三等奖学金	二等奖学金	一等奖学金	国家奖学金	
家庭经济状况	特别贫困	46	31	25	32	3	137
	一般贫困	118	148	116	96	12	490
	中等	106	157	283	416	31	993
	良好	23	19	19	18	4	83
	富裕	0	0	4	3	1	8
总计		293	355	447	565	51	1711

（五）高校类型与奖学金等级统计分析

表 8-39 是高校类型与奖学金统计分析列联表，分析结果显示，"985""211"高校获取国家奖学金、一等奖学金、二等奖学金人数居多，普通高校获取三等奖学金和未拿奖学金的人数居多。"985""211"高校，奖学金对研究生学业发展和研究生教育质量提升有较大的激励作用。"985"高校学生资助资金充足、来源广泛，奖学金种类较多，研究生学业奖学金基本实现全覆盖，"985"高校没拿过奖学金的研究生比其他高校少。由于普通高校学生资助资金、来源渠道、奖学金种类有限，有些高校研究生奖学金并未实现全覆盖，造成普通高校研究生未拿过奖学金的人数居多。国家奖学金可以增加不同类型高校研究生科研成果产出。普通高校研究生获取国家奖学金的有 8 人。普通高校研究生只要拼搏进取，也可以获取国家奖学金，实现自我的不断超越。

表 8-39　　　　高校类型与奖学金等级统计分析列

		获得奖学金情况					总计
		没拿过奖学金	三等奖学金	二等奖学金	一等奖学金	国家奖学金	
高校类型	"985"高校	16	23	43	174	25	281
	"211"高校	101	63	234	281	17	696
	普通高校	131	279	190	126	8	734
总计		248	365	467	581	50	1711

（六）高校类型与核心论文数量统计分析

核心论文数是研究生教育质量评估的重要指标之一[①]。本书对不同高校类型研究生核心论文数量和奖学金获得情况做了交叉列联统计分析。分析结果显示，"985""211"高校核心论文1篇以上人数多于普通高校，"985""211"高校研究生教育质量高于普通高校。研究生全面收费政策的"助学+奖学"作用可以增加研究生核心科研成果产出，促进研究生学业发展，提升研究生教育质量。

表 8-40　高校类型与核心期刊论文数量统计分析列

		核心期刊论文数理					总计
		0 篇	1 篇	2 篇	3 篇	4 篇及以上	
高校类型	"985"高校	42	166	43	22	8	281
	"211"高校	198	451	31	13	3	696
	普通高校	616	76	29	10	3	734
总计		856	693	103	45	14	1711

综上分析，本书假设3：研究生全面收费政策对研究生学业发展具有正向影响效应成立。

本书假设4：研究生学业发展对研究生教育质量具有正向影响效应成立。

本书假设5：研究生全面收费政策对研究生教育质量具有正向影响效应成立。

五　学习投入对研究生学业发展影响分析

表 8-41 是学习投入对研究生学业发展影响相关分析。分析结果显示，学习投入时间对研究生论文发表总数、核心论文发表数量、获奖情况、参加学术会议次数具有正相关，在 0.01 水平上显著。学习投入时间对研究生学业发展影响程度依次为核心论文发表数、论文发表总数、参加学术会议次数、获奖情况。学习投入时间越多，对核心论文的产出越大，学业发展成效也越大，参加学术会议次数也越多，获奖次数也增多。

[①] 张小波：《基于综合评价的研究生教育质量效率指数研究——对"985工程"一期 34 所高校的实证分析》，《中国高教研究》2013 年第 9 期。

第八章　研究生全面收费政策对研究生学业影响研究　　225

表 8-41　　　　　学习投入对研究生学业发展影响相关分析

		您一周学习投入时间	您发表的论文总数	您发表的核心论文数	您获得奖项的情况	您参加学术会议次数
您一周学习投入时间	皮尔逊相关	1	0.370**	0.423**	0.183**	0.298**
	显著（双侧）		0.000	0.000	0.000	0.000
	N		1711	1711	1711	1711
您发表的论文总数	皮尔逊相关	0.370**	1	0.682**	0.311**	0.265**
	显著（双侧）	0.000		0.000	0.000	0.000
	N	1711		1711	1711	1711
您发表的核心论文数	皮尔逊相关	0.423**	0.682**	1	0.331**	0.304**
	显著（双侧）	0.000	0.000		0.000	0.000
	N	1711	1711		1711	1711
您获得奖项的情况	皮尔逊相关	0.183**	0.311**	0.331**	1	0.268**
	显著（双侧）	0.000	0.000	0.000		0.000
	N	1711	1711	1711		1711
您参加学术会议次数	皮尔逊相关	0.298**	0.265**	0.304**	0.268**	1
	显著（双侧）	0.000	0.000	0.000	0.000	
	N	1711	1711	1711	1711	

注：** 在 0.01 上水平显著。

综上分析，本书假设 2：研究生学业投入对研究生学业发展具有正向影响效应成立。

六　读研对研究生学术水平的影响分析

表 8-42 是读研对研究生学术水平的影响分析。分析结果显示，4.3%的被测认为读研不能提升研究生学术水平，95.7%的被测认为读研能够提升研究生的学术水平。

表 8-42　　　　　读研对研究生学术水平的影响分析

		频次	百分比	有效百分比	累计百分比
有效	不能	74	4.3	4.3	4.3
	能，效果不明显	234	13.7	13.7	18.0
	能，效果一般	921	53.8	53.8	71.8
	能，效果较明显	393	23.0	23.0	94.8
	能，效果明显	89	5.2	5.2	100.0
	总计	1711	100.0	100.0	

第四节 研究结论

本书实证分析了研究生全面收费政策对研究生的学业影响。主要得出以下结论：研究生收费政策对研究生学业投入具有正向影响效应；研究生学业投入对研究生学业发展具有正向影响效应；研究生收费政策对研究生学业发展具有正向影响效应；研究生学业发展对研究生教育质量提升具有正向影响效应；研究生收费政策对研究生教育质量提升具有正向影响效应。

研究生收费政策向研究生收取学费并配套研究生奖助体系，可以激发研究生高等教育成本补偿意识，提高学习积极性，体现研究生收费政策对学习的激励效用。研究生收费政策对学业投入时间具有正向影响。研究生对收费政策了解程度越多，其学业投入时间越多，研究生学业投入时间越多，所产生的学业影响就越大。学业投入时间对研究生论文发表总数、核心论文发表数量、获奖情况、参加学术会议次数具有正向影响，在 0.01 水平上显著。研究生奖学金对学业投入具有正向影响，对研究生学业发展和研究生教育质量提升整体作用较大。家庭经济困难学生未获奖学金或者较多获得低额奖学金。"985""211"高校核心论文数量数量远高于普通高校，"985""211"高校研究生培养质量高于普通高校。读研可以提升研究生的学术水平。

第九章

研究生全面收费政策和奖助体系满意度研究

自 2014 年秋季学期起，我国开始实施研究生全面收费政策，研究生对该政策及其配套体系的满意度评价如何？本书以全日制学术型硕士研究生为研究对象，在全国范围内开展研究生全面收费政策和资助体系满意度的调查。问卷采取网络填写和纸质填写两种形式，共发放问卷 1000 份，回收问卷 936 份，回收率为 93.6%。问卷回收后，问卷经逐份浏览和排查，将题目空缺及答题一致的视为无效问卷，去除无效问卷 54 份，有效问卷为 882 份，有效率为 94.23%。本章对全国 882 位全日制学术型硕士研究生开展调研，实证分析研究生对全面收费政策及资助体系满意度及其差异情况。

第一节 问题的提出

"努力让每个孩子都能享有公平而有质量的教育"，是党的十九大报告作出的庄严承诺。"发展公平而有质量的教育"，是党和国家努力办让人民满意教育的实践行动。"时代是出卷人，我们是答卷人，人民是阅卷人"，教育事业如何交上一份优秀的答卷，是全国人民关注的焦点之一，其答案就蕴藏在发展公平而有质量的教育中[①]。研究生教育处在高等教育的顶端，深度关切着我国高层次人才的培养、高端科研成果的培育以及创

---

① 《公平而有质量才是最好的教育答卷》，央广网，2018 年 5 月 21 日，http://news.cnr.cn/theory/gc/20180331/t20180331_524183147.shtml。

新型国家的建设，对于国家拔尖人才培养和科技创新具有重要的战略意义[1]。研究生教育发展、人才质量提升对国家繁荣昌盛起到至关重要的作用[2]。当前，研究生教育质量的保障和提升问题成了研究生教育发展的重中之重，亟待研究和有效落实。

为提高研究生教育质量，财教〔2013〕19号《关于完善研究生教育投入机制的意见》[3]指出，从2014年秋季学期开始，我国实行研究生教育全面收费政策，建立健全研究生教育收费制度，完善研究生奖助政策体系。现今，研究生教育全面收费政策已执行近四年。研究生全面收费政策和资助体系满意度能够直观反映研究生全面收费政策和资助体系政策存在的现实问题，对于完善研究生教育投入机制改革，提升研究生人才培养质量，促进研究生教育持续健康发展，都发挥着重要作用。重视并开展研究生全面收费政策和资助体系满意度的理论研究与实践调查具有重要的战略意义。

研究生全面收费政策在实施过程中，其最大的利益相关者研究生如何感知和评价研究生全面收费政策和资助体系政策？研究生全面收费政策和资助体系能让研究生满意吗？研究生对全面收费政策和资助体系存在哪些问题？研究生全面收费政策和资助体系政策的评价和效果如何？为了考量和评估我国研究生全面收费政策和资助体系的作用、成效和影响，本书尝试对以上问题进行探析。

第二节　理论基础与文献回顾

一　研究生全面收费政策的理论基础

谭宏彦、闫振龙（2006）[4]，王丽丽（2006）[5]，刘小艳（2007）[6]，卢

---

[1]　韩晓峰、周文辉、王铭：《研究生满意度理论基础与指标构建》，《研究生教育研究》2013年第6期。
[2]　洪柳、李娜：《美国哈佛大学研究生教育收费现状与资助体系研究》，《黑龙江高教研究》2018年第3期。
[3]　《关于完善研究生教育投入机制的意见》，财政部官网，2018年5月21日，http：//jkw.mof.gov.cn/zhengwuxinxi/zhengcefabu/201303/t20130301_743904.html。
[4]　谭宏彦、闫振龙：《研究生教育收费的依据、问题及对策》，《学位与研究生教育》2006年第9期。
[5]　王丽丽：《我国研究生教育收费问题的探讨》，《黑龙江高教研究》2006年第3期。
[6]　刘小艳：《研究生教育收费对教育公平的影响》，《高教发展与评估》2007年第6期。

振洋、杨松令（2009）[①]、樊华强（2011）[②]认为人力资本理论、成本分担理论、公共产品理论是研究生教育收费的理论基础。魏静（2014）[③]、李博（2015）[④]从教育公共产品理论、人力资本理论、教育成本分担理论、利益相关者理论、公平效率理论的视角探讨研究生教育全面收费政策，认为研究生全面收费关系到政府、高校、社会和个人等群体的利益，各利益相关者有各自的利益诉求。

二 文献回顾

（一）资助对高校学生影响的研究

高校学生资助是政府提供需求方财政的主要方式[⑤]。高校学生资助可以减轻学生经济负担从而开放高等教育的入学机会，提供激励机制促进学业发展。学生资助的获得、资助类型和资助水平可能影响高等教育的公平与效率。如何促进学生学业发展是教育经济学研究的核心问题之一。研究生全面收费政策和资助体系能否有效提升研究生教育质量？研究生教育质量研究生资助体系是否会促进教育过程和结果公平？是否会对个人学习和未来发展产生影响？产生何种影响？哪种类型的学生资助最有利于促进个人发展？我国相对滞后的高等教育资助研究已经无法满足个人做出高等教育选择和政府修订资助政策的需要，造成了研究生资助实践发展与理论研究之间的不对称。研究生资助对个人学习行为、学业发展和成就以及毕业后选择的影响，能否促进教育过程和结果的公平[⑥]？这些都亟须通过调查研究，进行量化实证分析，进而回答学生资助是否影响学业成绩？各类型资助与资助水平如何影响个人学业表现？研究生对研究生全面收费政策和资助体系是否满意？

[①] 卢振洋、杨松令：《研究生教育收费标准问题初探——以北京地区部分理工科高校为例》，《教育财会研究》2009年第1期。

[②] 樊华强：《困境与出路：我国研究生收费政策的理性思考》，《黑龙江高教研究》2011年第6期。

[③] 魏静：《利益相关者视角下研究生收费制度博弈关系研究》，《研究生教育研究》2014年第4期。

[④] 李博：《研究生教育收费并轨制的必然与应然分析》，《教育探索》2015年第8期。

[⑤] Salmi, J., Hauptman, A. M., "Innovations in Tertiary Education Financing: A Comparative Evaluation of Allocation Mechanisms", Washington, D. C.: World Bank, 2006.

[⑥] 杨钋：《大学生资助对学业发展的影响》，《清华大学教育研究》2009年第10期。

国外计量实证研究表明资助与学生学业发展之间存在显著的相关关系[1]。教育经济学家发现学生资助可以部分地缓解学生的经济负担[2]。学生资助在提高大学入学机会方面发挥了重要的作用[3][4]。鲍威等（2015）认为，高校学生资助与农村大学生学业发展间存在关联性和特定的影响机制。学生资助在缓解家庭经济贫困对学生接受高校教育所形成的障碍、保障贫困学生获得入学机会、顺利完成学业、促进社会流动方面发挥着重要作用[5]。高等教育财政资助对学生参与学业、学业进展[6]、学生保持率[7]、学业完成时间和完成率[8][9]、学业成就[10]会产生影响。资助对学生学业进展各阶段的影响不同，不同资助类型的影响也不同[11]。资助可以降低学生辍学率[12]，提高及时毕业的可能性，提高学生成绩[13]。汀托（V. Tinto）的学

---

[1] St. John, E. P., Paulsen, M. B., Carter, D. F., "Diversity, College Costs, and Postsecondary Opportunity: An Examination of the Financial Nexus Between College Choice and Persistence for African Americans and Whites", *Journal of Higher Education*, Vol. 76, 2005, pp. 545-569.

[2] Ziderman, A., "Alternative Objectives of National Student Loan Schemes: Implications for Design, Evaluation and Policy", *Welsh Journal of Education*, No. 1, 2002, pp. 37-47.

[3] Grubb, W. N., Tuma, J., "Who Gets Student aid? Variations in Access to Aid", *Review of Higher Education*, No. 3, 1991, pp. 359-382.

[4] Ziderman, A., "Student Loans in Thailand: Are They Effective, Equitable, Sustainable?", Paris: International Institute for Education Planning, 2003.

[5] 鲍威、陈亚晓：《经济资助方式对农村第一代大学生学业发展的影响》，《北京大学教育评论》2015年第2期。

[6] Hu, S., "Scholarship Awards, College Choice, and Student Engagement in College Activities: A Study of High-achieving Low-income Students of Color", *Journal of College Student Development*, Vol. 51, 2010, pp. 151-162.

[7] Strayhorn, T., "Money Matter: The Influence of Financial Factor on Graduate Student Persistence", *Journal of Student Financial Aid*, Vol. 40, No. 3, 2010, pp. 4-25.

[8] Ronald G. Ehrenberg, Panagiotis G. Mavros, "Do Doctoral Students' Financial Support Patterns Affect Their Times-to-degree and Completion Probabilities?", *Journal of Human Resources*, Vol. 30, No. 3, 1995, pp. 581-609.

[9] Groen, J., Jakubson, G., Ehrenberg, R., "Program Design and Student Outcomes in Graduate Education", *Economics of Education Review*, Vol. 27, 2008, pp. 111-124.

[10] Grives, J. E., Wemmerus, V., "Developing Models of Graduate Student Degree Progress", *Journal of Higher Education*, Vol. 59, 2008, pp. 163-189.

[11] 刘文娟、李芳敏：《资助对研究生学业成就影响机制的实证研究评述》，《学位与研究生教育》2014年第6期。

[12] Chen, R., S. L. DesJardins, "Exploring the Effects of Financial Aid on the Gap in Student Dropout Risks by Income Level", *Research Higher Education*, Vol. 49, 2008, pp. 1-18.

[13] Betts, J. R., Morrell, D, "The Determinants of Undergraduate Grade Point Average", *The Journal of Human Resources*, Vol. 34, No. 2, 1999, pp. 268-293.

生整合理论①、比恩（J. Bean）的学生资助双重效应理论②③为分析资助对学生的影响提供了重要的理论基础。卡博雷拉（A. F. Cabrera）利用结构方程模型验证了资助对学生学业产生的影响④。

杨钋（2009）通过对北京市54所高校抽样调查数据的研究发现重点高校学生获得资助的水平显著地高于其他学生，而且就读于重点高校显著地提高了个人获得资助的可能性，理工科学生获得的资助也显著地高于其他学生。大学高年级学生获得的资助也显著地高于其他学生⑤。沈红（2010）对高校资助体系进行了评价，认为我国学生中未获得满足的资助需求很高，且获得资助学生的学业表现良好⑥。

（二）研究生教育满意度研究

满意是一种心理状态，是客户的需求被满足后的愉悦感，是客户对产品或服务的事前期望与实际使用产品或服务后所得到实际感受的相对关系。用数字来衡量这种心理状态，就叫作满意度。学生满意度研究始于美国。1989年，美国国民经济协会（NER-A）Fornell等在瑞典顾客满意度指数SCSB（Swedish Customer Satisfaction Barometer）的基础上建立了美国顾客满意度指数模型ACSI（American Customer Satisfaction Index），并将其引用到教育领域，得到了普遍认可和广泛使用。1995年美国学者Noel Levit制定了SSI量表，运用SSI量表可以将美国研究生教育满意度指数模型应用到学生满意度评价研究中。

2001年，清华大学刘西拉教授首次在我国某著名大学的一个工科系

---

① Tinto, V., "Dropout from Higher Education: A Theoretical Synthesis of Recent Research", *Review of Educational Research*, Vol. 45, No. 1, 1975, pp. 89-125.

② Bean, J., "Interaction Effects based on Class Level Idan Exploratory Model of College Student Dropout Syndrome", *American Educational Research Journal*, Vol. 22, No. 1985, pp. 35-64.

③ Bean, J. P., Vesper, N., "Quantitative Approaches to Grounding Theory in Data: Using LISEREL to Develop a Local Model and Theory of Student Attrition", Boston, MA: Paper presented at the annual meeting of the American Educational Research Assosiation, 1990.

④ Cabrera, A. F., Nora, A. Castaneda, M. B., "College Persistence: Structural Equations Modeling Test of an Integrated Model of Student Retention", *The Journal of Higher Education*, No. 2, 1993, pp. 123-139.

⑤ 杨钋：《高校学生资助影响因素的多水平分析》，《教育学报》2009年第6期。

⑥ Shen, H., "The Social and Political Impacts of College Student Aid: An Analysis based on Three Surveys", Paper presented at the 2008 Annual Conference for the Chinese Association of Economics of Education, Shanghai, P. R.China, 2008.

实施了满意度调查；此后，以关注评教为起点的满意度研究陆续出现[①]；从 2003 年起，文献增长速度加快，出现了借鉴国外的指数模型（如 ACSI）来构建中国大学生满意度的研究，并且这种引进模型并加以本土化的模型构建方法很快成为主流。大体而言，我国学生满意度研究目前还处在探索阶段，尚未形成较成熟和完整的学生满意度评价体系。

研究生教育满意度的实证研究在我国教育研究中很少，鲜见于文献。尤其是对研究生全面收费政策和资助体系满意度的实证研究，在现有文献中几乎是空白。"满意度"是学生对所接受的现实教育政策的一种感知和评价[②]。研究生收费政策满意度指研究生作为政策的参与者、执行者对该政策进行评估而产生的感觉。研究生对研究生全面收费政策和资助体系的满意度实际上是研究生按照自己的"内在标准"和自己"内在标准满足度"而进行的评价。研究生教育满意度是反映、监测和评估研究生教育质量的一个重要维度与指标，开展研究生满意度调查、分析和研究，对于推动研究生培养机制改革，提高研究生教育质量具有重要意义[③]。笔者进行这次调查，旨在了解研究生对研究生全面收费政策和资助体系的感知和满意评价程度，为创新和完善研究生全面收费政策和资助体系提供依据。

第三节 研究设计

一 研究框架

本章以研究生全面收费政策和资助体系满意度作为衡量研究生全面收费政策实施效果的指标。经查阅研究生全面收费政策、资助体系政策以及满意度等相关文献、采用德尔菲法，咨询专家、学者，访谈从事研究生管理工作的领导和老师，整合多方面意见和建议，研究者紧密围绕研究生全面收费政策和资助体系的理论与实践维度设计满意度问卷。问卷经过数次修改，并在西安交通大学、中国科学技术大学开展了两次预调查，问卷经

---

① 郑雅君、熊庆年：《高校学生满意度再认识》，《江苏高教》2016 年第 4 期。
② 杜红梅、王葵、邵小佩、陈秀丽：《高校研究生对研究生教育现状满意度的调查》，《重庆大学学报》（社会科学版）2003 年第 6 期。
③ 刘文娟：《研究生资助对学生学业成就的影响机制研究——基于首都高校的实证分析》，《教育学术月刊》2014 年第 2 期。

信效度指标检验，删除不合要求的被试题项，经主成分分析，将提取因子小于 0.5 的题项删除。如研究生导师资助制的检验指标为 0.463，故将此题项删除，形成现有问卷。

问卷设计由两部分构成。第一部分是个人背景情况，主要涉及研究对象的性别、家庭所在地、高校层次、年级、专业类别、家庭经济状况等信息；第二部分是研究生全面收费政策和资助体系满意度调查，总共由 18 个测试题项组成。研究生全面收费政策满意度情况主要通过研究生对全面收费政策的满意度、公平性、合理性、保障性、学业影响、科研成果产出、创新能力 7 个题项进行测试。研究生资助体系满意度情况主要通过研究生对资助体系的满意度、资助目标、价值理念、评定机制、资助额度、资助比例、实施过程、经济压力、公平性、效率性、实施结果 11 个题项进行测试。

问卷采用 Likert 五级量表正向计分方式，将研究生对各维度的满意度，分为五个等级，分别为"很不满意""不太满意""一般""满意"和"非常满意"，分别赋值为 1、2、3、4、5。本书用平均值代表满意度水平，平均值越高则满意度水平也越高。以平均分 3 分为界限，如果得分高于 3 分则说明得分较高，满意度较高；低于 3 分说明得分较低，满意度较低。

本章一方面调查研究生对全面收费政策的满意度，分析可能影响研究生全面收费政策的主客观因素；另一方面，调查研究生对资助体系的主观满意度，力图清晰地揭示不同层次高校、不同专业类别、不同家庭经济状况的研究生，作为研究生全面收费政策影响的主要利益相关者，在控制其个人背景变量因素的情况下，对研究生全面收费政策和资助体系满意度的真实态度，并提出相关政策建议。

二　研究对象

本书以全日制学术型硕士研究生为研究对象，在全国范围内开展研究生全面收费政策和资助体系满意度的调查。问卷采取网络填写和纸质填写两种形式，共发放问卷 1000 份，回收问卷 936 份，回收率为 93.6%。问卷回收后，经逐份浏览和排查，将题目空缺及答题一致的视为无效问卷，去除无效问卷 54 份，有效问卷为 882 份，有效率为 94.23%。调查对象涉及我国 25 个省（区、市），覆盖来自我国东西南北中不同地区、不同层次高校、不同专业类别的 882 名硕士研究生（见表 9-1）。

表 9-1　　　　　　　　　　　　样本分布基本情况

变量	属性	人数	百分比（%）
性别	男	345	39.10
	女	537	60.90
家庭所在地	城市	262	29.70
	县镇	192	21.80
	农村	428	48.50
高校层次	"985"	207	23.50
	"211"	223	25.30
	普通高校	452	51.20
年级	研一	418	47.40
	研二	299	33.90
	研三	165	18.70
专业类别	人文社科类	389	44.10
	理工类	297	33.70
	其他	196	22.20
家庭经济状况	特别贫困	96	10.90
	一般贫困	345	39.10
	中等	387	43.90
	良好	51	5.80
	富裕	3	0.30
总数		882	100.00

三　主成分分析

由 Total Variance Explained（主成分特征根和贡献率）可知，特征根 $\lambda_1 = 12.434$，特征根 $\lambda_2 = 1.531$，前两个主成分的累计方差贡献率达 77.583%，涵盖了大部分信息。这表明前两个主成分能够代表最初的 18 个指标来分析研究生全面收费政策和资助体系满意度的整体情况，故提取前两个指标即可（见表 9-2）。第一主成分集中反映了研究生全面收费政策满意度的情况。第二主成分反映了研究生资助体系满意度的情况（见图 9-1）。

表 9-2　　　　　　　　　　　　　总方差解释程度

Component	Initial Eigenvalues			Extraction Sums of Squared Loadings		
	总计	% of Variance	Cumulative%	总计	% of Variance	Cumulative%
1	12.434	69.079	69.079	12.434	69.079	69.079
2	1.531	8.504	77.583	1.531	8.504	77.583
3	0.769	4.272	81.856			
4	0.573	3.184	85.039			
5	0.485	2.697	87.736			
6	0.375	2.081	89.817			
7	0.295	1.637	91.454			
8	0.219	1.219	92.673			
9	0.202	1.125	93.798			
10	0.173	0.960	94.759			
11	0.168	0.936	95.695			
12	0.156	0.867	96.561			
13	0.150	0.836	97.397			
14	0.134	0.746	98.143			
15	0.132	0.732	98.875			
16	0.082	0.455	99.330			
17	0.078	0.433	99.762			
18	0.043	0.238	100.000			

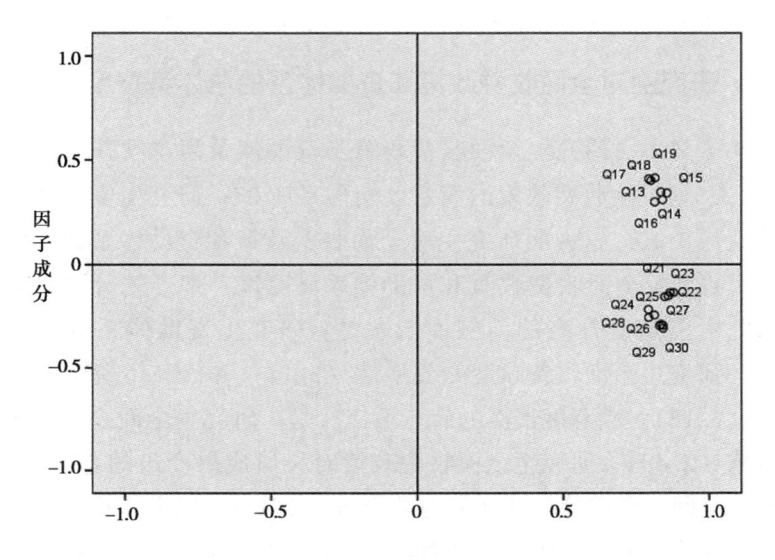

图 9-1　组成因子成分

四 信度和效度分析

本书运用 SPSS 18.0 软件进行可靠性分析，检验问卷的整体信度与各因子信度。研究生全面收费政策和资助体系满意度问卷的整体信度 Cronbach's α=0.974，研究生全面收费政策因子信度 Cronbach's α=0.960，研究生资助体系满意因子信度 Cronbach's α=0.963；说明问卷的整体信度和各因子信度非常好。问卷效度采用结构效度检验，利用 SPSS 对测量结果进行探索性因子分析，通过 SPSS 检验的 KMO 值为 0.960，满足做因子分析的条件，采用主成分分析法，按特征值大于1的标准提取因子，共提取2个因子，总解释率为 77.583%，表明量表非常适合做因子分析。因此，问卷具有非常好的信度、内部一致性和收敛效度。

第四节　数据分析与多维描述

基于问卷采用李克特5级正向计分方式，根据需要，本书对数据主要采用均值方式进行处理。为便于理解，我们将均值处于 1—2 分的，记为很不满意；处于 2—3 分的，记为不太满意或一般；处于 3—4 分的，记为比较满意或满意；处于 4—5 分的，记为非常满意。下面我们分别从整体层面和比较维度进行数据分析。

一　研究生对全面收费政策和资助体系的总体满意度情况分析

表 9-3 显示，研究生全面收费政策与资助体系满意度在总量表的均值是 2.83；研究生收费政策的满意度均值是 3.07；研究生资助体系的满意度均值是 3.10。这说明研究生对全面收费政策和资助体系的总体评价一般，对研究生全面收费政策和资助体系满意度一般。就分项满意度而言，研究生满意度最高的前三项依次是：研究生资助体系的价值理念（3.24）、研究生全面收费政策的公平性（3.14）和研究生资助体系的资助目标（3.12）。满意度最低的后三项依次是：研究生全面收费政策对学业的影响（2.48）、研究生全面收费政策对科研成果产出的影响（2.43）和研究生全面收费政策对创新能力的影响（2.37）。以上情况说明，研究生现已普遍认同和接受研究生全面收费政策，认为研究生全面收费政策能较好地体现公平性，去除公费生的特权，保障教育公平；研究生资助体系

作为研究生收费政策的配套体系政策,其价值理念和资助目标是保障研究生资助体系良好运作的顶层设计和构念。研究生对资助体系的价值理念和资助目标较为认同和满意,但研究生全面收费政策对创新能力、科研成果产出和学业影响的效果不好,得分偏低,研究生普遍对研究生收费和资助体系产生的学业影响、科研成果、创新能力较不满意。研究生对全面收费政策的保障性、合理性以及资助体系的公平性、效率性等满意程度不高,持不太满意和一般态度。特别是在资助额度、资助比例、资助评定机制、资助对经济压力的缓解程度以及研究生全面收费政策的合理性等方面满意程度偏低。这说明,研究生全面收费政策在合理性和保障性方面存在不足。研究生资助体系在奖优和助困上,在现实操作中还存在资助力度不够、资助金额少、资助分配比例不合理、资助效率不高、资助评定机制不合理、资助体系欠公平等问题。如何制定合理的研究生收费标准?如何加大研究生全面收费政策和资助体系对研究生学习和生活的政策保障作用?如何更好地激励研究生刻苦求学,不断提高学业成绩、培育科研成果、增强创新能力?这些都是研究生全面收费政策和资助体系在实施过程中需要应对和解决的主要问题。研究生资助体系还存在很大的改革发展和机制创新空间。

表 9-3 研究生全面收费政策和资助体系满意度问卷各维度的均值

维度	均值	维度	均值
研究生全面收费政策的满意度	3.07	研究生资助体系的价值理念	3.24
研究生全面收费政策的公平性	3.14	研究生奖学金评定机制	2.71
研究生全面收费政策的合理性	2.81	研究生资助额度	2.68
研究生全面收费政策的保障性	2.84	研究生资助比例	2.74
研究生全面收费政策对学业的影响	2.48	研究生资助体系的实施过程	2.88
研究生全面收费政策对科研成果产出的影响	2.43	研究生奖助学金对经济压力缓解	2.77
研究生全面收费政策对创新能力的影响	2.37	研究生资助体系的公平性	2.82
研究生资助体系的满意度	3.10	研究生资助体系的效率性	2.84
研究生资助体系的资助目标	3.12	研究生资助体系的实施结果	2.93
研究生全面收费政策与资助体系满意度			2.83

二 不同高校层次研究生在研究生全面收费政策和资助体系满意度的差异分析

表9-4统计结果显示不同高校层次研究生在研究生全面收费政策和资助体系的满意度差异情况。不同高校层次研究生在收费满意度、收费公平性、收费合理性、收费保障性、学业影响、科研成果、创新能力、资助满意度、资助目标、资助价值理念、评定机制、资助额度、资助比例、资助过程、缓解经济压力、资助公平性、资助效率性、资助结果这18个维度上均有显著性差异。在各观测点的均值得分上,"985"高校>"211"高校>普通高校。"985"高校均值为3—4分,这表明"985"高校研究生对研究生全面收费政策和资助体系比较满意。"211"高校和普通高校均值为2—3分,这表明"211"高校和普通高校研究生对研究生收费政策和资助体系满意度一般或不太满意。普通高校均值最低。不同高校层次研究生对研究生收费政策和资助体系的满意度呈现较大差异。

表9-4　　　　不同高校层次研究生在研究生全面收费政策和资助体系满意度各维度上的均值

维度	高校层次	均值	显著性	维度	高校层次	均值	显著性
收费满意度	"985"	3.73	0.000***	资助价值理念	"985"	3.40	0.001**
	"211"	3.17			"211"	3.28	
	普通高校	2.71			普通高校	3.14	
收费公平性	"985"	3.43	0.000***	评定机制	"985"	2.95	0.000***
	"211"	3.18			"211"	2.82	
	普通高校	2.98			普通高校	2.55	
收费合理性	"985"	3.00	0.000***	资助额度	"985"	3.19	0.000***
	"211"	3.88			"211"	2.79	
	普通高校	2.69			普通高校	2.40	
收费保障性	"985"	3.26	0.000***	资助比例	"985"	3.14	0.000***
	"211"	3.01			"211"	2.84	
	普通高校	2.56			普通高校	2.51	
学业影响	"985"	2.85	0.000***	资助过程	"985"	3.16	0.000***
	"211"	2.66			"211"	2.98	
	普通高校	2.23			普通高校	2.70	

续表

维度	高校层次	均值	显著性	维度	高校层次	均值	显著性
科研成果	"985"	2.82	0.000***	缓解经济压力	"985"	3.13	0.000***
	"211"	2.54			"211"	2.88	
	普通高校	2.19			普通高校	2.55	
创新能力	"985"	2.73	0.000***	资助公平性	"985"	3.08	0.000***
	"211"	2.53			"211"	2.87	
	普通高校	2.13			普通高校	2.67	
资助满意度	"985"	3.30	0.000***	资助效率性	"985"	3.11	0.000***
	"211"	3.10			"211"	2.91	
	普通高校	3.01			普通高校	2.69	
资助目标	"985"	3.29	0.002**	资助结果	"985"	3.14	0.000***
	"211"	3.12			"211"	2.96	
	普通高校	3.03			普通高校	2.81	

注：* 表示 P<0.05；** 表示 P<0.01；*** 表示 P<0.001。

三 不同年级研究生在研究生全面收费政策和资助体系满意度的差异分析

表9-5统计结果显示不同年级研究生在研究生全面收费政策和资助体系满意度的差异情况。研究生对全面收费政策和资助体系满意程度随着年级的增加而增加。在各观测点的均值得分上，研三>研二>研一。三年级研究生在各观测点的均值为3—4分，这表明研三学生对研究生收费政策和资助体系比较满意。研一学生在各观测点的均值最低，在2—3分，研一学生对研究生全面收费政策和资助体系基本不太满意或一般。研三学生经过学业课程阶段的学习，在参与科研课题、学术会议、创新实践、各类比赛活动、撰写和发表学术论文、获取奖助学金等事项中，不断积累经验，提升学业成绩、科研水平和创新能力，所以，研三学生对研究生全面收费政策和资助体系的满意度最高。研究生对全面收费政策和资助体系满意程度随年级增加而增加；不同年级研究生在各维度上的差异显著。

表 9-5　　　不同年级研究生在研究生全面收费政策和
资助体系满意度各维度上的均值

维度	年级	均值	显著性	维度	年级	均值	显著性
收费满意度	研一	2.96	0.000***	资助价值理念	研一	3.12	0.001**
	研二	3.06			研二	3.24	
	研三	3.35			研三	3.53	
收费公平性	研一	3.00	0.000***	评定机制	研一	2.58	0.000***
	研二	3.20			研二	2.75	
	研三	3.37			研三	2.97	
收费合理性	研一	2.76	0.000***	资助额度	研一	2.51	0.000***
	研二	2.77			研二	2.70	
	研三	3.04			研三	3.08	
收费保障性	研一	2.65	0.000***	资助比例	研一	2.62	0.000***
	研二	2.86			研二	2.73	
	研三	3.29			研三	3.08	
学业影响	研一	2.30	0.000***	资助过程	研一	2.72	0.000***
	研二	2.54			研二	2.91	
	研三	2.84			研三	3.25	
科研成果	研一	2.26	0.000***	缓解经济压力	研一	2.60	0.000***
	研二	2.47			研二	2.81	
	研三	2.77			研三	3.13	
创新能力	研一	2.21	0.000***	资助公平性	研一	2.74	0.007**
	研二	2.42			研二	2.83	
	研三	2.67			研三	2.98	
资助满意度	研一	2.97	0.000***	资助效率性	研一	2.69	0.000***
	研二	3.10			研二	2.89	
	研三	3.42			研三	3.14	
资助目标	研一	2.97	0.002**	资助结果	研一	2.79	0.000***
	研二	3.15			研二	2.96	
	研三	3.43			研三	3.22	

注：* 表示 P<0.05；** 表示 P<0.01；*** 表示 P<0.001。

四 不同学科类别研究生在研究生全面收费政策和资助体系满意度的差异分析

表 9-6 统计结果显示不同学科类别研究生在研究生全面收费政策和资助体系满意度的差异情况。就各维度整体均值而言，理工类>人文社科类>其他。理工类研究生对研究生全面收费政策和资助体系的满意度高于人文社科类和其他类研究生。不同学科类别研究生在收费满意度、资助满意度、资助目标、资助额度、资助比例、资助结果维度上有显著性差异。

表 9-6　不同学科类别研究生在研究生全面收费政策和资助体系满意度各维度上的均值

维度	学科类别	均值	显著性	维度	学科类别	均值	显著性
收费满意度	人文社科	3.11	0.012*	资助价值理念	人文社科	3.26	0.063
	理工	3.12			理工	3.28	
	其他	2.89			其他	3.12	
收费公平性	人文社科	3.16	0.419	评定机制	人文社科	2.73	0.739
	理工	3.15			理工	2.71	
	其他	3.07			其他	2.67	
收费合理性	人文社科	2.85	0.306	资助额度	人文社科	2.71	0.016*
	理工	2.81			理工	2.76	
	其他	2.76			其他	2.49	
收费保障性	人文社科	2.85	0.085	资助比例	人文社科	2.81	0.015*
	理工	2.91			理工	2.79	
	其他	2.70			其他	2.56	
学业影响	人文社科	2.51	0.071	资助过程	人文社科	2.91	0.112
	理工	2.54			理工	2.93	
	其他	2.32			其他	2.76	
科研成果	人文社科	2.47	0.090	缓解经济压力	人文社科	2.84	0.097
	理工	2.47			理工	2.75	
	其他	2.27			其他	2.66	

续表

维度	学科类别	均值	显著性	维度	学科类别	均值	显著性
创新能力	人文社科	2.36	0.321	资助公平性	人文社科	2.81	0.189
	理工	2.42			理工	2.88	
	其他	2.29			其他	2.74	
资助满意度	人文社科	3.13	0.039*	资助效率性	人文社科	2.87	0.285
	理工	3.15			理工	2.87	
	其他	2.96			其他	2.76	
资助目标	人文社科	3.13	0.048*	资助结果	人文社科	2.95	0.048*
	理工	3.17			理工	2.99	
	其他	2.98			其他	2.78	

注：*表示 $P<0.05$；**表示 $P<0.01$；***表示 $P<0.001$。

五 不同家庭经济状况研究生在研究生全面收费政策和资助体系满意度的差异分析

在问卷的第一部分，关于个人基本信息家庭经济状况变量中，设有特别贫困、一般贫困、中等、良好、富裕五个选项，在882份有效样本问卷中，其中特别贫困94人、一般贫困345人、中等收入389人、良好51人、富裕3人。为了方便统计分析，经SPSS统计软件，对家庭经济状况变量重新编码，将特别贫困与一般贫困设定为贫困、良好与富裕设定为良好。重新编码后家庭经济状况贫困439人、中等389人、良好54人。

表9-7统计结果显示的是不同家庭经济状况研究生在研究生全面收费政策和资助体系的满意度差异情况。不同家庭经济状况研究生除了在资助效率性维度外均有显著性差异。在各观测点的均值得分上，不同家庭经济状况研究生对研究生收费政策和资助体系满意度的差异情况是：贫困<中等收入<良好。贫困家庭研究生在各观测点的均值在2—3分，这表明贫困家庭经济状况研究生对研究生收费政策和资助体系不太满意。中等收入家庭研究生在各观测点的均值在3分，这表明中等收入家庭研究生对研究生收费政策和资助体系满意度一般。除资助效率性维度外，经济状况良好家庭在各观测点的均值都为3—4分，这表明良好家庭研究生对研究生收费政策和资助体系比较满意。这里需要特别分析的是，越是贫困家庭研究生对研究生全面收费政策和资助体系的满意度越低。由于贫困生是研究

生全面收费政策最大的利益相关者，研究生全面收费政策直接影响着贫困生求学的选择，冲击着他们的切身利益，贫困生对研究生全面收费政策和资助体系有着强烈的经济诉求和资助愿望，有着较高的心理渴望、憧憬与期盼，对研究生全面收费政策和资助体系寄予厚望，恳切期望研究生全面收费政策和资助体系能给他们带来最大化的教育收益与回报，当研究生全面收费政策在执行中其收费和相应的资助体系未能达成他们内心的期许时，就会给他们造成较大的心理落差，失望和不满也就相伴而行，于是贫困生对研究生全面收费政策和资助体系的满意度就会偏低。综上分析，不同家庭经济背景的研究生对研究生收费政策和资助体系满意度具有较大的差异性。

表 9-7　　不同家庭经济状况研究生在研究生全面收费政策和资助体系满意度各维度上的均值

维度	经济状况	均值	显著性	维度	经济状况	均值	显著性
收费满意度	贫困	2.93	0.000***	资助价值理念	贫困	3.12	0.001**
	中等收入	3.17			中等收入	3.31	
	良好	3.43			良好	3.69	
收费公平性	贫困	3.02	0.000***	评定机制	贫困	2.61	0.000***
	中等收入	3.22			中等收入	2.77	
	良好	3.52			良好	3.07	
收费合理性	贫困	2.73	0.000***	资助额度	贫困	2.53	0.000***
	中等收入	2.89			中等收入	2.80	
	良好	2.91			良好	3.13	
收费保障性	贫困	2.65	0.000***	资助比例	贫困	2.63	0.000***
	中等收入	2.97			中等收入	2.82	
	良好	3.43			良好	3.15	
学业影响	贫困	2.33	0.000***	资助过程	贫困	2.74	0.000***
	中等收入	2.57			中等收入	2.98	
	良好	3.06			良好	3.30	
科研成果	贫困	2.22	0.000***	缓解经济压力	贫困	2.69	0.002**
	中等收入	2.57			中等收入	2.80	
	良好	3.02			良好	3.19	

续表

维度	经济状况	均值	显著性	维度	经济状况	均值	显著性
创新能力	贫困	2.20	0.000***	资助公平性	贫困	2.72	0.000***
	中等收入	2.50			中等收入	2.87	
	良好	2.87			良好	3.17	
资助满意度	贫困	2.98	0.000***	资助效率性	贫困	2.80	0.362
	中等收入	3.16			中等收入	2.87	
	良好	3.61			良好	2.94	
资助目标	贫困	3.03	0.002**	资助结果	贫困	2.80	0.000***
	中等收入	3.15			中等收入	3.02	
	良好	3.59			良好	3.28	

注：*表示 $P<0.05$；**表示 $P<0.01$；***表示 $P<0.001$。

第五节　研究结论

本章通过调查研究，实证分析了全国882名硕士研究生对研究生全面收费政策和资助体系的满意度水平，得出以下主要结论：

研究生对全面收费政策和资助体系的总体评价一般，对全面收费政策和资助体系满意度一般。从分项满意度上看，研究生满意度最高的前三项是资助价值理念、收费公平性、资助目标。满意度最低的三项是全面收费政策对创新能力、科研成果产出和学业影响。不同高校层次研究生在各维度上均有显著性差异，对研究生收费政策和资助体系满意度呈现出较大差异。"985"高校>"211"高校>普通高校。"985"高校均值为3—4分，"985"高校研究生对研究生全面收费政策和资助体系比较满意。"211"高校和普通高校均值为2—3分，普通高校均值最低。"211"高校和普通高校研究生对研究生收费政策和资助体系满意度一般或不太满意。不同年级研究生在各维度上的差异显著。研究生对全面收费政策和资助体系满意程度随着年级的增加而增加。研三>研二>研一。不同学科类别研究生对研究生全面收费政策和资助体系持比较不满意或中立态度。就各维度整体均值而言，理工>人文社科>其他。理工类研究生对研究生全面收费政策和资助体系的满意度高于人文社科类和其他类研究生。不同学科类别研究生在收费满意度、科研成果、资助满意度、资助目标、资助额度、资助比例、资助结果维度上有显著性差异。不同家庭经济状况研究生除了在资助效率性维度外均有显著性差异。在各观测点的均值上，不同家庭经济状况研究生对研究生收费政策和资助体系满意度评价随着家庭经济收入的增加而增加。良好>中等收入>贫困。研究生性别差异对各维度满意度无显著影响。

研究生全面收费政策在合理性和保障性方面存在不足，对创新能力、科研成果产出和学业影响的效果不好。研究生资助体系的公平性、效率性等均值满意度不高，持比较不满意和中立态度。特别是在资助额度、资助比例、资助评定机制、资助对经济压力的缓解程度以及研究生全面收费政策的合理性等方面满意度偏低。研究生资助体系在奖优和助困上，在现实操作中还存在资助力度不够、资助金额少、资助分配比例不合理、资助效率不高、资助评定机制不合理、资助体系欠公平等问题。

第十章

研究生全面收费政策对贫困生求学影响的访谈

访谈法，顾名思义，就是研究者"寻访""访问"被研究者并且与其进行"交谈"和"询问"的一种活动。访谈是遵循特定的目的和一定的规则，在研究者的主动询问下，倾听被研究者的述说，是一种研究性的交流活动，双方共同建构研究问题的理论意义。访谈可以了解被访谈者的所思所想和情绪反应，具有灵活性、即时性和意义解释的优点[①]。

研究生全面收费政策实施以来，本科生、研究生、研究生导师、研究生管理工作者、教育专家等怎样认识和评价该政策？研究生全面收费政策对贫困生求学有影响吗？会产生什么样的影响？贫困生求学有哪些困难？应如何加强和保障贫困生的权益和诉求？研究生全面收费政策及奖助体系能否激励研究生求学？能否提高研究生教育质量？研究生全面收费政策及资助体系政策存在哪些问题？研究生全面收费政策的执行效果如何？带着对上述问题的思考，笔者开展了研究生全面收费政策对本科生读研意愿调查、研究生全面收费政策对研究生学业成就影响调查和研究生全面收费政策满意度调查。为了全面、深入了解研究生全面收费政策对贫困生求学的影响，笔者设计了针对学生和教师的访谈提纲，针对在读本科生、在读研究生、教育专家、研究生教育管理工作者进行了访谈。深度访谈了15名贫困生（本科生）、10名贫困生（研究生）、3名教育工作者。从不同利益相关者的视角了解人们对研究生全面收费政策和奖助体系政策的看法和建议。

(1) 访谈本科生，了解研究生全面收费政策对本科生考研意愿的影

---

① 陈向明：《质的研究方法与社会科学研究》，教育科学出版社2000年版，第165—170页。

响，深度了解影响贫困生考研的因素以及本科生对研究生全面收费政策的了解程度等。

（2）访谈研究生，了解研究生全面收费政策对研究生学业成就的影响；研究生读研的主要影响因素、影响程度、对研究生全面收费政策和研究生奖助政策体系政策的存在问题及其看法和建议。

（3）走访教育行政部门，深度访谈专家学者、研究生管理工作者，从校长、教学学者、研究生管理工作者的视角看待和评价研究生全面收费政策和奖助体系政策。

通过这些访谈研究，补充了调查问卷没有涉及的重要信息，深入挖掘研究生全面收费政策现存的主要问题以及隐藏在现象背后的原因，深描被访者对研究生全面收费政策和研究生资助体系政策的看法和建议等，访谈信息更加具体、深入和细致，借此弥补问卷调查方法的不足。表 10-1 是研究生全面收费政策对贫困生求学影响的访谈对象编码记录。

表 10-1　　研究生全面收费政策对贫困生求学影响的访谈对象

贫困生（本科生）		贫困生（研究生）		教育专家及研究生教育管理者	
A1	大四	B1	研三	C1	大学校长
A2	大四	B2	研三	C2	教育学者
A3	大二	B3	研二	C3	研究生工作处处长
A4	大三	B4	研三		
A5	大二	B5	研三		
A6	大三	B6	研一		
A7	大三	B7	研二		
A8	大四	B8	研一		
A9	大四	B9	研三		
A10	大三	B10	研二		
A11	大二				
A12	大三				
A13	大四				
A14	大三				
A15	大四				

第一节　研究生全面收费政策对贫困本科生求学影响的访谈

研究生全面收费政策实施以来，为了解贫困本科生的读研意愿、研究生全面收费政策对贫困本科生的求学影响以及贫困本科生对研究生全面收费政策的看法、意见和建议等，课题组深入广西、湖南、湖北、江西、河北、北京、辽宁、陕西、内蒙古、青海等地高校，对贫困本科生进行访谈。

一　研究生全面收费政策对贫困本科生求学影响的深度访谈

（一）贫困生 A1：大四

1. 请基本描述您的个人及家庭特征。

贫困生 A1，大四，是家里唯一的男孩，有两个姐姐，都比自己大 10 岁以上，都已出嫁，父母均 60 多岁，父亲原是一砖厂工人，下岗后没有工作，平时给人家在夜里看工地，家里种半亩蔬菜，母亲没有工作，在家务农。

2. 请具体说明您目前的经济状况。

给人看工地一月 2000 元工资，家里半亩蔬菜收入不固定，很大程度上受蔬菜价格波动的影响，还有 2 亩地用来种植玉米等作物，收入较少。其余没有其他收入。属于典型的农村家庭，主要支出为学费和生活费。四年大学下来，几乎花光了家里积蓄。

3. 在您选择是否读研的过程中，主要考虑哪些因素？是否考虑读研成本的因素？

一是考虑家庭经济条件能否支撑自己继续读研；二是考虑自己的实力能否顺利考上；三是看目前以本科学历能不能找到满意的工作；四是考虑所选的大学、所在的城市以及所选的专业就业前景和个人兴趣。

考研成本对于我这种贫困家庭来说，是必须要考虑的一个因素。虽然父母说砸锅卖铁也会供我读书，但我还是会慎重考虑，起码不会选择学费太高的专业就读。

4. 您了解研究生全面收费政策吗？您对研究生全面收费政策的看法如何？

了解一些，听说前几年读研还有好多免学费的专业，近几年调整后，没有免学费的专业了。但另一方面，国家加大了奖助学金的投入力度，成绩优秀的学生可以通过获取奖助学金的形式把学费给重新挣回来。

这种方式有利有弊，利的一方面，无形中刺激了学生努力学习，特别是家庭负担重、在乎奖助学金的学生，为他们的奋发图强提供了拼劲；弊的方面，高昂的学费会无形中阻止一部分人读研深造，会把那些家庭较差的学生排除在研究生大门之外，造成了新的教育不公平。

5. 研究生全面收费政策是否会影响您选择读研的意愿？

会影响，如果通过各种途径能够筹集到学费生活费，我将会继续读研，但也会选择学费较低的专业就读。如果自己家庭承受不起读研期间的费用，我会考虑先就业，以后看情况是否继续读研。

6. 对于目前研究生所承担的个人成本水平，研究生收取学费硕士生原则上不高于8000元/年、博士生原则上不高于10000元/年的标准，您认为是否合理？您对研究生学费定价有什么建议？

我认为这个学费有点偏高，以农村种植小麦为例，一亩地产值约800斤，一斤约1元钱，这就意味着需要10亩地的纯收入才能支付一年的读研学费，除去种子、化肥、农药、收割、灌溉等费用，可能需要15亩的利润才能够支付一年的读研学费。在农村人均1亩地的情况下，这种收费对于贫困生太过高昂。特别是贫困家庭学生读完四年大学，要么是一贫如洗，要么是负债累累，很难再有能力承担如此高昂的费用。

我认为读研学费一方面应适当降低，另一方面要通过政策，比如助学金、免息贷款、公益岗位等形式确保每一个交不起学费的贫困生也能正常入学就读，彻底消除贫困生在金钱方面的顾虑。这样才能确保教育公平，确保我国的优质教育资源更多地向农村地区倾斜。

7. 您考研有经济压力吗？如果有的话，您希望通过什么样的方式来帮助您解决经济压力问题。

有经济压力，我会通过多挣钱和少花钱的方式解决。

在挣钱方面：一是通过家里的收入；二是通过亲朋的捐助以及借款；三是在假期选择打工挣钱；四是在就读期间抽课余时间到外面打零工或者当家教挣钱；等等。

在省钱方面：一是尽量减少支出，比如生活费、话费、衣服等支出。二是回家选择最便宜的硬座。三是能省的钱绝不乱花，比如短距离可以步行有时间允许的情况下,就不坐收费的交通工具,等等。

8. 您认为研究生收费政策现存的主要问题是什么?

研究生收费政策有些偏高,容易把寒门学子排除在读研大门之外。不同的城市有不同的消费水平和物价水平。不同的家庭也有不同的挣钱能力和花钱方式。所以我认为研究生学费不应该"一刀切",而是应该根据学校所在城市的物价水平以及学生家庭收入能力适当制定灵活的收费政策。

(二)贫困生 A2:大四

1. 请基本描述您的个人及家庭特征。

贫困生 A2,大四。家庭人员共 5 人,奶奶 85 岁,父亲 48 岁,母亲 45 岁,妹妹 17 岁。2015 年精准识别时,没有达到建档立卡的标准,所以没有享受政府相关的帮扶政策。

2. 请具体说明您目前的经济状况。

家里经济收入主要来源是种植糖料蔗,每年约 80 吨,纯收入 3 万元。需要支付家里的日常开支外,主要供我和妹妹读书。基本可以应付。爸爸妈妈每天工作很辛苦,省吃俭用供送姐妹读书,很不容易。

3. 在您选择是否读研的过程中,主要考虑哪些因素?是否有考虑读研成本的因素?

我考虑过读研,主要考虑读研可以提高学历,增加就业机会,可以到更高层次的单位,如大中专院校、科研机构就业。但读研成本比较高,家里负担很重。作为女孩子,家里认为读到大学可以了,读研究生供不起学费。

4. 您了解研究生全面收费政策吗?您对研究生全面收费政策的看法如何?

我了解过研究生全面收费政策,每年约 8000 元学费,加上住宿费、伙食费,每年需要开支 2.5 万元左右。如果取得奖学金、助学金,学费可以抵减。我对研究生全面收费政策的看法是:国家重视培养研究生很好,收费也不算高,但相对农村的学生来说,依然负担很重,基本需要支付全家成员的收入。对有多个孩子的家庭来说,多数持反对态度。本来能读大学实属不易,由于经济困难的原因,再读几年研究生会影响全家的生活质量和水平。

5. 研究生全面收费政策是否会影响您选择读研的意愿?

不会,因为我想先参加工作,再去读在职研究生也行,先有工作,有些积蓄再去读。

6. 对于目前研究生所承担的个人成本水平，研究生收取学费硕士生原则上不高于 8000 元/年、博士生原则上不高于 10000 元/年的标准，您认为是否合理？您对研究生学费定价有什么建议？

我认为原则上研究生收取学费 8000 元/年，博士生收费不高于 10000 元/年有些偏高。建议研究生学费定价能有合理的标准，体现专业和培养成本的差别。

7. 您考研或读研有经济压力吗？如果有的话，您希望通过什么样的方式来帮助您解决经济压力问题。

除了考研压力大之外，读研经济压力也很大，当我在读研时，我已经 25 岁了，家里父母亲年纪也偏大了，已经是 50 多岁的人了。由于长期省吃俭用，身体一天比一天差，经济压力很大。我希望可以通过国家的政策帮扶。一是先参加工作，然后在单位考研，领基本工资去读研，这样就可以解决我的工作和经济问题，读研回来后继续在原单位工作。二是通过努力，争取拿到国家奖学金、一等奖学金，减少经济开支。三是通过国家贴息贷款，毕业后去当特岗教师或村官，抵消减免国家贷款。

8. 您认为研究生收费政策现存的主要问题是什么？

收费偏高，帮扶政策力度不够。对农村家庭来说，很多学生能顺利完成大学学业，对家庭的负担都已经很重了，读研时再高收费，必定会影响到不少学生"望研莫及"。这对贫困生选择工作，自食其力，缓解家庭经济困难状况或是继续读研深造都会产生现实影响，也会影响教育公平与国民素质的提升。

（三）贫困生 A3：大二

1. 请基本描述您的个人及家庭特征。

贫困生 A3，大二，广西师范大学汉语言文学专业，学费及住宿费每学年 5500 元。家住广西百色市田东县作登瑶族乡，家庭人口 6 人，家中还有两个妹妹和一个弟弟，两个妹妹一个在读高一、一个在读初一，弟弟在读小学三年级，家庭经济收入主要以父亲从事运输业、母亲打零工为主，经济条件较差。

获得国家"雨露计划"资助，一次性奖补 5000 元，在学校表现品学兼优，获得一等奖学金和学业奖学金，学校提供勤工俭学岗位，假期从事暑期工和家教。

2. 请具体说明您目前的经济状况。

父亲挣钱不容易，母亲也只能靠打零工贴补家用，第一年学费由国家"雨露计划"直接补助 5000 元，每月生活费由学校勤工俭学岗位提供（在图书馆负责陈列图书和归档图书），每月获得补助 500 元，周末做家教（每周四小时，每小时 100 元），每月伙食开支在 700 元左右，基本生活可以自己保障。

3. 在您选择是否读研的过程中，主要考虑哪些因素？是否有考虑读研成本的因素？

读研中较为担心的问题是学费问题、个人学习能力问题、时间成本问题。如果学费没有办法得到解决则不考虑读研。研究生入学考试难度较大，尤其是英语科目，担心不能达到国家录取分数线。

4. 您了解研究生全面收费政策吗？您对研究生全面收费政策的看法如何？

了解过读研的全面收费政策，但是听学长和学姐说每月可以有 600 元补助，分 10 个月发放，共计 6000 元，相对于 8000 元学费个人只需要承担 2000 元，但是只要学习成绩好还可以获得每年 2 万元的国家奖学金，跟前几年免费政策相比确实增加了家庭负担，但是只要学费问题能够得到妥善解决还是很希望能继续深造。

5. 研究生全面收费政策是否会影响您选择读研的意愿？

研究生全面收费会影响读研意愿，但是影响程度不大，如果能考上研究生，会努力赚取学费，第一年自缴学费部分会有些困难，但是后期的学费可以由生活补助和课外打工完成。

6. 对于目前研究生所承担的个人成本水平，研究生收取学费硕士生原则上不高于 8000 元/年、博士生原则上不高于 10000 元/年的标准，您认为是否合理？您对研究生学费定价有什么建议？

目前的收费水平相对于本科的学费来说确实负担很大，定价过高，研究生学制三年，文科类研究生大部分时间属于自我学习和研读资料的时间，实际的学习时间只有一年多一些，学费过高，应该随着年级增高而递减，这样会比较合理。

7. 您考研或读研有经济压力吗？如果有的话，您希望通过什么样的方式来帮助您解决经济压力问题。

读研经济压力相对较大，但是可以通过在教育辅导机构代课和其他方式挣钱，本科毕业如果顺利读了研究生，也能证明自己的实力，可以自立。

8. 您认为研究生收费政策现存的主要问题是什么？

现今的研究生学费相对过高，不同专业应该有不同的学费价格，理工类可以稍微高一些，而文史类应该相对便宜一些，如果是以实验为主的专业可以提高学费，但是文史类的研究生大多数看上去"很清闲"，自修的时间较多，如果和理工类研究生同等价位会觉得不太合理。

（四）贫困生 A4：大三

1. 请基本描述您的个人及家庭特征。

贫困生 A4，大三，家庭人口 4 人，家中有一个妹妹，读小学二年级，父亲是木工，母亲身体不好，在家照顾妹妹。家庭经济来源主要以父亲收入为主。

2. 请具体说明您目前的经济状况。

经济条件较差，父亲是家里的顶梁柱，晨兴夜寐，亿辛万苦，用自己长满双茧的手，养家糊口，维系和支撑着家里的一切开支。基于家里贫寒的现实情况，我不忍心再向日渐年迈的父亲伸手要钱，于是，我在大一入学伊始，就联系兼职工作，做了若干份兼职工作，参加学校组织的勤工俭学活动等赚取学费和生活费。通过我自己的努力，大二以后，我已不再向父亲要钱，已能分担家里的经济负担。

3. 在您选择是否读研的过程中，主要考虑哪些因素？是否有考虑读研成本的因素？

在选择读研的过程中，我会首先考虑经济因素，我认为自立是第一位的，有大学本科文凭也能找到工作，继续读研意味着还要投资教育，还要交学费，像我们这种家庭，家庭经济收入贫寒，家中还有一个妹妹还小，亟须用钱，所以我就想先出来工作，当然，我也有读研梦，也希望日后在自己和家庭经济条件宽裕些的时候，再去实现自己的读研梦。

4. 您了解研究生全面收费政策吗？您对研究生全面收费政策的看法如何？

我不了解研究生全面收费政策。我就知道以后读研要收费了，所以我就不想读研了。

5. 研究生全面收费政策是否会影响您选择读研的意愿？

研究生全面收费会影响我的读研意愿。因为没有公费生了，读研都要自费，所以我就打算以后自己有些积蓄之后再考虑读研。

6. 对于目前研究生所承担的个人成本水平，研究生收取学费硕士生原则上不高于 8000 元/年、博士生原则上不高于 10000 元/年的标准，您认为是否合理？您对研究生学费定价有什么建议？

我认为当前研究生收费标准还是偏高的。8000 元一年的学费至少我现在觉得很有压力，我希望研究生收费能够更多地考虑一下我们这种贫困生。

7. 您考研或读研有经济压力吗？如果有的话，您希望通过什么样的方式来帮助您解决经济压力问题。

读研经济压力很大，所以我就考虑先工作，挣钱存钱。

（五）贫困生 A5：大二

1. 请基本描述您的个人及家庭特征。

贫困生 A5，大二，农村家庭 6 口人，有一个弟弟，现上高二，一个妹妹，现上小学六年级。父母亲以务农为主，种植农作物和果树，因要承担家庭三个孩子读书的费用，家庭经济压力大。

2. 请具体说明您目前的经济状况。

家庭经济困难，自己平时靠兼职打工，挣取学费和生活费。

3. 在您选择是否读研的过程中，主要考虑哪些因素？是否考虑读研成本的因素？

会考虑读研成本因素；考虑自己的成绩、考试的难度、院校、专业、地点等。

4. 您了解研究生全面收费政策吗？您对研究生全面收费政策的看法如何？

了解一些，研究生全面收费政策改变了收费制度，取消了公费制，配套资助体系，可以资助贫困生。个人认为这个政策还是不错的。

5. 研究生全面收费政策是否会影响您选择读研的意愿？

研究生全面收费政策不会影响我的读研意愿。

6. 对于目前研究生所承担的个人成本水平，研究生收取学费硕士生原则上不高于 8000 元/年、博士生收费上不高于 10000 元/年的标准，您认为是否合理？您对研究生学费定价有什么建议？

我认为不合理，我希望研究生教育收费可以稍微降低点，因为越往后读书的成本越高，不仅仅是学费方面，更多的是时间和精力，需要放弃机会成本。

（六）贫困生 A6：大三

1. 请基本描述您的个人及家庭特征。

贫困生 A6，大三，父亲年纪大，母亲已故，有两个哥哥，都成家，没有正式工作。

2. 请具体说明您目前的经济状况。

家庭贫困，靠父亲寄钱，经济来源不足。

3. 在您选择是否读研的过程中，主要考虑哪些因素？是否考虑读研成本的因素？

主要考虑经济因素，会考虑读研成本因素。

4. 您了解研究生全面收费政策吗？您对研究生全面收费政策的看法如何？

不了解，不乱收费并且公开透明就行。希望能够有一些优惠政策。

5. 研究生全面收费政策是否会影响您选择读研的意愿？

研究生收费政策会对我选择读研或工作产生影响。

6. 对于目前研究生所承担的个人成本水平，研究生学费硕士生原则上不高于 8000 元/年、博士生原则上不高于 10000 元/年的学费标准，您认为是否合理？您对研究生学费定价有什么建议？

太贵，希望能加大补助力度。

7. 您考研有经济压力吗？如果有的话，您希望通过什么样的方式来帮助您解决经济压力问题？

有，勤工俭学、兼职、暑假打工来减压。

8. 您认为研究生收费政策现存的主要问题是什么？

研究生收费政策不透明，不细致。应尽量考虑贫困生家庭困难程度，适当给予减免。

（七）贫困生 A7：大三

1. 请基本描述您的个人及家庭特征。

贫困生 A7，大三，父亲患有心脏病，家庭经济来源于务农收入。奶奶老年痴呆，目前家中两人读书，家庭经济负担重。

2. 请具体说明您目前的经济状况。

家庭经济条件差，经济拮据。

3. 在您选择是否读研的过程中，主要考虑哪些因素？是否考虑读研成本的因素？

考研主要考虑离家远近、经济因素、个人学习能力因素、考研难易程度、所考专业在未来的发展前景；会考虑考研成本因素。

4. 您了解研究生全面收费政策吗？您对研究生全面收费政策的看法如何？

不了解

5. 研究生全面收费政策是否会影响您选择读研的意愿？

研究生全面收费政策不会影响我的读研意愿。想上研究生就要表现优秀，研究生收费政策改革之后，表现优秀的学生获得的奖学金不仅仅可以交足自己的学费，还可获得比学费更多的收入，这样的政策给了我更大的动力。

6. 对于目前研究生所承担的个人成本水平，研究生收取学费硕士生原则上不高于8000元/年、博士生原则上不高于10000元/年的标准，您认为是否合理？您对研究生学费定价有什么建议？

我认为目前研究生收费比较合理，但还是希望学费标准能够下调一些，减轻贫困家庭的压力。

7. 您考研或读研有经济压力吗？如果有的话，您希望通过什么样的方式来帮助您解决经济压力问题？

有经济压力。向国家贷款，申请"三助"岗位，不想再跟家里要钱了。

（八）贫困生 A8：大四

1. 请基本描述您的个人及家庭特征。

贫困生 A8，大四，父母都是农民工，家有六口人。

2. 请具体说明您目前的经济状况。

经济压力大，主要收入来源为父母务农。

3. 在您选择是否读研的过程中，主要考虑哪些因素？是否考虑读研成本的因素？

难易程度、学费、地区，主要考虑学费，家庭没有足够的经济能力供我和弟弟同时上学，如果过高就选择放弃。

4. 您了解研究生全面收费政策吗？您对研究生全面收费政策的看法如何？

不太了解。

5. 研究生全面收费政策是否会影响您选择读研的意愿？

研究生全面收费政策会影响我的读研意愿。

6. 对于目前研究生所承担的个人成本水平，研究生收取学费硕士生原则上不高于 8000 元/年、博士生原则上不高于 10000 元/年的标准，您认为是否合理？您对研究生学费定价有什么建议？

学费还是偏高，希望能出台一些政策帮扶想读研但却又顾及家里经济条件的贫困学生。

7. 您考研有经济压力吗？如果有的话，您希望通过什么样的方式来帮助您解决经济压力问题？

有，国家贷款和勤工俭学。

（九）贫困生 A9：大四

1. 请基本描述您的个人及家庭特征。

贫困生 A9，大四，父母都是农民，家中除父母还有两个哥哥，两人在外打工，身体健康。父亲 55 岁，因腿伤已两年没有工作，今年年初进行二次手术，现在家休养，由母亲照料。

2. 请具体说明您目前的经济状况。

经济贫困，生活费基本靠哥哥给予，每月 600 元。

3. 在您选择是否读研的过程中，主要考虑哪些因素？是否考虑读研成本的因素？

父母的支持程度和读研的成本；会考虑读研成本因素。

4. 您了解研究生全面收费政策吗？您对研究生全面收费政策的看法如何？

不了解，我认为减免贫困生学费能够减轻贫困家庭的经济压力，有研究生奖助政策作保证，研究生全面收费不失为一个调动贫困生学习积极性的方法。

5. 研究生全面收费政策是否会影响您选择读研的意愿？

研究生全面收费政策会影响我的读研意愿。

6. 对于目前研究生所承担的个人成本水平，研究生收取学费硕士生原则上不高于 8000 元/年、博士生原则上不高于 10000 元/年的标准，您认为是否合理？您对研究生学费定价有什么建议？

单从数额上看还算合理。我觉得可以加大对贫困生减免帮扶的力度。

7. 您考研有经济压力吗？如果有的话，您希望通过什么样的方式来帮助您解决经济压力问题？

对我而言，像我这样的家庭，考研是有经济压力的，我需要自己凑足学费和生活费。如果选择读研，我希望可以通过做兼职岗位来解决经济压力问题。

（十）贫困生 A10：大三

1. 请基本描述您的个人及家庭特征。

贫困生 A10，大三，独生子女，父亲二度中风从而丧失全部劳动力，母亲身体不好而只能打零工，母亲生活很艰辛，除照顾父亲、操持家务之外还要打工挣钱养家。

2. 请具体说明您目前的经济状况。

家庭经济压力大，经济条件差，体恤到贫困家庭生活的不易，为了减轻母亲的负担和压力，我在校外做了两份兼职的工作，通过自己的努力，赚取学费和生活费。

3. 在您选择是否读研的过程中，主要考虑哪些因素？是否考虑读研成本的因素？

专业、就业前景、学费压力，会考虑读研成本因素。

4. 您了解研究生全面收费政策吗？您对研究生全面收费政策的看法如何？

部分了解研究生全面收费政策，觉得还可以接受。

5. 研究生全面收费政策是否会影响您选择读研的意愿？

研究生全面收费政策不会影响我的读研意愿。

6. 对于目前研究生所承担的个人成本水平，研究生收取学费硕士生原则上不高于 8000 元/年、博士生原则上不高于 10000 元/年的标准，您认为是否合理？您对研究生学费定价有什么建议？

我认为还行；关于研究生学费定价希望对贫困生能够有更多的优惠政策。

7. 您考研有经济压力吗？如果有的话，您希望通过什么样的方式来帮助您解决经济压力问题？

考研有压力，可以找亲戚借钱、贷款、勤工助学等。

（十一）贫困生 A11：大二

1. 请基本描述您的个人及家庭特征。

贫困生 A11，大二，低收入人群，父母小学文化，还有一个弟弟，上小学。

2. 请具体说明您目前的经济状况。

家庭经济困难，目前欠银行贷款 18000 元。

3. 在您选择是否读研的过程中，主要考虑哪些因素？是否考虑读研成本的因素？

家庭经济、学习成绩、就业，成本是主要因素，会考虑读研成本因素。

4. 您了解研究生全面收费政策吗？您对研究生全面收费政策的看法如何？

我个人不支持研究生全面收费政策，我希望能像过去一样有公费生，可以免费读研；读研收费会增加经济困难家庭的经济负担。

5. 研究生全面收费政策是否会影响您选择读研的意愿？

研究生全面收费政策会影响我的读研意愿。

6. 对于目前研究生所承担的个人成本水平，研究生收取学费硕士生原则上不高于 8000 元/年、博士生原则上不高于 10000 元/年的标准，您认为是否合理？您对研究生学费定价有什么建议？

研究生收费不合理，好多专业的收费都一样，缺乏合理的研究生收费标准。建议合理制定研究生收费标准，对家庭经济特别困难的学生，减免学费，切实解决贫困生求学困难问题。

7. 您考研有经济压力吗？如果有的话，您希望通过什么样的方式来帮助您解决经济压力问题？

有压力，助学贷款、奖学金、助学金。

（十二）贫困生 A12：大三

1. 请基本描述您的个人及家庭特征。

贫困生 A12，大三，农村家庭，家里有一个姐姐、一个弟弟，姐姐刚结婚生子，做家庭主妇。弟弟读初一。父母起早贪黑，风雨无阻，父亲在集市上贩卖果蔬，母亲卖早餐，做煎饼果子，父母挣钱极为艰辛，家境贫寒。

2. 请具体说明您目前的经济状况。

经济状况拮据，目前已向银行贷款 12000 元。为了赚取生活费，给父母减轻经济负担，我做了两份家教工作，利用每周周末时间，辅导两名中学生学习英语和数学，每周共上 6 节课，每节课 60 元，目前，基本可以解决生活问题。

3. 在您选择是否读研的过程中，主要考虑哪些因素？是否考虑读研成本的因素？

学习成绩、读研成本、就业前景、家庭支持程度、社会压力等；会考虑读研成本。

4. 您了解研究生全面收费政策吗？您对研究生全面收费政策的看法如何？

不了解；增加研究生读研成本。

5. 研究生全面收费政策是否会影响您选择读研的意愿？

研究生全面收费政策会影响我的读研意愿。

6. 对于目前研究生所承担的个人成本水平，研究生收取学费硕士生原则上不高于8000元/年、博士生原则上不高于10000元/年的标准，您认为是否合理？您对研究生学费定价有什么建议？

不合理；对贫困生学费标准可以适当降低。

7. 您考研或读研有经济压力吗？如果有的话，您希望通过什么样的方式来帮助您解决经济压力问题？

还好，通过获取奖学金、助学金等。

（十三）贫困生A13：大四

1. 请基本描述您的个人及家庭特征。

贫困生A13，大四，一家三口，家庭经济条件低下，母亲身患重病，失去工作能力，家庭开支靠父亲一人。

2. 请具体说明您目前的经济状况。

家庭经济贫困，做兼职，生活费大部分靠自己兼职收入支付承担，有学校的补助。

3. 在您选择是否读研的过程中，主要考虑哪些因素？是否考虑读研成本的因素？

主要考虑学费，会考虑成本。

4. 您了解研究生全面收费政策吗？您对研究生全面收费政策的看法如何？

了解一点，宣传工作不是很到位。

5. 研究生全面收费政策是否会影响您选择读研的意愿？

研究生全面收费政策会影响我的读研意愿。

6. 对于目前研究生所承担的个人成本水平，研究生收取学费硕士生原则上不高于 8000 元/年、博士生原则上不高于 10000 元/年的标准，您认为是否合理？您对研究生学费定价有什么建议？

不合理；对贫困生而言学费有点高。

7. 您考研有经济压力吗？如果有的话，您希望通过什么样的方式来帮助您解决经济压力问题？

考研对我有经济压力。我希望能通过勤工俭学、兼职、贷款、获取奖学金等方式解决经济压力问题。

(十四) 贫困生 A14：大三

1. 请基本描述您的个人及家庭特征。

贫困生 A14，大三，家里有一个妹妹，父母务农。

2. 请具体说明您目前的经济状况。

经济状况不好，学费和生活费主要靠父母负担，自己也做兼职。

3. 在您选择是否读研的过程中，主要考虑哪些因素？是否考虑读研成本的因素？

经济因素、读研专业、报考院校、就业因素等，会考虑读研成本因素。

4. 您了解研究生全面收费政策吗？您对研究生全面收费政策的看法如何？

不了解。

5. 研究生全面收费政策是否会影响您选择读研的意愿？

研究生全面收费政策不会影响我的读研意愿。我不会因为要交学费而放弃考研的。考研给学生带来的好处，首先是学历的提升，其次是平台的转换机会，最后是人脉的拓展。要准确定位自己的处境和现状。如果得不到奖学金，研究生期间就多去找实习机会，以弥补因为拿不到奖学金而给家庭带来的负担。一定要与社会接轨以便找工作的时候在自己的简历上有更多的相关工作经验，增强自己的综合竞争力。

6. 对于目前研究生所承担的个人成本水平，研究生收取学费硕士生原则上不高于 8000 元/年、博士生收费原则上不高于 10000 元/年的学费标准，您认为是否合理？您对研究生学费定价有什么建议？

对贫困生而言，个人觉得学费偏高，建议对贫困生能减免学费。

7. 您考研有经济压力吗？如果有的话，您希望通过什么样的方式来帮助您解决经济压力问题？

有，边读研边工作。

（十五）贫困生 A15：大四

1. 请基本描述您的个人及家庭特征。

贫困生 A15，大四，农民家庭，家里 7 口人，爷爷奶奶年近 9 旬，爷爷生活不能自理，家里有一个哥哥，一个妹妹，妹妹读高二，父亲种田养鱼，母亲身患重病，三年前动过大手术，重体力活都由父亲和哥哥承担，哥哥两年前外出打工，家庭贫困，经济开支紧张。

2. 请具体说明您目前的经济状况。

家庭经济状况偏低，大一的学费和生活费主要靠父母和哥哥负担，大二以后自己做兼职，赚取学费和生活费。

3. 在您选择是否读研的过程中，主要考虑哪些因素？是否考虑读研成本的因素？

家庭条件、父母期望、自己对以后工作的需求，会考虑读研成本因素。

4. 您了解研究生全面收费政策吗？您对研究生全面收费政策的看法如何？

了解一些。研究生收费是一笔长远的投资。刚听说要取消公费研究生时，我心想自己怎么这么倒霉，准备考研的时候却要交学费了，后来看了一些报道才知道，研究生全面收费政策会有配套的奖助学金政策。虽说是自费，但奖助学金基本可以抵消学费，这就坚定了我要读研的决心，通过努力和拼搏，解决经济困难问题。

5. 研究生全面收费政策是否会影响您选择读研的意愿？

研究生全面收费政策不会影响我的读研意愿。

6. 对于目前研究生所承担的个人成本水平，研究生收取学费硕士生原则上不高于 8000 元/年、博士生原则上不高于 10000 元/年的标准，您认为是否合理？您对研究生学费定价有什么建议？

不合理；读研成本太高了，对贫困生应该降低学费。

7. 您考研有经济压力吗？如果有的话，您希望通过什么样的方式来帮助您解决经济压力问题？

有，贷款、奖助学金、"三助"岗位或者做兼职等。

二 研究生全面收费政策对贫困本科生求学影响的访谈简录

在对以上15名贫困本科生进行研究生全面收费政策对贫困生求学影响的深度访谈之外,为了更广泛、更全面地了解研究生全面收费政策对贫困生求学影响的看法,课题组还调查和访谈了300名来自我国不同区域、不同层次、不同类型、不同年级的在校本科生。课题组通过对调查问卷开放问题以及对访谈文字的整理,现归纳、汇总和呈现被试与被访者关于研究生全面收费政策对贫困生求学影响的看法,记录如表10-2所示:

表10-2　　研究生全面收费政策对贫困生求学影响的访谈简录

1	影响很大,对贫困生个人和家庭都有影响,增加家庭经济负担,给个人带来学习和心理压力
2	影响很大,贫困生会读不起,直接放弃,个人以及家庭经济压力大
3	影响很大,家庭经济困难的学生支付不起高额的学费
4	影响贫困生考研的决定
5	有很大影响,本来家庭就困难,农村家庭学生与父母有个共识,即使家庭比较困难,父母还是会尽量提供学生活费供学生读完本科。但是本科毕业,要是读研的话,学生就要面临很大的心理压力,家庭经济本来就困难,指望着自己本科毕业就出来工作改善家庭经济,如果选择读研,学生就要面临周围亲人和同学的压力,都这么大年纪了,还不帮父母减轻负担,还要继续花钱读研究生,会遭受难以言表的种种压力
6	对特困生影响最大。若相关资助政策跟不上,特困生将难以读研,阶级固化程度更高
7	影响贫困生读研的意愿
8	影响家庭特别贫困的学生考研选择,同时,也会促使贫困学生在读研期间进行兼职等,缓解家庭压力
9	有一点帮助,生活费有基本保障,但是对于学费完全没有作用,学校奖学金三等只有3000元,虽是覆盖1000%但多至75%,对于每年8000元的学费没有实质性的帮助
10	贫困生经济负担重,被迫兼职,对学业会有影响
11	影响贫困生的读研积极性
12	影响考研意向,经济压力大
13	经济负担重,影响学习,分散精力
14	影响贫困生考研的决心
15	影响很大,毕竟贫困生家庭经济本来就比较困难,父母压力大
16	影响贫困生是否继续读研
17	影响贫困生读研的概率
18	对贫困生影响较大,负担增多
19	影响很大,一定程度上贫困生会放弃读研

续表

20	影响会很大，贫困生考研意愿可能因此改变
21	有很大的影响，读研究生的经济成本是贫困生决定是否读研的主要因素
22	对寒门学子考研意愿，接受研究生教育影响很大
23	会影响一部分贫困生专心学术
24	影响较大，贫困生会考虑提前就业而放弃读研
25	较大程度上影响贫困生的考研意愿
26	影响挺大，有些贫困生可能会因为家庭经济因素放弃读研去工作
27	对想继续求学的贫困生来说，会产生一定影响
28	影响可能不太大，但还是很有压力，特别是家里有两三个人读大学的
29	影响不大，现在都可以自己兼职，可以通过兼职等方式赚取学费和生活费用，缓解经济压力
30	影响贫困生的读研意向，在读研或工作的选择上，偏向考虑工作
31	影响很大，家庭经济拮据，加之有些贫困生家里还有弟弟妹妹，父母日渐年迈，不忍心再让父母辛劳，想早日出来工作挣钱，替父母分担经济压力
32	收费高会影响贫困生的考研决定，放弃读研
33	增加贫困生的负担，影响读研意向
34	对贫困生家庭的经济影响较大，压力较大
35	增大经济负担，影响贫困生学习投入的力度、时间等
36	对一些家庭经济较困难的学生家庭有很大影响，增加家庭的经济负担
37	有很大的影响，如果贫困生得不到国家补助，读研对于贫困生来说很困难
38	如果花费实在太贵，贫困生会打退堂鼓，明明可以出来工作了，却还要多读几年花那么多钱，虽说长远来看可能比较有益，但是燃眉之急也需要考虑
39	如果没有其他帮扶政策，那么对于贫困生来说读研将会成为很大负担
40	家庭经济负担可能会变重，如果是家庭支持，并且有明确目标的人就没什么影响
41	会影响贫困生决定不去读研，参加工作
42	影响较大，贫困生会因为费用问题而放弃选择考研
43	虽然国家会每个月发放补助，且补助金额很大一部分可以抵消学费，但是每次开学就需要拿出一大笔钱，对于贫困生来说还是相当吃力的。贫困生平时可以节省，但是学费总会让他们头痛不已
44	会对贫困生的父母和家庭造成压力，同时也会产生心理负担，影响贫困生学习的专注性
45	会有很大影响，学生成年后，除了学业的提高问题，还会考虑家庭承担问题
46	收费的高低一定程度上会影响贫困生的考研率
47	经济因素会成为贫困生是否考研的主要因素
48	会减少贫困生读研
49	导致一些有考研意愿的贫困学生不考研

续表

50	加大贫困生个人和家庭的经济负担
51	收费过高，可能会导致部分家庭条件不好的同学放弃读研，早日工作挣钱养家
52	贫困生迫于生计压力，对读研或继续深造有纠结
53	在一定程度上还是会加重家庭负担的
54	增添更多经济负担，给家里更多无形的压力
55	如果贫困生不贷款，就会极大增加家庭经济负担，贫困生在面对家庭的时候会带来极大压力；如果贷款，加上本科四五年的贷款欠费，贫困生出去工作的经济负担会很重
56	贫困生家庭负担加重
57	生活压力大，经济开销不足，不能全心全意投入科研
58	费用高，无法负担，影响考研选择
59	贫困生会因为费用太高而放弃读研
60	贫困生没有经济能力付费
61	费用过高导致贫困生经济负担进一步加大，继续读研不仅学业上压力大，精神压力也很大，若学业上付出的努力未能取得相应好的结果则压力相对会比较大
62	给贫困生造成一定的生活负担
63	会促使申请贷款，增加贫困生家庭经济负担，影响正常社交
64	加重贫困生家庭经济负担；继续读研的决心有可能会动摇
65	成绩一般、不突出的贫困生应该会放弃考研
66	减少贫困生读研的机会
67	导致贫困生对考研有退缩，过度担忧经济问题，无法专心考研
68	会使贫困生因为经济原因，不去走考研这条路
69	家庭负担会变重，贫困生读研会有一定的经济压力
70	可能贫困生会对考研很犹豫
71	在一定程度上降低贫困生的读研概率
72	可能会因为费用贵而放弃读研
73	收费高可能会使家庭负担重
74	对于贫困生来说，可能付不起这么多的学费，毕业后要偿还本科生的贷款，还要加上研究生的贷款，压力很大
75	贫困生会因为收费较高从而选择出去就业而不是继续深造
76	使贫困生考研压力加大，或者有一些有能力的贫困生因收费而不读研
77	贫困生可能会交不起学费，放弃读研
78	农村家庭的孩子上大学本来就已经够难的了，读研要考虑经济因素，如果学费再高的话，估计会有很多人不读了
79	增加贫困生的经济负担，不敢读研

续表

80	研究生全面收费政策对贫困生影响较大,最大的影响是不读研,直接步入社会,出去工作。我身边有个例子:研究生复试的时候认识的一个姐姐,她属于非常有上进心的人,家里总共有3个孩子,她是家里的老大,她父母是广西这边的果农,收入微薄。她父母直接就说了,她们家养不起3个孩子读书,于是实行了一个措施,先供老大,老大读出来了,由老大出钱供老二读书,老二供出来了,老三再读书。因此她们家老大跟老二的年龄差了6岁,老二跟老三差了7岁。而九年义务教育是不收费的,因此家里压力不大。我认识的这个姐姐,大学毕业后就直接工作,赚的钱除了吃喝,都给了家里。她已经工作了5年,觉得自己的学识不够,就要读研。读研的钱自己出,但是父母不太同意,然后就跟家里打欠条,等毕业后再还钱(老二的读书费),结局怎么样我不太清楚。由此可以看出研究生收费对贫困生的影响。她肯定面临着巨大的压力,除了要缴自己的学费,妹妹的学费压力也在她身上
81	贫困生需要贷款读书,经济和心理压力比较大
82	费用增加,会加大贫困生的负担
83	经济拮据,资金不足交学费
84	加重贫困家庭的经济负担和贫困生的心理负担
85	压力大,学费+生活费比较多,家庭负担不起
86	对贫困生造成心理压力和经济压力
87	贫困生会考虑不读研究生,或者边打工边学习,增加了自己压力
88	研究生年龄也比较大,各方面都有开支,对于贫困生而言,家庭负担会比较沉重
89	增加经济压力,分散科研注意力
90	会阻碍贫困生对研究生的追求
91	增加贫困生的压力以及家庭经济压力
92	学费和日常生活开支给贫困生造成经济压力,平时不仅要完成课程,还要想办法赚钱
93	经济压力影响贫困生的考研意愿
94	加重贫困生的经济负担和思想负担
95	一定程度上决定贫困生是否考研
96	收费高,贫困生读研压力较大
97	放弃读研的机会,选择就业
98	限制贫困生继续求学的机会
99	会使很多贫困生想考研,却因为家庭经济的原因不能够参与考研
100	加重家庭经济负担,施加生活压力,对学业造成一定的影响
101	致使很多优秀贫困生因没有钱而无法继续深造
102	贫困生日常生活需要做兼职,挤占学习、科研时间
103	影响贫困生学费、住宿费缴费和正常生活开支
104	会降低贫困生的考研愿望
105	增加贫困生对是否读研的犹豫,增加其家庭及个人经济负担
106	增加贫困生选择考研的压力

续表

107	收费高会对贫困生求学产生压力
108	增加贫困生心理压力和家庭经济负担
109	会导致一些贫困生放弃考研
110	贫困生在缴费上会有难处，不能及时缴费，也会产生困扰
111	对贫困生而言，经济上确实是一个负担
112	增加贫困生的经济压力，故因加大对贫困生的资助力度
113	收费太高，会使贫困生产生放弃的念头
114	贫困生在经济方面有很大困扰
115	增加贫困生家庭、心理等压力
116	贫困生家庭经济条件不好，读研会加重贫困生和家庭的经济负担和压力
117	较高的读研费用会给贫困生造成心理压力
118	增加家庭负担，让一些贫困生望而却步，不敢继续深造
119	贫困生在学习期间会在学费的来源上分心
120	贫困生及其家庭还是有学费上的压力
121	对贫困生家庭带来资金上的紧张
122	增加贫困生的经济负担和心理压力
123	对贫困生的心理影响与经济影响颇大
124	对贫困生考研形成一定的阻力和障碍
125	增加家庭负担，可能会导致贫困生不想读研
126	贫困生考虑到费用问题，可能会放弃读研
127	可能会让贫困生心生顾虑，进退两难
128	如果费用较多，可能会打击贫困生考研的积极性
129	较高的费用，如果没有资助渠道，可能会让寒门学子望而却步，阻碍贫困生读研深造
130	贫困生可能因为家里积蓄不多放弃考研
131	较贫困的大学生可能因为费用问题而放弃进一步考研
132	增加经济负担从而可能导致其他方面影响
133	时间问题，贫困生可能面临生活和学习的矛盾问题
134	读研费用造成经济困难，贫困生可能会放弃
135	可能会加重贫困生的经济压力，放弃考研的机会
136	肯定有影响，不仅是生活上的，还包括学业上的，有些可能会选择兼职，但可能会忙不过来
137	可能会有一些本想考研的贫困生因家庭经济因素产生很大的顾虑
138	可能会造成更多的贫困生放弃考研

续表

139	可能造成经济方面困扰
140	贫困生可能会因为经济原因无法读研而选择就业
141	有部分贫困生可能因为考虑经济原因而放弃读研，或者会为了赚取学杂费生活费或偿还贷款而做兼职，这可能会导致分心或有安全问题
142	可能会对想进一步深造的贫困生产生经济上的阻力，增加家庭压力
143	可能会使贫困生更加努力去兼职赚钱来补贴生活
144	贫困生可能读不起、放弃考研
145	可能让贫困生失去升学的机会
146	可能会降低贫困生考研的概率
147	家庭经济比较困难，可能会增大学习压力
148	有可能会使一些贫困生没有机会去读研究生，失去读研的念想
149	家庭负担重，家长可能直接不给读研，读不起
150	可能会打消贫困生考研的念头
151	可能有一部分贫困生因为经济原因上不起研究生，特别是不发达地区的贫困生
152	可能会增加贫困生的负担，也会是贫困生选择是否考研的一大因素之一，可能造成贫困生的一大顾虑
153	贫困生可能会改变考研的想法，决定先工作，减轻家庭负担
154	可能会影响到贫困生读研的决定
155	贫困生可能因为家庭经济压力，而放弃选择读研
156	贫困生可能会抓住考研机会，更努力学习，也可能会去做兼职增加资金，减轻家里的经济压力，但是却会对学习有一定影响
157	对贫困生来说读研是一件很困难的事，可能会导致贫困生因为学费问题而放弃考研
158	贫困生在是否考研方面会有更大的顾虑，特别是较不容易得到奖学金的人，可能会为了获得钱财来养活自己而直接本科毕业工作
159	可能降低贫困生考研热情
160	贫困生可能受到费用方面等影响
161	可能会增加贫困生的学费、生活费负担，思想波动大，会影响其考研的决定
162	加大对贫困生的经济压力，可能对贫困生学业有一定的影响
163	贫困生可能因此读不起，需要贷款等
164	对贫困生产生较大影响，可能不会去读研了
165	可能会增加家庭负担，与此同时也会更有动力
166	补助到位的前提下，对贫困生没有影响
167	加大贫困学生资助力度，让有梦想的学子上得起学
168	研究生教育虽然收费，但也有资助，贫困生可以通过努力，获取资助

续表

169	让更多的人才能够得到培养
170	对贫困生会有一定的扶助措施
171	能够让他们更安心投入考研的学习中去
172	能很大程度上帮助他们完成学业
173	帮助较多，希望加大资助力度
174	增强继续读研的信心
175	可以促进更多的寒门学子往更高的学术层次进行深造
176	帮助贫困生继续读研
177	能帮助到一部分学生，但覆盖范围人群不够广
178	帮助更多想考研的贫困生实现他们的深造愿望
179	贫困生考研的人数可能会增加
180	可以鼓励贫困生继续深入学习
181	有经济压力，勤工俭学或兼职会占用学习时间，但同时更能锻炼能力
182	有助于贫困生读研
183	可以减轻经济负担，使贫困生专注学业
184	可以让更多贫困学子不会因学费问题而放弃自己的求学梦
185	可以给贫困生提供补助
186	可以帮助贫困生读研，提供资助
187	会有更多的贫困生选择读研
188	能让更多贫困生读研
189	对贫困生提供资助，给予帮助
190	会增加贫困生考研的人数
191	有利于贫困生读研，提升教育质量
192	有一定影响但影响不大，因为有许多资助政策和渠道来为了解决贫困生经济的问题
193	有影响，可以改善贫困生的资金问题
194	有利于贫困生更好地就读研究生
195	对贫困生有帮助，有激励作用
196	贫困生可以通过研究生资助政策，获得奖学金、助学金、贷款等，解决经济困难问题
197	可以激励贫困生，争取获得奖学金，用于抵消学费
198	对贫困生求学会有影响，会激发贫困生努力学习
199	贫困生可以从研究生奖助政策中受益
200	研究生收费政策对贫困生求学起到保障的作用
201	学生将更关注选择的学校和专业；影响贫困生考研热情；学费和年龄压力增大

续表

202	部分贫困生因无力支付高额的学费和生活费而无缘读研,部分贫困生通过借钱读研或贷款读研
203	会增加贫困生的生活负担,使贫困生不得不把注意力分散在缓解经济压力上,会影响考试的学习专注度
204	收费增加了读研的成本,贫困生可能会在选择是否考研之前考虑更多,可能会影响贫困生考研积极性,即使在读研期间经济压力也很大
205	收费越高,贫困生压力越大
206	增加读研成本,顾虑更多,影响学业;加重家庭负担,使更多贫困生需要去做兼职
207	经济负担重,生活压力大,贫困研究生未毕业就要背负一大笔债务,让贫困生难以静心研究
208	学费太高,贫困生家庭难以支持,生活补贴太少,导师不发补贴,奖助金太少,不够每月基本生活;研究生各方面开销大,导致学生花过多时间在赚钱或为生活费用着急
209	加重贫困生经济负担,使贫困生心理产生一些情绪和压力
210	对贫困生而言,读研主要靠助学贷款,获取奖学金相对困难
211	研究生全面收费政策对贫困生还是有一定的影响。贫困生以一等奖学金为目标才能免除学费,但事实上争取到一等奖学金并不是这么轻松,毕竟研究生的竞争还是十分大的
212	会增加贫困生的负担,贫困生上大学本来就不易,有可能是得到资助或助学贷款维持学业。大学四年毕业后,又不知道能不能找到一份稳定的工作,还要偿还本科阶段的助学贷款,这些可能会导致贫困生不会选择去读研
213	研究生全面收费政策对贫困生而言会产生压力,部分特别贫困的家庭负担不起读研费用,开销大
214	有很大的影响。对于贫困生来说,研究生全面收费对他们有很大的压力,也是他们是否读研的重要因素之一。即使他们想读研,但是因为自己的家庭经济能力而有可能选择放弃,想读读不起。虽有奖学金制,但是竞争那么激烈,不能保证自己一定会拿到,从而减轻自己和家庭的经济负担
215	贫困生读研比较困难,费用会影响贫困生的学习投入,增加经济负担
216	实行全面收费,受其影响首当其冲的当是贫困生,本来贫困本科期间就已负债在身,相对中高阶层家庭而言,贫困生的经济负担更重。今后读研读博的基本出自中高收入家庭,教育收费过高会让贫困生止步理想高校的大门
217	如果研究生全面收费标准过高,在学业的道路上没有政策保障和扶持贫困生的生活,会使贫困学子无法完成学业梦想
218	增加贫困生的经济压力;使贫困生读研人数减少;影响贫困生的心理健康
219	对贫困生会造成一定的心理压力;贫困生兼职会影响其投入在学术中的时间;对贫困生的家庭会有一定的影响
220	研究生全面收费政策对贫困生会有影响。毕竟读研时的年龄已是22岁以上了,成年许久,却不出去找工作,补贴家用,还需家庭长期供其读书,着实是一大负担
221	一方面可能加剧贫困生的经济压力;另一方面会促进贫困生珍惜来之不易的学习机会,自强自立
222	对贫困生来说可能费用高了点,贫困生可能会放弃考研,提早去工作;有可能因为费用高,常出去做兼职,减少了学习时间,对知识不能全面了解

续表

223	影响贫困生的心理,增加心理压力;影响贫困生的生活质量;影响贫困生的家庭
224	加重了家庭负担,加大在校期间的花费,学生不得不考虑以其他方式赚取学费和生活费,影响了以"学"为主的大学生活
225	有的贫困生可能因为研究生全面收费政策而不选择读研;有的贫困生通过贷款或向亲朋好友借钱上学,以后更努力学习,提高自己,争取获得奖学金,支付学费
226	研究生学费、住宿费、生活费等费用较高,给贫困家庭带来一定的经济压力,虽有助学贷款支持,但三年后几万块的贷款对于贫困家庭来说,偿还还是有压力的
227	研究生收费较高,但专门针对贫困生的资助较少,不利于激发贫困生学习的积极性
228	加大贫困生经济压力,挫伤贫困生考研积极性
229	研究生全面收费政策一定程度上可以缓解贫困生,但要考虑地方经济状况和消费水平。我校研究生资助金额和所在地区的消费水平差距较大,只能保证最低的生存需求
230	研究生全面收费政策对贫困生会有影响,直接影响贫困生读研意愿,读研期间由于经济原因分散其学习注意力
231	研究生全面收费政策可能会使贫困生放弃读研;导致贫困生产生心理问题;导致贫困生为解决经济问题打工挣钱,分散学习时间和精力,进而影响研究生教育的培养质量
232	研究生收费对贫困生来说是一笔巨大的经费,本来家里的经济来源都不固定,时刻担心去哪挣钱才能维持家人的生活,感觉经济压力很大
233	对贫困生考研造成困扰,一部分贫困生会抽出部分时间去勤工俭学,会减少本科生考研的积极性
234	研究生收费会加大贫困生的经济压力,从而使贫困生不会选择读研
235	增加家里的经济负担,增大贫困生读研的压力
236	研究生全面收费政策对贫困生考研有一定的影响。因为毕竟已经读了四年大学,再深造学习还需要家里出钱,身心压力都很大;对贫困生而言,研究生收费并不是一笔小数目
237	过高的收费会增大贫困生家庭负担,从而会导致贫困生放弃考研,对于有能力的贫困生而言,学术研究和家庭是很重要的一对矛盾
238	研究生收费政策如果没有良好的资助体系政策做保证会加剧研究生原发性贫困,引发研究生再生性贫困
239	会给贫困生和贫困生家庭造成经济负担;提高贫困生读研的门槛,使贫困生放弃读研的选择;贫困生为了赚取学费和生活费,会去做兼职,而浪费学习和科研的时间
240	贫困生读研期间通过兼职等方式谋生,会分散学习和研究的经历,不利于其学术研究水平的提高
241	为了偿还助学贷款,赚取学费和生活费,贫困生不得不利用课余时间去做兼职,这样减少了贫困生学习和科研的时间
242	研究生收费增加了贫困生家庭的经济负担,但可以激发贫困生的学习动力
243	研究生全面收费政策对贫困生影响不大,因为研究生收费后,国家会同时加大财政投入,完善研究生奖助体系政策,基本可以解决贫困生的生活费用
244	研究生全面收费政策给贫困生及家庭带来一定经济压力,贫困生在学习的同时因为经济而焦虑,影响其学习及心理
245	研究生全面收费政策会对贫困生经济、精神、家庭、人际关系、学习等造成影响

续表

246	大部分农村贫困家庭中大多都供养2—3个孩子读书,对于农村贫困家庭,培养一个孩子读大学就已经很困难,更何况是多个孩子,还是研究生
247	研究生全面收费政策对贫困生有影响;给贫困生和家庭带来经济压力,迫使贫困生出去做兼职来维持日常开支;降低贫困生考研的积极性
248	研究生全面收费对贫困生来说是一笔不小的金额。助学金基本能缓解贫困生的生活压力,但高额的学费会给贫困生读研带来经济压力,虽然可以办理国家贴息助学贷款,但本科四年的贷款再加上读研期间累计五六万元的贷款,使贫困生的心理负担和经济压力很重
249	在一定程度上加大了贫困生及其家庭的经济负担,同时,也会动摇贫困生考研的决心
250	研究生全面收费对贫困生造成很大影响,主要体现在会给贫困生家庭造成经济负担,给贫困生造成一定的心理压力
251	贫困生看到研究生学费这么高,望研兴叹,因为家里穷,急需大学生毕业后先工作赚钱,减轻父母的负担
252	研究生全面收费政策对于贫困生来说影响挺大。一般的农村贫困家庭往往因为无力承担这笔高昂费用而放弃读研的机会。目前来说,研究生收费标准偏高,但是如果国家能加大对研究生奖助经费投入力度,不仅可以培养更多人才,而且还可以帮助更多贫寒学子解决经费问题,同时也能鼓励贫困生追求上进,培养全面发展的人才
253	在一定程度上增加了贫困生及其家庭的经济负担和心理压力
254	研究生全面收费政策对于贫困生家庭会有一定的影响,贫困生对考研会有一定的顾虑,首先是担心自己能不能考上;其次,一旦读了研,贫困生的心理负担更大,通过勤工俭学、做兼职等赚取学费,不能全身心地投入到学术研究中
255	研究生全面收费政策对贫困生有较大的影响。贫困生本来就有经济压力,如果研究生学费相对过高的话,贫困生就支付不起学费,造成贫困生更大的学习压力
256	研究生全面收费政策会给贫困生及其家庭带来很重的经济负担,这会是贫困生考研的一个阻碍因素
257	研究生收费加重贫困生家庭经济负担,施加生活压力,对学业造成一定的影响
258	研究生全面收费政策在一定程度上会对贫困生的生活造成影响,也会影响贫困生的考研意愿
259	由于贫困生家庭收入低,研究生收费会使贫困生家庭负担不起学费,而采取助学贷款、绿色通道等方式入学
260	贫困生家庭经济供给能力一定程度上影响贫困生的读研选择
261	我认为研究生全面收费政策对贫困生的影响还是挺大的,较多贫困生本科四年已申请助学贷款,如若继续读研究生,将承担更多的费用
262	对于特别贫困又不了解研究生全面收费政策的贫困生会有很大的冲击,以致此类贫困生放弃读研
263	加重贫困生家庭负担,减少贫困生考研欲望,产生心理矛盾,增加贫困生经济压力
264	研究生收费太高,贫困生考虑家庭经济贫寒的因素,会放弃考研,选择工作
265	研究生收费会有较多贫困生选择直接就业,而不是读研
266	研究生全面收费政策使部分贫困生因无力支付高额的学费和生活费而无缘读研,有些人也会因为读研而去兼职,这会分散精力,不利于学术的研究

续表

267	经济上影响较大，平时家庭经济收入低，全面收费政策无形中会增加贫困生和其家庭的经济压力
268	研究生全面收费政策对贫困生家庭经济状况有影响，同时对贫困生考研意向有影响
269	研究生全面收费政策对贫困生会有一定的影响，虽然高校可能会增加奖学金金额，但是竞争太激烈，贫困生的优势不明显
270	有些贫困生因为学费问题没有选择考研。高校对于研究生全面收费政策没有向本科生进行普及，以至于很多贫困生因不了解该政策而放弃考研
271	研究生全面收费政策会给贫困生及其家庭带来一定的经济负担，增加贫困生和父母的压力
272	研究生全面收费政策会加重贫困生的家庭负担，减少贫困生的考研意愿
273	贫困生在是否考研方面会有更大的顾虑，特别是成绩不是特别突出的贫困生，部分成绩中等的贫困生，可能会为了减轻家庭经济压力而选择工作
274	贫困生可能会因学费压力等放弃考研，或是因为学费问题在读研期间做兼职，为此会影响学业
275	研究生全面收费政策会增加贫困生及其家庭的经济负担，给贫困生造成经济、心理和学业等方面的压力
276	贫困生压力大，兼职又会影响学业，既而会影响到奖学金，蝴蝶效应的结果就是，贫困生较难获取奖学金
277	研究生全面收费对贫困生来说，家庭负担加重，心理压力也会随之增加
278	贫困生因为经济负担，可能无法全身心投入研究生学习，学习效果不显著
279	研究生全面收费政策会促使贫困生勤工俭学或兼职，影响贫困生读研或工作的选择
280	一方面加重贫困生家庭负担；另一方面，也能使压力化为动力
281	一方面，研究生全面开始收费政策增加贫困生学习压力，可能会影响贫困生考研；另一方面，对于贫困生来说，会去做兼职赚取学费，增强自立自强的精神，同时也带来努力考研的动力
282	对贫困生家庭来说，支出负担增大；对贫困生在校努力求学，刻苦奋斗起到了促进作用
283	在一定程度上会影响贫困生考研的热情，但同时可以让研究生重视读研这一事
284	研究生全面收费政策给贫困生带来了更多优惠，创造了更多机遇
285	能帮助贫困生缓解经济压力，激发贫困生的学习动力
286	贫困生可以凭借自己优秀的成绩来获取奖学金支付学费，让贫困生得以继续维持学业
287	研究生全面收费政策对贫困生有一定影响，但因为有研究生资助体系政策，总体来说，影响不大
288	研究生全面收费政策对贫困生影响不是很大。现在国家每年拨给贫困户的扶贫资金占比逐年升高，贫困生在这期间也可得到政府的扶持帮助，基本上不会有吃不饱、穿不暖的现象出现
289	贫困生读研期间专注于学业，获取奖学金、导师资助、参加"三助"等，可以获取资助资金，缓解贫困生及其家庭经济负担问题，研究生全面收费政策对贫困生可以起到激励和促进作用

续表

290	贫困生会为经济问题而犯难,但这只是暂时的束缚,研究生全面收费政策可以更好地激发贫困生的学习动力
291	研究生全面收费政策对贫困生影响不大,国家实行研究生收费后会加大财政投入,完善资助体系,贫困生还有绿色通道入学
292	贫困生可以通过努力,获得优异的成绩,获取研究生国家奖学金和研究生学业奖学金来支付学费
293	增加贫困生的学习压力,但也可能让贫困生更加积极向上,不负家庭
294	研究生资助体系对贫困生提供奖优助困的政策,可以对贫困生起一定的激励作用
295	研究生实行全面收费政策对贫困生家庭来说,确实是有一定的资金压力,给家庭增加了经济负担,会加剧贫困生的心理负担。但同时,这种压力可能也会成为一种动力,促进贫困生好好珍惜家庭的付出,刻苦奋进
296	研究生收费,贫困生会有经济负担,为了赚取学费和生活费,做兼职,挤占学习时间,但也能锻炼能力
297	研究生全面收费政策对贫困生帮助挺大,可以帮助贫困生减轻经济压力,可以增加就业机会
298	研究生全面收费政策在很大程度上能够帮助贫困生完成学业
299	研究生全面收费政策可以激励成绩好的贫困生更加努力地投入到学习中去,争取获得研究生国家奖学金或者研究生一等奖学金,以此缓解贫困生及其家庭的经济压力

第二节　研究生全面收费政策对贫困研究生求学影响的深度访谈

一　研究生 B1：研三

1. 请基本描述您的个人及家庭特征。

研究生 B1,研三,农村家庭 5 口人。有一个哥哥、一个姐姐,父母年迈、年逾七旬、体弱多病,因病致贫。

2. 请具体说明您目前的经济状况。

经济条件不好。主要靠自己打拼。我已成家,并有了孩子,孩子刚满岁,上有老下有小,现我仍在读研,着实感受到经济的压力和生活的不易。

3. 在您选择是否读研的过程中,主要考虑哪些因素？是否考虑读研成本的因素？

社会压力、经济压力、自身能力、个人兴趣、专业发展、就业压力等,会考虑读研成本。

4. 您了解研究生全面收费政策吗？您对研究生全面收费政策的看法如何？

比较了解。研究生全面收费政策取消公费制，采取自费制。研究生全面收费政策避免了一考定终身的缺点。以前在分公费和自费研究生的时候，只要考上了公费研究生，三年不仅免学费，并且还可以享受国家给予的生活补助；现在改成自费制，研究生全面收费政策让所有的同学在学习过程中重新获得评定奖学金的机会。花自己的钱就会心疼，就会更现实地考虑读研成本和读研收益，就会想着要把交出去的钱给它挣回来。这样就会激励和督促研究生努力学习，争取拿到奖学金。鞭策自己不断提高奖学金等级，获取更多的奖励和收入，继而整体提升研究生教育和人才培养质量。提高研究生质量，这也是高等教育内涵式发展的必要选择。我认为研究生收费制度改革是国家在研究生政策上的进步，应该支持研究生全面收费政策。

5. 对于目前的研究生所承担的个人成本水平，研究生收取学费硕士生原则上不高于8000元/年、博士生原则上不高于10000元/年的标准，您认为是否合理？您对研究生学费定价有什么建议？

硕士研究生每年8000元的学费我个人觉得还行，也可以接受，但觉得现在的研究生教育收费标准欠合理，好多专业都收8000元，未能体现专业的差别和未来市场就业的前景。建议研究生收费应该多样化、合理化和人性化。

6. 您认为研究生奖学金评定标准（国家奖学金、学业奖学金）是否合理？为什么？

相对而言比较合理，在评选国家奖学金和学业奖学金时，我们系有评选标准，并且评选标准都还比较明细，通过量化评分的方式排名，从高到低确定奖学金人选。

7. 您认为研究生国家奖学金设定比例和额度合理吗？您对国家奖学金有什么意见或建议？

比较合理；设置人数比例多一点。

8. 您认为研究生学业奖学金设定比例（覆盖面）和额度合理吗？您的学校研究生学业奖学金的种类多吗？能够激发您的学业积极性吗？对您的学习投入有影响吗？您对学业奖学金有什么意见或建议？

覆盖面比较合理，种类不多，但应该还是有进步的空间；能够激发积极性，对学习投入有影响。

9. 您认为当前研究生助学金设定额度标准合理吗？研究生助学金能够解决您的生活费和经济压力吗？您对当前的研究生助学金有什么意见或建议？

比较合理，能够部分解决；希望更多种类和额度更高的助学金。

10. 您参加过研究生"三助"（助研、助管、助教）岗位吗？您怎么看待"三助"岗位？您认为"三助"对您的研究生生活帮助大吗？您对当前的研究生"三助"岗位有什么意见或建议？

参加过；帮助有一些，工作岗位质量都不是很高；希望能够设置更多的有质量的岗位，宣传更到位一点。

11. 您考研或读研有经济压力吗？如果有的话，您希望通过什么样的方式来帮助您解决经济压力问题？

有；自己在专业内赚点学费，既能学习实践，又能解决费用问题。

12. 您认为研究生资助体系现存的主要问题是什么？

发放不及时，资助少，硕士研究生资助金额有待提高，应该像博士研究生一样，动态调整。

13. 您认为现行的研究生资助政策能激励研究生吗？

我认为研究生资助政策可以激励研究生。研究生全面收费政策打破了旧有公费生的特权，采取动态评定奖学金的方式，优胜者上，陈乏者下。这样可以更好地激发研究生求学的积极性和主动性，奋发进取，增加研究生的科研产出，提高研究生人才培养质量。

二 研究生 B2：研三

1. 请基本描述您的个人及家庭特征。

研究生 B2，研三，农村家庭 4 口人，父母务农，有一个姐姐，在广东打工。

2. 请具体说明您目前的经济状况。

家庭经济状况中等偏下。学费来源靠父母供给、自己做兼职。

3. 在您选择是否读研的过程中，主要考虑哪些因素？是否考虑读研成本的因素？

研究生教育投入和教育产出、就业因素、个人发展因素；所以肯定会考虑读研成本。

4. 您了解研究生全面收费政策吗？您对研究生全面收费政策的看法如何？

我对研究生全面收费政策有一定的了解。我认为研究生全面收费政策不利于贫困研究生安心求学，会加重贫困研究生的经济负担。既然是研究生教育，培育的是更高层次的人才，就应该在相应政策方面有所倾斜，希望研究生资助能够加强对贫困研究生的帮扶力度，对贫困生予以大力支持。

5. 对于目前的研究生所承担的个人成本水平，研究生收取学费硕士生原则上不高于8000元/年、博士生原则上不高于10000元/年的标准，您认为是否合理？您对研究生学费定价有什么建议？

定价相对过高，对贫困生来说还是一大笔钱，农村贫困家庭供孩子到大学毕业几乎没有任何积蓄甚至欠债，选择读研后面临研究生全面收费政策，只好申请助学贷款。毕业后面临偿还助学贷款、结婚生孩、住房等一大堆担子，农村家庭贫困生真不容易！建议国家要加大对农村家庭贫困生的扶持力度。

6. 您认为研究生奖学金评定标准（学业奖学金、国家奖学金）是否合理？为什么？

一般奖学金加上补助，才刚勉强可以填补学费，除去成本，对普通研究生来说，奖学金的扶持力度不大。研究生国家奖学金一年才有4.5万个名额，硕士3.5万人、2万元/年，博士1万人、3万元/年。在研究生群体中要表现得相当优秀才能获得国奖，绝大部分人是没有机会获得国奖的，像我再怎么努力，也拿不到国奖，只能精神上激励自己，要不断努力，争取拿到学业一等奖学金。虽然学业奖学金可以抵消学费，但不同学业奖学金之间的等级差距较大，一等奖学金名额有限，奖学金比例有问题，并且奖学金覆盖面不广，像我们学校就有20%的学生拿不到学业奖学金，又是贫困生，排名再靠后的话，势必会大大增加贫困生的经济压力和心理压力。

7. 您认为研究生国家奖学金设定比例和额度合理吗？您对国家奖学金有什么意见或建议？

我最多只能拿到二等奖学金，我的学业成绩不突出、不优秀，研究生国家奖学金离我比较遥远，所以我个人对研究生国家奖学金没什么关注。

8. 您认为研究生学业奖学金设定比例（覆盖面）和额度合理吗？您

的学校研究生学业奖学金的种类多吗？能够激发您的学业积极性吗？对您的学习投入有影响吗？您对学业奖学金有什么意见或建议？

不是特别合理，最低保障不够，最低奖学金应能补足学费，奖学金评定标准多样，实践活动学分占比过重，学习成绩占比很小，且成绩差异幅度不大，所以很不利于学习的积极性。

9. 您认为当前研究生助学金设定额度标准合理吗？研究生助学金能够解决您的生活费和经济压力吗？您对当前的研究生助学金有什么意见或建议？

我认为研究生助学金设定额度标准不合理，研究生助学金不能完全解决我的生活费；应提高研究生助学金标准，让贫困生安心读研。

10. 您参加过研究生"三助"（助研、助管、助教）岗位吗？您怎么看待"三助"岗位？您认为"三助"对您的研究生生活帮助大吗？您对当前的研究生"三助"岗位有什么意见或建议？

"三助"覆盖面有限，资助资金额度也少。"三助"总体上对贫困生的经济压力有一定的缓解作用，但仍不足以解决贫困生的生活实际困难，建议多给贫困生提供一些勤工助学岗位，加大"三助"覆盖面，增加资助资金额度，进一步缓解贫困生的经济压力。

11. 您考研或读研有经济压力吗？如果有的话，您希望通过什么样的方式来帮助您解决经济压力问题？

有；希望通过奖学金、助学金、贷款、"三助"等多种渠道，解决经济压力问题。希望研究生资助政策能够不断完善，更好地帮助贫困生解决读研经济困难问题。

12. 您认为研究生资助体系现存的主要问题是什么？

学校之间不平衡，各个高校资助水平不一样，多的很多，少的很少，除了国内比较先进的高校，普通高校贫困生资助太少，除基本补助外很难享受其他补助，而且不是每个导师都会给学生应有的补助。普通高校研究生资助水平仍然较低，不能满足贫困生学习工作及生活需要。

三　研究生 B3：研二

1. 请基本描述您的个人及家庭特征。

研究生 B3，研二，普通工人家庭 4 口之家，有一个 8 岁的弟弟、脑瘫，在康复中心接受治疗，父亲是一名水电维修工，母亲是一社区工作者。为了给弟弟治病，家里经济状况令人堪忧。

2. 请具体说明您目前的经济状况。

家庭经济紧张，想着残疾的弟弟和日渐憔悴的父母，自从我读大学后，在学习之余，我就开始自己做一些兼职，赚取生活费，也暗自存下一些钱，用于交纳学费。大二开始，我就不再问父母要生活费，通过兼职和获取奖助学金自力更生。

3. 在您选择是否读研的过程中，主要考虑哪些因素？是否考虑读研成本的因素？

读研成本、未来工资收益、个人发展前途等。

4. 您了解研究生全面收费政策吗？您对研究生全面收费政策的看法如何？

有一些了解。现在读研人数日益增多，是应该收费，但同时也应提高对贫困研究生的资助力度。

5. 对于目前的研究生所承担的个人成本水平，研究生收取学费硕士生原则上不高于 8000 元/年、博士生原则上不高于 10000 元/年的标准，您认为是否合理？您对研究生学费定价有什么建议？

我认为当前的学费标准对于贫困研究生而言还是偏高。建议针对贫困生，能够降低研究生收费标准，并增加贫困补助。

6. 您认为研究生奖学金评定标准（学业奖学金、国家奖学金）是否合理？为什么？

我认为研究生奖学金评定标准不太合理，评定规则存在缺陷和漏洞。

7. 您认为研究生国家奖学金设定比例和额度合理吗？您对国家奖学金有什么意见或建议？

我认为研究生国家奖学金每年 3.5 万人，每人 2 万元的奖励额度还挺好的。上个学期，我的综合成绩在班级排名第一，我希望自己通过努力能拿到研究生国家奖学金。

8. 您认为研究生学业奖学金设定比例（覆盖面）和额度合理吗？您的学校研究生学业奖学金的种类多吗？能够激发您的学业积极性吗？对您的学习投入有影响吗？您对学业奖学金有什么意见或建议？

我认为研究生学业奖学金的设定比例和额度还算合理，但普通高校研究奖学金种类较少。我希望通过自己的努力能获取高额度的研究生奖学金，所以研究生奖学金可以较大程度地激发我的学业积极性，对我的学习投入影响很大。我希望学校能再加大研究生学业奖学金的覆盖面和奖励额度。

9. 您认为当前研究生助学金设定额度标准合理吗？研究生助学金能够解决您的生活费和经济压力吗？您对当前的研究生助学金有什么意见或建议？

我认为当前研究生助学金设定标准还是比较合理的，研究生助学金可以给我提供一部分生活费，帮助我解决生活问题。我希望日后研究生助学金能够得到调整和提高，可以给我们提供更多的生活帮助。

10. 您参加过研究生"三助"（助研、助管、助教）岗位吗？您怎么看待"三助"岗位？您认为"三助"对您的研究生生活帮助大吗？您对当前的研究生"三助"岗位有什么意见或建议？

我参加过"三助"，我认为"三助"对贫困研究生的帮助还是会有作用的，也可以增加贫困研究生的月收入。但目前"三助"的酬劳不太高，希望能提高"三助"支付标准，给贫困研究生以更多的劳动回报。

11. 您考研或读研有经济压力吗？如果有的话，您希望通过什么样的方式来帮助您解决经济压力问题？

我感觉自己读研经济压力较大，毕竟20多岁了，非但没挣钱，还在花父母的钱，父母一天天变老，我可不能做啃老族。我家也不富裕，平日里，父母节衣缩食，支持我读研继续深造。因为读研需要交学费，所以我希望通过刻苦努力，争取获得研究生国家奖学金、研究生一等奖学金来解决我的读研费用问题。

12. 您认为研究生收费政策现存的主要问题是什么？

对贫困生而言，收费偏高。

13. 您认为研究生资助体系现存的主要问题是什么？

研究生资助体系不健全，奖励机制不完善，对贫困生的补助不高。

四 研究生 B4：研三

1. 请基本描述您的个人及家庭特征。

研究生 B4，研三，工薪阶层三口之家。父亲是一中学数学老师，母亲曾是一企业员工，六年前中风瘫痪，提前退休，生活不能自理，需要雇人看护，家庭积蓄入不敷出，因病致贫。

2. 请具体说明您目前的经济状况。

家庭经济状况贫困。母亲身体康健之时，家里生活虽未富足，也算殷实，父母勤俭持家，供我读书，自从母亲中风瘫痪之后，家里的生活每况愈下，仅靠爸爸教书那点微薄的收入和母亲那点浅薄的退休费维持家用。我读研期间，做过助教和助研，还做过几份兼职工作，为自己赚取学费和生活费，以减轻父亲的负担，希望能节省下钱给母亲治病。

3. 在您选择是否读研的过程中，主要考虑哪些因素？是否考虑读研成本的因素？

经济条件、个人能力、专业选择、就业前景等，会考虑读研成本。

4. 您了解研究生全面收费政策吗？您对研究生全面收费政策的看法如何？

不太了解，研究生收费太高会给经济状况贫困的家庭带来比较大的负担，学费加上生活费是一笔不小的开支。大学本科期间就已经耗费过多，再加上研究生期间的学费，家庭经济负担过重。

5. 对于目前的研究生所承担的个人成本水平，研究生收取学费硕士生原则上不高于8000元/年、博士生原则上不高于10000元/年的标准，您认为是否合理？您对研究生学费定价有什么建议？

不合理，不清楚研究生学费收费的依据，觉得笼统的定价有些模糊、随意，缺乏科学性。

6. 您认为研究生奖学金评定标准（学业奖学金、国家奖学金）是否合理？为什么？

研究生学业奖学金评定标准不合理，缺乏科学性和公平性，存在制度漏洞。

7. 您认为研究生国家奖学金设定比例和额度合理吗？您对国家奖学金有什么意见或建议？

不了解国家奖学金；一般一个专业三个年级最多一两个人，我的学业成绩不是出类拔萃那种类型，研究生国家奖学金也轮不上自己。

8. 您认为研究生学业奖学金设定比例（覆盖面）和额度合理吗？您的学校研究生学业奖学金的种类多吗？能够激发您的学业积极性吗？对您的学习投入有影响吗？您对学业奖学金有什么意见或建议？

我认为研究生学业奖学金的设定比例不合理，覆盖面较小，种类也少。我们学校一等奖学金9000元、二等奖学金6000元、三等奖学金4000元，一二三等奖奖学金的分配比例是2∶2∶6，一等奖、二等奖奖学金的覆盖面太少，不能有效激发研究生的积极性；应适当该增加一等奖学金和二等奖学金比例，如设置研究生学业奖学金一二三等奖的奖励比例为：3∶4∶3。

9. 您认为当前研究生助学金设定额度标准合理吗？研究生助学金能够解决您的生活费和经济压力吗？您对当前的研究生助学金有什么意见或建议？

我认为当前研究生助学金设定额度标准不合理，没有考虑当前区域的消费状况。我在上海读研，上海的生活成本偏高，以目前研究生助学金每月600月的设定标准不够解决我的生活费用问题。

10. 您参加过研究生"三助"（助研、助管、助教）岗位吗？您怎么看待"三助"岗位？您认为"三助"对您的研究生生活帮助大吗？您对当前的研究生"三助"岗位有什么意见或建议？

我参加过助研和助教工作，可以从中获取助研金和助教金，可以增加我的月收入，对我的生活能起一些帮助作用，但"三助"工资偏低，仅依靠"三助"工作不足以解决我每月的生活费用问题。希望国家和学校能提高"三助"酬劳，加大对贫困生的资助力度。

11. 您考研或读研有经济压力吗？如果有的话，您希望通过什么样的方式来帮助您解决经济压力问题？

对于家庭出现的变故，我读研面临着较大的经济压力。我希望能有奖学金、助学金、"三助"等多元化、多管齐下的资助方式解除我读研的后顾之忧。

12. 您认为研究生收费政策现存的主要问题是什么？

研究生收费政策符合大众要求，是普通人都能够接受的水平，加上学校有一些助学金奖学金扶持，目前的研究生收费还是可以接受的。但对于贫困生而言，研究生收费还应适当调整收费标准，给贫困研究生减免学费，切实照顾家庭经济困难的研究生，并给予较高帮扶资助等。

13. 您认为研究生资助体系现存的主要问题是什么？

研究生资助政策应该深入到个人群体，对于真正贫困的人给予大量的资助，并且核实贫困生信息。因为贫困生可能会因为自尊心等之类的原因不会主动申请，而助学金可能失去了它本应该存在的意义，花钱大手大脚的人却享受着助学金。此外，我国研究生资助体系应加大资助金额和覆盖面、加大资助力度，制定相关项目，与学术实践挂钩，给贫困生更多的经济上的支持。给贫困生多设立些奖助学金，完善奖助学金的发放政策，扶真贫，真扶贫。

14. 您认为现行的研究生资助政策能激励研究生吗？

我认为现行的研究生资助政策可以激励研究生，培养研究生自力更生、自强不息的精神。通过自己的努力，获取奖学金或是参加"三助"岗位等获取一定的酬劳，缓解家庭经济压力。

五 研究生 B5：研三

1. 请基本描述您的个人及家庭特征。

研究生 B5，研三，工人家庭三口人。

2. 请具体说明您目前的经济状况。

家庭经济状况中等偏下，月均消费 800 元，寒暑假会打工。

3. 在您选择是否读研的过程中，主要考虑哪些因素？是否考虑读研成本的因素？

读研的时间成本和沉没成本、个人的能力提升、未来职业发展、工资收入等因素。当然会考虑读研成本。

4. 您了解研究生全面收费政策吗？您对研究生全面收费政策的看法如何？

因自己决定读研，所以我个人很关注研究生教育的发展，关注研究生全面收费政策对我读研的影响，我通过教育部官网了解了研究生全面收费政策。知道研究生全面收费政策除了收费之外还配套了研究生资助体系政策。研究生教育全面收费后，对于贫困生求学，建议国家要跟上后续配套政策，切实有力地保证贫困生得以持续就学、学有所成。

5. 对于目前的研究生所承担的个人成本水平，研究生收取学费硕士生原则上不高于 8000 元/年、博士生原则上不高于 10000 元/年的学费标准，您认为是否合理？您对研究生学费定价有什么建议？

个人觉得还是不够合理，面对当前研究生教育"一刀切"的收费模式，大多数高校硕士研究生每年学费都收取 8000 元，博士研究生收取 10000 元。希望国家和地方有关部门在制定研究生收费标准时，能有收费的依据和明细，能够向社会解释清楚为什么按硕士研究生每年原则上不高于 8000 元、博士研究生不高于 10000 元标准收取学费。

6. 您认为研究生奖学金评定标准（学业奖学金、国家奖学金）是否合理？为什么？

我认为我们学校的奖学金评定标准还算合理，学业奖学金、国家奖学金的评定细则较为明晰，具有一定的区分度。

7. 您认为研究生学业奖学金的设定比例（覆盖面）和额度合理吗？您的学校研究生学业奖学金的种类多吗？能够激发您的学业积极性吗？对您的学习投入有影响吗？您对学业奖学金有什么意见或建议？

我认为研究生学业奖学金设定的比例（覆盖面）和额度不是太合理，研究生奖学金的覆盖面和额度不够，建议增加研究生奖学金奖励额度。研究生学业奖学金对我的学习投入有很大影响。我会为了争取一等奖学金而潜心求学，刻苦努力，研究生学业奖学金对提高研究生的培养质量可以起到积极的作用。

8. 您认为当前研究生助学金设定额度标准合理吗？研究生助学金能够解决您的生活费和经济压力吗？您对当前的研究生助学金有什么意见或建议？

当前研究生助学金设定额度标准不合理，助学金不高，作用不大，单靠助学金不够支撑我读研的生活费。建议国家增加研究生助学金标准的发放。

9. 您参加过研究生"三助"（助研、助管、助教）岗位吗？您怎么看待"三助"岗位？您认为"三助"对您的研究生生活帮助大吗？您对当前的研究生"三助"岗位有什么意见或建议？

支持"三助"；确实有助于研究生生活，但是"三助"工资普遍偏低。

10. 您考研或读研有经济压力吗？如果有的话，您希望通过什么样的方式来帮助您解决经济压力问题？

对于我这种工薪阶层子弟，家庭经济条件中下，读研还是有压力的。我通过给老师做助研、获取奖学金的方式帮助我解决经济压力问题。

11. 您认为研究生收费政策现存的主要问题是什么？

我认为研究生全面收费政策的主要问题是对家庭贫困或者相对贫困学生的影响。贫困生会感受到较高的学费、生活费的经济压力和心理压力，会对贫困生对未来择业或者发展机会的选择上产生影响。贫困生大学或者研究生毕业后，首要考虑的是找工作，或者找到好工作，减轻家庭负担，因此在继续深造的机会选择上就会有所犹豫，从而失去读研或者读博机会。

12. 您认为研究生资助体系现存的主要问题是什么？

我们学校研究生学业奖学金未能实现全覆盖，且奖学金的区分度不高、金额少，科研方面的补贴也很低。

13. 您认为现行的研究生资助政策能激励研究生吗？

我认为研究生资助政策对研究生求学能起到很好的激励作用。比如：奖学金。研究生国家奖学金是一项很好的政策，能够激励研究生刻苦求学。研究生国家奖学金对于研究生是一项至高的荣誉，是对个人学术能力和价值的最高评价。我一入学就给自己暗自定立了一个目标：要刻苦努力拿下研究生国家奖学金。通过读研期间的不懈努力，我拿到了研究生国家奖学金，实现了自己的目标，心里感到挺高兴的。我也深知研究生国家奖学金来之不易，要拿到研究生国家奖学金，需要付出很大的意志和努力，但我不惧怕、不怀疑、不退缩、不自我否定，我相信自己的能力。我坚信世上无难事，只要肯攀登。我用做学术的执着、做科研的痴情和坐冷板凳的坚持获取了研究生国家奖学金。在这个拼搏的过程中，研究生国家奖学金政策具有很大的吸引力和魅力，深深地激发了我自身蕴藏的潜力，使我变得更自信！更坚强！更执着！更强大！书中自有黄金屋，知识就是力量，读研期间我不仅丰富和充盈了我的研究生生活，收获了研究生国家奖学金的荣誉，更是收获了知识和成长，我衷心感谢研究生国家奖学金政策，感谢研究生资助体系政策给予我的关爱与不断奋斗、进取的力量。

六 研究生 B6：研一

1. 请基本描述您的个人及家庭特征。

研究生 B6，研一，农村家庭六口人，有一个妹妹，上高中三年级，一个弟弟，上小学五年级，父母都外出打工，爷爷在家做些农活，照料弟弟和妹妹，家庭贫困。

2. 请具体说明您目前的经济状况。

家庭经济紧张，父母外出打工挣钱养家非常艰辛，我办理了助学贷款交付学费，并做兼职挣取生活费。我的个人消费很简朴，经济压力大。

3. 在您选择是否读研的过程中，主要考虑哪些因素？是否考虑读研成本的因素？

考虑学费、报考专业、城市、学校及能学到哪些东西，能力能提升多少，日后会有什么样的发展等；会考虑读研成本。

4. 您了解研究生全面收费政策吗？您对研究生全面收费政策的看法如何？

不太了解。觉得研究生收费挺高的。

5. 对于目前的研究生所承担的个人成本水平，研究生收取学费硕士生原则上不高于 8000 元/年、博士生原则上不高于 10000 元/年的标准，您认为是否合理？您对研究生学费定价有什么建议？

不是太合理。希望对家庭经济困难的学生能够减免学费，补助多一点。

6. 您认为研究生奖学金评定标准（学业奖学金、国家奖学金）是否合理？为什么？

有些漏洞，比如部分导师会偏心自己学生，把自己的项目添加上学生的名字，学生在评定奖学金时，分数提高很多。

7. 您认为研究生国家奖学金设定比例和额度合理吗？您对国家奖学金有什么意见或建议？

目前，我还不太了解研究生国家奖学金制度。

8. 您认为研究生学业奖学金的设定比例（覆盖面）和额度合理吗？您的学校研究生学业奖学金的种类多吗？能够激发您的学业积极性吗？对您的学习投入有影响吗？您对学业奖学金有什么意见或建议？

不合理；学校设置的奖学金种类较少；作用不大。

9. 您认为当前研究生助学金设定额度标准合理吗？研究生助学金能够解决您的生活费和经济压力吗？您对当前的研究生助学金有什么意见或建议？

较为合理；能够解决一部分；希望补助多一点。

10. 您参加过研究生"三助"（助研、助管、助教）岗位吗？您怎么看待"三助"岗位？您认为"三助"对您的研究生生活帮助大吗？您对当前的研究生"三助"岗位有什么意见或建议？

还好，但是作用不明显；名额太少。

11. 您考研或读研有经济压力吗？如果有的话，您希望通过什么样的方式来帮助您解决经济压力问题？

我读研经济压力挺大。我希望国家能对贫困生给予更多的扶持和帮助，以解除贫困生的后顾之忧。助学贷款额度能再高一点，补助发放能够及时一点，这样我们就能更安心地读研，不会为手里无钱而感到恐惧，而去四处奔波兼职挣取生活费。

12. 您认为现行的研究生资助政策能激励研究生吗？

我认为研究生资助政策对成绩好的研究生激励作用挺大，对成绩不好的研究生和贫困研究生激励作用不大。但总体而言，研究生全面收费政策对研究生求学可以起到激励作用。

七　研究生B7：研二

1. 请基本描述您的个人及家庭特征。

研究生B7，研二，农村家庭六口人，一个姐姐在村小教英语，一个弟弟，上初三，父母务农，奶奶患白内障，几近失明，生活不能自理。

2. 请具体说明您目前的经济状况。

家庭经济状况贫困，个人经济紧张，读研学费来源于助学贷款。

3. 在您选择是否读研的过程中，主要考虑哪些因素？是否考虑读研成本的因素？

经济因素、个人学习成绩、专业发展、工作选择等，会考虑读研成本因素。

4. 您了解研究生全面收费政策吗？您对研究生全面收费政策的看法如何？

有一定的了解。我认为研究生全面收费政策对优秀研究生来说很有用处，优秀研究生可以获得奖学金以解决读研资金问题，但对于另一部分成绩不够优秀的研究生来说，如果得不到奖学金就会面临着学费资金压力问题，特别是贫困生，家里又贫困，读研又得不到奖学金，得不到学费补偿，成了名副其实的"自费生"，这样就会加重贫困生的经济压力和心理压力，不利于贫困生学业的发展。

5. 目前的研究生所承担的个人成本水平，研究生收取学费硕士生原则上不高于8000元/年、博士生原则上不高于10000元/年的标准，您认为是否合理？您对研究生学费定价有什么建议？

我认为不合理，都不知道硕士研究生学费为什么要收8000元，我们身边好多不同专业的研究生，他们也是收8000元，这就很奇怪了，本科生学费各个专业都还很不一样，怎么研究生学费都一样了呢？我就想不明白，所以觉得现在这种定价是不合理的，至少应该有个收费的依据。

6. 您认为研究生奖学金评定标准（学业奖学金、国家奖学金）是否合理？为什么？

我认为研究生奖学金评定标准不合理，评定学业奖学金的标准五花八门的，什么分都有，都可以加上去，我身边一个成绩都不如我的，当学生干部，做社会实践这些把分一加上来，拿了一等奖学金，我拿二等奖学金。所以我不满意现在的评定标准，觉得偏离了学业奖学金的奖励的本质，学业奖学金好像变成优秀学生干部奖了。

7. 您认为研究生国家奖学金设定比例和额度合理吗？您对国家奖学金有什么意见或建议？

研究生国家奖学金人数少，要求很高。我觉得研究生国家奖学金和我还有距离，以我目前的学业成绩，科研成果还很不够，所以我还没去关注，但我希望研究生国家奖学金评定标准还是能突出学业的分量，不要像学业奖学金评定标准那样加分名目众多、设置不合理。

8. 您认为研究生学业奖学金的设定比例（覆盖面）和额度合理吗？您的学校研究生学业奖学金的种类多吗？能够激发您的学业积极性吗？对您的学习投入有影响吗？您对学业奖学金有什么意见或建议？

我们学校研究生学业奖学金的设定都没有全覆盖，据我所知，有部分同学都拿不到奖学金，所以这部分同学对研究生学业奖学金很有意见，家庭经济条件好的同学都还无所谓，对于那些家庭经济条件不好的二三十多岁的研究生而言，读研交费还拿不到奖学金，又不好意思再向家里要钱，经济压力和心理压力很大，奖学金是给成绩优秀的同学拿的，贫困研究生成绩提高的问题又不是一天两天就可以促就的，这些拿不到奖学金的贫困研究生就只好去外面做些兼职工作挣学费和生活费了。这就是一个恶性循环，好的越来越好，差的越来越差，都还好。所以我希望学业奖学金能全覆盖，能给贫困研究生心中多一点安慰。此外，为了能广泛激发研究生的求学积极性，研究生学业奖学金的奖励比例和额度还应大幅提高。

9. 您认为当前研究生助学金设定额度标准合理吗？研究生助学金能够解决您的生活费和经济压力吗？您对当前的研究生助学金有什么意见或建议？

我认为当前研究生助学金设定额度标准偏低，欠合理。单单是获取研究生助学金，不足以解决我的生活费和经济压力。建议提高研究生助学金。

10. 您参加过研究生"三助"（助研、助管、助教）岗位吗？您怎么看待"三助"岗位？您认为"三助"对您的研究生生活帮助大吗？您对当前的研究生"三助"岗位有什么意见或建议？

我参加过研究生"三助"的助管岗位。我认为"三助"报酬偏低，学到的东西不多，占用时间，对学习的作用不大，与花费的时间不成正比。建议增加研究生"三助"岗位和金额。

11. 您考研或读研有经济压力吗？如果有的话，您希望通过什么样的方式来帮助您解决经济压力问题？

有经济压力，助学金、奖学金、"三助"、工作兼职等多种方式解决学费和生活费问题。

12. 您认为研究生收费政策现存的主要问题是什么？

收费不合理，各个专业的收费基本一样，缺乏科学、合理的收费标准。

13. 您认为研究生资助体系现存的主要问题是什么？

资助资金的来源不够广，资助公平性与效率性兼顾不周，资助管理体系不完善等。

14. 您认为现行的研究生资助政策能激励研究生吗？

我认为现行的研究生资助政策对研究生还是能起到激励和促进作用的。助学贷款、助学金、"绿色通道"等可以促进教育公平，解决贫困生因贫穷而不能入学的问题，给贫困生以资助。奖学金可以督促大家好好学习，提高成绩，增加科研成果，获得奖学金就是给自己和家庭挣钱，获得国家奖学金、学业一等奖学金、二等奖学金，研究生学费就等于不用自己出了，反而还能得到一笔收入，尝到研究生资助政策的甜头，这就是研究生资助政策的激励作用。

八 研究生 B8：研一

1. 请基本描述您的个人及家庭特征。

研究生 B8，研一，工薪阶层三口人，父亲两年前患恶性肿瘤，现在家养病，母亲是小学语文教师，因父亲放疗、化疗以及其他自费药等开支大，家庭经济紧张。

2. 请具体说明您目前的经济状况。

经济状况中等偏下，读研学费来源于助学贷款，没有参加过工作，没有积蓄，没有额外收入。

3. 在您选择是否读研的过程中，主要考虑哪些因素？是否考虑读研成本的因素？

经济因素，机会成本、自己未来的就业打算，会考虑读研成本。

4. 您了解研究生全面收费政策吗？您对研究生全面收费政策的看法如何？

对研究生全面收费政策有一些了解。全面收费会增加研究生读研成本，对于贫困生，奖学金的帮扶作用不大。最好能够对家庭经济困难以及家庭出现变故的贫困生给予更多的帮助。

5. 对于目前的研究生所承担的个人成本水平，研究生收取学费硕士生原则上不高于 8000 元/年、博士生原则上不高于 10000 元/年的标准，您认为是否合理？您对研究生学费定价有什么建议？

我个人觉得现在的研究生教育收费定价还可以接受。但收费方式单一，"一刀切"，这样的收费方式不太合理，建议研究生收费定价可以多元化一点，体现专业的差别。

6. 您认为研究生奖学金评定标准（学业奖学金、国家奖学金）是否合理？为什么？

还没太关注，但是听师兄师姐说研究生奖学金评定标准看似有标准，但实则很杂乱，缺乏科学性和公平性。

7. 您认为研究生国家奖学金设定比例和额度合理吗？您对国家奖学金有什么意见或建议？

研究生国家奖学金是给最优秀的研究生的奖励，设定的名额和额度，我认为是合理的，虽然名额少，但物以稀为贵。对于硕士研究生，国家投入每生 2 万元的研究生国家奖学金奖励额度挺高的了，具有很大的吸引力和竞争力。

8. 您认为研究生学业奖学金的设定比例（覆盖面）和额度合理吗？您的学校研究生学业奖学金的种类多吗？能够激发您的学业积极性吗？对您的学习投入有影响吗？您对学业奖学金有什么意见或建议？

我认为研究生学业奖学金的设定比例和额度作用一般，不尽合理。我们学校研究生学业奖学金虽然能全覆盖，但是三等奖学金才 3000 元钱，额度较低且比例偏大，不能激发广大研究生求学的积极性。研究生学业奖学金能够激发我的学业积极性，对我的学习投入会有正向影响和促进作用，我希望自己能获取一等奖学金，这是我努力的目标。建议研究生学业奖学金的奖励额度能够增加。

9. 您认为当前研究生助学金设定额度标准合理吗？研究生助学金能够解决您的生活费和经济压力吗？您对当前的研究生助学金有什么意见或建议？

我们学校的助学金是每年6000元，分10个月发放，我认为当前国家研究生助学金设定额度标准偏低，现在物价都在上涨，食堂的菜价也在上涨，照这个标准，光吃饭都捉襟见肘，其他生活开支就只好另谋出路了。一部分研究生特别是家庭经济困难的研究生就不能安心读书，就会出去做事情挣钱，这样就会影响研究生的学习投入时间和研究生培养质量。研究生助学金发放很不及时，都会拖延发放，这样就会加剧贫困研究生的生活困难。希望研究生助学金的发放能更及时些，还有就是助学金能上涨一点，改善一下我们的生活。

10. 您参加过研究生"三助"（助研、助管、助教）岗位吗？您怎么看待"三助"岗位？您认为"三助"对您的研究生生活帮助大吗？您对当前的研究生"三助"岗位有什么意见或建议？

我研一第一学期就参加了"三助"的助教，既锻炼了自己也得到补助；我认为"三助"岗位的设置挺好的，可以给同学提供实践锻炼的平台，也可以给学生提供获取收入的渠道，解决生活和经济问题。但学校提供的"三助"岗位数量和报酬仍有限，不足以满足贫困生的现实需求。

11. 您考研或读研有经济压力吗？如果有的话，您希望通过什么样的方式来帮助您解决经济压力问题？

我会感受到读研的经济压力，毕竟自己交钱出了学费，虽是免息贷款，但毕竟是贷款，这贷款的钱日后还是要还的。我希望能把我交出去的学费给挣回来，所以交了学费贷了款，对我而言就意味着经济压力，所以我要通过努力学习，争取获得奖学金来解决经济压力问题，此外，学习之余，我再做一点"三助"工作，既可以锻炼自己，又可以赚取生活费，减轻家庭负担。

12. 您认为研究生收费政策现存的主要问题是什么？

我认为研究生收费政策现存的主要问题是收费标准模糊不清，普通高校以及"985"高校硕士研究生都以8000元的收费标准定价，难以让人接受。

13. 您认为研究生资助体系现存的主要问题是什么？

我认为研究生资助体系现存的主要问题是资助不精准，对贫困生的资助措施不足，资助力度不够，资助作用有限，对于家庭出现变故的学生缺乏资助。

14. 您认为现行的研究生资助政策能激励研究生吗？

我认为现行的研究生资助政策能够激励研究生。特别是奖学金，我认为研究生学业奖学金和研究生国家奖学金可以激励我刻苦努力，燃起我不断追求奋斗的希望。

九　研究生 B9：研三

1. 请基本描述您的个人及家庭特征。

研究生 B9，研三，城市家庭三口人，父母均是企业员工，母亲身体欠佳。

2. 请具体说明您目前的经济状况。

家庭经济状况中等偏下。个人有网络方面的业务兼职，经济状况一般，有一些工作收入。

3. 在您选择是否读研的过程中，主要考虑哪些因素？是否考虑读研成本的因素？

报考院校、专业选择、未来发展等，会考虑读研成本因素。

4. 您了解研究生全面收费政策吗？您对研究生全面收费政策的看法如何？

我上网了解过研究生全面收费政策。读研的人越来越多了，研究生全面收费是大势所趋。国家采取研究生教育全面收费政策是研究生教育投入机制改革的举措，为了保障教育公平，提升研究生教育质量，国家在制定和实施研究生教育全面收费政策的同时还配套执行了研究生资助体系政策。

5. 对于目前的研究生所承担的个人成本水平，研究生收取学费硕士生原则上不高于 8000 元/年、博士生原则上不高于 10000 元/年的标准，您认为是否合理？您对研究生学费定价有什么建议？

我认为这种"一刀切"的收费标准不合理，没有体现各个高校、各个专业和各个学科之间的差异性。建议国家相关部门能重新规制各个研究专业的学费标准。

6. 您认为研究生奖学金评定标准（学业奖学金、国家奖学金）是否合理？为什么？

我认为研究生奖学金在评定标准的设定上不合理，让人有机可乘，有漏洞可钻。

7. 您认为研究生国家奖学金设定比例和额度合理吗？您对国家奖学金有什么意见或建议？

我认为研究生国家奖学金设定比例和额度挺合理的。建议国家奖学金的评判标准能够更精准地识别优秀研究生。

8. 您认为研究生学业奖学金的设定比例（覆盖面）和额度合理吗？您的学校研究生学业奖学金的种类多吗？能够激发您的学业积极性吗？对您学习投入有影响吗？您对学业奖学金有什么意见或建议？

还算合理，我们学校研究生奖学金种类还算多，能够激发我的学业积极性，对我的学习投入有影响；希望能增加研究生学业奖学金的奖励额度。

9. 您认为当前研究生助学金设定额度标准合理吗？研究生助学金能够解决您的生活费和经济压力吗？您对当前的研究生助学金有什么意见或建议？

我认为当前硕士研究生助学金设定额度标准偏低。我在北京读研，每月 600 月的助学金很难满足我的生活需要。建议国家增加硕士研究助学金标准。

10. 您参加过研究生"三助"（助研、助管、助教）岗位吗？您怎么看待"三助"岗位？您认为"三助"对您的研究生生活帮助大吗？您对当前的研究生"三助"岗位有什么意见或建议？

我参加过研究"三助"岗位。"三助"岗位有助于提升锻炼自己的能力，也在一定程度上给予报酬。建议"三助"岗位可以多样化。

11. 您考研或读研有经济压力吗？如果有的话，您希望通过什么样的方式来帮助您解决经济压力问题？

一般，可以通过兼职工作或者奖助学金的方式解决解决经济问题。

12. 您认为研究生收费政策现存的主要问题是什么？

我认为研究生收费政策现存的主要问题是收费不灵活，对贫困研究生的减免力度有限。

13. 您认为研究生资助体系现存的主要问题是什么？

我认为研究生资助体系现存的主要问题是资助力度不够，范围不广。

14. 您认为现行的研究生资助政策能激励研究生吗？

我认为现行的研究生资助政策对研究生能够起到激励作用。但具体到学校，有些学校的研究生资助政策在资助比例和额度上的设定不合理，如资助比例覆盖面太小，或是奖励额度偏低，奖学金等级金额差别不大等这些因素都会影响研究生资助政策的激励效用。

十　研究生 B10：研二

1. 请基本描述您的个人及家庭特征。

研究生 B10，研二，农民家庭四口人，有一个哥哥在广东东莞打工。父亲种田，母亲十年前脑溢血、行动不便，家庭经济贫困。

2. 请具体说明您目前的经济状况。

我已结婚生子，有一个三岁的孩子，因我读研前工作过 5 年，有一点积蓄，读研学费来源于平日的积蓄。但读研不仅是学费成本，还有机会成本。我选择了读研，辞掉了原先的工作，我和爱人不仅要赡养双方父母还要抚育孩子，而家里的收入非但没有增加反倒是日渐减少，这样的现状让我忧虑，所以我感到读研的经济压力还挺大。

3. 在您选择是否读研的过程中，主要考虑哪些因素？是否考虑读研成本的因素？

家庭环境、读研前景、工作发展等，会考虑读研成本因素。

4. 您了解研究生全面收费政策吗？您对研究生全面收费政策的看法如何？

对研究生全面收费政策，我有一些了解，毕竟是工作过的人，重新回到学校里读研，备感珍惜读研的机会，比较关注研究生最新的政策和文件。我认为研究生全面收费政策取消公费制，实行收费可以缓解国家的财政负担，体现谁受益、谁支付的原则，这是可取的，但研究生全面收费的同时也应加大对贫困家庭和贫困生的帮扶力度，切实推进我国教育公平，提升教育质量。

5. 对于目前的研究生所承担的个人成本水平，研究生收取学费硕士生原则上不高于 8000 元/年、博士生原则上不高于 10000 元/年的标准，您认为是否合理？您对研究生学费定价有什么建议？

我认为目前硕士研究生 8000 元/年的学费标准从整体上说还是可以

的，但对于经济困难的学生，研究生学费该怎样收费？如何确保经济困难的学生顺利入学？安心求学？对此，研究生全面收费政策还需不断完善。

6. 您认为研究生奖学金评定标准（学业奖学金、国家奖学金）是否合理？为什么？

我认为研究生奖学金评定标准比较合理。因为我们学院在评选学业奖学金时相应地制定了研究生奖学金评定标准和细则，相对而言，还算公平、合理。

7. 您认为研究生国家奖学金设定比例和额度合理吗？您对国家奖学金有什么意见或建议？

我认为研究生国家奖学金设定比例和额度合理。希望研究生国家奖学金更能发挥奖学金的激励效用，能够培养出更加优秀的研究生。

8. 您认为研究生学业奖学金的设定比例（覆盖面）和额度合理吗？您的学校研究生学业奖学金的种类多吗？能够激发您的学业积极性吗？对您的学习投入有影响吗？您对学业奖学金有什么意见或建议？

我认为研究学业奖学金的覆盖面不合理，我去年就没有拿到奖学金，而且，研究生学业奖学金各等级的奖励额度也不合理，一等奖学金与三等奖学金差距太大，而且一等奖学金的名额非常少，大多数研究生仅仅能拿到三等奖学金甚至拿不到奖学金。这样的奖学金设定方式不能很好地激励广大研究生的学习积极性。此外，普通高校研究生奖学金种类少。建议学校能扩大研究奖学金奖励人数和额度。

9. 您认为当前研究生助学金设定额度标准合理吗？研究生助学金能够解决您的生活费和经济压力吗？您对当前的研究生助学金有什么意见或建议？

我认为当前硕士研究生助学金的设定额度标准偏低，但也可以部分解决我的生活费和经济压力。建议国家提高硕士研究生助学金标准。

10. 您参加过研究生"三助"（助研、助管、助教）岗位吗？您怎么看待"三助"岗位？您认为"三助"对您的研究生生活帮助大吗？您对当前的研究生"三助"岗位有什么意见或建议？

我没有参加"三助"，我认为"三助"岗位可以给贫困研究生增加收入来源，但"三助"酬劳偏低，与投入的时间不相匹配，建议增加"三助"工资。

11. 您考研或读研有经济压力吗？如果有的话，您希望通过什么样的方式来帮助您解决经济压力问题？

我读研感到经济压力还蛮大的。我选择做劳动报酬更高的一些兼职工作，这样更有利于缓解我和家庭的经济压力。

12. 您认为研究生收费政策现存的主要问题是什么？

我认为研究生收费政策现存的主要问题是缺乏科学的收费标准，各个专业研究生教育收费标准趋同性太大。

13. 您认为研究生资助体系现存的主要问题是什么？

我认为研究生资助体系现存的主要问题是精准资助不到位、要扶真贫，真扶贫。真正做到精准资助，精准育人，体现对贫困生发展型资助。

14. 您认为现行的研究生资助政策能激励研究生吗？

现行的研究生资助体系政策有奖学金、助学金、助学贷款、"三助"、绿色通道等多元化资助方式，研究生可以从不同的渠道获取资助金额。从整体上说，研究生资助政策可以起到一定的激励作用。但对于贫困研究生的现实需求，研究生资助政策仍需不断改进和完善，增设针对贫困研究生的奖助项目，加大对贫困研究生的帮扶和资助。

第三节　对教育学者及教育管理工作者的访谈

一　C1：大学校长

1. 您认为研究生全面收费合理吗？

我个人非常赞同研究生全面收费政策。取消研究生公费制度，非但不是取消对研究生的资助，反而大大提高了资助的力度，改变的是资助机制。它是研究生培养机制改革的一个方面，有利于促进研究生培养质量的提升，这符合教育体制改革的要求。

2. 请问您怎么看待和评价研究生全面收费政策？

研究生全面收费政策体现了研究生教育非义务教育的定位，改变公共财政包办非义务性的研究生教育的不合理状况，促进研究生教育的科学和持续发展。研究生全面收费政策有利于调动研究生的积极性和提高生活待遇，在实行收费的同时强化和改进"奖、助、酬"资助体系，有利于促使研究生将更多的时间和精力投入到知识学习和科学研究中，激励研究生的创新精神，推动研究生教育质量不断提高。研究生全面收费政策有利于改善师生关系，引导师生更加关注学术前沿和国家需求，更加关注质量和创新。

3. 您认为研究生全面收费政策实施后对贫困生有影响吗？

如果说研究生全面收费政策实施后对贫困生有"负面"影响的话，可能会使一部分不了解改革全貌的贫困生在"收费"面前对研究生教育望而却步，可能会在一定程度上影响研究生的报考人数。当然，这也让更多的学生冷静思考是否要读研，而不是盲目地将读研作为"应试惯性"的"首选项"或是找不到工作的"备选项"。

二 C2：教育学者

1. 请问您怎么看待和评价研究生全面收费政策？

1978年，我国恢复研究生招生，录取了1万余名硕士研究生。此后，我国研究生教育需求日益增加，研究生招生规模逐年增大。1998年高校扩招，我国研究生招生规模也大幅增长。1998年，研究生招生人数8万余人，2013年全国招收硕士生54万余人，面对高等教育大众化以及强劲增长的研究生教育规模，我国高等教育财政经费日趋紧张。2013年，《关于完善研究生教育投入机制的意见》指出要全面实行研究生收费制度，从2014年秋季学期起，按照"新生新办法、老生老办法"的原则，向所有纳入全国研究生招生计划的新入学研究生收取学费，同时完善奖助政策体系，扩大奖助范围，提高资助标准。原则上，全日制学术型硕士生每生每年不超过8000元，博士生不超过10000元。2014年秋季学期起我国研究生教育已从双轨制转向并轨制，研究生全面教育收费政策改革已成为我国高等教育领域中的一个重大问题。2016年，全国招收硕士生56万余人。中国已经成为世界排名第二的研究生教育大国。

2. 您认为研究生全面收费合理吗？

研究生教育全面收费制度改革是深化研究生教育投入机制改革的重要举措。研究生教育全面收费制度改革旨在提高研究教育质量。研究生教育全面收费制度废除了公费制，实行并轨制，执行全面收费，学生需要全部缴纳学费。通过研究生全面收费制度的改革可以缓解国家的教育财政负担和压力，增加研究生教育经费来源。

3. 您认为研究生全面收费政策实施后对贫困生有影响吗？

研究生教育全面收费政策的出台曾一度引起了社会的广泛关注，人们担心这一政策会对贫困生读研造成冲击，影响贫困生的读研意愿。事实上，国家在出台研究生全面收费政策，面向学生收费的同时，还与之相应地配套了研究生资助体系政策，通过助学贷款、奖学金、助学金、"三助"、学费减免、绿色通道等方式能够更好地帮助贫困生读研，确保贫困生不会因为贫困而失学，给贫困生读研提供多元化的资助方式和保障。

贫困生可以通过助学贷款、助学金、"三助"、学费减免、绿色通道等多元混合资助的方式支付学费和生活费。配合国家及学校推出的奖学金政策，大部分学生都可以拿到奖学金，因此和之前的差别不会太大。

4. 您觉得我国研究生资助体系存在哪些问题？您怎样看待和评价当前我国的研究生资助体系？有什么意见或建议？

研究生全面收费政策执行后，需要注意的是研究生奖学金的覆盖面以及资助额度的问题。研究生奖学金的覆盖面和资助额度有多大，如果过少，则会增加学生的学费压力。我国研究生全面收费政策和资助体系政策也需要不断完善和创新，构建更充分的、适合研究生个人发展和研究生教育质量提升的研究生全面收费政策及研究资助体系政策。

三 C3：研究生工作处处长

1. 请问您怎么看待研究生全面收费政策？

混日子的研究生学费自己埋单。研究生学费改革之后，研究生不能像现在这么轻松了，要抓紧时间进行专业课的学习，否则在奖学金的评比中因为没有取得相应的成绩就需要自己来承担学费。

2. 您认为研究生奖学金对研究生学业成就是否产生影响？是否有利于提升研究生教育质量？

研究生全面收费政策实行研究生奖学金动态评定制度。研究生奖学金的设置及发放会按照实际情况进行调整，并按照实际情况进行发放。这样的调整每年进行一次。这样更有利于激励研究生的学习动力，增强学习积极性，研究生大都希望通过自己的努力，能够获得更好的学业奖学金，争取拿到国家奖学金，这对于提高研究生的科研成果和质量还是有促进作用的。

3. 您觉得研究生资助体系存在哪些问题？您怎样看待和评价当前我国的研究生资助体系？有什么意见或建议？

研究生奖学金在评选机制、公开透明度、额度、比例等方面还存在很多问题，处理不好会引发研究生的内部矛盾。研究生全面收费政策执行后，高校应全面掌握贫困研究生的信息，落实精准扶贫，区分特困和贫困研究生，要加大对贫困研究生的资助，给贫困研究生更多的关爱和帮助。

第四节　对研究生全面收费政策现存问题的访谈

研究生全面收费政策现存问题的访谈如表 10-3 所示。

表 10-3　　　　研究生全面收费政策现存问题的访谈简录

1	相对于贫困生而言，研究生收费过高，让贫困生望而却步，丧失深造机会
2	研究生收费标准不科学、不合理
3	研究生收费方式不灵活，应该根据学生及其家庭经济情况具体区分
4	学术型硕士研究生收费"一刀切"，没有考虑具体的学科专业以及地区经济现状，未能体现差异性。研究生教育应依据专业的不同和地区的差异，采取差别收费
5	研究生收费较高，比本科大约超出一倍。所学课程却比本科生所学科目少
6	研究生全面收费政策对贫困生的帮扶力度不够
7	公平性有待提升，研究生全面收费政策有待完善
8	学术型硕士研究生收费标准统一，上课质量参差不齐
9	学术型硕士研究生学费"一刀切"，没有考虑到贫困学生情况
10	研究生课程少，大部分时间在自学，收费的依据、标准何在？不明白。不同专业应当收不一样的钱，研究生收费缺乏合理性
11	研究生资助金额不足，覆盖面不够广
12	研究生助学金未能依据学生的贫困程度进行区分
13	研究生资助评定不合理，存在评优黑幕，特别是让研究生会的同学有优先评定资格，不合理
14	研究生资助金额少，相比其他高校，本校奖助金额相对较低；助优不助贫。本校奖助体系评定标准为综合成绩，而贫困生可能在文艺等方面不突出得不到奖励名额，而研究生除每月 600 元补助外，奖学金等级评定竞争激烈，难以照顾到贫困家庭子女
15	研究生资助各高校、各院系之间额度不同；不同地区、不同院校资助金额差距太大
16	研究生资助发放未按规定时间，研究生资助过程拖延，奖助学金下放缓慢
17	研究生资助资金不能按时到位，发放时间较迟，发放的流程不够细化
18	研究生资助发放麻烦，程序较为烦琐，漫长等待，工作效率低
19	研究生资助与收费不能相抵，贫困生生活还是比较困难
20	对贫困生倾斜政策少，对贫困生资助的资源有限
21	对贫困生减免学费的执行力度不够
22	研究生助学金资助及学校补贴太少；对贫困生资助较少，贫困生完成学业的同时要承担很大的经济压力
23	研究生评定标准不明晰，评定资助操作不公平、不透明

续表

24	研究生资助公平性低，公开透明度低，往往以辅导员的意见为最终定论
25	申请研究生助学贷款手续比较麻烦
26	研究生奖助学金比例和奖助学金的金额因地区和学校不同差别巨大
27	有的学校奖学金多、名额多、数目大。奖学金加起来除抵扣学费外还有盈余；然而有些学校奖学金名额少，钱更少
28	研究生资助额度较低，应能保证学生的基本生活开支，应提高硕士研究生国家助学金
29	研究生资助方式单一，缺乏灵活性；
30	研究生资助项目太少；资助名额少，一个二级学院名额仅为1—2个
31	研究生资助方面，研一阶段奖学金评比唯本科学校论，学校会优先考虑"985""211"院校的学生，然后才是普通高校的学生，对其他普通高校出身但学习很刻苦的部分同学来说不太公平
32	研究生助学金较低，每月600元的生活补助无法满足生活开支的需要，对贫困生的影响较大
33	研究生资助额度偏低，对贫困生会有很大的影响
34	奖学金对贫困生的作用有限，贫困生需要大量兼职
35	研究生奖学金覆盖面小，且不透明，评判标准不太科学
36	研究生奖助学金覆盖面窄、种类少
37	各个学校学业奖学金差距较大，一等和三等差距较大
38	研究生全面收费政策没有充分考虑贫困生的状况
39	有时候真正贫穷的人不一定能得到资助
40	奖学金名额、额度太小，奖学金评选标准不科学、不合理，同学们一心投入专业课学习也不一定拿到一等奖学金，需要参加很多不必要的活动来获取加分，助长花钱发论文现象
41	研究生资助体系不完善，资助力度不够
42	研究生奖学金制度不是每个学校都合理，而学费又增加了压力
43	研究生奖学金评奖系统不够科学，不够规范，缺乏有效监督
44	未体现地域差别，即高消费地区院校奖学金与内地欠发达地区院校奖学金没有区别甚至更少，在沪非重点高校求学学生经济压力较大，因此大部分学生将本该用于学术科研的时间大量投入校外兼职，可惜可悲
45	院系学业奖学金覆盖面太小，按照现行评定细则，很少有学生能够获得较高等级奖学金，导致奖学金政策几乎不能对学生学业起激励作用
46	研究生助学金金额偏低，应该提高研究生助学金金额，让家境贫寒的学生不用为学费问题而发愁
47	不同层次高校研究生学业奖学金差异大，非"985""211"高校研究生学业奖学金的比例不高而且金额不大，希望国家能重视非"985""211"高校研究生学业奖学金的问题
48	研究生奖学金细则不规范，导致评选结果不合理
49	研究生学业奖学金一二三等金额设置差别太大
50	不同专业研究生学费区分度不大，研究生资助政策不尽合理，操作过程有待优化

续表

51	研究生资助体系不完善、不科学，无法做到针对性资助
52	研究生奖学金评审标准有待优化，加分政策不明确，做活动加分太多，导致学习不专一
53	研究生资助体系落实不全面、不到位
54	人民生活水平在提高，而硕士研究生国家助学金并没有提高
55	研究生全面收费政策需要更加科学化、合理化；应考虑多方面因素
56	研究生资助范围和额度较小，资助评比存在不透明现象
57	一区学校资助金额明显比二区高，覆盖率也更高，而学费水平一样，二区参与一流课题的机会还更少，凸显不公平
58	研究生收费对于经济负担过大的家庭来说，资助发放延迟，资助存在时间差的问题会加大贫困生的经济负担
59	研究生资助体系对贫困生的资助力度不够，有待加强
60	研究生资助额度偏低，对贫困生资助的针对性不够强，面向贫困生的资助项目和金额少

第五节　对研究生全面收费政策看法和建议的访谈研究

本书还访谈了 80 名来自我国不同区域、不同层次、不同类型的在校本科生和研究生。了解被访者对研究生全面收费政策的看法和建议，记录如下：

表 10-4　　研究生全面收费政策的看法和建议访谈简录

1	看法：研究生收费政策是应国家要求对所有纳入国家招生计划的新入学研究生都要缴纳学费的制度，是一种公共政策，实行研究生教育全面收费政策是扩大中国研究生教育规模和保障研究生教育发展的必然选择 建议：研究生收费要考虑到东部、中部、西部不同地区经济发展的不均衡性，考虑学生家庭的经济负担情况；国家应加大对研究生教育的资助；各高校经济发展特色化研究教育
2	看法：研究生收费政策有利于研究生招生规模的扩大和研究生教育的快速发展 建议：注重"快"的同时，也要注重"好"的发展
3	看法：我认为我国研究生学费还是比较高的，而且奖学金发放往往很不及时，我身边大部分贫困生还是以贷款的方式就读研究生，而且生活补贴不高，奖学金也不是每个贫困生都可以享有 建议：根据就读院校不同，研究生收费标准也应不同
4	看法：研究生教育收费在某种程度上，可能会导致读研人数减少，因为，我国教育资源、教育水平的不同，许多农村家庭的贫困生可能因费用问题望而却步 建议：对农村或乡镇户口的贫困生可适当降低收费标准，减轻贫困生的经济负担；学费标准要合理，不能统一，由于就业前景不同、专业热门程度不同，应针对不同专业收取学费
5	看法：要完善收费政策，收费是可以的，但不能胡乱收费，收费要有合理标准 建议：可以向各大高校进行讲座宣传，让大学生可以全面了解研究生全面收费政策，解决有考研意愿的大学生的困惑

续表

6	看法：在我国学术型硕士研究生学费为 8000 元/年；专业型硕士研究生学费为 1000—2000 元/年不等。相对而言，收费金额还比较合理 建议：应该分类（按贫困程度）收取学费
7	看法：研究生全面收费政策挺好的，家庭经济困难的学生可以凭借自己的努力获取奖学金来改善自己的情况，促使贫困生努力学习。研究生收费政策可以提高研究生质量 建议：针对不同专业、不同地区等实施不同的收费标准，体现学费的差异
8	看法：2014 年秋季学期起研究生全部自费，取消公费+奖学金制度。对于贫困生而言，读研的费用会成为他们是否继续考研的重要因素，贫困生会考虑他们的家庭能否承担。衡量之后，贫困生或许会放弃考研，因为他们不确定自己能不能考上或是考上之后能否拿到奖学金，这对于贫困生是不利的。但实行奖学金制度可以激励研究生，给研究生以动力树立目标，促使研究生更努力争取奖学金，为自己和家庭减轻经济负担 建议：收费不要太高，按贫富程度出台相关政策，对贫困生给予帮助
9	看法：伴随我国经济的快速发展，社会急需更多高层次人才，因此超常规发展研究生教育是我国经济社会发展的客观要求，但是面对日益增加的高等教育开支和补贴，政府财政已不堪重负，实行研究生全面收费是必然选择 建议：在现实中，学生造假、研究生诚信不足等现象依旧严重，研究生全面收费政策是否真正实现了研究生教育质量的提升，还需要更长时间的检验。该项政策在出台和执行之初，出现了考研报名人数下降的情况，应加大政策宣传力度，让学生充分认识和了解研究生全面收费政策；该政策还有待完善
10	看法：我认为国家现在急需高层次人才，也想要全面提高全民文化素质教育，如此一来，更多人选择读研应该是有利于国家和社会的 建议：适当降低入学费用门槛，吸引更多学生读研
11	看法：在确定研究生收费标准时，应针对不同的学位类型与学科专业，细化不同的成本类型、区别对待；设立各种补助、奖学金来解决贫困生的学费和生活的后顾之忧；实行弹性学制可以灵活地选择修业年限，最大限度地节约时间，降低时间成本；研究生收费行为法制化，所有涉及收费的细节问题应向社会公开
12	看法：我国研究生收费政策对一些贫困生来说有点高 建议：降低对贫困生的收费要求；增加一些对贫困生的优惠政策
13	看法：我认为研究生全面收费政策是好的，我国研究生收费在不断完善的过程中，各种贫困资助会越来越广泛 建议：希望对于贫困生能出台更好的政策，减轻贫困生和其家庭的负担；希望未来的资助可以惠及更多贫困生
14	看法：研究生收费太高会影响学生读研积极性 建议：完善奖学金和助学金制度；有针对性地提供一些勤工助学的工作
15	看法：我认为可以再适度调整我国研究生的收费标准，毕竟要读研的人口基数足够大了 建议：加大对贫困生的政策保障和支持力度
16	看法：研究生教育毕竟不是义务教育了。想要获得更深的知识，肯定是要有所付出的 建议：拓宽奖学金覆盖面
17	看法：我国研究生收费政策有利于教育资源的合理配置，可以给贫寒学生机会，这是改变贫困生命运的很大一部分因素 建议：多给贫困生提供一些资助保障；希望学校对贫困生采取激励政策，设立贫困生专项考研项目等
18	看法：研究生全面收费是事物发展的必然，但若收费标准太高则会对贫困生入学有影响 建议：研究生全面收费政策应该从大一入校就加强宣传，让更多人提前了解、知晓研究生全面收费政策

续表

19	看法：研究生全面收费可以避免学生考研的盲目性，防止教育资源浪费，但却给贫困生造成经济负担 建议：对贫困生合理收费，增加补助，希望以后可以有更多的优惠政策帮助贫困生减轻负担
20	看法：应从不同方面听取各种意见，同时着重考虑贫困和中等收入家庭所占研究生的比例的现实需求 建议：可以为贫困生提供更多的资金帮助，让更多贫困生减少金钱上的负担，让更多的贫困生有更大动力想去读研
21	看法：我国研究生全面收费政策符合当代学生的需求，让寒门子弟能够接受更多知识 建议：针对贫困生的研究生收费标准可适当下调；完善研究生奖助政策体系
22	看法：研究生全面收费政策执行之初，我国的考研报名人数下降，直接冲击了贫困生 建议：加大对研究生全面收费政策的宣传，拓宽研究生奖助渠道，提高研究生奖助金
23	看法：我国研究生全面收费政策应分层收费，对贫困生加大补贴力度，减轻贫困生负担 建议：研究生应合理收费，收费要做到有理有据；加大力度扶持贫困生读研力度，地区间区别化，加大力度扶持西部贫困生读研力度，东部发达地区对西部考研生提供优惠与扶持政策
24	看法：我国研究生全面收费政策收费标准高，对贫困家庭经济压力大；资助体系不完善 建议：降低收费标准，建立健全资助体系
25	看法：研究生收费应对家庭贫困的学子放宽政策，对品学兼优的贫困生减负学费 建议：给贫困生多设立一些奖助学金
26	看法：我国研究生收费"一刀切"，收费标准不合理 建议：我国研究生教育收费应分几个层次来收费
27	看法：我国研究生收费可以避免学生盲目考研，研究生资助政策，每个学校具体不同 建议：建立一个完善的研究生收费政策，更加关注贫困生
28	看法：国家取消公费研究生，打破研究生"计划内和计划外"的双轨制，用奖学金制度代替一考定三年的公费或自费的评定 建议：希望所在高校依照地区经济发展水平、专业发展等确定收费价格
29	看法：研究生收费偏高 建议：考虑研究生家庭经济状况，能更多关照贫困生，增加贫困生考研资助
30	看法：就目前国家发展状况来看，研究生收费很有必要的 建议：在政策上多给予贫困生支持，多设立一些奖学金项目，鼓励贫困生拼搏向上
31	看法：研究生收费增加了研究生培养成本，有利于考生更加客观地做出考研的决定与选择 建议：政府、高校应增强对贫困生的助学帮扶力度，对考研的贫困生进行助学建设
32	看法：可以降低学生考研的盲目性，有利于教育资源的合理配置 建议：完善财政拨款制度，提高助学贷款限额，提高硕士研究生国家助学金，合理设置研究生学费，完善研究奖助政策体系
33	看法：研究生学费标准的高低会影响贫困生读研的选择 建议：应适当降低研究生费用，并增加对贫困生的资助，使贫困生有更多的机会选择读研
34	看法：我国研究生全面收费政策可以激励学生为了精进学业而努力学，而不是混混而过，同时这也会使一些有考研倾向的学生因经济困难而放弃考研 建议：建立完善资助政策，多增设一些勤工俭学岗位帮助贫困生减轻经济负担，让更多的贫困生能够顺利完成学业

续表

35	看法：使研究生入学的门槛在经济驱动下变高了，所需学费的增多使就业压力变大 建议：合理制定符合各地收入水平的研究生收费标准
36	看法：研究生收费增加了研究生培养的成本，有利于教育资源的合理配置 建议：研究生教育收费应体现差异性，应不断改善收费政策，完善研究生助学金资助体系
37	看法：研究生全面收费制度是深化高等教育改革的必然产物。研究生收费政策有一定的理论基础和现实依据 建议：增加多种资助政策，有效地补偿研究生教育成本，给贫困生提供资助
38	看法：大多数学术型硕士研究生不同专业的学费标准都按 8000 元/年收取，研究生收费政策收费不合理 建议：按照不同高校、不同专业设定学费标准；对贫困生在学费收取上应倾斜
39	看法：我国实行了研究生全面收费政策，但政策的细则很少人知晓 建议：政府对此加以重视，多向大学生宣传研究生全面收费政策的细则，让贫困生多了解国家的政策和动向
40	看法：我国研究生收费政策应更好地体现其公平性。研究生全面收费则体现了其公平性，同时，建立了研究生资助体系政策，但对于贫困生，国家应更完善资助和贷款政策，给贫困生提供更充分的资助
41	看法：我国研究生全面收费从教育公平的视角来看，符合各地教育发展的世界潮流。我国研究全面收费制度具有理论基础和现实依据，根据教育成本分担理论，依据"谁受益，谁付费"的原则，向研究生收费学费，很合理 建议：完善研究生资助政策，增加奖助金额
42	看法：政府可以多帮助一些想考研而家庭经济困难的学生；国家应出台政策多鼓励大学生考研，整体提高国民文化水平，多培养人才 建议：对贫困生可以适当减少费用；扩招研究生人数
43	看法：2014 年秋季学期起，我国取消公费研究生，虽然读研需要自费，但是有奖学金和助学金，在一定程度上可以缓解经济压力，但对于贫困生来说，负担还是很大 建议：加大对贫困生的资助，建立健全贫困生资助体系
44	看法：研究生收费是情理之中，但应结合实际情况，对贫困生给予一定的经济帮助 建议：多颁布一些政策，帮助贫困生解决实际问题
45	看法：本科生对研究生全面收费政策缺乏了解 建议：政府和高校能加大对该项政策的宣传
46	看法：从教育公平的视角来看，对研究实行全面收费是大势所趋，是符合我国高等教育发展潮流的 建议：为学生提供更多的经济来源，完善特困生补助制度，体现我国区域间的不平衡
47	看法：增加奖学金可提高贫困生的日常生活的热度；研究生收费制度对于研究生的学习有促进作用，可激励研究生的科研热情 建议：增加研究生收费的同时，奖学金的金额范围也要随之增加
48	看法："双轨制"收费模式不合理，研究全面收费实施的同时，也应该完善奖学金制度，扩大奖学金覆盖面，增加奖学金额度。研究生收费不应太高，否则会导致贫困生失学 建议：设立相关法规，规范研究生收费标准，完善研究生收费政策和补助政策
49	看法：增加研究生奖学金力度可以提高贫困生日常生活的热度，激励研究的潜心学术；研究生收费制度对于研究生学习有促进作用 建议：完善研究生奖助政策，为贫困生免除后顾之忧

续表

50	看法：政府要调整外部问责方式，高校要积极推进内部改革，同时还要对偏远地区院校、冷门学科专业以及贫困家庭学生等弱势群体利益予以政策补偿 建议：在更多方面帮助贫困生
51	看法：研究生收费政策在实施中，同时配套了研究生资助体系，旨在提高研究生培养质量 建议：加大对研究生全面收费政策的宣传，增强大学生对该政策的理解，以免造成诸多混乱，让贫困生不敢读研
52	看法：研究生全面收费政策可以有效地管理研究生学习方面的情况，更能有效地促进研究生学习质量的提升 建议：增大研究生奖学金项目、金额、名额等
53	看法：我国研究生收费方面不完善；研究生奖助学金制度不完善，影响研究生的学习投入 建议：完善财政拨款制度；完善研究生奖助政策体系；建立健全研究生教育收费制度
54	看法：学术型硕士研究生学费基本是 8000 元/年。对于家庭经济条件不好的学生来说的确是笔不小的开支 建议：研究生资助体系政策更加公平化、合理化、法制化
55	看法：我国研究生收费相对较高，不太合理 建议：针对不同家庭经济条件的学生采取不同的收费制度，针对贫困生降低收费，建立完善的勤工助学平台，奖助多样化，扩大奖助人数。研究生收费政策应多照顾贫困生家庭
56	看法：很多在校本科生对研究生全面收费政策不了解 建议：高校加大对研究生全面收费政策的宣传，增强在校本科生对该政策的认识和理解
57	看法：我国研究生全面收费政策在一定程度上缓解了我国教育经费投入单一的局面 建议：可以试行将研究生学费按每月付款
58	看法：国家取消了公费读研的政策，增加了研究生奖助政策，在一定程度上能够帮助贫困生 建议：国家能够出台更多更好的优惠政策对贫困生施加帮助
59	看法：我国研究生全面收费政策有利于促进教育公平 建议：公开公正发布研究生各项收费信息
60	看法：我国研究生全面收费政策和研究生资助体系政策不够完善。研究生收费"一刀切" 建议：制定合理的研究生收费标准；增加研究生奖学金名额，提高研究生质量
61	看法：我国研究生全面收费政策符合时代发展的趋势，实施研究生教育成本分担 建议：希望能尽快完善研究生资助政策体系建设，给贫困生多一些补助
62	看法：我国研究生奖学金制度对卓越人才有很大的帮助，对于贫困生作用不是很大 建议：增加贫困生奖学金项目，激励贫困生潜心求学，提高学业成绩和研究生培养质量
63	看法：我国研究生收费政策不太完善，收费标准"一刀切"，研究生学费偏高，让贫困生望而却步 建议：我国应完善研究生收费政策，尽量让有能力、有学时的贫困生不再因学费问题迫于压力而放弃深造
64	看法：研究生收费政策对于贫困家庭来说，负担挺大。一般的农村贫困家庭无力承担这笔巨大的费用 建议：国家应加大对研究生奖助体系政策的投入；完善研究生奖助政策和研究生勤工助学政策；加大经费投入鼓励贫困生创新创业，创新研究生学术研究
65	看法：研究生全面收费政策还有待完善 建议：完善研究生奖学金制度，提高研究生奖学金覆盖率。研究生均有获得奖学金的机会，同时可以减轻经济负担

续表

66	看法：对于贫困生考研，应给予一定的帮助，如提供勤工俭学渠道 建议：在一定程度上给予贫困生一些优惠政策
67	看法：我国研究生全面收费政策对于学生取学期还是比较合理的 建议：可以针对不同家庭条件的研究生给予不同收费政策，完善奖学金制度等
68	看法：我国研究生全面收费政策在一定程度上能让学生反思自己会否走考研之路，坚定考研目标或是放弃读研 建议：我国研究生全面收费政策实施的同时要加大对优秀贫困生奖助力度
69	看法：我国研究生收费政策与时代接轨，实行全面收费政策，研究生资助体系政策也在逐渐完善，吸引更多的人读研 建议：充分发挥研究生资助体系政策奖优济困的作用，加大奖励项目、金额，提高研究教育质量
70	看法：我国研究生全面收费政策大体趋于合理，但相对贫困生仍有待完善 建议：完善研究生奖学金制度，扩大奖学金覆盖面，增加奖学金额度；完善助学贷款和勤工助学制度
71	看法：研究生全面收费对于贫困生来说偏高 建议：完善研究生全面收费政策，增加勤工助学渠道，降低助学贷款利息等
72	看法：研究生收费偏高，给贫困生在就业和考研之间增加了选择困难 建议：对贫困生适当降低学费标准，完善助学贷款和勤工助学制
73	看法：研究生全面收费并不一定全是压力，在一定程度上刺激了研究生求学的积极性 建议：加大研究生奖学金奖励力度，激励研究生努力求学
74	看法：对我国研究生全面收费政策比较认可。虽然说读研取消了公费，改为全部自费制，自费会对家庭经济困难学生造成经济压力，但同时也配套了研究生资助政策，贫困生可以从中获得资助 建议：对于贫困生的经济资助要多些政策，完善奖学金制度，扩大奖学金覆盖面，增加奖学金额度
75	看法：研究生全面收费政策实施后，会对准备考研的贫困生产生较大影响 建议：高校应当建立贫困生考研基金，对贫困生做好资金援助工作
76	看法：研究生全面收费政策会对贫困生有一定的影响，虽然高校可能会增加奖学金额度等，但是竞争太激烈，贫困生的优势不明显 建议：增设针对贫困生的奖学金项目
77	看法：大多数人并不清楚研究生全面收费政策，不了解政策内容、政策意图、作用、目的等 建议：高校应加大对研究生全面收费政策的宣传力度，解除贫困生因不了解而对研究生全面收费政策产生的顾虑
78	看法：研究生全面收费政策在某些方面不是很完善，这就给贫困生带来压力 建议：针对贫困生出台一系列资助政策，减轻贫困生的负担，减免学费，加大资助和奖励
79	看法：研究生全面收费政策在助学政策方面有待完善 建议：研究生全面收费政策多一些助学政策，照顾贫困生，完善贫困生资助政策
80	看法：我国研究生教育实行收费制度改革有其必要性和可能性。我国研究生收费政策关系到学生的切身利益 建议：应制定合理的研究生教育成本核算机制，建立健全研究生教育资助体系

第十一章

研究生全面收费政策对贫困生求学的对策研究

研究生教育作为高等教育的最高层次，与经济和社会发展的联系紧密，研究生教育对个人的发展、社会的进步、国家核心竞争力的形成以及综合国力的提升将产生巨大的影响。研究生教育的发展以及研究生人才培养质量的提升对于创新型国家的建设起着至关重要的作用。

自1981年中国研究生学位制度建立后，中国研究生教育不断发展壮大。随着高等教育由精英化向大众化迈进，乃至普及化的实现，高等教育迅猛发展，规模日趋壮大，人们对高等教育热情高涨、寄予厚望，渴望接受良好的高等教育，不断提升自身的人力资本。面对高等教育大众化以及强劲增长的研究生教育规模，政府投入研究生教育的经费负担也越来越大。面对庞大的高等教育经费，高等教育成本分担是各国为解决教育经费紧缺而采取的普遍做法，各国根据本国的历史发展和现实情况，采取了不同的高等教育收费政策。高等教育收费改革成为一种国际趋势。

2013年《关于完善研究生教育投入机制的意见》规定，2014年秋季学期起按照"新生新办法、老生老办法"的原则，向全部纳入全国研究生招生计划的研究生新生收取学费[①]。中国开始实施研究生全面收费政策。研究生全面收费后，研究生收费标准合理性问题、政策执行公平性问题、奖助体系配套问题以及研究生培养质量问题引起了社会的广泛关注。我国研究生全面收费政策执行至今已逾四年。2014—2018级全国招生计划内的研究生是该政策的接受者和体验人。研究生教育收费制度发展到全面收费阶段，会产生一些新的现实问题，贫困生等主要利益相关者会产生

---

① 财政部、国家发展改革委、教育部：《关于完善研究生教育投入机制的意见》，财教〔2013〕19号文件。

心理影响、政策疑惑和现实困境等。

全面、系统、深入地探究研究生收费政策和研究生资助体系政策的理论基础；深入分析和研究国内外研究生教育收费政策和研究生资助体系制度变迁历程；探究发达国家在研究生收费制度变迁过程中面临的问题及解决策略；吸收和借鉴国外研究生教育收费政策和研究生奖助体系的成功做法和有效管理经验；开展我国研究生全面收费政策对贫困生求学影响的实证研究，探析我国研究生全面收费政策对贫困生求学带来的问题和影响；评估和考量研究生全面收费政策的价值、作用和影响；为研究生全面收费政策对贫困生求学提供对策建议；为深化我国研究生教育培养机制改革提供系统、翔实、深入、具体的理论和实践研究；为深化我国研究生收费政策改革，建立健全研究生教育收费政策，完善研究生资助政策体系，创新贫困学生资助体系提供丰富的事实材料，为教育管理部门制定相关政策提供现实依据和参考，为创建世界一流大学将起着一定的启示和借鉴作用，促进中国研究生教育持续健康的发展和研究生培养质量的提升。

第一节　研究启示

美国是当今高等教育体系最发达的国家。美国研究生教育为其经济发展、科技进步以及世界霸主地位的巩固发挥巨大的作用。美国研究生教育收费和资助体系极大地保障了美国研究生教育长足卓越地发展。美英等发达国家拥有先进的高等教育体系，以其精良、优质的高等教育质量享誉全球。本书梳理了美英等发达国家研究生教育收费制度的变迁历程、特点和经验，探析国外研究生收费制度变迁不同阶段所面临的问题及应对策略。吸收美英等发达国家研究生教育收费制度与资助体系的做法和成功经验，在创新我国研究生全面收费政策层面提出一些研究和思考，为完善研究生收费制度提供国际经验。

一　对我国研究生教育收费政策的启示

（一）进一步完善研究生财政拨款制度

研究生教育财政拨款制度要逐渐完善，而不是简单地增加政府投入，通过建立合理的科研经费拨款机制、研究生教育绩效拨款机制、导师项目资助机制、导师评价机制、研究生奖助酬政策体系以及研究生评价机制等作为配套保障机制来平衡各方利益相关主体的权益①。试点推行研究生绩效拨款方式。政府对研究生学费进行定价和管制过程中，主要是处于政治而非经济的理由。政府除对高校进行经费补助外还可另设立专项经费，只有在科研上有重大项目和发展的学校才能获得经费补助，根据学校业绩对各个学校打分，改变投入型拨款，向投入型和产出型拨款并重，以此促进高校的良性竞争。研究生与本专科教育不同，具有研究性、创造性、前沿性和高层次性等特点。目前，中国实行"生均经费+专项补助"的研究生财政拨款制度。为了提高研究生经费使用效率和培养质量，可借鉴美国高等教育绩效拨款方式，提供经济刺激以吸引高校达到特定目标，制定研究生教育绩效拨款制度，积极争取财政支持，建立利益相关方参与的中间组织，采取循序渐进的推进方式，加强财政拨款与研究生教育质量的有效衔接②。

（二）采取市场化改革的方式

美国高等教育市场体系较为健全，是高等教育经费筹措市场化改革最明显的国家。市场化改革最重要的表现之一是学生通过交学费选择高校和专业。美国研究生教育的收费标准由市场决定，专业、学校甚至是生源地等都是收费标准不同的因素。美国高校享有充分的自治权，高教系统包含许多不同的自主确定学费价格的层次。在很多大型研究型大学，每个学院有权决定收取学费的方式和比率。不同学费价格主要依据不同高校的运行成本确定；提供高质量高等教育服务，毕业生在劳动力市场上畅销，且能获得较高的高等教育报酬的大学，收取的学费自然高。

我国目前实行的学位教育主要分为学术型学位教育和专业型学位教育。学术型学位按学科设立，其以学术研究为导向，偏重理论和研究，培养大学教师和科研机构的研究人员；专业型学位以专业实践为导向，重视实践和应用，培养在专业和专门技术上受到正规的、高水平训练的高层次人才。对于学术型学位和专业型学位研究生学费的制定和收取上，因其培养成本和市场需求的不同而应有所不同，体现出差异性。专业型学位研究生因其面向的行业和职业的市场需求各异，我国研究生教育在处理政府、

---

① 魏静：《利益相关者视角下研究生收费制度博弈关系研究》，《研究生教育研究》2014年第4期。
② 张晓宁、杨晓江：《美国高等教育绩效拨款政策及其对我国研究生教育绩效拨款改革的启示》，《学位与研究生教育》2016年第8期。

市场与高校的关系上，可借鉴美国研究生教育收费市场化运作的方式，根据市场需求办学，充分接近市场、了解市场，遵循市场规律和人才培养规律，给高校更多的自治权，依据市场的冷热度以及职业预期报酬收取学费。对于拥有广阔市场发展前景，需求旺盛的学校和专业收取高额学费，由市场决定各学校和专业收取专业型学位研究生学费的标准。

美国是世界上私立高等教育最发达的国家之一。美国公立高校主要依赖公共资助，私立高校主要依赖私人资助。美国私立研究型大学最显著的特征之一是它拥有通过私人资助应付不断上升的高等教育成本的能力。美国非政府渠道经费收入已成为高校及其重要的经费来源。美国社会促进产学研结合，增加高等学校的经费收入。美国私立高校的主要经费来源包括学费收入、政府的间接资助、创收收入和捐赠收入。永无止境地追求私人资金是美国高等教育多样化的不竭动力。根据2016年发布的《中国统计年鉴》，2012年国家财政性教育经费为23147.5698万元，学杂费为3504.8301万元，社会捐赠经费仅为95.6919万元；2013年国家财政性教育经费为24488.2177万元，学杂费为3737.6869万元，社会捐赠经费仅为85.5445万元；2014年国家财政性教育经费为26420.5820万元，学杂费为4053.0393万元，社会捐赠经费仅为79.67万元[①]。与美国强有力的市场化筹资方式相比，中国社会捐赠的教育经费占比一直较低，政府要鼓励第三方组织对高校投入资金办教育，进一步加大中国高校面向市场化的改革及其力度。

（三）采取灵活的收费方式

美国研究生教育采取分段式收费的方式。根据研究生课业学习和学业培养进程，学费按阶段递减。英国采取先上学后付费的方式。我国的研究生教育学费标准是恒定的，学制内每学年收取的学费都一样。我国研究生教育收费也可以考虑不同专业、不同年级阶段研究生求学的实际情况，学习和借鉴美、英、法、德、日等发达国家研究生收费制度采取的灵活方式，根据不同专业和研究阶段进行收费，体现教育成本的价值作用。我国研究生的培养模式也在不断地改革和发展。目前，我国研究生培养大都采取学分制管理的方式，依据研究生培养方案，采取修读课程、参与课题、发表学术论文、撰写学位论文、创作毕业设计、进行实验研究、参加学校

---

① 《中国统计年鉴》，中国统计出版社2016年版。

实习、社会实践或国际化交流等培养方式。处在低年级阶段的研究生大都处在接收课程知识，夯实学科基础知识，增强研究方法训练，丰富和拓展学术视野阶段，较多地使用学校教育资源，从事向内索取式输入性的学习活动。在修读课程获取学分的过程中，不断接收新知识、新思想、新理念和新理论，作为知识的吸收者而存在，不断地积累和完善自身学科知识结构。本着谁受益、谁负担的原则和购买优质教育服务产品的原则，可对中低阶段研究生收取较多学费。随着研究生课业进展和学业的推进，对于三、四年级（博士生）研究生，他们已基本修完课程，有更多时间自主支配，学习研究重心发生转移，由主要以研修课程为主到以跟随导师进行研究性学习及从事学位论文研究为主，参加导师课题，撰写论文等。按照劳动付出可获报酬的原则，可从导师处获取一定的科研报酬，更多地从事付出性、输出性工作，作为知识生产者和转化者而存在。中高阶段的研究生收费应减少学费缴纳额度，按培养阶段和其实际享有的教育资源、教育服务收费，合理分担教育成本。

（四）实施差异化收费标准

美国研究生教育实行市场化办学，对不同学校、不同专业、不同的研究生项目、不同经济收益采取不同的收费标准。研究生教育收费政策不仅是为了合理分担教育成本，更是为了科学统筹分配研究生教育资源。从教育投入和产出、教育收益率的视角体现学科专业培养成本的差异和未来收益。中国财教〔2013〕19号《关于完善研究生教育投入机制的意见》提出，要合理确定研究生教育收费标准，学费标准应结合当地经济发展情况、学生家庭的经济承受能力、学校层次、专业培养成本等。硕士生每生每年不超过8000元，博士生不超过10000元。目前中国高校研究生学费大都执行最高收费标准。这种"一刀切"的研究生教育收费模式，未能充分考虑不同层次、不同类型的高校的专业培养成本、利益相关者的承受能力、各地的经济发展水平等收费。研究生收费标准问题已引起了学术界广泛的商讨和热议。本书通过对美、英、法、德、日等发达国家研究生收费制度变迁的梳理，发现它们针对不同专业、不同家庭条件乃至本土与国际学生都采取了不同的收费标准，从教育投入和产出、教育收益率以及教育服务贸易等教育经济学视角体现各个专业和学科培养成本的差异。因此，我国在深化研究生教育投入机制改革中，应建立健全研究生教育收费政策，应根据不同的专业和学科培养成本以及未来教育收益的情况，采取不同的研究生教育收费标准。对于基础学科、前沿学科、国家重点重大需求学科，高校应降低收费标准，扶持学科专业的发展，吸引研究生积极投身国家基础建设，开展相关领域研究，从事科学研究和科技攻关工作。对于好就业、收益高的热门学科专业，收取较高学费，优化教育资源配置，调节好教育资源供给和需求的经济杠杆，体现研究生教育差异化收费，体现研究生教育收费的个人价值和社会价值。

(五) 完善具有中国特色的教育立法体系

本书通过对国外发达国家研究生收费制度变迁的梳理，发现美、英、法、德、日等国教育立法体系比较完善。在历史发展的特殊阶段，能站在国家安危与发展的角度及时出台各项有利于国家需要和研究生教育发展的法律、法案，以法律的形式促进国家的建设和发展，保障研究生人才的培养，执行研究生收费制度。美国《高等教育法》在新的社会发展状况下会不断更新条款条例来满足教育发展的需求，《高等教育改革法案》也开始了英国实施教育成本多主体共同分担的新模式，法、德、日三国重大的教育模式转变也都是通过颁布教育立法来实现的。建立并完善具有中国特色的教育立法体系是重中之重。但高等教育立法体系的构建不能盲目借鉴外国的经验，不仅要考虑中国高等教育的实际情况，还要适应当前教育改革的需要。我国研究生教育收费制度改革要由政策化改革向法制化改革转化，研究生教育收费制度的实施和后续保障都离不开国家法律和法规的保障。政府要修改和颁布相关的高等教育法律法规，使整个高等教育立法体系完善化，我国的高等教育工作才能实现有法可依、有法必依以及违法必究的理想目标。

二 对我国研究生资助体系的启示

美国大学依据市场办学，各高校、各专业都确定了自己的收费标准。美国高校采取高收费、高资助的研究生收费与资助体系，体现高成本、高收益的教育投资价值。对于贫困但天资聪颖的学生给予鼎力资助，保障教育公平；采用丰富灵活的资助体系，利用贷款等金融手段、捐款、奖励、工作收入等方式，给学生发放基于需要的奖学金、基于学业成就发展的奖学金、国家科学基金、助学金、学生及家长贷款等；对于低收入家庭的学生提供全额奖学金和资助包等，充分保障低收入家庭学生的经济诉求；科研经费投入及资助日益突出，向研究生提供优厚的国家科学基金经费等，培优助困，双管齐下，有的放矢。美国大学及各研究生院还设立了专门的研究生资助办公室，如哈佛大学奖学金委员会、教育学院财政资助办公室等，有专业化的研究生资助管理团队和专员负责评定和发放研究生的资助资金。哈佛大学研究生资助体系来源广泛，种类繁多，有强大的校内校外资助资源，资助项目针对性强，突出学术性、专业性以及应用性、职业性；充分挖掘研究生的术业潜能，催人奋进、策马长鞭，资助成效显著，培育了高精尖的科研成果，各类高端人才大放异彩。

我国研究生教育实行全面收费政策以来，国家随之配套了研究生奖助体系，建立和提供了国家奖学金、国家学业奖学金、国家助学金、"三助"、研究生贷款和绿色通道等研究生资助渠道。我国实行研究生教育全面收费政策后，建立和完善研究生奖助政策体系就显得非常重要。我国应继续加大对贫困生的资助力度，确保家庭经济困难学生能获得更充分的资助。高校必须定期公开收费的标准和具体项目，杜绝变相收取费用的现象发生。对已被学校录取但存在经济困难的学生，可以采取先入学，再给予不同程度的学费减免或其他代偿方式。本着绝不让一个贫困生因家庭贫困而失学的原则，经校方核实，可以允许其缴纳一部分学费或申请缓缴学费，也可以开辟代偿通道或制定其他代偿机制。对于贫困生缴纳学费上学，不应一概而论，"一刀切"，应采取灵活机动的收费方式，具体问题具体分析，依据贫困学生家庭的贫困程度研究制定其缴纳学费的解决方案。对于家庭经济条件确实贫困的优秀学生，国家、高校和社会应针对这类贫困生群体采取精准扶贫的帮扶政策，为其减免学费。全社会对于贫困研究生，应更广泛、更便捷地开辟绿色通道，尽可能多地为贫困生创设良好的育人环境，为贫困生提供更好更多的优惠政策，切实减轻贫困生的后顾之忧，使其能安心求学，潜心钻研，提升质量，回报社会。

在研究生奖励体系上，奖学金的额度以及比例设置问题在不同程度上影响了研究生的学习积极性、主动性和创造性。研究生奖学金的设置额度和比例问题，应体现维果茨基的最近发展区理论，让更多的人能够更加积极、主动地看到适合于自我发展和突破的目标，进而更能激发和调动自身求学的内动力，实现更优更高质量的自我发展。各研究生培养单位应认真思考、策划和制定研究生奖学金设置的比例和额度，能够最大限度地激发研究生励精图治、奋发图强、孜孜以求、潜心求学。对于来自贫困家庭学生，国家助学金要能够真正帮助到需要帮助的贫困生，政府、高校、家庭和社会要在更大程度上激励和资助贫困学生，切实减轻贫困学生求学的负担和压力,充分发挥国家助学金雪中送炭的作用。

未来,我国研究生奖助政策体系应更富有成效性,研究生资助的项目和形式应更加多样化,不再单纯拘泥于奖助学金和贷款的形式,加强产学研合作,广开渠道增设更多的科学研究基金项目、创新创业项目、种子基金等,鼓励研究生积极申请和参与国家级等课题研究项目、创新创业项目等,提高研究生科研经费的投入和奖励力度,增强科研的前沿性、实用性和实效性等,凸显研究生教育的学术性、理论性、应用性和实践性,增强研究生的自主科研能力和自主创新能力;在各高校和二级学院建立完备的研究生资助机构和专业的管理人员,加强对研究生资助工作的规范化管理;给研究生提供便捷多样的贷款方式、更灵活的还款方案和方式等,提高我国研究生利用贷款方式获取资助资金的比例和还款率;加大对贫困研究生多元化的资助方式,广泛吸纳社会资助资金,通过研究生教育收费和奖助体系的经济杠杆调节作用切实保障教育公平,提升研究生教育质量;对取得卓有成效的研究成果、创新产品以及创业成效的研究生,政府、高校、企业和社会应给予奖励,切实提升我国研究生人才培养质量。

三 对我国创建世界一流大学的启示

高等教育是知识创造的源泉和人才培养的摇篮,拥有世界一流大学是赢得国际核心竞争力的关键之一。一个国家要想始终处于领先地位,实现强国梦,需要有世界一流大学。我国研究型大学肩负着创建世界一流大学的历史使命,在建设创新型国家,实现中华民族伟大复兴的征程中,研究型大学作为国家创新体系的主要力量之一,理应在培养拔尖创新型人才,增强国家自主创新能力和科技实力,培育新的经济增长点,营造良好的创新文化等方面做出应有的贡献。

美国是当今高等教育体系最先进、最发达的国家。美国研究生教育以其力量顶峰的形式出现,成为全世界领先的有磁性的系统,吸引、集聚和培养了全球顶尖人才。美国不仅是近两年诺贝尔奖得主的大赢家,也是史上获得诺贝尔奖最多的国家。世界一流大学是诺贝尔人才诞生的策源地和温床,源源不断地培养和输送着一批又一批杰出的诺贝尔人才。美国培养诺贝尔奖人数最多的顶尖高校有哈佛大学、哥伦比亚大学、芝加哥大学、伯克利加州大学、麻省理工学院、斯坦福大学、耶鲁大学、康纳尔大学等。世界一流大学在知识发展、教学科研、人才培养等方面取得了举世瞩目的辉煌成就。处于美国最高层次的研究生教育以卓越著称于世，大比例地成就世界顶尖人才。窥探美国顶尖大学研究生教育经费、研究生教育收费与资助体系、研究生人才培养模式，探寻铸就美国研究生教育卓越和辉煌的成因，为我国创新研究生培养机制、培育高水平科研成果和拔尖创新型人才，全面提升研究生教育质量以及推进世界一流大学的建设提供参考与借鉴。

（一）雄厚的教育经费来源，多元化的教育融资渠道

美国有着世界上最富有和收费最贵的大学。美国高校拥有雄厚的高等教育资金。捐赠、学费、政府拨款、销售、服务和合同收入成为美国研究生教育经费来源的重要组成部分。慈善捐款一直是美国高校最主要的办学来源。除了重视捐赠，高额的学费也是一项重要的融资渠道。此外，政府拨款成为美国高校仅次于学费的收入来源。拥有雄厚的捐赠基金和丰裕的办学经费是美国顶尖高校取得辉煌成就的经济基础。我国在创建世界一流大学过程中，要充分意识到雄厚的教育经费对创建世界一流大学的基础性意义，政府要持续加大对建设世界一流大学的经费投入，国内顶尖大学和高水平研究型大学还要注重多元化教育融资方式，运用税收等优惠手段，鼓励私人和社会团体捐资助学，建立基金会、校友会、广泛吸纳社会资金，有效管理和使用捐赠基金，实现捐赠基金的增值效应。

（二）强强联合，采用跨名校、跨学院、跨学科培养研究生的方式

随着现代科技的纵深发展、人类社会的复杂性问题日益突出，跨学科研究逐渐被推上科学研究的前沿，一系列具有里程碑意义的科学发现与科研成果应运而生。跨学科（interdisciplinary education）是基于当前社会发展、科技知识生产复杂性日益凸显及由此导致的"掌握了既深厚又广博的知识，并拥有综合、整合及其所需一系列相关专业技能的人才"的迫切需求[1]，以问题为纽带或以项目为主要组织形式，将具有跨学科知识技能的教师或由不同学科专业背景教师组成的教师团队与学生，通过对话、合作与探究，共同推进两个以上不同学科信息、数据、技术、工具、视角、概念以及理论的整合及其相应的思维训练过程，并在此过程中不断推动跨学科领域知识的增长及其实际运用。美国顶尖大学在研究生培养中将跨学科研究和培养作为重要的发展战略，整合美国顶尖大学内部与外部的

---

[1] 张伟：《卓越的背后美国大学研究》，当代中国出版社2013年版，第79—83页。

师资力量、课程资源、实验设备、科研环境等，在不同的高水平研究型大学之间，在美国顶尖大学的研究生院之间强强联合，培养研究生，优化教育资源配置，充分发挥优质教育资源的最大成效，培养了大批拔尖创新型人才。

第二节　研究生全面收费政策对贫困生心理影响的对策建议

马歇尔说过："思想，不论是表现在艺术科学上的思想还是表现在实际办事方法上的思想，是每一代人从他们的先人那里所继承下来的遗产中最实在的遗产，如果世界上的物质财富被损毁了，但是创造物质财富的那些思想仍然保存着的话，那么，很快就会又有新的物质财富来代替，然而，如果失去的是思想而不是物质财富的话，那么财富就会萎缩，而世界就会回复到贫困"。[1] 经济贫困并不可怕，精神贫困才是贫困的顽疾。习近平指出："扶贫先扶智，决不能让贫困家庭的孩子输在起跑线上，坚决阻断贫困代际传递。"[2] 各高校在扶助贫困生时，要注重精神扶贫、心理扶贫。对贫困生开展思想教育和心理健康教育，帮助贫困生正确认识研究生全面收费政策，正确对待贫困和心理问题，培养贫困生积极、健康、阳光的心态和乐观、奋发、进取的精神，拥怀理想，追逐梦想，开拓创新，实现自我价值，回报祖国，服务社会。

一　正确认识研究生全面收费政策

研究生全面收费政策在执行之初对于不甚了解该政策的贫困生就是压力源。压力既是一种刺激或消极的感受，也是一种人与环境的互动历程，压力的大小既取决于压力源的大小也取决于个人身心承受压力的强弱程度。压力与健康存在密切的联系。对研究生全面收费政策的合理认知可以帮助贫困生正确面对压力，维持身心健康。正确认识研究生全面收费政策是帮助贫困生处理好压力的基础。研究生全面收费政策不是简单地向学生收费，实行研究生收费政策，需要完善研究生奖助政策体系，促进教育公平，提高家庭经济困难学生资助水平，提高奖助标准。在实行全面收费的

---

[1] 马歇尔：《经济学原理》，中国社会科学出版社2007年版，第20页。
[2] 《中共中央国务院关于打赢脱贫攻坚战的决定》，《人民日报》2015年12月8日第1版。

同时，建立健全多元奖助政策体系，确保研究生特别是家庭经济困难研究生顺利完成学业。总体上讲，研究生所获奖助资金额度超过缴纳学费额度，奖助政策不仅能够有效缓解全面收费给研究生带来的经济压力，更能够提高大部分研究生的经济待遇。

二 将思想教育与心理教育相统合

思想教育与心理健康教育密切相关。思想教育可以使人形成正确的"三观"。培养贫困生正确的理想信念和高尚的道德品质，而心理健康教育则可以培养贫困生良好的情绪、健全的意志、健全的人格，促进贫困生身心健康发展。通过思想教育与心理教育的有机结合，端正思想态度，形成良好的思想品质，坚定理想主义信念，相信贫困只是暂时的，人穷志坚，树立"自救"意识，摒弃"等、靠、要"的消极思想，研究生收费政策不仅不会阻挡寒门学子，反倒会发挥政策的最大效用，最大限度地关爱贫困生，帮扶救困，奖优济贫。贫困生只要心中永不言弃，播撒奋斗的种子，用爱心、恒心、耐心耕耘，沙漠终将变绿洲。研究生奖助体系政策给贫困生施以更大的激励与回报。贫困生除了可以获得研究生国家助学金、研究生国家助学贷款、研究生"三助"岗位、研究生学费减免、特殊困难补助、绿色通道等方式外，通过自身的努力，还可获得研究生国家奖学金、研究生学业奖学金等奖励性资助。自助者天助，有志者事竟成。

三 将团体辅导与自我教育相结合

美国心理辅导教育家格拉丁（Gladding）曾说："在帮助那些有类似问题和困扰的人时，团体辅导是一种经济而有效的方法。"[1] 团体心理辅导可以创设一种安全、温暖、可信任的气氛，团体成员相似的境遇可以使贫困生产生归属感和安全感，满足一定的心理需要，消除一些心理压抑，合理宣泄情感，有利于增强团体凝聚力，增进理解，在互动中成长。对贫困生的心理健康教育要充分发挥团体心理辅导与自我教育的作用。自我教育是贫困生心理健康教育取得实效的有效形式。在维持和促进心理健康中，贫困生要重视自我生存、自我调节、自我激励、自我发展。高校可以通过开展心理健康活动，普及心理健康知识，如开展团体心理辅导、

---

[1] 杨玉宇：《大学生心理适应与发展》，科学出版社2014年版，第192页。

心理活动月、心理剧演出、我和心理有约等方式,给贫困生构架心桥,走进贫困生,了解贫困生的心声和诉求,关爱贫困生,给贫困生更多的光与热,增强贫困生的心理素质。

四 完善心理健康教育服务与干预体系

高校应高度重视贫困生心理健康教育,加强对贫困生开展心理健康教育服务。开设贫困生心理健康课程教育、建立贫困生的心理健康档案,建立健全心理健康教育和心理咨询体系。贫困生在心理压力比较大,自己又不易调节时,应寻求心理咨询机构的帮助。高校心理咨询是心理咨询师运用心理学的理论和方法,协助贫困生解决成长中遇到的心理困扰,使贫困生能够认识自我、接纳自我、完善自我、开发潜能、健康发展的过程[1]。

高校心理咨询机构由心理、教育、医务工作者共同参与,在维护和增进贫困生心理健康,促进贫困生身心健康发展产生着较大的影响。高校应安排经验丰富、专业知识扎实、实践干预能力强的心理健康教育教师给贫困生进行心理疏导与教育。对有心理问题和心理障碍的贫困生采取精神支持疗法、精神分析疗法、行为疗法、森田疗法、认知疗法等心理治疗和干预方式[2],给心理健康教育注入积极心理学因素[3][4],帮助贫困生走出心理贫困,保持自信和良好的心态,充分发挥自身潜能,发展自身积极的心理素质,使贫困生在面对问题时,有更积极的思维方式和防御机制,进行"发展性"教育,增强应对逆境的心理弹性,达到自己的最佳状态[5]。

五 以生态系统发展观为指导创建贫困生健康的心理环境

生态系统发展观认为个体心理发展源自其自身环境系统的结构和功能变化,个体心理健康从根本上取决于健康的环境系统和个人与环境的双向互动,个体心理健康与环境是双向性相互作用的动态关系[6]。贫困生的家

---

[1] 秦小刚:《大学生心理健康教育》,北京师范大学出版社2015年版,第18页。
[2] 吴纪饶:《大学生健康教育》,高等教育出版社2005年版,第62页。
[3] 刘翔平、曹新美:《给心理健康教育注入积极心理学因素》,《教育研究》2008年第2期。
[4] 齐晓颖、刘立伟、赵婷:《积极心理学在高校思想政治教育工作中的功能及其实现》,《学校党建与思想教育》2014年第8期。
[5] 金艳、曾令玉、商卫星:《大学生心理健康教育理论研究与实践探索》,中央文献出版社2016年版,第2页。
[6] 俞国良:《社会转型心理健康教育报告》,北京师范大学出版社2017年版,第171页。

庭经济状况、人际关系、社会资本、学校的学术环境、制度环境等是贫困生心理健康发展的资源要素。因此，建设优美的校园生态环境、完善的学习资源环境、便利的生活环境、良好的人际互动关系，建立健全贫困生奖助体系就显得尤为重要。让贫困生走出自我封闭的樊篱，摆脱心理贫困的束缚，积极参与校园文化与社会实践，主动增进与周围环境的互动，扩大人际交往与社会支持系统，增强社会资本，在改善外部环境的同时，培养了自身人际协调和沟通能力，让正能量充满心房，让积极、乐观、健康、向上的情绪情感萦绕生活，不断提升贫困生的心理健康水平。

近年来，积极心理学逐渐兴起并活跃。积极心理学以人的积极力量和积极品质为研究对象，强调心理学要帮助那些处于某种"逆境"条件下的个体求得生存并得到良好的发展，建立高质量的个人生活，提升个人的获得感和幸福感。这就需要加强贫困生心理健康教育和思想教育，增强贫困生的"造血"功能；让贫困生树立自信、自强、自尊、自爱的优良品质；为贫困生营造心灵港湾，一方宜居之地，使贫困生在祥和温暖的心理环境下茁壮成长，轻松应对经济、学业、就业等问题。美好从心开始，让我们携起手来，不断完善研究生投入机制改革，建立健全奖助政策体系，充分保障贫困生的权利、充分维护贫困生的利益，用阳光的心态，共建和谐家园，创造幸福生活①。

第三节　研究生收费政策对贫困生学业影响的对策建议

为了更好地增加研究生学习投入，激发研究生学业参与积极性，提高学业成就、科研成果产出，培养创新能力，提升研究生教育质量，为创新型人才的培养和创新型国家的建设做贡献，本书提出如下对策建议。

一　加强对研究生全面收费政策的深度宣传和指导

研究生对收费政策了解越多，其学习投入时间越多，此产出的科研成果就越多，研究生收费政策对学业投入具有正向影响。针对当前我国研究生对收费政策的了解存在较大局限，不能全面理解研究生收费政策，缺失对研究生收费政策目的及作用等深层次的思考与分析，政府、高校应加

---

① 二中全会解读：《把依法治国、依宪治国工作提高到新水平》，2018 年 1 月 20 日，http://news.youth.cn/sz/201801/t20180120_11312277.htm。

强对研究生收费政策的深度宣传和指导，增强研究生对收费政策的全面认识和深入理解，激励研究生潜心求学，充分发挥研究生收费的政策效用。

二　完善研究生奖助体系建设

加强和改进研究生学业奖学金设置，增加"三助"岗位。研究生奖学金具有较大的激励作用，对学习投入具有正向影响。针对研究生奖学金评定不合理、评定细则不规范、覆盖面不足、比例额度欠合理、"三助"岗位不足等问题，高校应加强和改进研究生学业奖学金设置，增加"三助"岗位机会，完善研究生奖助体系建设，充分发挥研究生资助体系的政策效用，有效激发研究生学习积极性，增加研究生学习投入，增加科研产出，不断实现研究生的自我发展与超越。

三　创新贫困生资助制度

充分发挥研究生资助体系的激励作用。在研究生学业成绩提高、科研成果奖励和创新能力提升上我国研究生资助体系还存在很大的改革和机制创新空间。我国研究生资助体系应更富有成效，资助应更多样化，加大对贫困生尤其是特困生的资助力度，精准资助贫困生，推动"保障型资助"向"发展型资助"模式转变[1][2]，建立贫困优秀人才群体的"发展型资助"制度[3]，实现经济资助与能力提升相结合的助困新模式。创新贫困生资助制度，充分发挥奖助学金的激励作用。加强产学研合作，充分增设科研项目，提高研究生科研投入和奖励力度，凸显研究生教育的前沿性、学理性、实践性和应用性等。不断完善研究生奖助体系，有效激发研究生学习的积极性，产出高水平科研成果，增强研究生创新能力，充分挖掘研究生术业潜能，切实提升研究生教育质量。

第四节　创新我国高校贫困学生资助体系的对策建议

《关于打赢脱贫攻坚战的决定》指出，教育扶贫是脱贫攻坚战的重要措

---

[1] 徐英、李天悦：《发展型资助：新时代高校学生资助发展的新维度》，《教育评论》2018年第2期。

[2] 杜坤林：《从保障型资助到发展型资助：高校助学工作范式转换及其实践》，《中国高教研究》2012年第5期。

[3] 刘家祥：《高校贫困生资助政策的价值逻辑》，《江苏高教》2018年第4期。

施，要"着力加强教育脱贫"，"让贫困家庭子女都能接受公平有质量的教育，阻断贫困代际传递"①。精准扶贫是帮扶贫困人口脱贫致富的有效手段，是全面建成小康社会的有效保障。精准扶贫、精准脱贫已成为我党的重大政治任务。教育扶贫作为我国"十三五"期间精准脱贫攻坚战略的重要举措，在打赢脱贫攻坚战，阻断贫困代际传递中发挥着重要的作用。

教育精准扶贫是国家精准扶贫工作的重要组成部分。高校学生资助工作是精准扶贫的重要内容，是党和政府消灭贫困县的有机组成部分，是精准扶贫工作开展的重要发力点。帮助家庭经济困难学生能够接受更好的教育，确保贫困学生能够顺利入学、完成学业。阻断贫困代际传递，是学生资助工作的出发点和落脚点，是以教育公平促进社会公平的重大举措，是中国特色社会主义制度优越性的重要凸显。

"精准资助"已成为我国教育领域重点关注的重大问题。"精准资助""资助育人"彰显着社会的公平正义，昭示着社会主义制度的优越性，关切着莘莘学子的健康成长和全面发展，关系着小康社会的全面建成。推进我国学生资助体系的研究是实现精准扶贫、精准脱贫的现实需要，是创新贫困生资助体系的需要，是学仁不懈努力的使命与责任。新时期，我国高校要创新贫困学生资助体系，助力教育精准扶贫工作的开展。创新高校贫困生资助体系，推进教育公平，加快精准扶贫、精准脱贫，保障贫困生权益，为深化研究生培养机制改革，完善研究生全面收费政策和研究生资助体系政策，促进高校持续健康发展，提升研究生质量提供政策建议。

一 精准资助对象、资助力度、资助时间，提升教育资助的精准性

教育精准扶贫是国家精准扶贫工作的重要组成部分，高校贫困生资助工作是精准扶贫的重要内容，也是精准扶贫工作开展的重要发力点。家庭经济困难学生认定是资助工作的首要环节，精准识别是实现精准资助的基础。2016年《教育部办公厅关于进一步加强和规范高校家庭经济困难学

---

① 《国务院关于建立健全普通本科高校高等职业学校和中等职业学校家庭经济困难学生资助政策体系的意见》，教育部官网，2018年4月19日，http：//www.moe.edu.cn/jyb_ xxgk/moe_ 1777/moe_ 1778/tnull_ 27695.html。

生认定工作的通知》发布，提出对象精准、力度精准和发放时间精准[①]。我国贫困生资助体系应精准资助对象，精准识别、认定家庭经济困难学生，去伪存真，扶真贫，真扶贫，切实将扶贫资金用于家庭经济困难学生身上；针对贫困生资助工作中存在不平衡、不充分的问题，精准资助力度，打破"一刀切"的资助模式，按照学生家庭经济困难程度进行按需资助，最大限度地发挥贫困生资助体系的政策效用，让贫困生获得更充分的资助和更多的关爱，享受精准资助的政策红利；精准发放时间，按时发放资助资金，转变大水漫灌为精准滴灌的方式培育贫困生，充分保障家庭经济困难学生的现实需要，滋润贫困生的心田。

二 发挥政府投资和社会捐资的作用，加大资金支持的精准性

政府要持续加大对高校贫困生资助的经费投入，积极采用减税等方式，鼓励个人、社会捐资助学，广泛吸纳社会资金，引导企业资金投入到贫困生资助工作中，增加高校教育资助资金渠道，增强高校、政府、企业之间的合作，设立企业奖学金、助学金等，实现知识与产业、行业的统合与发展，多元化地满足贫困生学习、生活和发展的需要。

三 采用资助包政策，加强资助方式的精准性

按照需要发放（on need basis）是根据申请人的家庭和自身收支情况发放资助金，不让经济贫困阻碍学生入学[②][③]。将"奖、贷、勤、补、减"等多种资助方式看成一个"资助包"，对不同需求导向的贫困生采取不同的混合资助方式，采用贷款加助学金、贷款加奖学金、助学金加奖学金、贷款加助学金加奖学金等为贫困生量身定做资助套餐，提供个性化资助。加大贫困生奖学金力度，切实激发贫困生求学的内动力，提高贫困生学业成就，凸显扶贫扶智的实效性。提升高校资助管理工作人员专业素养，为贫困生提供财务咨询服务，按需设计、为贫困生提供最优的资助方

---

① 《教育部办公厅关于进一步加强和规范高校家庭经济困难学生认定工作的通知》，教育部官网，2018年7月22日，http：//www.moe.gov.cn/srcsite/A05/s7505/201701/t20170122_295524.html。

② 洪柳：《美国哈佛大学研究生教育收费现状与资助体系研究》，《黑龙江高教研究》2018年第3期。

③ 徐来群：《哈佛大学史》，上海交通大学出版社2012年版，第110—118页。

案，增强高校贫困生资助体系的适切性和有效性。

四 逐步从无偿资助转向有偿资助，加强保障措施的精准性

无偿资助指赠与型奖励资助和赠与型贫困资助；赠与型奖励资助包括各类奖学金，赠与型贫困资助包括助学金、学费减免、困难补助；有偿资助包括贷款、工作收入等①。美国高等教育采取"高学费、高资助"政策。在与教育成本相关联的收费政策的同时对高收入学生收取高额学费，收取的学费继而转为低收入学生的教育资助经费②③。美国高校采取"高学费、高资助"政策，既能满足低收入家庭学生需要，又能促进公立和私立高校间的公平竞争，有利于实现不同纳税人之间收入的合理再分配和社会整体发展。由于美国高校学费上涨和就读学生增多，政府无偿资助金额受到削减，政府就将资助方式更多地由财政拨款方式转向学生贷款。

我国高等教育在收取学费时，要处理好收费与资助的关系，切实保障家庭经济困难学生的资助需要。注意资助方式方法，无偿资助会使学生滋生懒惰、依赖和不劳而获的思想，认为政府资助理所应当，形成等、靠、要的心理，不利于培养学生自强自立的精神。我国高校贫困生资助体系要转变资助理念，逐步从无偿资助转向有偿资助，建立健全高校贫困生资助服务机构、简化贫困生贷款程序，完善公民征信系统，完善贫困生还款机制，增强贫困生的信用意识、风险意识和责任意识，提高贷款还款率，优化高校贫困生资助体系结构，最大限度地发挥贷款资助效用。

五 建立资助预算总成本制度，增强支持范围的精准性

借鉴美国学生资助总金额不得超过预算总成本的做法。我国高校贫困生资助体系应建立贫困生资助预算总成本制度，在贫困生入学提交资助申请之时，建立学业资助预算规划，设计好所需要资助的预算总成本；加强贫困生资助工作的规范化、信息化和制度化建设，设立高校学生资助管理

---

① 鲍威、陈亚晓：《经济资助方式对农村第一代大学生学业发展的影响》，《北京大学教育评论》2015年第4期。

② Hoenack, S. A., Weiler, W. C., "Cost-related Tuition Policies and University Enrollment", *Journal of Human Resources*, Vol. 10, No. 3, 1975, pp. 332-360.

③ Glenn A. Bryan, Thomas W. Whipple, "Tuition Elasticity of the Demand for Higher Education among Current Students: A Pricing Model", *The Journal of Higher Education*, Vol. 66, No. 5, 1975, pp. 560-574.

专员，审批和核定贫困生预算总成本方案，做好贫困生资助借款登记记录，实现信息化管理。对于超过资助预算的申请，系统将设置自动预警提示，无特殊原因，不再予以资助。将高校贫困生资助资金转向更需要的学生，充分发挥贫困生资助资金的政策效用。

高校贫困生资助体系要充分利用信息技术和互联网，加强信息网络化建设，在大数据、云计算平台上建立教育精准扶贫信息系统[1][2]；不断挖掘、建立健全与贫困生相关的诸如家庭收入、个人禀赋、特长、资助需求等信息数据库，准确跟踪，精准资助；进一步完善全国高校学生资助管理系统，有效实施奖助学金使用动态监管机制[3]。不断规范和监督贫困生资助管理工作，增强贫困生资助工作透明度，增进教育公平，推进和落实新时代贫困生资助体系法制化建设，充分保障贫困生权益，确保我国贫困生资助工作在科学化、规范化的法制轨道上稳健前行。

六 构建资助育人长效机制，增强资助育人效果的精准性

高校贫困生资助体系应将资助育人落到实处，构建资助育人长效机制，彰显新时代贫困生资助体系的社会主义优越性；立德树人，在"扶困助学—立德树人—唱响中国梦"的特色通道上迈步前行；在贫困生资助工作中将物质帮助、道德浸润、能力拓展、精神激励有效融合；充分尊重贫困生的隐私，让家庭经济困难的学生有尊严、有质量地生活。树立"自救"意识，摒弃"等、靠、要"的念头，更充分、多元化地资助育人，帮扶救困、奖优济贫，培养贫困生感恩的心，健全的人格，积极、乐观的态度和坚强的意志；激励贫困生刻苦求学，奋发进取，学有所成，回报社会，增强贫困生的责任心和社会责任感[4]。

七 建立健全贫困生资助政策体系，增强政策应用的精准性

习近平总书记强调："要健全家庭经济困难学生资助体系。"新时期

---

[1] 王嘉毅、封清云、张金：《教育与精准扶贫精准脱贫》，《教育研究》2016年第7期。
[2] 张建明：《基于数据挖掘的高校贫困生认定系统设计和分析》，硕士学位论文，东南大学，2015年。
[3] 和燕杰、袁花：《新时期高校学生资助工作的成效、问题与对策研究——基于专科院校奖助学金评定的若干典型案例》，《教育财会研究》2017年第5期。
[4] 薛浩：《高校贫困生现行资助体系中亟待改善的几个问题研究》，《中国高教研究》2006年第7期。

我国要创新高校学生资助体系改革，高校贫困生资助工作要将扶困与扶智、扶困与扶志相结合，将国家资助、学校奖助、社会捐助、学生自助相结合，将无偿资助与有偿资助相结合、显性资助与隐性资助相融合。推动"保障型资助"向"发展型资助"模式转变①②，以贫困生个人需求为导向，开展经济资助、心理辅导、社会实践能力培养、就业指导等全方位帮扶助困。以经济救助为主到注重人文关怀，从临时救助到能力培养与开发，从单一资助到完善资助体系，从消费取向到投资与回报取向。建立贫困优秀人才群体的"发展型资助"制度③，实现经济资助与能力提升相结合的助困新模式。

此外，吸引更多的社会资金介入高校学生资助事业，不断拓展贫困生资助金融筹资渠道，建立多元化的还款方式和代偿机制，加强贷款资金的监督和管理，实现贷款的长期循环运作，创造更大的经济回报；加大高校贫困生资助项目投入，增加奖助比例额度和帮扶济困覆盖面，加大对西部贫困地区和普通高校贫困生的资助，设立针对贫困生拔尖人才的高级资助制度，充分发挥奖助学金的激励作用，精准扶贫，资助育人，提升高等教育质量，推进教育公平，保障和改善民生，奋战脱贫攻坚，为全面实现小康社会保驾护航。

---

① 徐英、李天悦：《发展型资助：新时代高校学生资助发展的新维度》，《教育评论》2018年第2期。

② 杜坤林：《从保障型资助到发展型资助：高校助学工作范式转换及其实践》，《中国高教研究》2012年第5期。

③ 刘家祥：《高校贫困生资助政策的价值逻辑》，《江苏高教》2018年第4期。

结　　语

尖端人才是国之栋梁，人才兴则国家兴；科技是国之利器，科技强则国家强。研究生教育是中国最高层次的教育。研究生教育持续健康发展和研究生培养质量的提升对于中国创新型国家的建设和创新型人才的培养至关重要。笔者关注研究生教育改革和发展问题，分析研究生收费政策的理论基础，聚焦研究生收费政策对贫困生求学的影响，梳理相关文献，开展理论和实证研究。运用调查研究、个案研究、访谈法了解我国研究生收费政策和资助体系政策的执行现状，呈现研究生全面收费政策和资助体系的个案实例，探析研究生收费政策对贫困生求学的经济影响、心理影响、学业影响。设计研究生全面收费政策对贫困生读研意愿的调查问卷（本科生问卷）、研究生全面收费政策对贫困生学业影响的调查问卷（研究生问卷）、研究生全面收费政策和资助体系满意度调查问卷（研究生问卷），采用问卷调查和数理统计分析方法，量化分析研究生全面收费政策对贫困生求学的影响；访谈贫困生、研究生导师、研究生教育管理工作者，多角度地评估研究生收费政策；梳理国内外研究生教育收费制度的变迁过程，借鉴国外先进国家研究生收费和资助体系以及研究生培养模式的成功做法与经验，为完善我国研究生收费政策和资助体系政策，创新我国高校贫困生资助体系和研究生教育培养模式，提高研究生教育质量，提供参考借鉴和政策建议。

附录

研究生全面收费政策对贫困生读研意愿的问卷调查（本科生问卷）

亲爱的同学：

  您好！非常感谢您在百忙之中抽出时间参与本问卷。本调查旨在了解研究生全面收费政策对贫困生求学的影响。您的配合对于本研究的进行将会提供相当大的帮助。本研究采取无记名方式进行，请您根据您的真实想法填写，对您个人和所在学校不会造成任何不利影响，本问卷获取的数据仅用于学术研究，敬请放心。谢谢您的合作！祝您学业有成！

国家社会科学基金资助项目课题组

  填写说明：请选择最符合您真实情况的选项并在"（　　）"或"＿＿"上填写自己的意见。如没有特殊说明，每一个题目只选一个选项。有特殊要求的题目，请按题干要求填答。

一　个人基本信息

1. 性别（　　）。
   A. 男　　　　　　　　B. 女
2. 您的家庭所在地（　　）。
   A. 城市　　　　　　　B. 县镇　　　　　　　C. 农村
3. 您就读的高校类型（　　）。
   A. "985"高校　　　　B. "211"高校　　　　C. 普通高校
4. 您的年级（　　）。
   A. 大一　　　　　　　B. 大二
   C. 大三　　　　　　　D. 大四

5. 您的专业类别（　　）。
   A. 人文社科类　　　　B. 理工类　　　　　　C. 其他
6. 您父亲的文化程度（　　）。
   A. 初中及以下　　　　B. 中专或高中
   C. 大专或本科　　　　D. 硕士或博士
7. 您母亲的文化程度（　　）。
   A. 初中及以下　　　　B. 中专或高中
   C. 大专或本科　　　　D. 硕士或博士
8. 您父亲的职业（　　）。
   A. 农民、渔民、牧民等生产人员
   B. 做小生意的个体户
   C. 建筑工人、厂矿里的工人、服务员、销售员等一般职工
   D. 工程师、医生、教师、律师等专业技术人员
   E. 公务员、企事业单位中高级管理者
   F. 不工作
9. 您母亲的职业（　　）。
   A. 农民、渔民、牧民等生产人员
   B. 做小生意的个体户
   C. 建筑工人、厂矿里的工人、服务员、销售员等一般职工
   D. 工程师、医生、教师、律师等专业技术人员
   E. 公务员、企事业单位中高级管理者
   F. 不工作
10. 您有兄弟姐妹吗？（　　）
    A. 独生子女　　　　　B. 一个
    C. 两个　　　　　　　D. 三个及以上
11. 您的家庭经济状况是（　　）。
    A. 特别贫困　　　　　B. 一般贫困　　　　　C. 中等
    D. 良好　　　　　　　E. 富裕

二　研究生全面收费政策对本科生读研意愿影响因素调查

12. 您有读研意愿吗？（　　）
    A. 有　　　　　　　　B. 没有

13. 您父母对您读研的期望程度（　　）。

  A. 很低   B. 较低

  C. 较高   D. 很高

14. 您读本科的学费来源是（　　）。（多选题）

  A. 父母   B. 亲戚   C. 学校补助

  D. 勤工俭学   E. 奖助学金   F. 学校贷款

  G. 朋友   H. 积蓄

15. 学杂费、生活费等上学开支是否会成为您选择读研的重要考虑因素？（　　）

  A. 是   B. 否

16. 您认为目前研究生的学费标准（　　）。

  A. 很低   B. 偏低   C. 合理

  D. 偏高   E. 很高

17. 您本科期间的班级成绩排名是（　　）。

  A. 前10%   B. 前10%—前30%

  C. 前30%—前50%   D. 前50%—前70%

  E. 排名较靠后

18. 您周围考研的同学多吗？（　　）

  A. 很少   B. 较少

  C. 较多   D. 很多

19. 您考研的动机是（　　）。（不定项题）

  A. 热爱学术，深入专业领域的学习

  B. 提升学历层次，获取文凭

  C. 就业因素，获得更多的就业机会

  D. 家庭因素，家人的意愿

  E. 获得更高的收入报酬

  F. 更换专业

  G. 目标不明确，随波逐流

20. 您了解研究生全面收费政策吗？（　　）

  A. 不了解   B. 不太了解

  C. 比较了解   D. 了解

21. 您认为研究生教育收费会对您的考研意愿有影响吗？（　　）

A. 没有影响 B. 影响不大
C. 影响较大 D. 影响很大

22. 您认为研究生全面收费政策会影响您的学习投入程度吗？（ ）

  A. 没有影响 B. 影响不大
  C. 影响较大 D. 影响很大

23. 您认为研究生教育收费会对您的心理产生影响吗？（ ）

  A. 没有影响 B. 影响不大
  C. 影响较大 D. 影响很大

24. 您认为研究生教育收费会给您和家庭造成经济影响吗？（ ）

  A. 没有影响 B. 影响不大
  C. 影响较大 D. 影响很大

25. 研究生教育收费政策对贫困生入学的影响大吗？（ ）

  A. 没有影响 B. 影响不大
  C. 影响较大 D. 影响很大

26. 您认为研究生教育收费会使您去做兼职工作，赚取学费和生活费吗？（ ）

  A. 不会 B. 有可能会 C. 会

27. 您知道我国研究生有哪些资助政策吗？（ ）

  A. 不知道有资助政策
  B. 知道有，但不清楚有哪些
  C. 知道有，比较清楚政策内容

28. 您能否获得奖助学金会影响您读研的选择吗？（ ）

  A. 没有影响 B. 影响不大
  C. 影响较大 D. 影响很大

29. 研究生全面收费政策实施后，您认为应提供哪些帮助？（ ）（多选题）

  A. 完善奖学金制度，扩大奖学金覆盖面，增加奖学金额度
  B. 完善助学贷款和勤工助学制度
  C. 从导师处获得更多的补助
  D. 其他（请注明）：_____

30. 您认为本科生与研究生最主要的区别是什么？（ ）

A. 知识结构　　　　　B. 升职机会

C. 薪酬　　　　　　　D. 就业率高

31. 您认为用人单位最看重求职者什么？（　　　）

    A. 文凭、证书　　　B. 能力

    C. 学校知名度　　　D. 个人品质

32. 您觉得研究生学历对就业有帮助吗？（　　　）

    A. 没有帮助，一张文凭而已

    B. 帮助较小

    C. 在一定程度上有帮助

    D. 帮助很大，可以显著增加就业机会

33. 您认为研究生学历能提高您的潜在收益吗？（　　　）

    A. 没作用　　　　　B. 不确定

    C. 作用不大　　　　D. 有很大作用

34. 您认同读研能够拓宽社交圈吗？（　　　）

    A. 不认同　　　　　B. 不确定

    C. 比较同意　　　　D. 认同

35. 哪些因素会影响您考研？（　　　）（多选题）

    A. 家庭因素　　　　B. 学业因素　　　　C. 政策因素

    D. 就业因素　　　　E. 个人价值因素

36. 您对我国研究生收费政策有什么看法和建议？

    _____

    _____

37. 您认为研究生全面收费政策对贫困生有什么影响？

    _____

    _____

非常感谢您的参与和合作！

研究生全面收费政策对贫困生学业影响的调查问卷（研究生问卷）

亲爱的同学：

　　您好！非常感谢您在百忙之中抽出时间参与本问卷。本调查旨在了解研究生全面收费政策对贫困生求学的影响。您的配合对于本研究的进行将会提供相当大的帮助。本研究采取无记名方式进行，请您根据您的真实想法填写，对您个人和所在学校不会造成任何不利影响，本问卷获取的数据仅用于学术研究，敬请放心。谢谢您的合作！祝您学业有成！

国家社会科学基金资助项目课题组

　　填写说明：请在最符合您的真实情况的选项上画"√"或在"＿＿＿"上填写自己的意见。如没有特殊说明，每一个题目只画一个选项。有特殊要求的题目，请按题干要求填答。

一　个人基本信息

1. 性别（　　　）。
   A. 男　　　　　　　　　B. 女
2. 您的家庭所在地（　　　）。
   A. 城市　　　　　　　　B. 县镇　　　　　　　　C. 农村
3. 您就读高校类型是（　　　）。
   A. "985"高校　　　　　B. "211"高校　　　　　C. 普通高校
4. 您的年级是（　　　）。
   A. 研一　　　　　　　　B. 研二　　　　　　　　C. 研三
5. 您的专业类别是（　　　）。

  A. 人文社科类   B. 理工类   C. 其他

7. 您有兄弟姐妹吗？（   ）。

  A. 独生子女   B. 一个

  C. 两个   D. 三个及以上

8. 您的家庭经济状况是（   ）。

  A. 特别贫困   B. 一般贫困   C. 中等

  D. 良好   E. 富裕

9. 您父亲的文化程度（   ）。

  A. 初中及以下   B. 中专或高中

  C. 大专或本科   D. 硕士或博士

10. 您母亲的文化程度（   ）。

  A. 初中及以下   B. 中专或高中

  C. 大专或本科   D. 硕士或博士

11. 您父亲的职业（   ）。

  A. 农民、渔民、牧民等生产人员

  B. 做小生意的个体户

  C. 建筑工人、厂矿里的工人、服务员、销售员等一般职工

  D. 工程师、医生、教师、律师等专业技术人员

  E. 公务员、企事业单位中高级管理者

  F. 不工作

12. 您母亲的职业（   ）。

  A. 农民、渔民、牧民等生产人员

  B. 做小生意的个体户

  C. 建筑工人、厂矿里的工人、服务员、销售员等一般职工

  D. 工程师、医生、教师、律师等专业技术人员

  E. 公务员、企事业单位中高级管理者

  F. 不工作

二　研究生教育全面收费政策

13. 您了解研究生全面收费政策吗？（   ）

  A. 不了解   B. 不太了解

  C. 比较了解   D. 了解

14. 您读研的学费是多少？（　　　）

　　A. 5000—6999 元　　　B. 7000—8999 元

　　C. 9000—10999 元　　 D. 11000—12999 元

　　E. 13000—14999 元　　F. 15000 元及以上

15. 您认为读研应该收取多少学费？（　　　）

　　A. 5000—6999 元　　　B. 7000—8999 元

　　C. 9000—10999 元　　 D. 11000—12999 元

　　E. 13000—14999 元　　F. 15000 元及以上

16. 您是通过（　　　）方式缴纳研究生学费的？（任选题）

　　A. 家庭　　　　　　　B. 个人积蓄　　　　　　C. 亲戚朋友

　　D. 奖助学金　　　　　D. 贷款　　　　　　　　E. "三助"

　　G. 其他（请注明）：＿＿＿＿＿＿＿＿＿＿

17. 研究生收费政策执行后，关于目前的学费标准您认为能接受的程度是（　　　）。

　　A. 非常高，很难承受　　B. 比较高，比较难以承受

　　C. 一般，基本能承受　　D. 不太高，能承受

　　E. 不高，完全可以承受

18. 您认为研究生教育应按照什么方式收费学费？（　　　）（任选题）

　　A. 学费统一标准　　　　B. 按学校专业等具体因素进行区别收费

　　C. 对贫困生减免学费　　D. 对基础学科实行低收费

19. 您一周在学习上投入的时间大约是（　　　）。

　　A. 30—40 小时　　　　B. 40—50 小时

　　C. 50—60 小时　　　　D. 60—70 小时

　　E. 70 小时以上

20. 研究生教育收取学费，您会产生焦虑心理吗？（　　　）

　　A. 完全没有焦虑　　　　B. 基本没有焦虑

　　C. 较大焦虑　　　　　　D. 很大焦虑

21. 在研究生收费政策下，您读研有压力吗？您读研的压力源自（　　　）。（任选题）

　　A. 经济压力　　　　　　B. 学业压力　　　　　　C. 情感压力

　　D. 就业压力　　　　　　E. 自我期望的压力

F. 家庭期望的压力　　　G. 人际关系压力

H. 没有压力

22. 您认为研究生教育收费会给您和您的家庭造成经济影响吗？（　　）

  A. 没有影响　　　　　B. 影响不大

  C. 影响较大　　　　　D. 影响很大

23. 您认为研究生教育收费会使您去做兼职工作，赚取学费和生活费吗？（　　）

  A. 不会　　　　　　　B. 有可能会　　　　　　C. 会

24. 若您参与社会兼职，每月能挣（　　）。

  A. 300元及以下　　　　B. 300—500元

  C. 500—1000元　　　　D. 1000—1500元

  E. 1500—2000元　　　 F. 2000元及以上

25. 您认为研究生全面收费政策会影响您的学习投入程度吗？（　　）

  A. 没有影响　　　　　B. 影响不大

  C. 影响较大　　　　　D. 影响很大

26. 如果您认为研究生收费政策对您有经济影响、心理影响和学业影响，请给下列影响按重要程度排序（　　）

  A. 经济影响>心理影响>学业影响

  B. 经济影响>学业影响>心理影响

  C. 心理影响>经济影响>学业影响

  D. 心理影响>学业影响>经济影响

  E. 学业影响>经济影响>心理影响

  F. 学业影响>心理影响>经济影响

27. 您读研主要考虑的因素是（　　）。（多选题）

  A. 家庭因素　　　　　B. 学业因素　　　　　C. 政策因素

  D. 就业因素　　　　　E. 个人价值因素

  F. 其他（请注明）：_____

三　研究生资助体系的调查

28. 您在校获得奖学金的情况（　　）。

A. 没拿过奖学金　　　B. 三等奖学金
C. 二等奖学金　　　　D. 一等奖学金
E. 国家奖学金

29. 您每年获得多少国家助学金？（　　　）
    A. 6000 元　　　　B. 7000 元　　　　C. 8000 元
    D. 9000 元　　　　E. 10000 元及以上

30. 您每年能获得多少学业奖学金？（　　　）
    A. 没有获得学业奖学金　B. 3000 元以下
    C. 3000—6000 元　　　　D. 6000—8000 元
    E. 8000—10000 元　　　 F. 10000—15000 元
    G. 150000 元及以上

31. 您认为研究生国家奖学金对您有激励作用吗？（　　　）
    A. 没有作用　　　　B. 作用较小
    C. 作用较大　　　　D. 很大作用

32. 您认为研究生国家学业奖学金对您有激励作用吗？（　　　）
    A. 没有作用　　　　B. 作用较小
    C. 作用较大　　　　D. 很大作用

33. 您认为研究生奖学金会影响您的学习投入吗？（　　　）
    A. 没有影响　　　　B. 影响不大
    C. 影响较大　　　　D. 影响很大

34. 您认为研究生奖学金评定标准合理吗？（　　　）
    A. 不合理　　　　　B. 比较不合理
    C. 比较合理　　　　D. 合理

35. 您认为研究生奖学金评定会影响同学之间的关系吗？（　　　）
    A. 没有影响　　　　B. 影响不大
    C. 影响较大　　　　D. 影响很大

36. 您在读研期间参与的课题研究数量是（　　　）。
    A. 0 项　　　　　　B. 1 项　　　　　　C. 2 项
    D. 3 项　　　　　　E. 4 项及以上

37. 您在读研期间发表的论文总篇数情况是（　　　）。
    A. 0 篇　　　　　　B. 1 篇　　　　　　C. 2 篇
    D. 3 篇　　　　　　E. 4 篇及以上

38. 您在读研期间发表的国内外核心期刊论文数量情况是（   ）。

    A. 0 篇　　　　　　　B. 1 篇　　　　　　　C. 2 篇

    D. 3 篇　　　　　　　E. 4 篇及以上

39. 您在读研期间参加过国内外学术会议的次数是（   ）。

    A. 0 次　　　　　　　B. 1 次　　　　　　　C. 2 次

    D. 3 次　　　　　　　E. 4 次及以上

40. 您在读研期间获得各类比赛奖项的情况是（   ）。

    A. 0 项　　　　　　　B. 1 项　　　　　　　C. 2 项

    D. 3 项　　　　　　　E. 4 项及以上

41. 您的英语水平是（   ）。

    A. CET 四级　　　　　B. CET 六级

    C. TEM 四级　　　　　D. TEM 八级

42. 您认为研究生助学金标准对您日常生活开支的影响（   ）。

    A. 没有影响　　　　　B. 影响不大

    C. 影响较大　　　　　D. 影响很大

43. 您认为学校提供的"三助"岗位数量（   ）。

    A. 很少　　　　　　　B. 较少

    C. 较多　　　　　　　D. 很多

44. 您身边是否存在为了获得奖学金花钱发表论文的现象（   ）。

    A. 很少　　　　　　　B. 较少

    C. 较多　　　　　　　D. 很多

45. 您对所在院系奖学金评定细则的态度是（   ）。

    A. 没有评定细则，存在"暗箱操作"现象

    B. 评定细则不科学、不规范、不合理，操作性不强，评定结果不准确

    C. 评定细则欠科学、欠规范、欠合理，操作性不强，评定结果不准确

    D. 评定细则科学、规范、合理，操作性强，评定结果精准

46. 您对奖学金量化评定怎么看？（   ）（多选题）

    A. 学生在科研上一味追求数量，急功近利

    B. 限制了研究生多样化、个性化发展

    C. 这样操作性更强，评定结果更精准

D. 这样操作缺乏规范性、科学性，评定结果欠准确

47. 您所在院系奖学金评定标准包括哪些方面？（　　）（多选题）
    A. 思想政治素质　　　　B. 学习成绩
    C. 论文数量　　　　　　D. 论文质量
    E. 科研项目成果　　　　F. 参与课题情况
    G. 综合获奖情况　　　　H. 社会实践活动

48. 您所在院校奖学金的覆盖面情况如何？（　　）
    A. 很小　　　　　B. 较小　　　　　C. 较大
    D. 很大　　　　　E. 全覆盖

49. 您认为奖学金覆盖面会影响到同学的学习积极性吗？（　　）
    A. 没有影响　　　　B. 影响不大
    C. 影响较大　　　　D. 影响很大

50. 您认为目前奖学金设置的比例是否合理？（　　）
    A. 不合理　　　　　B. 较不合理
    C. 较合理　　　　　D. 合理

51. 您认为目前奖学金设置的额度是否合理？（　　）
    A. 不合理　　　　　B. 较不合理
    C. 较合理　　　　　D. 合理

52. 您认为现行的奖学金额度对您学费的资助作用如何？（　　）
    A. 很小　　　　　B. 较小
    C. 较大　　　　　D. 很大

53. 您认为现行的研究生奖学金额度设置对您求学的激励程度如何？（　　）
    A. 很小　　　　　B. 较小
    C. 较大　　　　　D. 很大

54. 研究生奖学金评定给您的竞争压力程度如何？（　　）
    A. 很小　　　　　B. 较小
    C. 较大　　　　　D. 很大

55. 您认为研究生文凭对就业是否有影响？（　　）
    A. 没有影响　　　　B. 影响不大
    C. 影响较大　　　　D. 影响很大

56. 您认同研究生文凭能够提高潜在收益吗？（　　）

A. 不认同 B. 比较不认同
C. 不确定 D. 比较认同 E. 认同

57. 您认为读研能提高您的学术水平吗？（　　　）
A. 不能 B. 能，效果不明显
C. 能，效果一般 D. 能，效果较明显
E. 能，效果明显

58. 您认为读研能够拓宽社交圈吗？（　　　）
A. 不同意 B. 比较不同意 C. 不确定
D. 比较同意 E. 同意

59. 您认为研究生收费政策对贫困生有什么影响？

_____

_____

60. 您认为研究生全面收费政策、研究生资助体系现存的主要问题是：

_____

_____

非常感谢您的参与！

研究生全面收费政策和资助体系满意度调查问卷（研究生问卷）

亲爱的同学：

您好！非常感谢您在百忙之中抽出时间参与本问卷。本调查旨在了解

研究生全面收费政策对贫困生求学的影响。您的配合对于本研究的进行将会提供相当大的帮助。本研究采取无记名方式进行，请您根据您的真实想法填写，对您个人和所在学校不会造成任何不利影响，本问卷获取的数据仅用于学术研究，敬请放心。谢谢您的合作！祝您学业有成！

国家社会科学基金资助项目课题组

填写说明：请在最符合您的真实情况的选项上画"√"或在"＿＿"上填写自己的意见。如没有特殊说明，每一个题目只画一个选项。有特殊要求的题目，请按题干要求填答。

一　个人基本信息

1. 性别（　　　）。
   A. 男　　　　　　　　　B. 女
2. 您的家庭所在地（　　　）。
   A. 城市　　　　　　　　B. 县镇　　　　　　　　C. 农村
3. 您就读高校的类型是（　　　）。
   A. "985" 高校　　　　　B. "211" 高校　　　　　C. 普通高校
4. 您的年级是（　　　）。
   A. 研一　　　　　　　　B. 研二　　　　　　　　C. 研三
5. 您的专业类别是（　　　）。
   A. 人文社科类　　　　　B. 理工类　　　　　　　C. 其他
6. 您有兄弟姐妹吗？（　　　）
   A. 独生子女　　　　　　B. 一个
   C. 两个　　　　　　　　D. 三个及以上
7. 您的家庭经济状况是（　　　）。
   A. 特别贫困　　　　　　B. 一般贫困　　　　　　C. 中等
   D. 良好　　　　　　　　E. 富裕
8. 您父亲的文化程度（　　　）。
   A. 初中及以下　　　　　B. 中专或高中
   C. 大专或本科　　　　　D. 硕士或博士
9. 您母亲的文化程度（　　　）。
   A. 初中及以下　　　　　B. 中专或高中

C. 大专或本科　　　　　　D. 硕士或博士

10. 您父亲的职业（　　　）。

　　A. 农民、渔民、牧民等生产人员

　　B. 做小生意的个体户

　　C. 建筑工人、厂矿里的工人、服务员、销售员等一般职工

　　D. 工程师、医生、教师、律师等专业技术人员

　　E. 公务员、企事业单位中高级管理者

　　F. 不工作

　　G. 其他/不知道

11. 您母亲的职业（　　　）。

　　A. 农民、渔民、牧民等生产人员

　　B. 做小生意的个体户

　　C. 建筑工人、厂矿里的工人、服务员、销售员等一般职工

　　D. 工程师、医生、教师、律师等专业技术人员

　　E. 公务员、企事业单位中高级管理者

　　F. 不工作

　　G. 其他/不知道

二　研究生全面收费政策和研究生资助体系满意度调查

请您就研究生全面收费政策和资助体系满意度的自身感受，在（1）到（5）上画"√"，数字越大表示同意程度越高。

序号	描述	不满意	比较不满意	一般	比较满意	满意
1	研究生收费政策的满意度	(1)	(2)	(3)	(4)	(5)
2	研究生收费政策的公平性	(1)	(2)	(3)	(4)	(5)
3	研究生收费政策的合理性	(1)	(2)	(3)	(4)	(5)
4	研究生收费政策的保障性	(1)	(2)	(3)	(4)	(5)
5	研究生收费政策可以激发学习积极性	(1)	(2)	(3)	(4)	(5)
6	研究生收费政策可以促进更多科研成果产出	(1)	(2)	(3)	(4)	(5)
7	研究生收费政策可以增强创新能力	(1)	(2)	(3)	(4)	(5)
8	研究生导师资助制	(1)	(2)	(3)	(4)	(5)

续表

序号	描述	不满意	比较不满意	一般	比较满意	满意
9	研究生资助体系的满意度	(1)	(2)	(3)	(4)	(5)
10	研究生资助体系的资助目标	(1)	(2)	(3)	(4)	(5)
11	研究生资助体系的价值理念	(1)	(2)	(3)	(4)	(5)
12	研究生奖学金评定机制	(1)	(2)	(3)	(4)	(5)
13	研究生资助额度	(1)	(2)	(3)	(4)	(5)
14	研究生资助比例	(1)	(2)	(3)	(4)	(5)
15	研究生资助体系的实施过程	(1)	(2)	(3)	(4)	(5)
16	研究生奖助学金缓解经济压力	(1)	(2)	(3)	(4)	(5)
17	研究生资助体系的公平性	(1)	(2)	(3)	(4)	(5)
18	研究生资助体系的效率性	(1)	(2)	(3)	(4)	(5)
19	研究生资助体系的实施结果	(1)	(2)	(3)	(4)	(5)

三 开放题

1. 您认为研究生收费政策对贫困生有什么影响？

2. 您认为研究生收费政策现存的主要问题是：

3. 您认为研究生资助体系现存的主要问题是：

非常感谢您的参与！

访谈提纲（学生）

1. 请基本描述您的个人及家庭特征。
2. 请具体说明您目前的经济状况。
3. 在您选择是否读研的过程中，主要考虑哪些因素？是否有考虑读研成本的因素？
4. 您了解研究生全面收费政策吗？您对研究生全面收费政策的看法如何？
5. 研究生全面收费政策是否会影响您选择读研的意愿？
6. 对于目前的研究生所承担的个人成本水平，研究生收取学费硕士生 8000 元/年、博士生 10000 元/年的标准，您认为是否合理？您对研究生学费定价有什么建议？
7. 您认为研究生奖学金评定标准（学业奖学金、国家奖学金）是否合理？为什么？
8. 您认为研究生国家奖学金设定比例和额度合理吗？您对国家奖学金有什么意见或建议？
9. 您认为研究生学业奖学金设定比例（覆盖面）和额度合理吗？您的学校研究生学业奖学金的种类多吗？能够激发您的学业积极性吗？对您的学习投入有影响吗？您对学业奖学金有什么意见或建议？
10. 您认为当前研究生助学金设定额度标准合理吗？研究生助学金能够解决您的生活费和经济压力吗？您对当前的研究生助学金有什么意见或建议？
11. 您参加过研究生"三助"（助研、助管、助教）岗位吗？您怎么看待"三助"岗位？您认为"三助"对您的研究生生活帮助大吗？您对当前的研究生"三助"岗位有什么意见或建议？

12. 您读研有经济压力吗？如果有的话，您希望通过什么样的方式来帮助您解决经济压力问题？
13. 您认为研究生全面收费政策对贫困生有什么影响？
14. 您认为研究生收费政策现存的主要问题是什么？
15. 您认为研究生资助体系现存的主要问题是什么？
16. 您认为现行的研究生资助政策能激励研究生吗？

访谈提纲（研究生教育工作者）

1. 您怎么看待研究生全面收费政策？您认为研究生全面收费合理吗？
2. 您认为研究生全面收费政策实施后对研究生会有影响吗？
3. 您认为研究生"三助"岗位的实施效果如何？存在哪些问题？您有哪些具体的意见或建议？
4. 您认为研究生助学贷款政策实施效果如何？存在哪些问题？您有哪些具体的意见或建议？
5. 您觉得我国研究生资助体系存在哪些问题？您怎样看待和评价当前我国的研究生资助体系？有什么意见或建议？

参考文献

鲍威、陈亚晓：《经济资助方式对农村第一代大学生学业发展的影响》，《北京大学教育评论》2015年第2期。

毕鹤霞、沈红：《中国高校贫困生家庭"因何致贫"——基于全国105所高校的实证研究》，《教育与经济》2010年第4期。

毕鹤霞：《研究生教育成本分担与学生资助的研究》，硕士学位论文，华中农业大学，2006年。

［美］伯顿·克拉克：《研究生教育的科学研究基础》，王承绪译，浙江教育出版社2001年版。

［美］布鲁斯、约翰斯通：《高等教育财政：问题与出路》，沈红、李红桃译，人民教育出版社2006年版。

曹健：《研究生培养模式论》，江苏大学出版社2011年版。

茶世俊：《研究生教育制度渐进变迁》，北京大学出版社2010年版。

陈超：《研究生教育收费的制度缺失及其生成》，《学位与研究生教育》2006年第1期。

陈绵水、付剑茹、施文艺：《国家奖助学金资助制度绩效评价》，经济科学出版社2013年版。

陈琼琼：《大学生参与度评价：高教质量评估的新视角——美国"全国学生参与度调查"的解析》，《高教发展与评估》2009年第1期。

陈晓宇、杨海燕：《新时期我国建设一流大学面临的转变》，《高等教育研究》2017年第11期。

程洁、李秀兵、武欣：《高校研究生助学贷款制度的国际比较与借鉴》，《学位与研究生教育》2013年第7期。

程斯辉、詹健：《研究生培养模式研究的新视野》，《清华大学教育研究》2006 年第 5 期。

程斯辉、周叶中：《浅谈我国研究生教育发展的战略定位》，《学位与研究生教育》2006 年第 6 期。

崔玉平、李晓文：《大学生意向性教育需求的影响因素分析——以江苏省在校本科生为例》，《扬州大学学报》（高教研究版）2009 年第 1 期。

丁小浩：《对中国高等院校不同家庭收入学生群体的调查报告》，《清华大学教育研究》2000 年第 2 期。

丁颖、胡静：《法人化改制后日本研究生教育成本分担机制研究》，《比较教育研究》2012 年第 3 期。

杜红梅、王葵、邵小佩、陈秀丽：《高校研究生对研究生教育现状满意度的调查》，《重庆大学学报》（社会科学版）2003 年第 6 期。

杜坤林：《从保障型资助到发展型资助：高校助学工作范式转换及其实践》，《中国高教研究》2012 年第 5 期。

范先佐：《教育经济学理论与实践问题研究——范先佐自选集》，华中师范大学出版社 2012 年版。

范先佐：《我国学生资助制度的回顾与反思》，《华中师范大学学报》（人文社会科学版）2010 年第 6 期。

范晓婷：《大学生资助管理评估研究》，博士学位论文，北京科技大学，2016 年。

范晓婷、曲绍卫：《经济新常态下全国高校学生资助经费管理研究——基于 2007—2013 年学生资助发展报告统计数据分析》，《教育发展研究》2015 年第 19 期。

方蕾蕾、冯永刚：《困惑与抉择：利益博弈视角下的研究生教育收费制度改革》，《教育科学》2017 年第 1 期。

[美] 菲利普·G. 阿特巴赫：《比较高等教育：知识、大学与发展》，人民教育出版社教育室译，人民教育出版社 2001 年版。

符得团、马建欣：《研究生教育成本分担与资助》，中国社会科学出版社 2009 年版。

甘国华：《高等教育成本分担研究——基于准公共产品理论分析框架》，上海财经大学出版社 2007 年版。

韩丽丽、李廷洲：《改革开放 40 年我国高等教育资助体系的回顾与展望》，《中国高教研究》2018 年第 6 期。

韩晓峰、周文辉、王铭：《研究生满意度理论基础与指标构建》，《研究生教育研究》2013 年第 6 期。

韩映雄：《研究生培养机制改革真的促进了学生学习吗?》，《复旦教育论坛》2010 年第 5 期。

洪柳：《改革开放 40 年我国研究生教育收费制度变迁》，《河北师范大学学报》（教育科学版）2019 年第 1 期。

洪柳、李娜：《美英研究生教育收费制度变迁研究及其现实启示》，《黑龙江高教研究》2017 年第 11 期。

洪柳：《美国哈佛大学研究生教育收费现状与资助体系研究》，《黑龙江高教研究》2018 年第 3 期。

洪柳：《我国高校贫困生资助体系的历史、问题与精准化路径》，《湖南师范大学教育科学学报》2018 年第 5 期。

洪柳：《我国研究生全面收费政策研究的回顾与展望——基于 CNKI 数据库中 2006—2017 年核心期刊的文献综述》，《高等教育评论》2018 年第 2 期。

洪柳：《研究生全面收费政策对贫困生求学的心理影响研究》，《高等理科教育》2019 年第 4 期。

洪柳：《研究生全面收费政策和资助体系能让研究生满意吗？——基于全国 882 位学术型硕士研究生的实证研究》，《高教探索》2018 年第 11 期。

洪柳：《研究生收费政策与奖助体系对研究生学业影响研究》，《教育学报》2019 年第 1 期。

洪柳：《中美国家级研究生奖学金制度比较》，《现代教育管理》2018 年第 9 期。

胡玲琳：《我国高校研究生培养模式研究——从单一走向双元模式》，复旦大学出版社 2010 年版。

黄治国：《研究生培养制度研究》，武汉大学出版社 2008 年版。

纪效珲：《大学生经济资助对人力资本发展的影响研究》，博士学位论文，北京科技大学，2017 年。

金芳：《高等教育投资体制效率的研究——从利益视角的探索》，山东教育出版社 2010 年版。

靳希斌、王松涛：《学生资助国际经验及对我国的启示》，《教育研究》1995 年第 7 期。

孔祥沛：《基于江苏高校的研究生教育质量评价实证研究》，博士学位论文，南京航空航天大学，2011 年。

李爱良：《高等教育收费制度的利益博弈》，湖南师范大学出版社 2012 年版。

李好：《中美高等教育资助体系比较研究》，博士学位论文，武汉大学，2010 年。

李慧勤：《高等教育收费与学生资助的实证研究》，博士学位论文，华中科技大学，2004 年。

李立国、黄海军：《中国研究生教育的规模结构与经济增长》，教育科学出版社 2015 年版。

李暖均：《高校学生资助体系的优化与重构》，《广州大学学报》（社会科学版）2010 年第 9 期。

李茜：《研究生全面收费政策与学业成就的关系模型及影响机制研究》，硕士学位论文，华中农业大学，2017 年。

李庆豪、沈红：《西方国家高等教育学费政策的变化及其影响——以英国、澳大利亚、爱尔兰和美国为例》，《比较教育研究》2005 年第 9 期。

李文静：《研究生收费背景下大学生考研意向影响因素研究》，硕士学位论文，山西财经大学，2016 年。

李永红、洪书生：《研究生教育质量研究的梳理及界定》，《教育学术月刊》2009 年第 7 期。

李勇：《高等学校成本结构的国际比较》，北京师范大学出版社 2009 年版。

李有增、谢新水：《研究生培养的国际视野》，人民出版社 2014 年版。

廖湘阳、王战军：《改革开放以来我国研究生教育政策的文本分析》，《高等教育研究》2004 年第 6 期。

刘鸿：《我国研究生培养模式研究》，中国海洋大学出版社 2007 年版。

刘继安、杨楚翘、叶慧：《美国研究生资助的变化趋势、新特征及其启示》，《中国高教研究》2016 年第 2 期。

刘家祥：《高校贫困生资助政策的价值逻辑》，《江苏高教》2018 年第 4 期。

刘建荣、李方柏：《高校贫困生资助体系的困境与对策研究》，《江西社会科学》2006 年第 2 期。

刘俊：《实行研究生收费制度及若干问题思考》，《清华大学教育研究》2001 年第 4 期。

刘强：《研究生教育收费问题国际比较》，《中国高等教育》2011 年第 20 期。

刘士林、王晓静：《对我国高教资助体系创新与升级方式的思考》，《教育发展研究》2012 年第 5 期。

刘卫锋：《从"资助助人"向"资助育人"转变》，《中国高等教育》2016 年第 8 期。

刘文娟、李芳敏：《资助对研究生学业成就影响机制的实证研究评述》，《学位与研究生教育》2014 年第 6 期。

刘文娟：《研究生资助对学生学业成就的影响机制研究——基于首都高校的实证分析》，《教育学术月刊》2014 年第 2 期。

刘忠学：《美国高校学生资助体系的目标分析》，《比较教育研究》2002 年第 10 期。

龙琪、倪娟：《美国大学生学习影响力模型述评》，《复旦教育论坛》2015 年第 5 期。

卢铁城：《关于完善国家助学贷款体系的建议》，《中国高教研究》2006 年第 8 期。

卢晓东：《谁为研究生教育买单》，经济科学出版社 2007 年版。

卢晓东：《研究生学费定价与资助政策研究综述》，《中国高教研究》2006 年第 2 期。

罗晓华：《高等教育财政投资政策研究》，中国财政经济出版社 2008 年版。

马万华：《全球化时代的研究型大学——美英日德四国的政策与实践》，教育科学出版社 2013 年版。

毛建青、徐月：《全面收费制度下地方高校大学生接受研究生教育的影响因素分析——基于浙江省属高校本科生的调查》，《教育科学》2010 年第 4 期。

孟洁、史健勇：《中国研究生招生制度变革研究》，中国政法大学出版社 2013 年版。

庞丽娟、胡福贞、韩小雨:《关注高校贫困生:问题、原因与对策》,《北京大学教育评论》2004 年第 2 期。

彭安臣:《中国博士生资助》,博士学位论文,华中科技大学,2009 年。

沈红、李红桃、孙涛:《高等教育财政:国际视野中的成本分担》,华中科技大学出版社 2014 年版。

沈华:《中国高校资助政策与学生行为选择研究》,中国社会科学出版社 2012 年版。

司树杰等:《中国教育扶贫报告(2016)》,社会科学文献出版社 2016 年版。

孙涛、沈红:《基于家庭经济状况调查的高校贫困生认定——国际比较的视角》,《外国教育研究》2008 年第 10 期。

谭宏彦、闫振龙:《研究生教育收费的依据、问题及对策》,《学位与研究生教育》2006 年第 9 期。

唐祥来:《高等教育成本分担:制度创新与发展趋势》,经济科学出版社 2007 年版。

陶红:《研究生收费与资助制度改革研究》,《教育与经济》2007 年第 1 期。

王嘉毅、封清云、张金:《教育与精准扶贫精准脱贫》,《教育研究》2016 年第 7 期。

王建民:《研究生人力资本研究》,科学出版社 2010 年版。

王莉华:《英国高等教育成本分担政策——政府市场策略的发展及其影响》,《比较教育研究》2007 年第 2 期。

王琪、程莹、刘念才:《世界一流大学:共同的目标》,上海交通大学出版社 2013 年版。

王松俊:《研究生教育导论》,军事医学科学出版社 2008 年版。

王孙禺、袁本涛、赵伟:《我国研究生教育质量状况综合调研报告》,《中国高等教育》2007 年第 9 期。

王同孝:《高等学校学费研究》,北京大学出版社 2010 年版。

王战军、李明磊:《研究生质量评估:模型与框架》,《高等教育研究》2012 年第 3 期。

王战军：《中国研究生教育质量年度报告教育大国》，中国科学技术出版社 2017 年版。

魏静：《利益相关者视角下研究生收费制度博弈关系研究》，《研究生教育研究》2014 年第 4 期。

吴本厦：《中国学位与研究生教育的创立及实践》，高等教育出版社 2009 年版。

吴开俊、范先佐：《高校学费依据教育培养成本收取的悖论》，《高等教育研究》2007 年第 1 期。

武毅英：《对我国研究生培养机制改革现状的思考》，《教育研究》2008 年第 9 期。

夏中雷：《高校生均培养成本与办学规模关系的定量研究》，知识产权出版社 2010 年版。

谢步江：《我国的研究生培养机制改革及其对研究生培养质量的影响》，硕士学位论文，复旦大学，2009 年。

谢桂华、许放：《研究生教育与国家创新体系》，光明日报出版社 2011 年版。

谢家启、王珏人：《我国普通高校教育成本及其分担研究》，浙江大学出版社 2010 年版。

熊波：《机会均等视角下的高等教育成本分担机制研究》，华中师范大学出版社 2010 年版。

熊庆年：《日本研究生教育改革十五年》，《学位与研究生教育》2004 年第 1 期。

徐国兴：《在效率与公平之间——大学生资助体系中政府定位的中日比较》，上海教育出版社 2009 年版。

徐丽红：《社会权利视域下的中国现行高校帮困资助政策研究》，上海社会科学院出版社 2016 年版。

徐晓军：《高校贫困生资助体系问题分析及对策》，《中国青年研究》2004 年第 5 期。

许祥云、张永凡：《学生辍学：家庭高等教育投资中止现象透视》，武汉大学出版社 2014 年版。

薛浩、陈万明：《我国高校贫困生资助政策的演进与完善》，《高等教育研究》2012 年第 2 期。

薛浩：《高校贫困生现行资助体系中亟待改善的几个问题研究》，《中国高教研究》2006年第7期。

研究生教育体制改革研究课题组：《中国研究生教育体制改革研究》，高等教育出版社2013年版。

燕廷淼：《高校培养成本核算与管理研究》，西南财经大学出版社2014年版。

杨颉、陈学飞：《研究生教育质量：内涵与探索》，上海交通大学出版社2007年版。

杨明：《论法国高等教育财政的改革》，《教育与经济》2001年第2期。

杨明：《政府与市场：高等教育财政政策研究》，浙江教育出版社2007年版。

杨钋：《大学生资助对学业发展的影响》，《清华大学教育研究》2009年第10期。

杨钋：《高校学生资助影响因素的多水平分析》，《教育学报》2009年第6期。

杨希：《学生资助对学业发展效果的评估方法综述》，《中国高等教育评估》2012年第3期。

杨溪：《研究生收费标准研究——基于十所教育部直属高校的分析》，《清华大学教育研究》2007年第1期。

杨贤金、索玉华：《英国高等教育发展史回顾、现状分析与反思》，《天津大学学报》（社会科学版）2006年第3期。

杨秀芹、李茜：《研究生全面收费政策与学生学业成就的关系模型及影响机理研究》，《教育与经济》2017年第2期。

叶鸿蔚、陆兰：《中美研究生教育成本分担机制对比分析及思考》，《研究生教育研究》2017年第1期。

衣萌、王腾飞、牟晖、徐淑贤：《发达国家研究生收费制度与资助体系比较研究》，《学位与研究生教育》2014年第5期。

［英］约翰·亨利·纽曼：《大学的理想》，徐辉、顾建新、何曙荣译，浙江教育出版社2001年版。

曾羽：《中国高等教育制度及创新研究》，复旦大学出版社2015年版。

张继鹏：《中国新政策视野下的研究生教育收费问题研究》，《现代教育管理》2014年第3期。

张小波：《基于综合评价的研究生教育质量效率指数研究——对"985工程"一期34所高校的实证分析》，《中国高教研究》2013年第9期。

张小萍：《公共财政体制下中国高等教育财政投入优化研究》，中国市场出版社2009年版。

张晓玲：《我国公立高校学费改革研究》，武汉大学出版社2013年版。

张晓宁、杨晓江：《美国高等教育绩效拨款政策及其对我国研究生教育绩效拨款改革的启示》，《学位与研究生教育》2016年第8期。

赵必华：《大学生学习成效影响因素的调查研究——基于35所本科院校的数据》，《高教探索》2017年第11期。

赵贵臣：《中国大学生资助体系德育功能研究》，人民出版社2015年版。

赵军：《全面实行收费制背景下研究生资助制度：挑战、问题与对策》，《学位与研究生教育》2015年第3期。

赵军：《新中国60年学位与研究生教育流变》，《高校教育管理》2009年第5期。

赵军：《研究生培养机制改革：行动与反思》，清华大学出版社2014年版。

赵可、袁本涛：《美国联邦政府研究生资助政策的历史考察》，《清华大学教育研究》2009年第1期。

赵可、袁本涛、王孙禺：《英国研究生资助体系的形成、发展及启示》，《高等教育研究》2009年第1期。

赵明吉、赵敏、龙希利、丛培卿等：《高校家庭经济困难学生问题研究》，山东大学出版社2010年版。

赵媛：《研究生资助政策对全日制硕士生学习投入的影响研究》，硕士学位论文，西安外国语大学，2016年。

郑飞中、刘洁、吕建新：《研究生教育收费制改革的特征与制度优化——基于制度变迁的视角》，《学位与研究生教育》2016年第2期。

郑雅君、熊庆年：《高校学生满意度再认识》，《江苏高教》2016年第 4 期。

钟宇平、陆根书:《收费条件下学生选择高校影响因素分析》,《高等教育研究》1999 年第 2 期。

钟宇平、陆根书:《中国大学生价格反应行为的基本特征》,《清华大学教育研究》2003 年第 2 期。

周洪宇:《学位与研究生教育史》,高等教育出版社 2004 年版。

周丽华、胡劲松:《德国高等教育收费改革思路简析》,《比较教育研究》1998 年第 3 期。

周叶、程斯辉:《研究生培养模式改革研究》,人民教育出版社 2013 年版。

朱善璐:《一流大学必须有一流学生资助体系》,《中国高等教育》2016 年第 9 期。

Ampaw, F., Jaeger, A., "Completing the Three Stages of Doctoral Education: An Event History Analysis", Indianapolis: The Association for the Study of Higher Education Conference, 2010.

Barnhill. R., Stanzione, D., "Support of Graduate Students and Postdoctoral Researchers in the Science and Engineering: Impact of Related Policies and Practices", NSF, NIH and CGS, 2004.

Bean, J. P., "Interaction Effects based on Class Level Idan Exploratory Model of College Student Dropout Syndrome", *American Educational Research Journal*, Vol. 22, No. 1, 1985.

Bean, J. P., Vesper, N., "Quantitative Approaches to Grounding Theory in Data: Using LISEREL to Develop a Local Model and Theory of Student Attrition", Boston, MA: Paper presented at the annual meeting of the American Educational Research Assosiation, 1990.

Betts, J. R., Morrell, D., "The Determinants of Undergraduate Grade Point Average", *The Journal of Human Resources*, Vol. 34, No. 2, 1999.

Cabrera, A. F., Nora, A., Castaneda, M. B., "College Persistence: Structural Equations Modeling Test of an Integrated Model of Student Retention", *The Journal of Higher Education*, No. 2, 1993.

Chen, R., S. L. DesJardins, "Exploring the Effects of Financial Aid on the Gap in Student Dropout Risks by Income Level", *Research Higher Educa-*

tion, No. 49, 2008.

Cornwell, C., et al., "The Enrollment Effects of Merit-based Financial Aid: Evidence from Georgia's Hope Program", *Journal of Labor Economics*, No. 24, 2006.

Council of Graduate Schools, "Completion and Attrition: Analysis of Baseline Demographic Data from the Completion Project", Washington, D. C. : CGS, 2008.

Deangelis, S., "The Influence of Price and Price Subsidies on Within-year Persistence of Graduate and Professional Students", *Journal of Student Financial Aid*, Vol. 28, 1997.

Division of Science Resources Studies, Directorate for Social, Behavioral, and Economic Sciences, NSF. Graduate Education Reform in Europe, Asia and Americas and International Mobility of Scientists and Engineers: proceeding of an NSF Workshop, April, 2000.

Dougherty, K., Jones, S. M., Natow, R. S., et al., "Performance Funding for Higher Education: Forms, Origins, Impacts and Futut", *The Annals of the American Academy of Political and Social Science*, Vol. 655, No. 1, 2014.

Doyle, W. R., "Adoption of Merit-based Student Grant Programs: An Event History Analysis", *Education Evaluation and Policy Analysis*, No. 28, 2006.

Earl-Novell, S., "Determining the Extent to Which Program Structure Features and Integration Mechanisms Facilitate or Impede Doctoral Dtudent Persistence in Mathematics", *International Journal of Doctoral Studies*, No. 1, 2006.

Ehrenberg, R., Mavros, P., "Do Doctoral Students' Financial Support Patterns Affect Their Times-to-degree and Completion Probabilities?", *Journal of Human Resources*, Vol. 30, No. 3, 1995.

Glenn A. Bryan, Thomas W. Whipple, "Tuition Elasticity of the Demand for Higher Education among Current Students: A Pricing Model", *The Journal of Higher Education*, Vol. 66, No. 5, 1995.

Gordon W. Roderick, "A Fair Representation of All Interests? The

Aberdare Report on Intermediate and Higher Education in Wales, 1881", *History of Education*, No. 3, 2001.

Grives, J. E., Wemmerus, V., "Developing Models of Graduate Student Degree Progress", *Journal of Higher Education*, Vol. 59, 1988.

Groen, J., Jakubson, G., Ehrenberg, R., "Program Design and Student Outcomes in Graduate Education", *Economics of Education Review*, Vol. 27, 2008.

Grubb, W. N., Tuma, J., "Who Gets Student Aid? Variations in Access to Aid", *Review of Higher Education*, No. 3, 1991.

Heller, D. E., Marin, P., "State Merit Scholarship Programs and Racial Inequality", Cambridge, MA: The Civil Rights Project at Harvard University, 2004.

Hilmer, M. J, "Post-secondary Fees and the Decision to Attend a University or a Community College", *Journal of Public Economics*, Vol. 67, 1998.

Hoenack, S. A., Weiler, W. C., "Cost-related Tuition Policies and University Enrollment", *Journal of Human Resources*, Vol. 10, No. 3, 1975.

Hu, S., "Scholarship Awards, College Choice, and Student Engagement in College Activities: A Study of High-achieving Low-income Students of Color", *Journal of College Student Development*, Vol. 51, 2010.

Jean M. Johnson, "Graduate Education Reform in Europe, Asia and the Americas", National Science Foundation, 2000.

Jung Cheol Shin Sande Milton, "Student Response to Tuition Increase by Academic Majors: Empirical Grounds for a Cost-related Tuition Policy", *High Education*, Vol. 55, 2008

Kim, D., Otts, C., "The Effect of Loans on Time to Doctorate Degree: Differences by Race/Ethnicity, Field of Study, and Institutional Characteristics", *Journal of Higher Education*, Vol. 81, 2010.

Liseo, P., "Graduate and Professional Student Within-year Persistence and Financial Aid", University of Missouri- St. Louis, 2005.

Lovitts, B., "Leaving the Ivory Tower: the Causes and Consequences of Departure from Doctoral Study", Lanham, MD: Rowman and Littlefield, 2001.

Pascarella, E. T., Terenzini, P. T., "How College Affects Students: A Third Decade of Research", San Francisco: Jossey-Bass, Vol. 2, 2005.

Ronald G. Ehrenberg, Panagiotis G. Mavros, "Do Doctoral Students' Financial Support Patterns Affect Their Times-to-degree and Completion Probabilities?", *Journal of Human Resources*, Vol. 30, No. 3, 1995.

Salmi, J., Hauptman, A. M., "Innovations in Tertiary Education Financing: A Comparative Evaluation of Allocation Mechanisms", Washington, D. C. : World Bank, 2006.

Shen, H., "The Social and Political Impacts of College Student Aid: An Analysis based on Three Surveys", Paper presented at the 2008 Annual Conference for the Chinese Association of Economics of Education, Shanghai, P. R. China, 2008.

St. John, E. P., "Evaluating State Grant Programs: A Case Study of Washington's Grant Program", *Research in Higher Education*, Vol. 40, 1999.

St. John, E. P., Paulsen, M. B., Carter, D. F., "Diversity, College Costs, and Postsecondary Opportunity: An Examination of the Financial Nexus Between College Choice and Persistence for African Americans and Whites", *Journal of Higher Education*, Vol. 76, 2005.

Strayhorn, T., "Money Matter: The Influence of Financial Factor on Graduate Student Persistence", *Journal of Student Financial Aid*, Vol. 40, No. 3, 2010.

Tinto, V., "Dropout from Higher Education: A Theoretical Synthesis of Recent Research", *Review of Educational Research*, Vol. 45, No. 1, 1975.

Zhang, L., Ness, E. C., "Does State Merit-based Aid Stem Brain Drain", *Evaluation and Policy Analysis*, No. 6, 2010.

Ziderman, A., "Alternative Objectives of National Student Loan Schemes: Implications for Design, Evaluation and Policy", *Welsh Journal of Education*, No. 1, 2002.

Ziderman, A., "Student Loans in Thailand: Are They Effective, Equitable, Sustainable?", Paris: International Institute for Education Planning, 2003.

后 记

《我国研究生收费政策对贫困学生求学的影响和对策研究》是国家社会科学基金"十二五"规划 2014 年度教育学青年课题（CFA140136）。本课题负责人是南宁师范大学教科院教授洪柳，本书是课题研究的最终成果。

时光的轮轴滚滚向前，改革的脚步永不停歇。2013 年 2 月，财政部、国家发展改革委、教育部在《关于完善研究生教育投入机制的意见》中指出，从 2014 年秋季学期起，我国将全面实行研究生收费制度，向所有纳入全国研究生招生计划的新入学研究生收取学费。原则上，现阶段全日制学术学位研究生学费标准，硕士生每生每年不超过 8000 元，博士生每生每年不超过 10000 元。

这一政策的出台和执行无形中抬高了贫困生接受研究生教育的门槛，在贫困生中引起了不小的震撼。研究生教育收费问题引起了社会的关注，成为人们讨论的热门话题。研究生全面收费政策对学生、高校、政府、社会等利益相关者产生不同的影响。学生作为最大的利益相关者，特别是贫困生，就成为研究生收费政策需要重点关注和解决的对象。贫困生求学权益保障和资助问题就成为研究生收费政策需要重点关注和解决的问题。

笔者作为一名高等教育工作者，在高校从事本科生和研究生的教学和管理工作。在课堂内外与学生的教育与攀谈中，从贫困生的眼神和言语中，感受到贫困生对读研的渴盼与忧虑。研究生收费政策对贫困生求学会产生怎样的影响？如何保障贫困生求学的权益？切实加大对贫困生的资助，创新和完善研究生收费政策和资助体系，发挥研究生收费政策对贫困生求学的积极影响和效用，提升研究生培养质量。

本书涉及多学科的论题，综合运用教育学、社会学、经济学、心理学、管理学、教育法学等多学科知识、理论和方法，从理论和实践层面分析和思考我国研究生收费政策对贫困生求学的影响问题。本书的理论基础主要有教育公平理论、公共产品理论、高等教育成本分担理论、人力资本理论、利益相关者理论、制度变迁理论。基于多学科和多理论的视角探究研究生全面收费政策对贫困生求学的影响及对策。研究国内外研究生教育收费制度具有重要的理论价值。本书主要采用文献研究法、历史研究法、文本分析法、调查法、比较法、个案法、数理统计分析法。

本书调查我国研究生收费政策和资助体系现状，收集研究生收费和资助体系的个案实例。在全国范围内对贫困生开展调查研究，将被测主要集中在西部地区高校、贫困率居高的高校如师范类、民族类、农林院校等。收集大量第一手资料开展量化与质性研究，实证分析研究生收费政策对本科生读研意愿影响、研究生收费政策对研究生学业影响、研究生收费政策和资助体系满意度；对贫困生、研究生导师、研究生教育管理工作者进行访谈，从利益相关者的视角了解研究生收费政策对贫困生求学的影响、研究生收费政策现存的问题和建议。对研究生收费政策对贫困生求学的影响开展调查研究和实证分析具有现实意义，为完善我国研究生收费政策和资助体系提供丰富的事实材料。

研究生教育是高等教育的最高层次，是推动国家经济发展、社会进步、科技创新、文教繁荣的核心力量。我国研究生收费制度改革是深化研究生培养机制改革的重要组成部分，是推动研究生教育持续、健康发展的有效保障。研究生教育质量提升是研究生培养机制改革的最终指向。我国研究生全面收费政策是研究生收费制度改革创新的必然选择，是深化市场经济改革和研究生培养机制改革的产物。回顾改革历程，我国研究生收费制度改革已取得了显著的成绩，但我国研究生培养机制改革仍在路上。研究生全面收费政策和资助体系如何更充分地支持和保障贫困生求学，如何有效地激励研究生潜心学业，提高研究生学业成就和研究生培养质量，充分发挥研究生收费政策和资助体系的政策效用，仍是研究生收费政策以及研究生培养机制改革和发展的需要。

感谢中国社会科学出版社编审的辛勤工作。感谢南宁师范大学、北京师范大学、北京理工大学、河北师范大学、辽宁大学、广西师范大学、广西医科大学等单位和个人对本书的大力支持与指导，感谢家人无微不至的关爱，在此致以最诚挚的谢意！

由于本人学识水平有限，本书难免有不足、疏漏或错误之处，敬请专家、学者和读者批评指正。

洪　柳
京师图书馆
2018 年 10 月 8 日